本书由广州华商学院学术著作出版基金资助
本书获中共商丘睢阳区委宣传部古城研究资助

北宋应天书院志

王树林◎著

光明日报出版社

图书在版编目（CIP）数据

北宋应天书院志 ／ 王树林著 . -- 北京：光明日报
出版社，2024.3

ISBN 978 - 7 - 5194 - 7869 - 8

Ⅰ.①北… Ⅱ.①王… Ⅲ.①书院—史料—商丘—北
宋 Ⅳ.①G649.299.613

中国国家版本馆 CIP 数据核字（2024）第 063227 号

北宋应天书院志
BEISONG YINGTIANSHUYUAN ZHI

著　　者：王树林	
责任编辑：许　怡	责任校对：王　娟　董小花
封面设计：中联华文	责任印制：曹　净

出版发行：光明日报出版社

地　　址：北京市西城区永安路 106 号，100050

电　　话：010-63169890（咨询），010-63131930（邮购）

传　　真：010-63131930

网　　址：http：//book.gmw.cn

E - mail：gmrbcbs@gmw.cn

法律顾问：北京市兰台律师事务所龚柳方律师

印　　刷：三河市华东印刷有限公司

装　　订：三河市华东印刷有限公司

本书如有破损、缺页、装订错误，请与本社联系调换，电话：010-63131930

开　　本：170mm×240mm			
字　　数：377 千字		印　　张：21	
版　　次：2024 年 3 月第 1 版		印　　次：2024 年 3 月第 1 次印刷	
书　　号：ISBN 978 - 7 - 5194 - 7869 - 8			

定　　价：99.00 元

重建应天书院大门

重建应天书院设计鸟瞰全景

前　言

　　"书院"之名，始于唐代。袁枚《随园随笔》卷十四谓唐玄宗时有丽正书院、集贤书院，"皆建于朝省，为修书之地，非士子肄业之所也"①。今检新旧《唐书》，袁说亦不尽然。《旧唐书·职官志》谓："集贤殿书院：开元十二年置。汉魏以来，职在秘书。梁于文德殿内藏聚群书，北齐有文林馆学士，后周有麟趾殿学士，皆掌著述。隋平陈之后，写群书正副二本，藏于宫中，其余以实秘书外阁。炀帝于东都观文殿东西厢贮书，自汉延熹至隋，皆秘书掌国籍，而禁中之书时或有焉。……玄宗即位，大校群书，开元五年，于乾元殿东廊下写四部书以充内库。……十三年，与学士张说等宴于集仙殿，因改名集贤，改修书使为集贤书院学士。"②《新唐书·百官志》亦有"集贤殿书院学士、直学士、侍读学士、修撰官，掌刊缉经籍。……凡承旨撰集文章，校理经籍，月终则进课于内，岁终则考最于外"之说。③ 可见唐玄宗时期建于"朝省"之书院，不仅是修书之地，而且还是藏书、刊缉之所。

　　当时的皇家书院是不是真的没有"士子肄业"的功能呢？其实是有传道讲学、授徒肄业功能的，只是不以此为主罢了。集贤书院初成，以张说为学士，唐玄宗赐宴为庆，时君臣应制唱和，现存的应制唱和诗即可说明。如唐玄宗诗云："广学开书院，崇儒引席珍。集贤昭衮职，论道命台臣。礼乐沿今古，文章革旧新。……所希光史册，千载仰兹辰。"诗中有"广学""引席""论道"之说，可见当时有讲席论道之事。张说《赴集贤院学士上赐宴应制得辉字》诗云："侍帝金华讲，千龄道固稀。位将贤士设，书共学徒归。首命深燕隗，通经浅汉韦。……欲知朝野庆，文教日光辉。"源乾曜《奉和圣制送张说上集贤学士赐宴

---

①　袁枚. 随园随笔·卷十四 [M]. 光绪石印本. 17.

②　刘昫. 旧唐书·第6册·卷四三·职官二 [M]. 北京：中华书局，1975：1851.

③　宋祁，欧阳修，范镇，等. 新唐书·第4册·卷四七 [M]. 北京：中华书局，1975：1212.

(赋得迎字)》诗有"盛业光书府，征人尽国英。丝纶贤得相，群俊学为名"之句①。诗中也提到"金华讲""学徒归""文教""征人尽国英""群俊学为名"，皆为讲学教徒之事。不过当时书院师徒，不是一般士子，多为饱学文臣而已。关于唐丽正、集贤书院的创立与功能，宋代王应麟《玉海》卷一六七考之甚详，这里只是说明盛唐时期朝廷已有书院之建，虽为藏书、修书之所，但也已具有讨论学术、传道授徒之功能。

　　书院为一般士子肄业之所，出现在中唐以后至五代时期，又被称为书堂、学舍、书楼、书斋等。初发只是学人高士自我读书修身养性之所，或是富家大户之私塾。后人追绪，逐渐才有面对社会收授生徒之举。如衡阳北石鼓山之石鼓书院，前身即为唐秀才李宽结庐读书处，唐诗人吕温有《同恭夏日题寻真观李宽中秀才书院》诗："闭院开轩笑语阑，江山并入一壶宽。微风但觉杉香满，烈日方知竹气寒。披卷最宜生白室，吟诗好就步虚坛。愿君此地攻文字，如炼仙家九转丹。"②据《湖广通志》卷二三所载："宋至道三年，郡人李士真援宽故事，请即故址创书院，以居衡之学者。景祐二年，刘沆守衡，请于朝，赐额曰石鼓书院。"③ 可见，到了宋代才有收授生徒之举。其他提唐人有书院者多为后人所记，并非时人所称。如河北真定的西溪书院，本唐代隐士姚敬栖息隐遁处，至宋才有是称（《明一统志》卷三）。四川巴州丹梯书院，本为"唐状元张曙读书地"（《四川通志》卷七九）。南岳书院，一名邺侯书院，唐代李泌隐居于此，名端居室，宋建书院（《湖南通志》卷六九）。关于富家大户私家办学最典型者见于《义门陈氏家乘》，此中收有晚唐大顺元年（860年）陈崇所立的《江州陈氏家法》，其中涉及本族家塾者有两条：

　　　　一、立书堂一所于东佳庄，弟侄子姓有赋性聪敏者令修学。稍有学成应举者。除现置书籍外，须令添置。于书生中立一人掌书籍，出入须令照管，不得遗失。

　　　　一、立书屋一所于住宅之西，训教童蒙。每年正月择吉日起馆，至冬至月解散。童子年七岁令入学，至十五岁出学，有能者令入东佳。逐年于书室内次第抽二人归训，一人为先生，一人为副。其纸笔墨砚并出宅库管

① 李昉，等. 文苑英华·卷一六八［M］//四库全书·第1334册. 台北：台湾商务印书馆，1987：498，499.
② 曹寅，等. 全唐诗·卷三七〇·吕温［M］//四库全书·第1426册. 台北：台湾商务印书馆，1987：565.
③ 夏力恕，等. 湖广通志·卷二三·衡州府［M］//四库全书·第531册. 台北：台湾商务印书馆，1987：747.

事收买应付。①

至五代，天下混乱，战争不断，官府无暇顾及教育，官府主导的官学式微。当时有志文人开始从自我高蹈、修身养性的读书楼舍，面向社会士子而揽徒讲学。旧有的书院、书楼、书舍、学堂开始由藏书、自修、家塾的半封闭形式，向侧重于"士子肄业之所"的开放功能发展。如上文提到的陈氏东佳学堂，不仅教育陈氏子弟，而且开始面对社会而向四方游学之士开放授徒。宋代释文莹《湘山野录》卷上，述及南唐时陈氏东佳书堂，谓"别墅建家塾，聚书延四方学者，伏腊皆资焉。江南名士皆肄业于其家"②。南唐徐锴《陈氏书堂记》，更是明确记载了当时陈氏的东佳书堂既教陈氏子弟，又延社会四方游学之士而设教授徒，其中写道：

> 浔阳庐山之阳，有陈氏之书楼。……大顺中，（陈）崇为江州长史。乾宁中，崇弟勋为蒲圻令，次弟玫本县令，能嗣其业。如是百年，勋从子衮本州曹掾，我唐烈祖中兴之际，诏复除而表扬之，旌其义也。衮以为族既庶矣，居既睦矣，当礼乐以固之，诗书以文之，遂于居之左二十里曰东佳，因胜据奇，是卜是筑，为书楼堂庑数十间，聚书数千卷，田二十顷，以为游学之资。子弟之秀者弱冠以上皆就学焉。自龙纪以降，崇之子蜕、从子渤、族子乘登进士第，近有蔚文尤出焉，曰逊、曰范皆随计矣。四方游学者，自是宦成而名立，盖有之。③

徐锴为五代南唐时期著名学者，徐铉之弟，世称"小徐"。此记虽撰于大宋赵匡胤开宝二年（969 年，宋立国第九年），但所记之事皆为晚唐（唐昭宗乾宁三年，896）至南唐（937—975 年）间史实。

正史对于此时置书楼、授学徒的教育方式亦有记述。如《旧五代史·罗绍威传》：

> 罗绍威，魏州贵乡人。……绍威形貌魁伟，有英杰气，攻笔札，晓音律，性复精悍明敏，服膺儒术，明达吏理，好招延文士，聚书万卷，开学馆，置书楼。每歌酒宴会，与宾佐赋诗，颇有情致。④

---

① 陈谷嘉，邓洪波. 中国书院史资料·上册［M］. 杭州：浙江教育出版社，1989：23.
② 释文莹. 湘山野录［M］. 郑世刚，杨立扬，点校. 北京：中华书局，1984：16.
③ 徐锴. 江西通志·卷一二〇·陈氏书堂记［M］//四库全书·第1426册. 台北：台湾商务印书馆，1987：565.
④ 薛居正，等. 旧五代史·第1册·卷十四·梁书［M］. 北京：中华书局，1976：191.

《新五代史·一行传》：

> 石昂，青州临淄人也。家有书数千卷，喜延四方之士。士无远近，多就昂学，问食其门下者或累岁，昂未尝有怠色。而昂不求仕进，节度使符习高其行，召以为临淄令。①

学者藏书由读书自修到招延文士，是民间教育文化的进一步发展，为宋初书院的创立与繁盛做了准备。应天书院就是在五代时期杨悫、戚同文学舍的基础上创立的。

史称北宋有四大书院，而应天书院是北宋"四大书院"之一。提出"四大书院"一说的大多是南宋的理学家，他们往往是热心的书院建设者，也是书院教育的践行者。如与朱熹、张栻齐名的吕祖谦在《白鹿洞书院记》中写道：

> 郡守新安朱侯熹，行视陂塘并庐山而东，得白鹿洞书院废址，慨然顾其像曰："是盖唐李渤之隐居，而太宗皇帝驿送九经、俾生徒肄业之地也。"书院创于南唐，其事至鲜浅。……某窃尝闻之诸公长者，国初斯民新脱五季锋镝之阨，学者尚寡。海内承平，文风日起，儒先往往依山林即闲旷以讲授，大率多至数十百人。嵩阳、岳麓、睢阳及是洞为尤著，天下所谓四书院者也。祖宗尊右儒术，分之官书，命之禄秩，锡之扁榜，所以宠绥之者甚备。当是时，士皆上质实下新奇，敦行义而不偷，守训诂而不凿，虽学问之渊源统纪或未深究，然甘受和，白受采，既有进德之地矣。②

南宋另一大理学家魏了翁的《全州清湘书院率性堂记》亦云：

> 吾友林仲山岊守全日，得柳侯仲涂氏读书遗址，乃锄荒筑室，馆士储书，与邦人讲肄其间，且以致怀贤尚德之意。嗣守者不替，有引斋庐廪稍，岁衍月益，今锡之号，荣殆与睢、岳、嵩、庐四书院相为侪等。③

南宋末，史学家王应麟撰类书《玉海》，运用大量史料，纵谈《天下四大书院》（见《玉海》卷一六七），以吕祖谦《白鹿洞书院记》之说为准。及至宋末元初的史学家马端临著《文献通考·卷四六》专考学校，于北宋"天下四大书院"中列白鹿洞书院、石鼓书院、应天府书院、岳麓书院。时虽另有"三书院"

---

① 欧阳修. 新五代史·第 2 册·卷三四 [M]. 北京：中华书局，1976：371, 372.
② 吕祖谦. 东莱集·卷六 [M]//四库全书·第 1150 册. 台北：台湾商务印书馆，1982：53, 54.
③ 魏了翁. 鹤山集·卷四八 [M]//四库全书·第 1172 册. 台北：台湾商务印书馆，1982：537.

"六书院"之说,而应天书院(或称睢阳书院)多在其中。今邓洪波先生的《中国书院史》于第二章第三节考"天下四大书院"云:

> 无论"三书院""四书院",抑或"五书院",越过门户之见,它所代表的仅是一种称谓而已。其所指称者无非就是说,宋初有那么三家、四家或五家书院,可以称闻天下。今统计三四五家各说,除去重复,计有岳麓、石鼓、白鹿洞、嵩阳、应天府、徂徕、茅山七书院。它们是南宋的书院建设者们所认定的宋初天下著名书院。①

应天书院既为"宋初天下著名书院",在宋代书院的研究中,应天书院应是其不可或缺的重要部分。今检宋以来书院研究的专门志书,典册灿然,甚者一书院的志书一续再续,多者达四五种(如《白鹿洞书院志》)。而应天书院至今尚无一部志书,岂不令人扼腕兴叹!

北宋应天书院,是北宋国家肇造之初,大宋皇帝第一个赐名的书院。马端临《文献通考·学校考》考北宋四大书院谓:"真宗大中祥符二年,应天府民曹诚即楚邱戚同文旧居,造舍百五十间,聚书数千卷,博延生徒,讲习甚盛。府奏其事,诏赐额曰应天府书院。"②《宋史》《续资治通鉴长编》《九朝编年备要》《宋大事记》《容斋三笔》《乐全集》等文献典籍,都将此视为北宋天下州郡置学之始。应天书院自五代后梁后唐时期(907—936年)杨悫于宋州授徒,五代后晋(937—946年)至宋初戚同文建睢阳学舍(或称宋州学舍)办学,到宋真宗大中祥符二年(1009年)赐名应天府书院,再到宋仁宗景祐二年(1035年)朝廷下诏将应天府书院改为府学,前后经历了一百余年的私家(或半官方)办学历史。收为府学八年后,于宋仁宗庆历三年(1043年),由于其特殊的政治地位和地理因素及显著的办学实绩,由应天府学升为南京国子监学,成为朝廷中央官学。二百多年间,为社会培养了一批又一批的英才,当时影响之大,对后世影响之远,在中国教育史上有着不可取代的历史地位。由金入元,应天书院文脉续承,或称州学,或云府学;或经战乱,或逢天灾;尊师重教,崇儒向学之风绵绵缊缊,传承不绝。至明清两代,或重建应天书院,或另建范文正公讲院,一线文脉,传承至今。

与北宋其他书院比,后世对应天书院的研究相对滞后。仅就马端临《文献通考·学校考》提到的北宋四大书院而言,历史上白鹿洞书院,有明代郑廷鹄

---

① 邓洪波. 中国书院史 [M]. 武汉:武汉大学出版社,2012:94.
② 马端临. 文献通考·卷四六 [M] // 四库全书·第611册. 台北:台湾商务印书馆,1982:120.

《白鹿洞志》、明代周伟《白鹿洞书院志》、清代廖文英、钱正振《白鹿书院志》等；石鼓书院有明代李安仁《石鼓书院志》、清代李振华《国朝石鼓志》等；岳麓书院有清代赵宁《长沙府岳麓志》、清代丁善庆《长沙岳麓书院续志》等。以上三书院之志书一修再修。而截至今日，还没有一部专门的应天书院的史志专书问世。2001年10月，应天书院复建项目得以启动，2003年被省政府批准立项为省重点项目，2007年一期工程完工。新的应天书院建筑由河南大学古建研究院设计，于商丘古城南城湖东南侧落成。而一部科学完整、资料翔实的"北宋应天书院史志"的修撰，更显迫切。

笔者于20世纪80年代，在《商丘师专学报》连续发表了《范仲淹与应天书院》《范仲淹早年的两则史实考辨》等论文，开启了近代应天书院研究的先河。后来又接连发表有《应天书院鼻祖戚同文》《北宋戚同文教育世家》《天下奇才张方平》等文章，为应天书院史志的全面研究积累了一些资料。

中国古代书院研究，一直是中国古代文化史、教育史研究的一块重地。20世纪上半叶，中国学术界的书院研究，曾掀起了一股热潮，在明清各种地方书院志书的基础，分省书院综志开始撰写。1931年《江苏国学图书馆年刊》第四期发表了柳诒徵先生的《江苏书院志初稿》，以通鉴纲目的形式，就江苏一省书院发展历史，做了编年考述。1932年，吴景贤先生《安徽书院志》问世，全文发表在《学风》杂志1932年第二卷四至八期中。该志分县纂辑，每县以地方书院产生年代为序，每一书院又以时间发展为先后，构稽文献史料，排纂而成。1936年，时任民国教育研究会专任研究干事的王兰荫先生撰成《河北省书院志初稿》、《山东书院志初稿》（未完），分别发表在《师大月刊》1936年第二十五及第二十九期上，其编撰体例基本与《安徽书院志》相同。20世纪下半叶的前三十年，台湾、香港学者对书院研究颇多，三十年中约有四十多篇书院研究的论文成果发表。但以上研究，基本没有应天书院的专门研究成果。20世纪80年代以后的二十余年间，书院研究进一步深入，综合研究的重大成果陆续出现，如陈元晖、王炳照、尹德新的《中国古代的书院制度》，陈谷嘉、邓洪波的《中国书院制度研究》（浙江教育出版社，1987）、《中国书院史资料》（浙江教育出版社，1988），李国钧等的《中国书院史》，白新良《中国古代书院发展史》及一些地方院史的出版。进入21世纪后，邓洪波先生又出版了《中国书院史》（武汉大学出版社，2012）。这些论著专书的出版虽然与应天书院的研究关涉甚少，但为《应天书院志》的撰写提供了参考和借鉴。

另外，应天书院史志研究，面对需要澄清的问题颇多：

首先，应天书院的历史界定及历史分期问题。北宋历史上的应天书院，应以真宗大中祥符二年（1009 年）赐名为始，确切的名称应该是"应天府书院"。真宗大中祥符七年（1014 年）以后，又有"南京书院"之称，如范仲淹《范文正集·卷七·南京书院题名记》。北宋应天府南京，唐至五代时又称宋州睢阳郡，又有称"睢阳书院"者，如南宋吕祖谦的《白鹿洞书院志》、王应麟的《玉海·天下四大书院》。近年一些地方资料，一些媒体，甚至一些学术文章有称宋州书院、归德书院者，皆未规范，且无史实依据。应天书院之名，应从宋真宗大中祥符二年（1009 年）算起，至宋仁宗庆历三年（1043 年）升为南京国子监学为止。虽然仁宗景祐二年（1035 年）改应天府书院为应天府府学，但从改为府学至升为南京国子监学的八年中，基本延用旧制，可看作完全收入朝廷中央官学的过渡期。如果排除"府学"期，应天书院的办学历史为二十六年，如果包括府学期，应天书院的办学历史为三十四年。为此，史志修撰，应以真宗大中祥符二年（1009 年）至宋仁宗庆历三年（1043 年）三十四年的历史，作为建构《北宋应天书院志》的主要内容。

考虑到没有前期五代至宋初太祖时期戚同文的筑室授徒所取得的显赫成果，就没有应天书院的创建。并且应天书院的授徒方法及传授内容，基本延续戚氏课法与戚氏之学。那么五代后梁、后唐间的杨悫至后晋、后周、北宋太祖年间戚同文的授徒，理应作为应天书院的初创阶段。为此，这一时期戚同文学堂，或曰"睢阳学舍"，作为应天书院的初创时期，本应记入史志。以"睢阳学舍"命名亦有根据，应天书院创建初期，时人还有人称应天书院为睢阳学舍者。如范仲淹《范文正集》卷三收有范仲淹在应天书院求学时的一首诗《睢阳学舍抒怀》，称当时的应天书院为睢阳学舍。今有人称戚同文讲学为"南都学舍"者[①]，时为应天府的宋州于北宋真宗大中祥符七年（1014 年）始升为南京，这以后才有"南都"之称，五代至宋初的戚同文讲学时期，何来南都？又何来南都学舍？

宋仁宗庆历三年（1043 年），应天书院升为南京国子监学。经金至元，下传至明清两代，继承先贤而文脉绵延未断。明嘉靖十三年（1534 年），河南巡按监察御史蔡瑷，拣郡中名士李昆等十二人，及属邑若干人，曾以象贤祠社学房舍聚郡中学子肄业其中，题匾曰"应天书院"，有意重振应天书院。惜蔡瑷在此留官很短，未及大成。明万历间知府郑三俊创建范文正公讲院，至清而发扬光大，实承范仲淹应天书院讲学精神。这一时期的范文正公讲院（或称范文正

---

① 刘卫东，高尚刚. 河南书院教育史［M］. 郑州：中州古籍出版社，1991；赵宏欣. 北宋时期应天书院的办学特色［J］. 湖州师范学院学报，2007（6）：105-107.

公书院），于今日在商丘古城南重建之应天书院，即接续明清讲院之文脉。为此，以北宋之后宋地州、府之学及应天书院、范文正公讲院之发展，可作为应天书院的文脉传承之余绪，应载入《北宋应天书院志》的"沿革志"中。

其次，应天书院发展史上的大量的历史事实的考证。因是第一次为应天书院做史做志，历史上的很多问题都需要厘清，需要辨证。如关于先师戚同文的生卒年与授徒事迹问题，范仲淹与应天书院的有关历史真实问题，应天府王渎、王洙家族与书院的关系问题，应天书院的授徒与管理问题，石介、孙复与应天书院的关系及后世文献的谬传与疏漏问题，戚同文弟子与书院英才的稽考斠定问题，等不一而足。对于这些问题，有的史书记载相互矛盾，有的史实资料难以稽考，有的史事不见完整记载而零散见于宋人或宋以后的文献典籍中而真伪互见。为此，史志研究中不得不做些辨伪存真、正本清源的工作。

以范仲淹与应天书院的有关问题为例，从南宋至明清，直至当今，仍然存在着关于范仲淹与应天书院的一些错误的历史认识。如范仲淹的师承问题，《宋史·范仲淹传》、宋代王应麟《赤城书堂记》（见《浙江通志》卷二六一）、明代王鏊《姑苏志·卷四八·人物·六》、《续通志·卷三三九·范仲淹传》、《江南通志·卷一八·人物志》、康熙刊《范文正公集》附《范文正集补编·卷二·宋太师中书令兼尚书令魏国公文正公传》等，有范仲淹"依戚同文学"之说，以致历代沿袭，今人亦有不加详考，持是说者。① 其实范仲淹入应天书院读书时，戚同文已去世约二十年，何来"依戚同文学"？又如，北宋应天书院与商丘明清时期的范文正公讲院的承绪关系不清，甚或混为一谈。由于范仲淹显赫的历史影响与高尚的人格品位，后世对其敬仰万分；再加上他不仅是应天书院的学生，又曾执教应天书院，成为书院名师，以致自明万历三十八年（1610年）郑三俊为归德府知府，建范文正公讲院，文人便把北宋应天书院与范文正公讲院混为一谈。认为北宋的应天书院就是范仲淹的书院，宗师是范仲淹，应天书院传承的是范仲淹之学。明清的范文正公讲院就是北宋应天书院的统续。这种错误认识自明清以来，一直影响至今。其实"应天府书院"之名在北宋历史上仅存不足三十四年，而范仲淹在应天书院掌教不过两年，怎么能认为应天书院就是范仲淹的书院呢！为了正本清源，本志在《人物志·名师志》的撰写中，不得不做些考证工作。这也与志书旧例有所不同。

最后，是关于本书的撰述体例问题。明清以来的书院志书颇多，不乏成功体例。本志书既吸纳旧志之例，又参考近年学术著作的撰述之体，采用考论结

---

① 周宝珠，陈震. 简明宋史［M］. 北京：人民出版社，1985：477.

合方法，按旧纂志书之例，本志拟分："方域地理志""建置志""沿革志""授徒管理志""职官志""人物志""著述志"，并附"应天书院大事编年"。每志的编纂过程，采用考论结合的方法。有总述，有对文献的稽考，也有对文献真伪的考证辨析。

"方域地理志"重在将应天书院的方域地理、人文底蕴、社会文化背景进行阐述。"建置志"主要对应天书院的初期建置规模、以"应天府书院"为名二十六年间的兴废修葺进行考查。五代宋初戚同文讲学旧舍已不可考，宋真宗初宋城人曹诚出资、戚同文之子戚纶等共建规模尚略可考见，但二三十年间的兴废修葺，颇感文献无征。

"沿革考"分为四卷，即北宋府学与南京国子监时期、金元府学时期、明代州府之学与书院复兴时期、清至近代书院文脉之延续时期。

"授徒管理志"主要对书院三十余年间的授徒思想、教授内容、传授方式方法与书院运行管理制度等，分别进行稽查、探索、考述。"职官志"从应天书院诞生时算起，运用正史职官列表形式，将三十余年间（至府学期）应天知府南京留守、与书院有关的幕职提举官员详考排纂，力求言必有据。

"人物志"中"先师考"和"名师考"，采用正史纪传体与文章考论结合形式撰述，首列先师戚同文研究，下以先后为序，主要是书院、府学时期的书院讲书、教授，在书院执教授徒确有史料可考，且为书院发展做出贡献的历史人物。依据史实，考必有据，去伪存真，为之立传。每人传后，另附以正史本传或传主墓志、墓表及相关文献史料，以明传文主要文献依据。

另外，"人物志"中有"戚同文名弟子考"一卷，戚同文一生授徒，从学者不远千里而至，登进士者五十余人，入台阁、践政要者也有十余人。除极少数留下一些文献资料外，大多事迹零碎分散，很难稽考。本志仅考其有典可据者，而典献无证者不敢妄自推衍。又有"书院英才考略"一卷，自真宗赐名"应天府书院"始，至宋仁宗庆历三年（1043 年）书院升为南京国子监学为止，三十四年的办学历史，为北宋王朝培养了一批又一批英才。这里有大批北宋名臣，也有不少教育家、学者、诗人，已入书院名师考者不再重计，重点对入籍书院有据可征，入仕后又具有社会影响的人物略做稽考，仅"略"而述之，挂一漏万，有待之后学者续焉。

"著述志"，考虑到一些异地名宦、名师，如晏殊、范仲淹、石介等，其著作已多见前人著录，此不赘述。而此地文人著作，多为今人忽视而隐匿不彰。此志主要对北宋应天府一地的文人著述进行稽考著录。这些人或学成于应天书院，或受书院风尚影响，汇为一编，以明人文之盛。

"应天书院大事编年"，采用通鉴纲目撰述体例，以编年纪事形式、按时间顺序排纂应天书院所历大事编成。大书以提要，分注以备言，以纲振领，所据史料用小字详引于下，并作适当考证辨析。

纵观全书，笔者力图做到志书编纂的资料翔实，但又不仅仅拘泥于资料的汇纂，所以更多辅以对史实的考论辨析，以达到求真探实的目的，还历史本来面貌。搁笔之际，不敢说这本书做到了什么，但已尽了心力。也不敢说本书有一些什么体例的创新，实在是该课题研究过程中不得不尔、水到渠成的一种结果。

本书从资料搜集到全书撰写完成，工作进展并不顺利，每一步都甚为艰辛。

首先遇到的困难，是五代与宋初太祖、太宗时期的典籍缺失，文献难征。宋州地处中原，五代政权迭相更替，战争频繁，公撰私述的典献留下的很少，几乎空白。最早宋州办学的杨悫，学力深厚，能诗文，虽早逝，弟子戚同文也会为其整理文集，但杨悫著述早已荡然无存。五代中至宋太祖、太宗时期，戚同文高隐不仕，聚徒讲学，《宋史·戚同文传》说他"好为诗，有《孟诸集》二十卷"①，曾与当时名诗人杨徽之唱和。戚同文的两个儿子戚维、戚纶及孙舜宾、舜臣等在当时皆有集。特别是戚纶，据《宋史》本传记载，"既没，家无余赀。张知白时知府事，辍俸以助其丧。家人于几阁间得《遗戒》一篇，大概率皆诱劝为学。有集二十卷，又前后奏议有机务利害、备边均田之策，别为《论思集》十卷，分上下篇。天圣中其子舜宾献之，诏赠左谏议大夫"②。但戚氏的这些文集都散佚无传。戚同文作为高士名师，"所与游皆一时名士"，《宋史·戚同文传》记载他的好友，上蔡宗翼，好学强记，经籍一见即能默写；张昉有史才，滕知白善为诗，郭成范最有文。还有戚同文的不少知名弟子，据《宋史·戚同文传》记载："登第者五六十人，宗度、许骧、陈象舆、高象先、郭成范、王砺、滕涉，皆践台阁。"这些友朋弟子，大都身后有集，今皆不存于世。就虞城王砺而言，他雅好诗文，他的儿子涣、渎、渊、冲、泳、洙，有五人进士，孙稷臣、尧臣、梦臣等，皆进士高第，享誉文坛，而王氏文献存者甚少。这些文献的散佚无证，为我们今天的研究工作带来极大挑战。另在应天书院的三十多年的运行过程中，当时书院的一些典章制度亦荡然无存，资料钩稽困难重重。

其次，史书记载及北宋中后期及南宋以后的地志、笔记等文献资料记述，亦多史实抵牾，辨伪考证，甚为艰难。如《宋史》有关戚同文、戚维、戚纶等

---

① 脱脱，等.宋史·第38册·卷四五七·隐逸上［M］.北京：中华书局，1977：3418.
② 脱脱，等.宋史·第29册·卷三〇六［M］.北京：中华书局，1977：10107.

资料的记载，就戚同文卒年问题，戚维、戚纶仕迹问题，一部史书自身就存在相互矛盾。有些史实与时人文集记载互为印证又不尽一致，甚或差异颇大。如王禹偁《小畜集》中有关于戚氏兄弟的诗文，与《宋史》有关记载的不一致，即是如此（见后考辨）。又如两宋之交应天府谷熟县学者徐度，他在《却扫编》卷上记载宋初书院初建时的一些史实，认为宋建国之初，是"宋城富人曹诚者，独首捐私钱建书院城中"。"并延请楚丘戚先生同文主之"。"曹氏益复买田、市书以待来者。"徐度是本府学人，对先辈史实记载却明显出现错误。清末俞樾就指出："此事与《宋史》所载绝异。……将军赵直厚加礼待，为筑室聚徒。"而府民曹诚乃戚同文卒后，于大中祥符初年前后，"即同文旧居旁造室百余楹，聚书数千卷，延生徒讲习甚盛"。（见后考辨）徐度是本府学人，对本地先贤的史实记载还会出现这样的错误，其他文献就不待再言。如宋吕本中《童蒙训》卷下、《浙江通志·卷二六一·艺文三·记》载南宋王应麟《赤城书堂记》等谓范仲淹、富弼皆师事戚同文等，皆讹误相传，不能不予辩证。

最后，20世纪八九十年代以来学界发表的研究成果，不管是一些出版的学术著作或期刊文章，或硕博论文，为繁荣应天书院的学术研究做出了重要贡献。但不得不说有些论著存在史实臆断，甚或毫无文献依据或对历史文献中的误谬资料不加考证而引以为据，其说又为后辈学人互为引用，陈陈相因（不一一列举），造成史实混杂。不予理清，后患无穷。斟酌评说，实属不易。

虽然该项目的完成甚为艰辛，但最终还是给学术界奉上了这一本较为完整的应天书院的志书。本书涉及古典文献原文较多，可能存在版本不同的问题，来源已在书中注释说明。由于是首创，不当、不足之处在所难免，敬请方家批评指正。

王树林

2023 年 3 月

目　录
CONTENTS

卷之一　方域地理志

应天书院建于北宋应天府南京（今河南商丘），又称应天府书院、南京书院、南都书院、睢阳书院。应天府南京，上古为先商之都，商亡，周封纣之庶兄微子于此，称宋国。秦为砀郡睢阳县，汉为梁国，梁孝王刘武建都于此。南北朝至隋，此地称梁郡，治宋城。唐五代为宋州睢阳郡治。五代后周，此地为归德军节度使驻地。宋太祖赵匡胤为宋州归德军节度使，建国定国号为"宋"，此地成大宋王朝"龙兴"之地。真宗景德三年（1006 年）二月，宋州升应天府；真宗大中祥符七年（1014 年），又升应天府为南京。

一、文献稽考

宋初乐史《太平寰宇记·卷十二·河南道·十二·宋州》："宋州睢阳郡，理宋城县。《禹贡》豫州之域，即高辛氏之子阏伯所居商丘，今州理是也。周为青州之域，武王封微子于宋，后为齐、楚、魏所灭，三分其地。魏得其梁、陈留；齐得其济阴、东平；楚得沛。按，梁即今州地。秦并天下改为砀郡，后改为梁国。汉文帝封子武为梁王，自汉至晋为梁国，属豫州。宋改为梁郡，隋于睢阳置宋州，大业三年又改为梁郡。隋乱陷贼，唐武德四年平王充，置宋州，领宋城、宁陵、柘城、谷熟、下邑、砀山、虞城七县。其年以虞城属东虞州，五年废东虞州，入以虞城来属。贞观元年废杞州，以襄邑县来属，仍省柘城县。十七年以废戴州之单父、楚邱来属。永淳元年，又置柘城。天宝元年，改为睢阳郡。乾元元年，复为宋州。自禄山乱两河，郡县多所陷没，惟张巡、许远、姚訚三人坚守睢阳。贼将尹子奇并力攻围，踰年不下。城中孤危粮竭，人相食殆尽。时贺兰进明、许叔冀屯军临淮，争权不协，不发援师，城竟为贼所陷。巡、远等抗词不屈，遂俱被害。然使贼锋挫衄，不至江淮，巡、远之力也。开平初，升为防御州。三年，升为宣武军。后唐同光元年，改为归德军。皇朝因之。元领县十，今七：宋城、楚邱、柘城、谷熟、下邑、虞城、宁陵。"①

宋代王存等撰《元丰九域志·卷首·四京》云："南京：南京应天府睢阳郡（唐宋州、梁宣武军节度、后唐改归德军，皇朝景德三年升应天府，大中祥符七年升南京，治宋城县）。地里：京东二百八十五里，东至本京界一百三十里，自界首至单州一百一十里。西至本京界九十五里，自界首至东京二百里。南至本京界一百三十五里，自界首至亳州三十五里。北至本京界一百三十里，自界首至单州三十里。东南至本京界一百一十五里，自界首至亳州三十里。西南至本京界一百五十里，自界首至东京二百二十五里。东北至本京界一百三十五里，自界首至单州四十五里。西北至本京界九十五里，自界首至东京一百八十里。户主六万五千四百九十，客二万五千八百四十四。土贡绢二十匹。县七。景德三年降宋城县为次畿，大中祥符九年升宋城县为正畿，余县为次畿。赤宋城六乡，城东河南葛驿三镇，有汴水、睢水、涣水。""畿宁陵，京西五十五里。""畿柘城，京西南八十里。""畿谷熟，京东南四十里。""畿下邑，京东一百二十里。""畿虞城，京东北五十五里。""畿楚丘，京东北七十里。"②

元代脱脱《宋史·卷八五·地理志·三八·地理》一："南京：大中祥符七年建应天府为南京，宫城周二里三百一十六步，门曰重熙、颁庆，殿曰归德（元丰六年赐度僧牒修外城门及西桥等）。京城周回一十五里四十步，东二门：南曰延和，北曰昭仁；西三门：南曰顺城，北曰回銮，南一门曰崇礼；北一门，曰静安。中有隔城，又有门二：东曰承庆、西曰祥辉。其东又有关城，南北各一门。"又："应天府，河南郡归德军节度。本唐宋州，至道中，为京东路。景德三年，升为应天府；大中祥符七年，建为南京。熙宁五年，分属西路崇宁。户七万九千七百四十一，口一十五万七千四百四，贡绢。县六：宁陵、宋城、谷熟、下邑、楚丘、虞城。"③

明嘉靖《归德志·卷四·学校志》载："儒学，旧城在州治东北，即应天书院也。"义云："书院：在州治东北七十步。宋大中祥符三年（按，应为"二年"）邑士曹诚与戚维、戚纶建学舍百五十楹，聚书千五百余卷，招明经艺者讲习，本府以闻，因诏为应天府书院，兼赐额。……今在南门外西，其基址也。……按，……其一则应天（书院）也。始于邑士戚同文、曹诚及同文二子，一时好义之为，终则真宗赐碑题额，遂备一代之制，顾不伟欤！金、元及我朝

---

① 乐史. 太平寰宇记 [M]. 王文楚, 校. 北京: 中华书局, 2007: 218-219.
② 王存, 等. 元丰九域志 [M]. 王文楚, 魏嵩山, 校. 北京: 中华书局, 1984: 6-7.
③ 脱脱, 等. 宋史·第7册 [M]. 北京: 中华书局, 1977: 2104, 2015, 2110.

率因之，以建学宫，迄于壬戌（弘治十五年为壬戌年，城圮于水）之变，改迁新城，遂弃其址于城外，今则半为城濠，并为民田，而往躅遗迹荡然尽矣。"①按，由明《归德志》可知，北宋应天府书院旧址，在今城南门外，偏西而临西南土城，20世纪90年代，废址尚依稀可见。2002年开掘西南城濠为南湖，而旧址遗迹更荡然无存。

二、地理文化评述

（一）悠久灿烂的历史文化

应天府书院建于北宋应天府南京，即今河南商丘，此地具有悠久的历史和丰富的地理文化。上古即为先商之都，商亡，周封纣之庶兄微子于此，称宋国。据康熙《商丘县志·沿革》载：唐尧之时，即有帝喾高辛氏之子阏伯封于此。《春秋左传注疏》卷四一云："子产曰：昔高辛氏有二子，伯曰阏伯，季曰实沈。居于旷林，不相能也。……后帝不臧，迁阏伯于商丘，主辰。商人是因。"晋杜氏注："商丘，宋地。主祀辰星。"又云："商人，汤先相土封商丘，因阏伯故国，祀辰星。"②虞舜时，封司徒契于此。夏启之代，契孙相土封此，代阏伯主火正，八迁而至成汤。汤王为商开国之君，徙都南亳，据传即今商丘市境谷熟之地。周灭殷商，封纣王庶兄微子启于先商故地阏伯之墟，为宋国。宋历三十二主，至偃王被齐、楚、魏三国所灭，并三分其地。宋于春秋战国时期，即是人文蔚兴之地，儒、墨、道三家学术之兴，皆与宋地有关。孔子之祖是宋国大夫，先人正考父即宋愍公之曾孙、孔子七世祖，佐戴、武、宣三公，勤勉为政，恭谨事君。《毛诗注疏·商颂·那之什》毛序云："《那》，祀成汤也。微子至于戴公，其间礼乐废坏，有正考父者得《商颂》十二篇于周之大师，以《那》为首。"③正考父为继承商代历史，兴复重振宋国的礼乐之制，做出过很大贡献。至孔子录诗之时，正考父当时整理的《商颂》十二篇，孔子仅得其五篇，列之以备三颂。孔子思想实根于宋地。道家学派创始人老子，其故里名为楚之苦地，实据宋城仅百里之遥。《史记·老子韩非列传》载孔子问礼于老子，谓其人"乘风云而上天，吾今日见老子其犹龙邪。"老子修道德之学，"著书上下篇，言道

① 黄钧，等．（嘉靖）归德志［M］//天一阁藏明代方志选刊续编·第60册．上海：上海书店，1990：162，163.
② 杜预，注．陆德明，音义．孔颖达，疏．春秋左传注疏·卷四一［M］//四库全书·第143册．台北：台湾商务印书馆，1982：257.
③ 郑玄，笺．陆德明，音义．孔颖达，疏．毛诗注疏·卷三〇［M］//四库全书·第69册．台北：台湾商务印书馆，1982：969.

德之意五千余言"，创道家学派。道家学派另一创始人庄子，则为宋人。《史记·老子韩非列传》谓庄子"其学无所不窥，然其要本归于老子之言"。"著书十余万"，"善属书离辞"，"其言洸洋自恣以适己"，"指事类情，用剽剥儒墨，虽当世宿学不能自解免也"。① 墨家学派的创始人墨翟，宋人，仕宋为大夫（见《史记·孟子荀卿列传》、《汉书·艺文志》、葛洪《神仙传》）。他信徒甚多，《韩非子·显学》说："世之显学，儒墨也。儒之所至，孔丘也；墨之所至，墨翟也。"② 另战国时宋国的大学者惠施，誉称"学富五车"；宋研，亦享誉当时，门弟子众多。自东周教育下移，由学在官府到学在民间，学者兴教授徒，有教无类，当时宋地学派之多，教风之倡，文风之盛，可见一斑。

秦统一，改分封为郡县之制。此地为砀郡睢阳县。汉为豫州梁国之域，睢阳为梁王之都。特别是汉文帝、景帝时，梁孝王刘武都此。刘武为文帝宠后窦太后少子，汉景帝之弟，封地肥广而富抵朝廷，喜延揽文人学士，宾客之盛佳于天下。《史记·卷五八·梁孝王世家》记载：

> 孝王，窦太后少子也。爱之，赏赐不可胜道。于是孝王筑东苑方三百余里，广睢阳城七十里，大治宫室为复道，自宫连属于平台五十余里，得赐天子旌旗，出从千乘万骑，东西驰猎，拟于天子。出言跸，入言警。招延四方豪杰，自山以东游说之士莫不毕至。③

战国以来的养士之风和梁孝王爱才喜士的文人政治，使梁国于文、景之世形成了一个影响深远的文人集团。郦道元《水经注·卷二四·睢水》云：

> 梁王与邹、枚、司马相如之徒，极游于其上。故齐随郡王《山居序》所谓西园多士，平台盛宾，邹、马之客咸在，《伐木》之歌屡陈，是用追芳昔娱，神游千古，故亦一时之盛事。④

当时的成员大体有两方面的来源，一为梁国本土所产，一为从外地招揽而来。就本土文人而言最著名的是韩安国与丁宽。韩安国本为梁孝王的文学侍从之臣，早年尝受《韩子》杂说于驺田生，能辞赋，事梁孝王为中大夫。丁宽则早年游学外地，初受《易》于田何，成为一代易学大师。吴、楚七国反，梁孝王揽士，丁宽回故乡，为孝王军中的将军，领兵以拒吴楚诸王叛乱，并在梁国

---

① 司马迁. 史记·第7册·卷六三 [M]. 北京：中华书局，1959：1239, 1244.
② 王先慎. 韩非子集解·卷十九 [M] //新编诸子集成. 北京：中华书局，1998：456.
③ 司马迁. 史记·第6册 [M]. 北京：中华书局，1959：1083.
④ 郦道元. 水经注·卷四 [M] //四库全书·第573册. 台北：台湾商务印书馆，1982：370.

授徒讲《易》。外地流入梁国的文人最著名的有齐地羊胜和公孙诡，从吴王刘濞处而来的有枚乘、邹阳、庄忌，从景帝朝中而来的有蜀地司马相如。羊胜、公孙诡具有战国纵横家的游士风采，初见孝王时，以"奇邪计"得到梁孝王的赏识，赐千金，官至中尉。枚乘等三人皆因吴王刘濞"阴有邪谋"，政治上不能依靠，又因梁孝王招纳文士，才"皆去之梁，从梁孝王游"。而司马相如的到来是因景帝不好辞赋，而梁孝王好辞赋的原因。梁孝王好辞赋，不仅影响了梁国文人集团的形成，同时也刺激了梁国辞赋创作的繁荣，并在汉代辞赋的发展史上做出了贡献。汉以后直至明清，梁孝王爱才喜士、梁园盛宾客、梁园文人赋酒文会，成为千古风雅，而为历代文人骚客所咏叹。

南北朝至隋，此地称梁郡，治宋城。唐为宋州睢阳郡治。宋代乐史《太平寰宇记·卷十二·河南道十二·宋州》：

> 宋州睢阳郡，理宋城县。禹贡豫州之域，即高莘氏之子阏伯所居商丘，今州理是也。……隋于睢阳置宋州，大业三年又改为梁郡。隋乱陷贼，唐武德四年平王充置宋州。领宋城、宁陵、柘城、穀熟、下邑、砀山、虞城七县。……天宝元年，改为睢阳郡。①

此地虽经汉末及南北朝之乱，仍然不失一方都会。特别是隋开运河，借汴河故道经宋城南关，成为由中原前往东南的交通要道。舟车交汇，商旅辐辏，虽不如汉梁盛时，但仍为文人墨客喜游或留寓之地。盛唐时期的著名诗人高适长期流寓宋州，他从二十岁到四十六岁，二十六年间基本上是在宋州度过的。②李白自长安被唐玄宗"赐金放还"，"一朝去京国，十载客梁园"（《李太白文集·卷八·书情赠蔡舍人雄》）。他与杜甫、高适一起漫游梁宋，登高怀古，饮酒赋诗，并结下深厚友谊，被传为文史佳话。杜甫《遣怀》诗有："昔我游宋中，惟梁孝王都。……邑中九万家，高栋照通衢。舟车半天下，主客多欢娱。白刃雠不义，黄金倾有无。杀人红尘里，报答在斯须。忆与高李辈，论交入酒垆。两公壮藻思，得我色敷腴。气酣登文台，怀古视平芜。芒砀云一去，雁鹜空相呼。"③为我们留下了当时宋州的繁盛景象和好客任侠的人文风尚。除高适、李白、杜甫之外，唐代还有不少诗人在宋州留下诗迹，如王昌龄、刘长卿、岑参、储光羲、李嘉祐、钱起、韦应物、李贺、杜牧等，大大丰富了此地的文

---

① 乐史.太平寰宇记［M］.王文楚，校.北京：中华书局，2007：218-219.
② 孙钦善.高适年谱［J］.北京大学学报，1963（6）：58-63.
③ 仇兆鳌.杜诗详注·卷十六［M］//四库全书·第1070册.台北：台湾商务印书馆，1982：660.

化积淀。特别是安史之乱中，张巡、许远坚守睢阳而壮烈殉国，为后人留下的忠烈文化，成为时人及后世称扬咏叹的亮丽风景。唐代李吉甫《元和郡县志·卷八·河南道三·宋州》云：

> 天宝末，禄山乱两河，郡县多所陷没。惟张巡、许远、姚訚三人坚守睢阳。贼将尹子奇并力攻围，逾年不克，城中孤危，粮竭相食殆尽。时贺兰进明、许叔冀屯军临淮，争权不协，不发援师，城竟为贼所陷。巡、远等抗词不屈，遂俱被害。然使贼锋挫，不至江淮，巡、远之力也。①

宋州于唐安史之乱后为张巡、许远建庙祠祀，以南霁云配，世称双庙。后增祀雷万春、姚訚、贾贲等，称五王庙、协忠祠，历代修缮，香火不绝，文人过宋者，无不瞻仰，留下诗文之多，罕有其比。

综上所述，此地丰厚的文化积淀和灿烂的人文环境，为应天书院的创建积累了深厚的历史文化基础。

（二）宋州特殊的政治地位

宋州于北宋王朝，具有独特的政治地位。宋开国之君赵匡胤起家于宋，建立王朝即以"宋"称国。清顺治《归德府志·地理志》载：

> 五代梁置宣武军，后唐灭梁，以衰象先入朝，遂改宣武军为归德。曰：归德之名为卿设也。宋太祖为归德军节度使，后受周禅，升归德为应天府，号南京，仍治宋城等六县，属京西路。（顺治刻本）

康熙《商丘县志》亦云：

> 宋太祖名匡胤，姓赵氏，涿郡人。周显德六年（959年）为殿前都检点。七月，为归德军节度使。明年春帅师御汉兵至陈桥驿，将士推戴，自立而还。遂代周受禅，改元建隆，定大号曰宋，以尝领军于宋也。（光绪十一年重刊本）

因宋州为赵匡胤应天承运的龙兴之地，因此定国号为"宋"。宋朝的建立结束了中原五代的战乱，为了保证政局稳定，防止地方割据现象的重现，宋太祖采取了削减相权、"杯酒释兵权"、加强中央集权，将政治、军务、国计等权利最大限度地集中于朝廷。宋州邻近都城汴梁，高度集中的中央集权制为宋州的经济、文化的发展营造了稳定而有利的大环境。宋太宗后，政权逐步稳固，对

---

① 李吉甫. 元和郡县志［M］//四库全书·第468册. 台北：台湾商务印书馆，1982：221.

宋州更为重视。宋真宗以孝治国，敬祖崇德，对祖宗发迹之地的宋州更倍加重视。景德三年（1006 年）二月，下诏宋州升应天府，真宗诏云：

> 睢阳奥区，平台旧壤；两汉之盛，并建于戚藩。五代以还，荐升于节制；地望雄于征镇，疆理接于神州。实都畿近辅之邦，乃帝业肇基之地。恭惟圣祖，诞庆鸿图，爰于历试之初，兼领元戎之寄。讴歌所集，符命荐臻。殆兹累朝，俯同列郡。式昭茂烈，宜锡崇名，用彰神武之功，具表兴王之盛。宋州宜升为应天府，宋城县为次赤，宁陵、楚丘、柘城、下邑、谷熟、虞城等县并为次畿。①

诏书不仅肯定其为"帝业肇基之地"，亦看重其"都畿近辅之邦"的地理位置，并对其历朝历代之重要的战略地位及丰富的历史文化积淀给予高度评价。八年后，又于真宗大中祥符七年（1014 年）正月，车驾奉天书行香，祀老子太清宫还至应天府，再下诏升应天府为南京。诏云：

> 睢水名区，实一方之都会。商丘奥壤，为三代之旧邦。形势表于山河，忠烈存于风俗。惟文祖之历试，盖王命之肇基。今者伸款谒于桧庭，既扬茂则；徇徯来于竹苑，方霈湛恩。期克壮帝猷，禅肇新京邑，用志兴王之地，允符追孝之心。应天府宜升为南京，正殿以归德为名。咨尔都民，承予世德，庆灵所佑，感悦良多。②

同时，大赦南都及至京沿途罪囚。徐乾学《资治通鉴后编·卷三十·宋纪》三十："丙辰，升应天府为南京。正殿榜以归德，仍赦境内及东畿车驾所过县流以下罪。御重熙颁庆楼，观酺凡三日，改圣祖殿为鸿庆殿。"③《宋大诏令集·卷一五九·升应天府为南京及至京所过县流以下制》云：

> 门下：顺动省方，所以尉徯来之诵；奉先继志，所以恢孝治之风。矧复白灵域而还衡，届名藩而驻辂。顾兴王之地，既积于永怀；伸追远之心，宜扬于令则。朕绍膺骏命，茂集纯禧，祗受于图书，交修于典礼。岱宗汾壤，接统于千龄；宝绪璇源，发祥于百世。将肇兴于吉土，期大报于高旻。饬驾谯郡，先伸手顺拜；回舆砀郡，载想于有开。怀艺祖之应符，徇乐郊

---

① 徐松，辑. 宋会要辑稿·方域二·第 15 册 [M]. 刘琳，等，校. 上海：上海古籍出版社，2014：9281.
② 徐松，辑. 宋会要辑稿·方域二·第 15 册 [M]. 刘琳，等，校. 上海：上海古籍出版社，2014：9281.
③ 徐乾学. 资治通鉴后编·卷三十 [M] //四库全书·第 342 册. 台北：台湾商务印书馆，1982：393.

之望幸，仰昭前烈，肇建新都。时令是遵，属发春之在序；王猷斯展，期庆赐之及人。式覃宽大之恩，用答延鸿之祐。可赦应天府管内及至京行幸所立业分，正月二十九月日未爽已前，诸犯罪人，死罪奏取敕裁外，流罪已下咸赦些。应天府升为南京，正殿以归德为名，云云。于戏！礼成祈福，惠浃观民。尊祖均禧，已隆于丕律；持盈守位，愈励于小心。咨尔多方，体予深意。①

同时，于南京皇城，诏建鸿庆宫，奉安太祖、太宗像。宋代王应麟《玉海·卷一百·郊祀·祠宫·祥符南京鸿庆宫三圣殿》载有升为南京建鸿庆宫诏曰："睢阳奥壤，艺祖旧邦。膺命历以天飞，创基图而日盛。朕将躬朝涡水，茂集蕃厘，旋幸平台，缅怀积德。想清都之锡类，庆洪绪之无疆。奉真像以颙昂，建灵宫于曲密。洪惟三圣，敷佑万方。故当陪仙御于福廷，俨宸仪于恭馆。南京新修圣祖殿，宜号曰鸿庆宫，仍奉安太祖、太宗像。"② 是年八月，遣都知阎承翰等奉像至归德殿后，正位权安。仁宗庆历四年（1044 年）十月，又奉安真宗御容，鸿庆宫又称"三圣殿"。仁宗庆历六年（1046 年）十二月诏重修三圣御容殿，庆历七年（1047 年）六月，命翰林学士张方平为礼仪使至南京，奉安三圣御容于鸿庆宫。内侍王崇修大殿时，太常寺秘书刘攽为作《鸿庆宫三圣殿赋》（见《彭城集》卷一）。

宋州由一般州郡升为应天府，继而升为南京，进入北宋陪都之列，其政治地位之特殊可见一斑。这种特殊的政治地位，使在此创建的应天府书院与北宋其他书院相比，具有不同的显著特点：

首先，书院一诞生，就获得了官方的高度重视及大力支持。这种官府的重视及迅速介入，使其成为书院官学化的先行者，仅三十四年，就由府学升为南京国子监。这种特殊的得天独厚的地域环境，是其他书院所不具备的。

其次，这种官方介入，也使书院办学经费有了来源。经费充裕、影响面广，不仅应天府及临近诸郡士子纷至，以致山东诸郡文人学士慕名来学。生员徒众一时多于其他书院，并迅速进入繁荣期。

最后，这种官方的高度重视及大力支持，使该书院名师齐齐，管理规范，而授徒质量也得到迅速提高，加之朝廷为之不断增加贡举名额，中进士入仕途的弟子也比其他书院多。

不过，应天书院所在地的特殊政治地位及书院被官方的迅速介入，而使其

---

① 司义祖．宋大诏令集·卷一五九［M］．北京：中华书局，1962：598.
② 王应麟．玉海［M］//四库全书·第 945 册．台北：台湾商务印书馆，1982：652，653.

书院民间私家办学的固有的灵活性及学者主导的学术性逐步退化。为此，应天书院与北宋其他著名书院相比，成为最早淹没在官学海洋里的一座书院。

（三）重要的战略地位与优越的交通环境

宋州为中原东出门户。自古为兵家必争之地，具有重要的战略地位。明嘉靖《归德志·卷一·舆地志·形胜》、康熙《商丘县志·卷一·城池》皆谓此地"南控江淮，北临河济，彭城（徐州）距其左，汴京（开封）连于右，形胜联络，足以保障东南，襟喉关陕，为大河南北之要道焉"。秦末楚汉逐鹿中原，汉高帝三年（204 年）荥阳之战，彭越为汉徇梁地而攻下睢阳、外黄之地，断楚后路，破其积聚，致使楚败。汉孝景帝时，吴王濞等七国叛乱，孝王刘武据梁首当其冲，屏蔽东南，七国叛军不敢过而西，七国平，梁国功最多。后汉初，梁王刘永据睢阳起兵反叛，号召东方，居然强敌。东晋以后，中原沦丧，南朝出师于彭城（徐州），梁宋为必经之地。正如康熙《商丘县志》所云："盖睢阳襟带河济，屏蔽淮徐，舟车之所会，自古争在中原，未有不以睢阳为腰膂之地也。"特别是唐天宝末年的安史之乱，张巡、许远力守睢阳，以抗叛军进攻东南之锋。宋代司马光《资治通鉴·卷二二〇·唐纪》三六谓："尹子奇久围睢阳，城中食尽，议弃城东走。张巡、许远谋，以为睢阳江淮之保障，若弃之去，贼必乘胜长驱，是无江淮也。"① 康熙《商丘县志》亦云："论者谓：睢阳坚守，既足以挫贼之锋，使不敢席卷东下，又即以分贼之势，使不得并力西侵，江淮得以保富庶之全力，赡给诸军，贼旋荡覆。张、许之功，于是乎伟矣！"（光绪重刊本）至晚唐德宗兴元年间（784 年），李希烈为淮西节度使叛唐，攻下汴州即皇帝位，称楚。刘洽时为宋亳节度使，兴元元年秋，率兵救陈，后乘胜攻克汴京。晚唐懿宗咸通九年（868 年），庞勋据彭城叛乱，声势浩大。而唐政府军大集于宋州，一举平定了叛乱。至五代末，宋太祖赵匡胤据宋州，为归德军节度使，积蓄政治、军事力量，代后周而建立了大宋王朝。其宋地战略地位之重要，由此可知。

宋州不仅战略地位重要，且水陆交通便利，隋唐以来皆一方都会。舟车交互，商旅云集，市区繁华。宋州城南门外之南关即隋唐以来大运河的水陆码头。杜甫《遣怀》诗就有诗句"邑中九万家，高栋照通衢。舟车半天下，主客多欢娱。"对宋州的繁华进行描写。大运河占汴河水道又称汴渠，隋名通济渠，唐又称广济渠。《宋史·卷九三·河渠志》对运河作为北宋漕运大动脉，定其历史地

---

① 司马光. 资治通鉴［M］//四库全书·第 309 册. 台北：台湾商务印书馆，1982：70，71.

位云：

> 汴河：自隋大业初疏通济渠，引黄河通淮，至唐改名广济。宋都大梁，以孟州河阴县南为汴首，受黄河之口，属于淮泗，每岁自春及冬常于河口均调水势，止深六尺，以通行重载为准，岁漕江淮湖浙米数百万，及至东南之产百物众宝不可胜计，又下西山之薪炭以输京师之粟，以振河北之急，内外仰给焉，故于诸水莫此为重。①

宋州，作为北宋东出京师，前往东南财富之地的水陆交通枢纽，经济、人文出现繁华兴盛的局面是必然的。当时的繁盛景象在宋代晁补之《鸡肋集·卷二九·照碧堂记》中有记载：

> 去都（开封）而东，顺流千里，皆桑麻平野，无山林登览之胜。然放舟通津门不再宿至于宋，其城郭阛阓，人民之庶，百货旁午，以视他州，则浩穰亦都也。……宋为本朝始基之地，自景德三年诏即府为南都，而双门直别宫，故经衢之左为留守廨，面城背市，前无所达而后与民居接。城南有湖五里，前此作堂城上以临之。……其南汴渠，起魏迄楚，长堤逶靡，帆樯隐见，隋帝之所以流连忘返也。其西商丘，祠陶唐氏以为火正曰阏伯者，之所以有功而食其墟也。其东双庙，唐张巡、许远捍城以死，而南霁云之所以驰乞救于贺兰之涂也。而独梁故苑，复道属之平台三十里者，名在而迹莫寻。②

宋代王巩《闻见近录》亦云：

> 南京去汴河五里，河次谓之河市。五代、国初官府罕至，舟车所聚，四方商贾孔道也。其盛非宋州比，凡郡有宴设，必召河市乐人，故至今俳优曰河市乐人者由此也。③

另外，清代朱彝尊为宋荦《枫香词》写序，亦有追述：

> 商丘，宋之南京也。东都盛时，由汴水浮舟达通津门三百里而近，车徒之毂互，冠盖之络绎，妖童光妓，自露台瓦市，而至乐府之流传，朝倚

---

① 脱脱，等. 宋史·第7册 [M]. 北京：中华书局，1977：2316，2317.
② 晁补之. 鸡肋集 [M] //四库全书·第1118册. 台北：台湾商务印书馆，1982：618，619.
③ 王巩. 闻见近录 [M] //陶宗仪. 说郛·卷五十·下. 四库全书·第878册. 台北：台湾商务印书馆，1982：667.

声而夕勾队于照碧堂上，盖流风虽远，遗响宜有传者。①

　　优越的地理、交通条件为应天书院创建与繁盛创造了条件，但也会使应天书院旧址建筑一遇战乱，极易遭到破坏。宋州地处豫东平原，天下太平，容易恢复，繁华也快；但四面平坦，无地势可凭，无天险可守，天下有变，常为兵冲，古称四战之地。战乱兵燹，城区建筑很易遭到破坏。应天书院的建设至靖康之变后，由于是历代兵家要冲而惨遭破坏，这也是与北宋其他书院的不同之处。白鹿洞书院建于庐山白鹿洞，岳麓书院建立于长沙岳麓山的抱黄洞下，而石鼓书院则在衡阳烝湘二水交汇处的石鼓山中，大都依山傍林，又在江南，南宋时又得到一些理学名家的青睐，战争破坏很少，故建置设施颇能延续。就连同时建在中原的中岳嵩山的嵩阳书院，与建于山东徂徕山的徂徕书院，也与应天书院地理位置不同，故建筑容易存留。书院建筑旧址的保存与书院文脉的延续至关重要。

---

　　① 朱彝尊. 宋院判词序. 曝书亭集·卷四十［M］//四库全书·第1318册. 台北：台湾商务印书馆，1982：104.

卷之二　建置志

北宋应天书院是在五代、宋初戚同文讲学旧舍的基础上重新创建的一所学府。戚同文学堂（或称学舍）为五代后晋、后汉时期归德军节度下一位将军赵直助资所建，其建置规模已不可考。戚同文逝世后，北宋真宗初年，宋城富人曹诚出资与戚同文之子戚维、戚纶等在讲学旧舍的基础上共同重建，规模宏敞，讲习又盛，被真宗于大中祥符二年（1009 年）赐名为"应天府书院"。该书院享誉于北宋真宗、仁宗间二十七年，为北宋王朝培养了如范仲淹、富弼、王尧臣、张方平、赵概、王洙、石介、赵复等大批名臣名士，在北宋历史上具有重要地位。北宋仁宗景祐二年（1035 年），应天府书院改称应天府府学，被收为朝廷官学。应天府书院二十七年间的兴废修葺，文献颇难稽征，今将仅见文献稽集于下，并做辨讹补证。

一、文献稽考

《宋史·卷四五七·戚同文传》："始，闻邑人杨悫教授生徒，日过其学舍，因授《礼记》，随即成诵，日讽一卷。悫异而留之。不终岁毕诵五经。……时晋末丧乱，……悫依将军赵直家遇疾不起，以家事托同文。即为葬三世数丧。直复厚加礼待，为筑室聚徒，请益之人不远千里而至。"又："大中祥符二年，府民曹诚即同文旧居旁造舍百余区，聚书数千卷，延生徒讲习甚盛。"①

李焘《续资治通鉴长编》卷七一真宗大中祥符二年二月："应天府民曹诚以赀募工，就戚同文所居造舍百五十间，聚书千余卷，博延生徒，讲习甚盛。"②

《宋会要辑稿·崇儒二·郡县学》："国初，有戚同文者，通五经业，高尚不仕，聚徒教授，常百余人。……同文卒后，无能继其业者。同文有子二人，维为职方员外郎，纶为龙图阁待制。至是，（曹）诚出家财，即同文旧居，建学舍

---

① 脱脱，等. 宋史·第 38 册［M］. 北京：中华书局，1977：13419.

② 李焘. 续资治通鉴长编·第 6 册［M］. 北京：中华书局，1985：1597.

百五十间，聚书千五百余卷，愿以学舍入官。令同文孙奉礼郎舜宾主之，召明经义者讲习。本府以闻，故有是命。并赐院额，仍令本府职事官提举。"①

《宋史全文·卷六·宋真宗》二：己酉，大中祥符二年二月辛丑："应天府民曹诚，以资募工就戚同文所居造舍百五十间，聚书千余卷，博延生徒，讲习甚盛。府奏其事，上诏赐额曰：应天府书院。"②

张方平《乐全集·卷三九·朝奉郎守太子中舍骑都尉韦君墓志铭并序》："自五代乱离，经籍道息，睢阳有隐君子戚君同文，独以讲授为业，诸生后多达者。子纶处近官，就其旧庐构学校，志于学者自远方至。朝廷嘉其事，赐名应天府书院，天下庠序由兹始。常选学行可为人师者主领之。"③

曾巩《隆平集·卷一·学舍》："五代学校不修，学者多各从其师，是以庐山有白鹿洞书院，嵩阳、岳麓亦各有书院，国朝各赐以书籍。大中祥符初，应天府民曹诚即戚同文旧学之地造书舍，诏赐额曰应天府书院。"又，《隆平集·卷十三·戚纶》："大中祥符二年，应天府言：民有曹诚者，即同文旧居广舍百五十楹，聚书千余卷，以延学者。真宗嘉之，赐名曰应天府书院。"④

宋代徐度《却扫编》卷上："五代之乱，天下无复学校。皇朝受命，方削平四方，故于庠序之事亦未暇及。宋城富人曹诚者，独首捐私钱建书院城中。前庙、后堂，旁列斋舍，凡百余区。"⑤

宋代杜大珪编《名臣碑传琬琰之集·下卷七·戚学士纶》："大中祥符二年，应天府言：民有曹诚者，即同文旧居，广舍百五十楹，聚书千余卷，以延学者。真宗嘉之，赐名曰应天府书院。"⑥

洪迈《容斋随笔》卷一七一："大中祥符二年，应天府民曹诚即楚邱戚同文旧居造舍百五十间，聚书数千卷，博延生徒讲习甚盛，府奏其事，诏赐额曰应天府书院。命奉礼郎戚舜宾主之，仍令本府幕职官提举，以诚为府助教。宋兴，天下州府有学自此始。"⑦

宋代陈均《九朝编年备要·卷七·赐应天府书院额》："初，楚丘戚同文聚

① 徐松. 宋会要辑稿·第 5 册［M］. 刘琳，等，校. 上海. 上海古籍出版社，2014：2762.
② 佚名. 宋史全文［M］//四库全书·第 330 册. 台北：台湾商务印书馆，1982：143.
③ 张方平. 乐全集［M］//四库全书·第 1104 册. 台北：台湾商务印书馆，1982：489.
④ 曾巩. 隆平集［M］//四库全书·第 371 册. 台北：台湾商务印书馆，1982：12，125.
⑤ 徐度. 却扫编［M］//全宋笔记·第三编·第十册. 郑州：大象出版社，2008：119.
⑥ 杜大珪. 名臣碑传琬琰之集·下［M］//四库全书·第 450 册. 台北：台湾商务印书馆，1982：711.
⑦ 洪迈. 容斋随笔三笔·卷五［M］. 上海：上海古籍出版社，1978：477.

徒教授，士不远千里而至。及卒，应天府民曹诚即同文旧居旁造舍百余区，聚书数千卷，延四方之士讲习其中。诏赐额为应天府书院。"①

宋代王称《东都事略·卷四七·列传·戚纶》："应天府民有曹诚者，即（戚）同文旧居，广舍百五十楹，聚书千余卷以延学者。真宗嘉之，赐名曰应天府书院云。"②

宋代祝穆《古今事文类聚续集·卷八·居处部·天下四书院》："应天府民曹诚，即同文（戚纶之父名）旧居，广舍百五十楹，聚书千余卷，以延学者。真宗嘉之，赐名曰应天府书院。"③ 又《古今事文类聚别集·卷三·儒学部·聚书赐额》："应天府民有曹诚者，即同文（戚纶之父名也）旧居，广舍百五十楹，聚书千余卷，以延学者。真宗嘉之，赐名曰应天府书院。"④ 又，元富大用编《古今事文类聚外集·卷十三·路官部·各路儒学》："应天府书院：祥符二年新建书院，诏以曹诚为助教。国初有戚同文者通五经业，高尚不仕，聚徒教授，常百余人，许骧、郭承范、董循、陈舆、王励、滕涉皆其门人。同文卒后，无能继其业者。至是始有是命，并赐院额。"⑤

宋章定《名贤氏族言行类稿》卷五二："应天府民有曹诚者，即同文旧居，广舍百五十楹，聚书千余卷，以延学者。真宗嘉之，赐名曰应天府书院云。"⑥

二、建置辩证

宋州学堂的重建时间问题。

以上史料皆将重建的时间与赐名时间放在真宗皇帝赐名的大中祥符二年（1009 年）二月，其实不然。重建与赐名只是因果关系，重建是先因，而赐名是后果，并非一时。所谓"本府以闻，故有是命""府奏其事"，应该是曹诚于"戚同文旧居，造舍百五十间，聚书数千卷，博延生徒讲习甚盛"这些事情，在

① 陈均. 九朝编年备要 [M] //四库全书·第 328 册. 台北：台湾商务印书馆，1982：176.
② 王称. 东都事略 [M] //四库全书·第 383 册. 台北：台湾商务印书馆，1982：299.
③ 祝穆. 古今事文类聚续集 [M] //四库全书·第 927 册. 台北：台湾商务印书馆，1982：162.
④ 祝穆. 古今事文类聚别集 [M] //四库全书·第 927 册. 台北：台湾商务印书馆，1982：552.
⑤ 富大用. 古今事文类聚外集 [M] //四库全书·第 929 册. 台北：台湾商务印书馆，1982：220，221.
⑥ 章定. 名贤氏族言行类稿 [M] //四库全书·第 933 册. 台北：台湾商务印书馆，1982：751.

大中祥符二年二月之前已经有其事，应天府才能奏其事以闻，不然何以上奏其事？又，"造舍百五十间"的工程颇大，从备料筹建，到百五十间学舍完工也需一二年的工夫。学舍建设工程完成后，还要舍内各种设施的布置，还要聚书聚徒等前期工作，直到讲习甚盛，兴复戚同文在世旧观，才有"府奏其事"，这些都需要一个过程。为此，笔者认为学舍重建的最佳契机应当在宋州升应天府之时，此时离戚同文去世已十五年，离杨徽之与其弟子私谥"坚素先生"之号也已七年（见后"先师考"考证）。戚同文逝后的七八年间学舍凋弊，无能继其业者。杨徽之与其门人合议谥号，开始有了兴复重建的动议及筹备。直到宋州升应天府这年，宋城民众欢庆之时而学舍兴建，似当水到渠成。从宋州升应天府（1006 年 2 月）之后至大中祥符元年（1008 年）12 月学舍"讲习甚盛"，可看作学舍重建后的恢复期。正是到了大中祥符元年已经"讲习甚盛"，才有应天府上奏其事，及大中祥符二年二月的朝廷赐名。

又按，上报朝廷的时任知府。

朝廷赐名"应天府书院"，是应天府上书朝廷，这与当时应天府知府关系甚大。当时应天府知府是何人？明代李贤等《明一统志·卷二七·归德府·名宦》："李防，真宗时知应天府，凿府西漳口为斗门，泄汴水溉田数百顷，民甚利之。"[1] 考嘉靖《归德志·卷五·官师志·府官》，宋真宗朝应天府知府有王曾、李防、张知白。真宗在位年号依次是咸平（998—1003 年）、景德（1004—1007 年）、大中祥符（1008—1016 年）、天禧（1017—1021 年），王曾乃真宗天禧（1017—1021 年）年间知应天府，与应天府书院赐名无关。张知白，据李焘《续资治通鉴长编》卷九四真宗天禧三年（1018 年）十一月戊午、十二月壬戌及卷九七真宗天禧五年（1021 年）冬十月戊申记载，其人知应天府应在王曾之后。那么，李防知应天府应在王曾、张知白之前的大中祥符（1008—1016 年）年间。考《宋史》卷三百三李防本传："李防，字智周，大名内黄人。举进士为莫州军事推官，……景德初，江南旱，诏与张知白分东西路安抚。……徙知应天府，凿府西障口为斗门，泄汴水淤旁田数百亩，民甚利之。又徙兴元府，入为三司盐铁判官。……防好建明利害，所至必有论奏，朝廷颇施行之。其精力过人，防在江南，晏殊以童子谒见，防命赋诗。使还，荐之，后至宰相。"[2] 李防景德初诏与张知白分东西路安抚江南旱灾，遂为江南转运使，由江南转运徙

① 李贤，等.明一统志［M］//四库全书·第 472 册.台北：台湾商务印书馆，1982：676.
② 脱脱，等.宋史·第 29 册［M］.北京：中华书局，1977：10039.

知应天府，知应天府的时间应在景德末年（1007 年）至大中祥符初（1010 年）之间。李防"好建明利害"，在应天府政绩颇著，在任期间凿府西障口为斗门，泄汴水淤旁田数百亩，造福百姓。"所至必有论奏"，在江南发现神童晏殊，荐之朝廷，后为宰相。正是李防在应天府任上将新建书院上奏朝廷，真宗诏赐"应天府书院"名额，为此，此人入地方志"名宦"传。

又按，关于重建的方位问题。

以上众多史料只是记载"即同文旧居旁"（《宋史·戚同文传》），或曰"就戚同文所居"（《续资治通鉴长编》），或曰"即同文旧居"，而同文旧居在何处？皆无说明。据方志记载，从唐五代的睢阳城，或曰宋州城，到北宋应天府南京城，历金元至明孝宗弘治十五年（1502 年）圮于水，皆为旧址叠建。正德六年（1511 年）重筑新城，乃北迁一城，今城南门，即北宋南京城之北门。北宋时的应天府南京城，康熙《商丘县志·卷一·城池》有记云："宋为南京城，城周十五里四十步。东二门：南曰延和，北曰昭仁。西二门：南曰顺城，北曰回銮。南一门，曰崇理。北一门，曰静安。内为宫城，周二里三百六十步，门曰重熙、颁庆；京城中有隔城，门二：东曰承庆，西曰祥辉。东有关城（东西外城也），周二十五里八十三步，东、南、北各有一门。"这即是当时南京城的建置规模。而应天府书院，即戚同文旧居又在什么地方呢？明嘉靖《归德志·卷四·学校》载："儒学，旧城在州治东北，即应天书院也。"又云："书院：在州治东北七十步。宋大中祥符二年，邑士曹诚与戚维、戚纶建学舍百五十楹，聚书千五百余卷，招明经艺者讲习，本府以闻，因诏为应天府书院，兼赐额。……今在南门外西，其基址也。……金元及我朝率因之，以建学宫，迄于壬戌（弘治十五年为壬戌年，城圮于水）之变，改迁新城，遂弃其址于城外，今则半为城濠，并为民田，而往躅遗迹荡然尽矣。"① 由上可知，学舍在今城南门外，偏西而临西南土城，20 世纪 90 年代，废址尚依稀可见。2002 年开掘西南城濠为南湖，而旧址遗迹荡然无存。

又按，学堂重建的主要人员。

《宋史·戚同文传》、李焘《续资治通鉴长编》、《宋会要辑稿》与《宋史全文》及南宋诸家，皆谓学舍为应天府（宋城）民曹诚所建；张方平在《乐全集·卷三九·朝奉郎守太子中舍骑都尉韦君墓志铭》、石介在《徂徕集·卷二十·移府学诸生》，谓是戚同文之子戚纶等所建，而不言曹诚。其实戚同文学堂

---

① 黄钧，等．（嘉靖）归德志［M］//天一阁藏明代方志选刊续编·第 60 册．上海：上海书店，1990：162.

的重建应是曹诚与戚氏后人共同所为。赐名之初即入应天府书院学习的范仲淹在《南京书院题名记》中亦记其初建的史实云："先生之嗣，故都官郎中维，枢密直学士纶，并纯文浩学，世济其美。清德素行，贵而能贫。祥符中乡人曹氏请以金三百万建学于先生之庐，学士之子殿中丞舜宾时在私庭，俾干其裕，故太原奉常博士淓时举贤良始掌其教，故清河职方员外郎吉甫时以管记以领其纲，学士画一而上，真宗皇帝为之嘉叹。"① 明嘉靖《归德志》亦有同样记载。可见曹氏是出资人，而设计规划及建设过程，主要由戚氏后人负责，另外还有王砺之子王淓与时为职方员外郎的张吉甫。明嘉靖《归德志》所谓"邑士曹诚与戚维、戚纶建学舍"之说颇为匀当。

又按，学堂建制规模问题。

由上史料，皆言"学舍百五十间，聚书数千卷"，颇为概括，稍详者为徐度《却扫编》所谓"建书院城中，前庙后堂，旁列斋舍，凡百余区"。但徐度《却扫编》所涉应天府书院史料中，多有讹误。如谓曹诚建书院"既成，邀楚丘戚先生主之"。戚先生至大中祥符元年，已去世约二十年，何来主之？又谓戚同文主书院，"及是四方之士争趋之，曹氏益复买田、市书以待来者。先生乃制为学规：凡课试、讲肆、劝督、惩赏莫不有法，宁亲归沐与亲戚还往莫不有时，而皆曲尽人情，故士尤乐从焉。由此，书院日以浸盛。事闻京师，有诏赐名应天府书院"。先生所制学规，应是宋初事，不是书院时。"事闻京师，有诏赐名应天府书院"，也是戚先生逝世后其子戚维、戚纶之事。又谓"先生之规后传于时，及建太学，诏取以参定学制，予幼时犹及见之。书院，即今之国子监也"。（见前）徐度乃应天府谷熟县人，青少年时入南京国子监，这些所记当为事实。

---

① 范仲淹. 范文正集·卷七［M］//四库全书·第 1089 册. 台北：台湾商务印书馆，1982：622.

卷之三　沿革考一　应天府学与南京国子监学

宋仁宗景祐二年（1035 年），以应天府书院为府学，增建学府孔庙，府学增拨学田十顷。庆历三年（1043 年）十二月，应天府府学升为南京国子监学，直至北宋灭亡。应天书院一变为府学，再变为国子监学，成为朝廷中央官学，其建置沿革，稽考如下。

一、以书院为府学

（一）文献稽考

李焘《续资治通鉴长编》卷一一七：仁宗景祐二年（1035）十一月辛巳朔，"以应天府书院为府学，仍给田十顷。"①

《宋史全文》卷七下：乙亥景祐二年，"十一月朔，以应天府书院为府学，仍给田十顷。"②

王应麟《玉海·卷一六七·应天府书院》："景祐二年十一月辛巳朔，以书院为府学，给田十顷。"③

宋代章如愚《群书考索后集·卷二六·士门学制类》：景祐二年"十一月辛巳朔，以应天府书院为府学，仍给田十顷。"④

（二）辩证

《群书考索后集》卷二六载："天圣九年（1031 年），青州王曾以州缺学教育诸生，乃缮官舍为州学，请国子监群书，上从其请。其后天下有请建学赐书

---

① 李焘 . 续资治通鉴长编 · 第 9 册 · 卷一一七 [M]. 北京：中华书局，1985：2761.
② 佚名 . 宋史全文 · 卷七 · 下 [M] //四库全书 · 第 330 册 . 台北：台湾商务印书馆，1982：204.
③ 王应麟 . 玉海 · 卷一六七 · 应天府书院 [M]. 扬州：广陵书社，2003：3075.
④ 章如愚 . 群书考索后集 [M] //四库全书 · 第 937 册 . 台北：台湾商务印书馆，1982：356.

与田，并从之。"① 从此，诸路州府之学相继建立。至"庆历四年（1044 年），宋祁上言，于是诸路、州、府、军、监，并皆立学校，及二百人以上又立县学。"② 徐松《宋会要辑稿·崇儒二》亦有记载云："自明道、景祐间，累诏州郡立学，赐田给书，学校相继而兴。近制，惟藩镇立学，颍为支郡，（蔡）齐以为（请）而特许之，故有是命。又蔡齐请立学时，大郡始有学，而小郡犹未置也。庆历诏诸路州府军监各令立学，学者二百人以上，许更置县学，于是州郡不置学者鲜矣。"③ 在这州府遍立学校的浪潮中，本来就已经是应天府的府书院的应天府书院，自然也就结束了补缺官学的历史使命，于景祐二年（1035 年）十一月，顺理成章的改称为应天府府学了。改称府学后，并"仍给田十顷"。官府所拨学田十顷的收入作为学校办学经费，这无疑给处于兴盛期的应天府书院以永久且稳定的经济来源，并且为书院的教学活动和学子研学提供了坚实的经费保障。此时的书院虽然改为府学，但依旧"府学""书院"并称，也有称南京府学者。在此之后八年的府学期间里，应天府书院已完全遵照地方州郡之学统一的模式发展，在教育管理、院费开支的诸多层面，已不完全具备独立的办学权利，这无疑对书院的自身发展有其不利的方面。除此之外，应天府书院在改为府学后，也失去了自由讲学、延请名师的自主权，书院原有的活跃繁盛的学术氛围也随之渐趋萧条。

（三）夏竦考述

应天府书院改称应天府府学，正逢夏竦任应天府知府兼南京留守时期。宋仁宗景祐二年（1035 年），夏竦知应天府，分司南京。宋王珪《夏文庄公竦神道碑铭》："景祐元年，徙青州。明年，徙应天府兼南京留守。"④

按，夏竦，字子乔，江州德安人。北宋著名政治家、文学家，世称夏文庄公、夏英公、夏郑公，《四库全书》收其《文庄集》三六卷。《宋史》卷二八三有传，传载：因其父"与契丹力战死之，录竦为润州丹阳县主簿"。他"资性明敏好学，自经史百家、阴阳律历外至佛老之书无不通晓，为文章典雅藻丽。举

---

① 章如愚. 群书考索后集［M］//四库全书·第 937 册. 台北：台湾商务印书馆，1982：356.

② 章如愚. 群书考索后集［M］//四库全书·第 937 册. 台北：台湾商务印书馆，1982：356.

③ 徐松. 宋会要辑稿·第 5 册·崇儒二［M］. 刘琳，校. 上海：上海古籍出版社，2014：2763.

④ 王珪. 夏文庄公竦神道碑铭［M］//全宋文·第 53 册·卷一一五四. 上海：上海辞书出版社，2006：196.

贤良方正，擢光禄寺丞，通判台州，召直集贤院为国史编修官"。历官参知政事，迁刑部侍郎、进兵部，寻进尚书左丞。"迁刑部尚书，徙应天府。宝元初，以户部尚书入为三司使"。本传说他"材术过人，急于进取"。但所到之处皆有政绩。① 在南京期间，颇能任事。今夏竦《文庄集》卷五有"南京到任谢上表"，卷十八有"南京到任谢二府启"，卷十六有"乞修南京大内状"，卷二一有"海雁桥记"。其《乞修南京大内状》既可了解当时南京大内建置设施及当时状况，又有史料价值。《海雁桥记》是北宋散文名篇。《四库全书总目》卷一五二《文庄集》提要云："其文章则词藻赡逸，风骨高秀，尚有燕许轨范。《归田录》《青箱杂记》《东轩笔录》《中山诗话》《玉海》《困学纪闻》诸书皆称引之。吕祖谦编《文鉴》亦颇采录。盖其文可取，不以其人废矣。集中多朝廷典册之文，盖所长特在于是。"②

夏竦在任，关心书院建设，改称府学后，积极争取学田，并建府学夫子庙。时石介为南京留守推官，提举应天府书院，对夏竦为府学的贡献颇为称道。石介有《上南京夏尚书启》《南京夫子庙上梁文》，并有《移府学诸生》文，勉励诸生学习。

石介了解夏竦才情，夏竦初调任，即上书欢迎恭贺，其《上南京夏尚书启》云：

> 惟留守尚书，光奉制书，来尹畿近，伏惟庆慰。伏以天子之居则谓之京，而汴为东京，洛为西京，宋为南京，其名尊矣。王者之兴必有其地，而尧自唐虞，舜自妫汭，禹自有夏，汤自景亳，周自岐山，刘自汉中，李自晋原，国家自归德，其世长矣。洪惟太祖，开国授于太宗。太宗灵承，传之先庙。先庙克光，付与皇帝。相继四圣，垂乎百年。德厚流长，本固叶茂。重熙累盛，以至于亿万世而寖隆寖昌，莫不由乎肇迹之有先，始封之弥大。壮是王气，建为大都，保厘东郊，居守留钥，常命懿德国老迹臣若今丞相仆射王公等数人，回翔畿甸，莫不自此迁入为柄辅。中书堂执政者五，而三出为南京尹。伏惟留守尚书，始以贤良方正能直言极谏举，次以《大禹》《益稷》《皋陶》之谟出纳诰命，次以伊尹、伊陟、甘盘、巫咸之义弼谐机衡，名书太常，勋在王府。今既承三公而来，亦当蹑三公而去，自兹京邑地望益高，不独为宋之荣观，可以使天下之耸动也。介顷由学官

---

① 脱脱，等. 宋史·第27册·卷二八三［M］. 北京：中华书局，1977：9571，9577.
② 永瑢，等. 四库全书总目［M］//四库全书·第4册. 台北：台湾商务印书馆，1982：97，98.

登于幕府，天与其幸，会公之来，喜忻交并，精爽飞越。官守有限，不能奔走麾下，与公推挽辔毂一日，而至慰邦人徯望之心，瞻望旌旄，不胜踊跃之至。①

夏竦为府学争取学田十项，石介更是感激奋励，并鼓励在学诸生。其《移府学诸生》文云：

> 贤，重也。食，轻也。君子推乎轻以笃乎重，故贤隆焉。学本也，养末也。君子厚于本而薄于末，故学至焉。易曰：大畜，养贤也。又曰：颐贞，吉，则推乎轻以笃乎重之谓也。孔子曰：君子谋道不谋食。又曰：食无求饱，则厚于本而薄于末之谓也。圣人置禄以待百官，禄充而后责之以事，故事修而国家立矣。然则养岂素出也？君子养贤以居众材，养优而后责之以道，故道至而教化行矣。然则养岂空具也？讲习在堂，朋友在序，图籍在府，器服在厅，岁有公田，日有常秩，内足以乐乎志，而外足以进乎道。夫志者，何谓也？志乎所志也。道者，何谓也？道乎所道也。志于忠信，而忠信立。志于孝悌，而孝悌成，志之谓也。道于仁义而仁义隆，道于礼乐而礼乐备，道之谓也。夫如是养，果不空具也。南京学立于故大谏戚公（谏议大夫戚纶），成于今留守夏公（竦）。大谏为建学官，学之有取无不给，惟养士之具未称。留守从天子请田千亩，以食于学，养士之具又称。则诸生不可以负二公矣！噫！大谏至留守三十年矣！而学乃成，岂不以学大本也？殖之不深不可以维万世。道，重器也。举之不以难，不可以格后人。殖之深，举之难，诸生议之。②

重道养贤不仅是大宋王朝的基本国策，而且也是整个封建时期历朝历代励精图治的重要策略。而只有"讲习在堂，朋友在序，图籍在府，器服在厅，岁有公田，日有常秩"，才能"内足以乐乎志，而外足以进乎道"。书院创建二十余年来，虽然解决了"讲习在堂，朋友在序，图籍在府，器服在厅"的问题，"君子养贤以居众材，养优而后责之以道"，但"养"的问题，也就是办学经费问题，一直困扰着书院的发展。虽"贤，重也；食，轻也""学，本也；养，末也"，但"食"与"养"的问题不解决，何谈"内足以乐乎志，而外足以进乎道"！当年戚纶建书院学舍，解决了为学之所；而夏竦请来了学田，解决了办学

① 石介．徂徕集·卷二十［M］//四库全书·第1090册．台北：台湾商务印书馆，1982：330.
② 石介．徂徕集·卷二十［M］//四库全书·第1090册．台北：台湾商务印书馆，1982：331.

经费问题，所以石介认为"南京学立于故大谏戚公（谏议大夫戚纶），成于今留守夏公（夏竦）。大谏为建学宫，学之有取无不给，惟养士之具未称。留守从天子请田千亩，以食于学，养士之具又称"。从戚纶到夏竦近三十年，"而学乃成"。其实石介讲了书院从创立到彻底成为官学的发展过程，也是书院改为府学的重要意义。为此他告诫生员"诸生不可以负二公矣"！

夏竦修缮书院，重建夫子庙。石介有《南京夫子庙上梁文》：

> 日月不盛大，星辰不众多，无以昭天之明。山岳不磅礴，江海不横泻，无以彰地之载。制度不恢廓，宫室不壮丽，无以示圣人之尊。天明不昭，众庶何所仰也！地载不厚，万物何所附也！圣人不尊，群儒何所法也！况艺祖始兴之地，先皇亲狩之都。鼎峙为京，自四畿相附而先。圣庙龌龊，僻陋不堪，其忧何以壮远人之望，示四方之则哉！留守尚书公下车日，余政未及施，首严圣祠。豪人承风偃化，相率出钱二百万，取材于河阳，咸得大木以新厥居。轮焉奂焉，京邑翼翼，宋人开韦发鬓，共知圣师之尊且大。庙作凡三月而厥功有成，以十二月二日吉请上梁焉。公命酒食，盛以落之。儿郎伟，抛梁东，夫子之道，岱岳并崇。抛梁西，夫子之道，大华与齐。抛梁南，夫子之道，衡岳相参。抛梁北，夫子之道，常山比极。抛梁上，夫子之道，如天可仰。抛梁下，夫子之道，如地不泻。伏愿抛梁之后，留守尚书公即入持国钧，正位台席，行圣师之道，以致君于尧舜之上，下以跻民于仁寿之域。万斯年兮，主圣臣直。[1]

此前，"圣庙龌龊，僻陋不堪"。夏竦到任，首先修庙，"下车日，余政未及施，首严圣祠"。应天书院于仁宗景祐二年（1035 年）十一月初改称府学，夫子庙于十二月二日吉请上梁焉，为应天府学崇儒尊孔活动，开拓了全新场所。

二、府学升国子监学

（一）文献稽考

《续资治通鉴长编》卷一四五：庆历三年十二月，"戊午，以南京府学为国子监。"[2]

宋代陈均《九朝编年备要》卷十二：仁宗皇帝癸未庆历三年："十二月，以

---

① 石介. 徂徕集·卷二十 [M] //四库全书·第 1090 册. 台北：台湾商务印书馆，1982：331，332.

② 李焘. 续资治通鉴长编·第 11 册·卷一四五 [M]. 北京：中华书局，1985：3516.

南京府学为国子监。"①

《宋史全文》卷八上：宋仁宗三：癸未庆历三年十二月，"戊午，以南京府学为国子监"②。

宋代章如愚《群书考索后集》卷二六："庆历三年十月戊午，以南京府学为国子监。"③

宋代王应麟撰《玉海·卷一百十二·学校》："十二月戊午，以南京府学为国子监。"④

（二）背景述略

应天府府学于庆历三年（1043 年）十月，升为南京国子监学，成为北宋最高学府之一，直至高宗赵构在南京称帝的建炎年间（1127—1130 年），南京国子监历时 88 年。应天府书院升为南京国子监，一方面令平民子弟惋惜，即使那时私学和书院已大量兴起，但应天府书院的辉煌成就也是后起书院无法超越的；另一方面，对于应天府的民众而言，应天府书院升为南京国子监，无疑是一件无上光荣的事情。应天府书院升为地方官学，再由地方官学升为中央官学，书院的迅速发展是北宋教育历史发展的必然。

陪都府学升为国子监，并不是从应天府书院始，在此之前已有先例。早在景祐元年（1034 年），西京（洛阳）河南府府学就已升为国子监。《续资治通鉴长编》卷一一四仁宗景祐元年（1034 年）甲戌五月："以河南府府学为国子监。后唐同光三年，初建文宣王庙。咸平三年，重修。旧止名府学，于是直集贤院谢绛论奏，乃正监名。"⑤ 前车之鉴，南京应天府的府学升为南京国子监学也是顺理成章的事情。

在南京国子监学八十八年的历史中，国家发生了很大变化，南京国子监因革兴废，早已不是书院旧貌，但作为应天书院的延续，院址、藏书、授徒讲学的教育本质并未改变。

① 陈均．九朝编年备要［M］//四库全书·第 328 册．台北：台湾商务印书馆，1982：311.

② 佚名．宋史全文·卷八上［M］//四库全书·第 330 册．台北：台湾商务印书馆，1982：249.

③ 章如愚．群书考索后集［M］//四库全书·第 937 册．台北：台湾商务印书馆，1982：356.

④ 王应麟．玉海·卷一一二·学校［M］．扬州：广陵书社，2003：3075.

⑤ 李焘．续资治通鉴长编·第 9 册·卷一一四［M］．北京，中华书局，1985：2677.

(三)南京国子监述考

府学升为国子监学后,其性质完全改变,其中最大的变化是入监生徒的变化。进监入学的门槛提高至中央官学标准。当时国子监的入学条件是"国子生以京朝七品以上子孙为之"①。仁宗庆历二年(1042年),朝廷接受王洙的建议,整顿国子监,将八品以下至庶人子弟也收入国子监读书,另设"四门学"培养他们。所谓"四门学",即"用《礼记》四郊立学之说,于四门置学"②,也就是国子监的生徒除国子监生之外,进一步扩大的生员。北魏太和十九年(495年),在洛阳立国子、太学、四门小学。四门学始于此。唐隶国子监,有四门学生一千三百人,五百人为七品以上及侯伯子男之子,八百人为庶人子弟之俊异者。宋代王应麟《玉海·卷一一二·学校·唐六学》引《唐书·选举志》云:"凡学六,皆隶于国子监:国子学生三百人,以文武三品以上子孙为之;太学生五百人,以五品以上子孙为之;四门学生千三百人,以七品以上子、庶人之俊异者为之……"③ 另外其他三学是书学、律学、算学。宋至仁宗庆历二年因为当时还没有太学之建,始置四门学。庆历三年(1043年)二月,"仍请立四门学,以士庶子弟为生员"④。宋代李焘《续资治通鉴长编》卷一三九:仁宗庆历三年(1043年)二月,"辛酉,国子监言:自今补说书官请以四人为定额,及岁所试监生不合格且留听读,三试不中者黜之。仍请立四门学士以庶人子弟为生员,以广招延之路。并从之。"⑤ 这些政策给平民子弟提供了入最高学府国子监学的机会。但紧接着要求生员各回本籍,又接着是京师太学的复兴,这不仅使国子监北宋四门学很快消亡,也给处于陪都地位的南京国子监之生徒来源带来不利。

庆历四年(1044年)三月,朝廷建学更制的政策,使由府学刚升为国子监的南京学宫,又受到了极大限制。范仲淹等人意欲复古劝学,并多次建议兴学校,要重本行实。仁宗下诏让几位近臣商议,于是翰林学士宋祁、御史中丞王拱辰、知制诰张方平、欧阳修,殿中侍御史梅挚、天章阁侍讲曾公亮、王洙,

---

① 脱脱,等.宋史·第11册·卷一五七[M].北京:中华书局,1977:3657.

② 章如愚.群书考索后集·卷三四[M]//四库全书·第937册.台北:台湾商务印书馆,1982:356.

③ 王应麟.玉海·卷一一二·唐六学[M]//四库全书·第946册.台北:台湾商务印书馆,1982:35.

④ 徐松.宋会要辑稿·第6册·职官二八[M].刘琳,校.上海:上海古籍出版社,2014:3752.

⑤ 李焘.续资治通鉴长编·第11册·卷一三九[M].北京,中华书局,1985:3355.

右正言孙甫、监察御史刘湜合奏曰：

> 伏奉诏书，议夫取士当求其实，则人当尽其材。今教不本于学校，士不察于乡里，则不能核名实。有司束以声病，学者专于记诵，则不足尽人才。此献议者所共以为言也。谨参考众说，择其便于今者，莫若使士皆土著而教之于学校，然后州县察其履行，则学者修饬矣。故为设立学舍保荐送之法。①

仁宗据众臣奏章，诏下天下："今朕建学兴善，以尊学士大夫之行，而更制革弊，以尽学者之才。教育之方勤，亦至矣。有司其务严训导，精察举，以称朕意。学者其进德修业，无失其时。凡所科条，可为永式。"在这以后选举人才，"士皆土著而教之于学校，然后州县察其履行"，皆行州郡"学舍保荐"之法，原汴京以东士子皆可入南京学，那么此诏一下，来就学的学士皆令回其本土，南京国子监没有了生徒来源之优势。

庆历四年的另一政策，也导致了南京国子监的萎缩。这年四月判国子监王拱辰、田况、王洙、余靖等言：

> 首善当自京师。汉太学二百四十房，千八百余区，生徒三万人。唐学舍亦千二百间，今取才养士之法盛矣，而国子监才二百楹，制度狭小，不足以容学者。请以锡庆院为太学，葺讲殿，备乘舆临幸。②

仁宗从之。此太学之建，逐渐取代了"四门学"，后来太学生数量逐渐增多，大量超过国子生，而国子监也不断"太学化"。太学初建时，下湖州取胡瑗讲授之法著为令，并诏胡瑗为学官。"始，瑗教授湖州，科条纤悉备，具以身先之，虽盛暑必服坐堂上，严师弟子之礼，视诸生如其父兄，诸生亦信爱如其子弟，从之游者常数百人。"嘉祐元年（1056 年）胡瑗以太子中允天章阁侍讲管勾太学。"瑗既为学官，其徒益众，太学至不能容。取旁官舍处之。礼部所得士，瑗弟子十常居四五，随材高下，擅自修饰，衣服容止，往往相类。人遇之虽不识，皆知其为瑗弟子也。于是擢与经筵，治太学犹如故。"汴京太学之建并迅速发展，大量士子向往京师而著籍太学，致使南京国子监逐渐萧条。

南京国子监发展历史进程中的另一件大事是神宗时期，在王安石变法主导下推行的太学"三舍法"制。宋代章如愚《群书考索后集·卷二八·士门·学法类·三舍附》：

---

① 李焘.续资治通鉴长编·第 11 册·卷一四七 [M].北京：中华书局，1985：3563.
② 李焘.续资治通鉴长编·第 11 册·卷一四八 [M].北京：中华书局，1985：3589.

神宗熙宁四年十月戊辰，中书言：近制增广太学，益置生员。除主判官外，直讲以十员为额，每二员共讲一经，委中书选差，或主判官奏举。其生员分三等：以初入学生员为外舍，不限员。自外舍升内舍，内舍升上舍。上舍以一百员、内舍以二百员为限。生员各治一经，从所隶官讲授。主判官、直讲，月考试优等，举业上中书，学正、学录、学谕于上舍人内逐经选六员，如学行卓然尤异者，委主判及直讲保明，中书考察，取旨除官，具有职事者受官讬，仍旧管勾。候直讲、教授有阙，次第选充。其主判官、直讲、职事生员，并第增给食钱。从之。①

当时国学主学者为主判官，主判官之下设国子监五经直讲官十员，每二员共讲一经。参与管理者还有学正、学录、学谕等职官，这些职事官大多从上舍生中选拔，由主判官及直讲官保明上报中书省考察，然后取旨除官。将来直讲、教授有缺，也依次从学正、学录、学谕中递补。到了神宗元丰年间，三舍养士之逐舍升迁之法进一步完善。时御史中丞李定及太学生檀宗益皆有上言。李焘《续资治通鉴长编》卷二九八记载：神宗元丰二年五月，"上批太学外舍生檀宗益上书《论修整学事》颇有条理，疑其应务之材在所可试，判国子监李定尝保奏，自入学无殿罚，同斋诸生称其素行无阙，可试校书郎，充太学录。所言太学事令李定同检正中书户房公事毕仲衍看详后，又命同判监张璪同看详，立法以闻。"② 到了这年十二月，李定等人经讨论研究，上奏皇上。宋代章如愚《群书考索后集·卷二七·士门·学制类》记载当时奏章云：

元丰二年十二月乙巳，御史中丞李定等言：窃以取士兼察行、艺，则是古者乡里之选。盖艺可以一日而校，行则非历岁月不可考。今酌《周官》书考宾兴之意，为太学三舍选察升补之法，上国子监敕式令并学。令凡百四十条，诏行之法。太学生檀宗益上书言：太学教养之策有七：一尊讲官，二重正录，三正三舍，四择长谕，五增小学，六严责罚，七崇司业。上览其言，以为可行。命定与毕仲衍、蔡京、范镗、张璪同立法，至是上之。太学置斋舍八十，斋容三十人，外舍生二千四舍，生百，总二千四百生员。入学本贯若州给文据，试而后入，月一私试，岁一公试。补内舍生，间岁又一试。补上舍生，封弥誊录如贡举法。而上舍则学官不与考校。诸斋月书学生行艺，以师教不戾规矩为行，治经程文合格为艺。斋长谕学录正直

① 章如愚. 群书考索后集·卷二八·学法类 [M] //四库全书·第 937 册. 台北：台湾商务印书馆，1982：373.
② 李焘. 续资治通鉴长编·第 21 册·卷二九八 [M]. 北京：中华书局，1985：7239.

讲，主判官以次考察籍记公试。外舍生入第一、第二等，参以所书行艺，预籍者外内舍；内舍生试入优平二等，参以行艺，升上舍，分三等，俱优为上，一优一平为中，俱平若一优一否为下。上等命以官，中等免礼部试，下等免解，以升补人行艺进退，计人数多寡为学官之赏罚。缘外舍为奸者，论如违制。律不用去官，赦原学正增为五人，学录增为十人，学录参以学生为之。

这种学校"三舍"校士之法，到了徽宗时，甚至取代了科场考试，直至宣和五年（1123 年），"复罢舍法而一归于科举"①。

应天书院升为国子监后，朝廷还重视学官的选拔和学官地位的提升。庆历三年（1043 年）十月十九日，有臣僚上言："自古取士之术，皆本学校。太平以来，学校兴矣，未尝设官典教，以重其任。今使士角科举一日之长，岂如素养士于天下也？"诏曰："诸路转运司，令辖下州府军监应有学处，并须拣选有文行学官讲说，不得因循废罢。"② 庆历四年，时任参知政事的范仲淹针对当时的教育系统提出了"精贡举、择官长"等十项改革主张③。仁宗嘉祐元年（1056 年）十二月，诏天章阁侍讲胡瑗管勾太学，"其徒益众，太学至不能容"④。至神宗即位，知制诰宋敏求于熙宁元年（1068 年）五月上言请州置学。熙宁六年（1073 年）三月，诏诸路学官委中书选京官朝官来选举适用之人，或举荐人材充任。又诏诸路择举人最多的州、军，以五路法（指北方五路京东、京西、陕西、河东、河北士子在进士科考中的优选政策）各置教授一员，委国子监询考通经品官，及新及第出身进士可为诸路学官，即具所著词业以闻。神宗时期国子监、太学完全融为一体。元丰三年（1080 年）正月，国子监直讲改称太学博士，与国子监原建制同，每一经置博士二人。哲宗绍圣元年（1094 年）五月，诏内外学官，非制科进士出身及上舍生入官者并罢。崇宁三年（1104 年）十一月，徽宗亲临太学，诏国子监司业吴纲、蒋静各进官一等，面赐三品服。博士、正录满三考改合入官，未满三考，人循两资。崇宁、大观间，

---

① 章如愚．群书考索后集·卷二七·学制类［M］//四库全书·第 937 册．台北：台湾商务印书馆，1982：359，360．

② 徐松．宋会要辑稿·第 5 册·崇儒二［M］．刘琳，校．上海：上海古籍出版社，2014：2763．

③ 徐松．宋会要辑稿·第 9 册·选举三［M］．刘琳，校．上海：上海古籍出版社，2014：5297．

④ 章如愚．群书考索后集·卷二六［M］//四库全书·第 937 册．台北：台湾商务印书馆，1982：357．

罢废科举增教导之官，建辟雍以待天下士。徽宗亲自撰《辟雍记》碑文，碑文有云：

> 唯我神考，稽若古昔，训释经义，兴置学校，崇建师儒。天下之士靡然向风，始弃声律雕篆之技，游意于道德性命之理矣。朕奉承先志，追而述之，罢废科举，增教导之官，即国郊之南，度地相方，建立黉舍，因先王礼以制之、乐以和之之意，命之曰辟雍。……又润色熙、丰之成法，月书季考，核其行能，待以岁月，士无苟得苟失之患。推三舍法施于天下，由外舍升于内舍，内舍升于上舍。由县之上升于州，由州之上升于辟雍，由辟雍以登于太学。司成率其属，稽其籍，考其成，升其尤者，命之以官。三年大比，策以当世之务，别其等差，唱第于廷，释褐而任使之。

整合国子监、太学、辟雍的管理体制，以辟雍司成为太学司成，总国子监及内外学事，凡学之事皆许直接通达皇上。[①] 使学官地位得到进一步提升。

应天府书院升为国子监后，政府对国子监的经费投入也进一步加大。升为国子监后的第二年，即庆历四年（1044 年）春二月，"以上清宫田园邸店赐国子监"（《群书考索后集》卷二六）。上清宫在今鹿邑境内，离南京最近，邸店田产赐国子监，当主要资助刚升为国子监的南京太学。到了神宗年间，国子监发展迅速，对国子监的经费投入也在不断增加。据宋代章如愚《群书考索后集·卷二七·士门·学制类》记载，神宗熙宁、元丰的十余年间，国子监经费、学舍、餐饮的增加和建设就有六次：

> 熙宁四年（1071 年）十二月辛亥，诏每岁加赐国子监钱四千缗，以增置学官、生员用度不足故也。
>
> 熙宁五年（1072 年）八月辛卯，国子监外舍生以七百人为额，日给食，岁赐万缗。
>
> 熙宁十年（1071 年）二月戊子，诏以光州固始县户绝田赐国子监赡生员，太学西门修筑射圃，听诸生遇假日习射。并从管勾国子监黄履请也。
>
> 元丰二年（1077 年）八月丁巳，诏益太学生员舍为八十斋，每斋屋五间，命入内东头。供奉官宋明臣管勾修展。
>
> 元丰三年（1079 年）正月癸未，增国子监岁赐钱万五千缗，以国子监言岁费钱三万七千缗而所入才二万三千缗也。

---

① 章如愚. 群书考索后集·卷二七 [M] //四库全书·第 937 册. 台北：台湾商务印书馆，1982：362, 363.

元丰三年（1080年）四月辛酉，增国子监岁赐钱六十缗。初给外舍生食，人月为钱八百五十，至是增至千一百故也。①

由以上记载可知，神宗时期对国学的国家投入颇多，其原因不外三方面：其一为北宋经真宗、仁宗之治，国家相对安宁，人民得以休养生息，国库颇为充裕。其二是神宗励精图治，任用王安石刻意变法，对教育特别重视。其三，北宋经太祖、太宗、真宗、仁宗之世，教育由书院、地方州、军兴学，至此国学得到大发展，经费需求也进一步扩大。

神宗时，举士考试颇重经义。马端临《文献通考·卷三一·选举考四·举士》："神宗熙宁二年（1069年），议更贡举法，罢诗赋、明经诸科，以经义、论、策试进士。……八年，颁王安石《诗》《书》《周礼》义于学官，谓之《三经新义》。"② 据宋代李焘《续资治通鉴长编》卷二二〇记载：神宗熙宁四年（1071年）二月引朱熹本注云："诗赋取士以来，学者雕敝聪明，及其中选施于有政，无所用之，其所从来久，然莫能革也。自上即位，稽合先王，造立法度，……罢黜声律，而修明庠序之教，由是人务经术而识义理者多矣。"③ 又引《选举志》第一卷作注云："诗赋浮靡，不根道德，施于有政，无所用之，自唐以后莫之能革。上稽合先王造立法度，而议者不深惟其意，群起而非之。上以为凡此皆士不知义，非其所习见。乃罢黜声律，俾王安石训释经旨，颁之天下。"④ 时真州沈季长任南京国子监教授，以经术教育学子，为南京国子学的振兴做出了贡献。沈季长，字道原，王安石妹夫。其学多得于王安石。少长即自奋励，闭门读书，家人有终岁不见其面者。年十七，举进士，荐于乡，辞章典丽可观。居数年，乃专取群经深探而力索之，至忘寝食寒暑，遂又以经术著称，学者颇归之。转运使上其行义，朝廷赐以粟帛，中进士甲科。宋代王安礼《故朝奉郎权发遣秀州军州兼管内劝农事轻车都尉借紫沈公墓志铭》云：

> 季长字道原。……为南京国子监教授。南京学废久矣。国人多不知学，学者多不知经。公取群经为诸生讲解，诲诱之甚力。方朝廷以经术取士，士之从学于公者通经为最先，故礼部岁所贡士多公弟子。其后亦复稍稍为时显用。岁满改莱州掖县丞，未行天子召见，问劳命，进所著书。因谓公

① 章如愚．群书考索后集·卷二七［M］//四库全书·第937册．台北：台湾商务印书馆，1982：362，363.

② 马端临．文献通考·卷三一·选举考四［M］//四库全书·第610册．台北：台湾商务印书馆，1982：767.

③ 李焘．续资治通鉴长编·第16册·卷二二〇［M］．北京：中华书局，1982：5335.

④ 李焘．续资治通鉴长编·第16册·卷二二〇［M］．北京：中华书局，1982：5335.

曰："朝廷方新学校，朕将用卿典教。姑为朕悉心焉。"除国子监直讲。公出入学舍，与诸生论经，归则谢客，未尝请谒权势。……已而除天章阁侍讲兼集贤校理，管勾国子监。①

仁宗后期至英宗、神宗年间，由于京师太学的繁荣，而南京国子之学相对冷落。至神宗熙宁间已"南京学废久"，以至于"国人多不知学，学者多不知经"。沈季长为南京国子监教授，以经学诲诱诸生，时朝廷方以经术取士，礼部取士南京国子监为多。沈季长也因南京国子监授徒之业绩，升为国子监直讲。进而除天章阁侍讲兼集贤校理，来管理整个国子监事务。颁之天下学府的王安石的《三经新义》一书，也是由沈季长、陆佃与王安石广泛讨论而编定的著作。

南京国子监至沈季长有过短暂振复后，直到靖康之变后，高宗赵构建炎元年（1127 年）在南京即位，原汴京国子监太学全部教官学生，移置南京国子监，经短暂调整，又随驾迁逃江南，南京落入金人之手，应天府书院发展而来的南京国子之学也随之消亡。国子监旧址，成为此地金元明初的府州之学。

---

① 王安礼. 王魏公集·卷七［M］//四库全书·第 1100 册. 台北：台湾商务印书馆，1982：66.

卷之四　沿革考二　金元府学时期

南宋金元至明中期，应天书院故址皆为州府学宫。宋钦宗靖康元年（1126年）年底，金破宋京师汴梁。二年（1127年）正月，金军北撤，劫徽、钦二帝，后妃宗室及大批官吏、内侍、宫女、技艺工匠、倡优等，并携走大批礼器法物、天文仪器、书籍地图、府库蓄积。宋朝至此凡九帝一百六十七年，史称北宋。同年五月，宋康王赵构于此（南京）即位，改元建炎，是为高宗，开启了南宋的历史。朝廷以黄潜善为中书侍郎、汪伯彦迁知枢密院事，将东京国子监归入南京国子监。李纲受黄、汪排挤罢相。国子监太学生陈东、欧阳彻言黄、汪不可用，李纲不能罢，并坐狂直被杀，这是北宋在应天书院旧址上发生的最后一件大事。这年十月，高宗南迁扬州，命孟庾留守南京，尹应天府。建炎三年（1129年）二月，金兵南下，高宗渡江南逃。建炎三年三月，以直徽猷阁京畿路提点刑狱公事召孟庾赴行在，命凌唐佐为应天尹。金兵至应天，凌唐佐降。应天府改称归德府。凌唐佐为伪齐刘豫所害。凌唐佐死后，归德府曾一度为伪齐刘豫政权所辖。之后，金人以完颜褒为三路都统知归德府。高宗绍兴九年（1139年），南宋张浚、韩世忠收复归德府，此地重新恢复为应天府南京之名。南宋以路允迪为南京留守知应天府。绍兴十年（1140年）五月，南京又为金人攻陷，路允迪被杀。直至元世祖忽必烈的至元中期，元与南宋合谋灭金，此地短暂为南宋所有，又很快归统于元。自金至有元一代，此地归德之名未变，而附廓宋城，改称睢阳县。南京国子监旧址亦改称为归德府府学。

一、文献稽考

宋代徐梦莘《三朝北盟会编·卷一五一·炎兴下帙》："先是，建炎三年召知应天府孟庾赴行在，以直秘阁凌唐佐升直敷文阁知应天府。金人犯应天府，唐佐投拜金人，以应天府为归德府，令唐佐知府事。"又，《三朝北盟会编·卷一四一·炎兴下帙》："二十七日丁卯，金人立刘豫于北京，国号齐。……改南京为归德府。"

宋代徐梦莘《三朝北盟会编·卷一九五·炎兴下帙》绍兴九年（1139年）五月："张俊、韩世忠来朝，复南京，归德府为应天府。……州府之名自陷伪之后，经金人及刘豫更改者，今复其旧。"

徐梦莘《三朝北盟会编·卷二百·炎兴下帙》：绍兴十年（1140）五月："十四日丁亥，金人寇应天府南京，留守路允迪出见大金人完颜褒，为褒执之而去。初，金人以完颜褒为三路都统知归德府，退地之日朝廷赦书已到，褒以辎重先发行，最后褒出门，即日吊桥更不放人回，极为肃静。归德府者，南京应天府也。褒在南京久，甚得人心，无秋毫之犯。至是金人渝盟褒以兵数千至宋玉台，使人传语。民故吏与寄居官州县学生告以不杀不扰之意，请路留守出门相见。允迪朝服坐于厅事，官吏军民迫之不动。允迪曰：'允迪有死报朝廷耳，然允迪乃应天府人。'久以保全乡郡为辞。请之终日，允迪不得已出城见褒于宋玉台。允迪为主，褒为客，众人又请。允迪过盏，不得已，又从之。褒复过一盏，即执送允迪于乌珠。褒遂鼓吹入城，秋毫不扰。或闻允迪在京师七日不食死，惜乎不死于应天府城中也。"①

元代脱脱等的《金史·地理志中·南京路》："归德府，散中，宣武军：故宋州，宋南京应天府、河南郡、归德军，国初置宣武军。户七万六千三百八十九，县六、镇四：睢阳，宋名宋城。承安五年更名。有鹰鹭池、汴水、睢水、涣水。"②

明代宋濂等的《元史·地理二》："归德府：唐宋州，又为睢阳郡。后唐为归德军，宋升南京，金为归德府。金亡，宋复取之。旧领宋城、宁陵、下邑、虞城、谷熟、砀山六县。元初与亳之鄳县同时归附，置京东行省。未几罢。岁壬子，又立司府州县官以绥定新居之民。中统二年（1261年），审民户多寡，定官吏员数。至元二年（1336年），以虞城、砀山二县在枯黄河北，割属济宁府，又并谷熟入睢阳，鄳县入永州，降永州为永城县，与宁陵、下邑、隶本府。八年，以宿、亳、徐、邳并隶焉。壤地平坦，数有河患。府为散郡，设知府、治中府判各一员，直隶行省。领县四、州四。州领八县。"③

明代李贤等的《明一统志·卷二七·归德府》："学校：归德府学，在府治东。旧在东北，宋初为应天府书院，大观改南京国子监（按，误）。金、元为归

① 徐梦莘. 三朝北盟会编［M］//四库全书·第351册. 台北：台湾商务印书馆，1982：294，615.
② 脱脱，等. 金史·第2册·卷二五·地理·南京路［M］. 北京：中华书局，1975：590.
③ 宋濂，等. 元史·第5册·卷五九·地理二［M］. 北京：中华书局，1976：1407.

德府学。"①

清雍正《河南通志·卷四二·学校·上·归德府》："归德府儒学，旧在府治东，即宋南京国子监故址。屡经金、元兵毁。"②

二、沿革考述

金代归德府，成为与金、宋对峙的前沿战略要地。金末南渡，迁都汴京，归德府又成了金前出东南南宋、后出东北蒙古的战略重地。1232 年，即南宋绍定五年、金天兴元年、蒙古窝阔台汉四年，蒙古遣王檝至宋，共议夹攻金，并许灭金后以河南地归宋。是年十二月，蒙古大军再围汴京。来年正月，金哀宗以归德府四前环水，易守难攻，逃至归德府。崔立以汴京投降蒙古，蒙古军入汴。六月，金哀宗自归德又逃至蔡州。1234 年，即宋理宗端平元年，蒙古窝阔台汗六年，宋、蒙破蔡州，金哀宗自杀，末帝完颜承麟死于乱军，金亡。金共九帝，120 年。在金百余年的统治时期，归德府几经宋、金更替，归德学宫不修，残败不堪。今存文献，未见归德府学在金有修葺记载。

宋理宗端平元年、蒙古窝阔台汗六年（1234 年）六月，宋赵范、赵葵主张收复三京，即河南东京汴梁、西京洛阳、南京睢阳（即归德府），守河据关，以防蒙古南侵。归德府短暂归宋。但南宋朝臣首鼠两端，八月，以粮运不济撤退，归德府落入蒙古统治。蒙古于世祖忽必烈至元八年（1271 年）改国号大元，直至元亡，归德府在有元一代，其府学才得到修复重建。据明嘉靖《归德志·卷四·学校志》："庙学，先师庙旧称大成殿，在学明伦堂东。元初，立正殿三间，延祐四年（1317 年），改创五楹、两庑、神门。至元丁丑（后至元三年，1337 年），知府李守中塑像增置棂星门。"③ 这则史料大致叙述了元代府学的沿革重建与修复。今见嘉靖《归德志·卷四·学校志》附有元董守中元后至元四年（1338 年）写的一篇《修归德府庙学记》，全文如下：

清庙之制，有其时而无其人，则事功不立；得其人而遇其时，则百废交举。（文）采一新为天下后世规范者，实在于此。皇元奄有区宇，列圣相承，谓孔子之道垂宪万世，加号隆礼，兴学七十余年矣。然而大都小邑，

---

① 李贤，等. 明一统志·卷二七·归德府［M］//四库全书·第 472 册. 台北：台湾商务印书馆，1982：672.

② （清雍正）河南通志·卷四二［M］//四库全书·第 536 册. 台北：台湾商务印书馆，1982：488.

③ 黄钧，等. （嘉靖）归德志［M］//天一阁藏明代方志选刊续编·第 60 册. 上海：上海书店，1990：149.

学校假馆借徒，庙貌弗称。故典者比比有之，岂有其时而无其人欤！归德在大河之南，控制州邑方四千里，实名郡也。稽之于古，迺高辛氏子阏伯所都之地，殷王庶子微子所封之国，吾夫子实所自出也。其为庙貌可后诸郡也哉！宋大中祥符间立国子监（史实错误），又置应天府书院。金季以来毁于灰烬。天造草昧，因其故址立正殿三间。延祐四年，改创大成正殿五楹、两庑、神门、讲堂、斋舍，体制粗完。有石以载。后至元丁丑，知府李侯守中，字正卿，朱幡皂盖，爰庇是邦。祝政之初，即诣是学，顾瞻制作规度，缺而未完者尤违典礼，甚非圣朝尊崇先圣、开示后世之美意，于是即府治谋之。始塑圣贤像，增置棂星门，阐盖讲堂后舍，以移弦诵之教。同知不答夫礼、判官李罗罕、推官梁思温、知事伯颜、照磨吴兴祖，佥应之曰："贤侯此举，稽诸历代，质之当今，诚不可专美于昔人也。"侯乃规措有方，不劳民不伤财，次第而营，为之两庑，莱芜侯曾点而下，一百有五位，橄图立像，彰施五彩作绘，缔绣之裳，仪容端古，俨然如在，与四科贤配享，十哲彬彬焉。创建棂星门，危峨壁立，崭然一新。讲堂诵室如翚斯飞，宏敞靓深，以严师度。凡弊者葺理，缺者增完。典制所载，无一不备。经始于至元戊寅之春，告成于七月既望。征文于余。实其有终，镌诸坚珉。窃惟夫子之圣贤于尧舜，道德敦厚，教化无穷，如天运之流行于春夏秋冬，时无不有，物无不然，曷得而轻重也哉！昔桓魋欲害夫子，有曰："天生德于予，桓魋其如予何？"迨及秦焚典籍，坑戮儒生，共王壤其旧宅，被固无加责焉。而吾夫子之道，昭昭犹在也。今居文明之世，崇儒重道，旷古所无。贤郡守以降知所先后，一意于庙貌之修，百废悉举，盖亦得其人焉尔。然讲肆有所，师生有廪，其于文教之典，他日风俗盛行，必以此郡为甲乙也，顾不伟欤！后之继政者宜鉴于此。[①]

考元代有两个董守中，一为槁城人，字子平，延祐间为集贤侍读学士，历河南、湖广参政。天历元年迁汉中廉访使，历移河南、湖北二道，所至有善政，卒于元统元年（1333 年）。而此记撰写于后至元四年（1338 年），可见不是此文作者。另一董守中字君庸，莘县人，至正间为即墨县尹，建县治，创儒学，有政绩。此文当为后一董守中所撰。这则史料，所谓"宋大中祥符间立国子监，又置应天府书院"句，作者未曾详考，与应天书院史实未符，应是宋大中祥符间赐名"应天府书院"；庆历三年（1043 年）十月，"升为南京国子监"（另详下）。另，这篇史料为我们提供了元后至元四年（1338 年）及金元以来归德府

---

① 此文引自（嘉靖）《归德志·卷四·学校》，并校以（明成化）《河南总志·卷一四》。

学的修建史实，即应天书院旧址南京国子监于金代毁于战火，金末及成"灰烬"。元初"天造草昧，因其故址立正殿三间"；延祐四年（1317 年），"改创大成正殿五楹"，又重建"两庑、神门、讲堂、斋舍"，府学旧貌"体制粗完"，并有石碑以载修建起因、过程（按，元延祐四年碑刻未见，计已不存）。此文还详细记载了后至元四年府学重新修建的经过、规模。

嘉靖《归德志·卷四·学校志》还为我们保留了苑滇撰于元至正二年（1342 年）的《归德府学雅乐记》一文，为笔者了解当时府学祭孔音乐，留下了宝贵的文献。全文如下：

> 恭闻天为物之体，气为物之用，初非二也。故《列子》云："天积气耳。"前贤为气物之母也。体用一源，显微无间。气光于六合之内，神运默化，循环于冥冥之中，块扎无垠。《乐记》曰："流而不息，合而同化，而乐兴焉。"无形迹之可状，无动静之可窥，惟为物之激博，有声出焉。具大小洪纤，万有不同。庄生所谓天地人籁焉，太高则焦杀，太低则盎缓。故天生圣人，取其中声而寓于器。截行为律，分为十二，以法周天之数。大小相生，尊卑定位，以协五声，以正八音，能使克谐，无相夺伦。故经曰："清明象天，广大象地，终始象四时，周旋象风雨。"所谓动天地，感鬼神，平政教，和人心，风俗美，岁时登，其大矣哉！三代之下，知音者三二人耳，其难矣哉！苟戾于此则否泰分焉，如人气血门流于身，太过不及，皆病也。惟得其中和，为平安也。为政亦然。传曰："审知知政。"诚哉，斯言也。夫礼乐者，为政之本，修齐治平，必先务焉。归德监府哈利章奉政，知府元民刘公，于至正建元孟秋，同寅莅事，布政始于学校，视设祭止以俗乐从事。二公皆曰："礼有缺焉。"于是二公议于同僚，同知勉判官张微，推官马处仁，幕官海禄丁，提控案牍赵翼，询谋金同，咸协赞焉。教授刘宗义，乐之制度昔尝经历，于是寸积毫储，鸠金可酬其直。六月，既选儒吏朱企哲赴浙江创造焉。季秋既成，选儒生肄习。越明年正月望日告成于庙，其乐之数与夫贤善协力者载诸碑阴。维而判官伯火者，知事李志道，提控案牍陈国鼎到任，以其善事不可以不记，以念来者。请于上官，惟允且命滇作记。窃谓此吾圣人之先正考父之乡也，其于感格神明，尤当备礼尽诚，以报立极之功。二公皆谓，此举其盛矣哉！滇滥占儒籍，义不可辞，敬勉为之书。①

---

① 此文引自（嘉靖）《归德志·卷四·学校》，并校以（明成化）《河南总志·卷一四》。另见李修生，等．全元文·第 52 册［M］．南京：凤凰出版社，436，438.

　　此文记述归德府学雅乐制造及祭孔演奏，以取代不称礼的俗乐的过程。此地原祭孔的庙乐失传，祭祀时以俗乐代替。至正元年（1341年），归德监府哈利章与知府刘元民莅政，首先重视学校建设。认为以俗乐为祭乐不合于礼，于是与同僚共议创制雅乐。当时府学教授刘宗义对先世雅乐有亲身经历，于是酬值，选儒吏朱企哲前往浙江定制雅乐乐器。秋末制成，选儒生肄习。第二年，即至正二年（1342年）正月十五日告成，并将乐器之数与协力共建者"载诸碑阴"。新官到任，请苑滇作记刊石。

　　以上记载，即应天府书院之故址于金元两代府学的废兴沿革过程。

卷之五　沿革考三　明代州府之学及书院复兴

　　明代是中原文化的复兴时期，也是此地历经金元战乱后，到了明代才出现的教育繁荣时期。由元入明，由于元、明异代战争由南向北推进，首先定都南京（金陵），至永乐间移都北京（大都），而归德府虽未受到过重的战争创伤，但政权失统，盗贼蜂起。旧城失修，儒学亦残损破败，多鞠为荒烟茂草。明初，归德降府为州，原归德府儒学称归德州儒学。弘治十五年（1502年），归德州城圮于水。原应天府书院故址，即归德州学，亦倾圮水中。历经十年，终因旧城常被水患，才决定往北迁城。明正德六年（1511年），重筑新城，往北迁一城，即今现存古城之南门，即旧城之北门。嘉靖二十四年（1545年），归德州复为归德府。乾隆《归德府志·卷一·方舆》云："归德府，元直隶河南江北行省，洪武元年（1368年）降为州，属开封府。嘉靖二十四年（1545年）升为府，领州一，县八。西距布政司三百五十里。洪武初为州，属开封府，置直隶归德卫守焉。嘉靖二十四年复为归德府，隶河南布政使司。"① 明弘治十五年（1502年）以前归德州府儒学之碑记文献，特别是异常珍贵的宋代应天府书院、府学、南京国子监的碑刻实物及金元时期的文献刻石，还有明前期儒学如洪武六年（1374年）段嗣辉因故址始创、宣德七年（1432年）李志继修、天顺三年（1459年）蒋魁修葺增建之碑皆被大水淹圮于旧城故址，迁移新城后的儒学，仅留下正德十五年（1520年）李蓁《重修归德州庙学记》、万历八年（1580年）沈鲤《归德府学重修碑记》及崇祯元年（1628年）侯恪《重修归德府学明伦堂记》等文。

一、文献稽考

1. 明嘉靖《归德志·卷四·学校志·庙学》：

　　　　国朝洪武四年诏建，六年，段嗣辉始因故址创立。宣德七年，李志继

---

① （乾隆）归德府志·卷一·方舆 [M]. 清刻本. 乾隆十九年（1754）: 3.

修。天顺三年，蒋魁修殿庑，增置棂星门。壬戌，荡于水。今仍明伦堂东，张圣创建，赵会嗣修，刘信大加修葺。岁久倾颓，嘉靖二十一年王崇橃知州李应奎、同知原昂继修，缭以砖墙。祀先师孔子，旧称至圣文宣王，今嘉靖庚寅改正，撤象易以木主。四配旧称国称公，今曰某圣某子。十哲次于四配，亦称先贤某子。两庑七十二子，亦称先贤某子。春秋以来诸儒，今称先儒某子。增祀后苍、王通、欧阳修、胡瑗四人。黜申党公、伯寮、秦冉、颜何、荀况、戴圣、刘向、贾逵、马融、何休、王肃、王弼、杜预、吴澄十三人，以林放、蘧瑗、郑众、卢植、郑玄、服虔、范宁七人各祀于其乡。庙门旧称戟门、棂星门；神厨，庙门东；神库，庙门西；泮池，庙门前。儒学：旧城在州治东北，即应天书院也。宋大中祥符中建，为南京国子监。壬戌荡于水，今仍在州治东，明伦堂、文庙西。正德十年刘信建修业斋，堂右；日新斋，堂左；仓库，堂右；会馔堂，堂左。号房：东西各十七间，李应奎修。立仪门三间，刘信建。大门原在仪门东南，杨霁西徙与仪门对，外树壁屏之，今王崇橃李应奎重修。学仓，旧有三间，今废。射圃亭，在文雅台西，李应奎买军民宋经、徐铖地一段，东界文雅台徐铖地，南界大路，西北界宋经地。广拾柒步，长柒拾步，共五亩。为圃为亭，率诸生习射于内。①

清顺治《归德府志·卷三·建置志》：

儒学，在府治东，即宋应天书院，大中祥符中建，为南京国子监。屡经兵毁，明为儒学，洪武六年知州段嗣辉创建，宣德、天顺间知府李志、蒋魁相继增修。弘治中圮于水，迁今地。正德初知州刘信建明伦堂五楹，左右斋舍共陆拾楹，前为仪门三楹，大门三楹；其后为馔堂五楹，又后为教官宅。嘉靖初诏建启圣祠、敬一亭；二十一年分守参议王崇橃知州李应奎修葺之。二十四年为府学，三十四年知府王有为、三十八年知府陈洪范重修。②

2. 清乾隆《河南通志·卷四二·学校·上·归德府》记载：

归德府儒学，旧在府治东，即宋南京国子监故址。屡经金元兵毁。明洪武六年，知州段嗣辉创建。宣德间知州李志增修。天顺间知州蒋魁增修。

---

① （明嘉靖）归德志·卷三·建置［M］//天一阁藏明代方志续编·第60册. 上海：上海书店，1990：149，150.

② （清顺治）归德府志［M］. 清刊本. 顺治十七年（1660）：1，2.

弘治中有水患，庙学遂圮，始迁于今所。洎正德初知州刘信增建，规制始备，又建明伦堂五楹，左右斋舍共计六十楹，大门三楹，仪门三楹，馔堂五楹。嘉靖二十一年春参议王崇分守是郡，见庙学倾圮，捐俸修葺，其功已半，而崇晋宪秩兵备井陉，以事委知州李应奎，至冬始竣工。二十五年升州为府，学因之。二十四年知府王有为修葺，三十八年知府陈洪范修葺，崇祯十年通判颜则孔修葺。①

3. 明代李蓁《重修归德州庙学记》：

　　归德州守滇南赵公何为而重修庙学也哉？盖尝闻之归德在大河之南，连年河涨，城被淹没，庙学荡然无复存者。弘治间改迁新城，百废草创，得武进张公玺为守，庙学以先。当是时，创造之岐多而坚实之末至，数年后日就颓圮。正德间复得大名刘公信为守，慨然为改弦之举。先修学以为庙之小试，而堂而斋而仪门而学门而号房，视前之造完美过之。将大肆力于庙，迁去而弗遑也。幸又得滇南赵公会，下车之初顾瞻庙貌，甚戚于中。越二年，政通人和，集议修理，首捐己俸以为之倡。同知雷公纲、判官李公廷鹏、吏目李公珏亦莫不感发，各捐俸资以为之小补。命工度材，选官督工。又请于上司许其规措。凡一瓦一砖，一草一木，悉出于有名。先起棂星门三空，危峨壁立。次成戟门三楹，轩豁宏敞。乃由戟门而东序以接东庑则三十楹，直抵正殿之东墙。由戟门而西序一接西庑亦三十楹，直抵正殿之西墙，俱撤其旧而一新者也。大成正殿九楹，栋梁仍其旧而榱桷覆盖之不堪者，则易以新材。圣哲塑像因其故，莱芜侯曾点而下百有五位之像属之，新章仪容端古。外至于神厨、讲堂、射圃、馔堂，敝者以葺，缺者以增。典制所载，无一不备。经始于正德己卯之春，告成于本年十月既望。生员陆俭等饱公之德，薰公之化，佥谓余职司风教，宜实其始终，镌诸坚珉，以风后之为守者，而已如右之闻见矣。赵公集张、刘二公之大成，其贤于人也，不亦远乎！窃惟吾夫子之道，尧舜禹汤文武之道也。在天地间明如日月，信如四时，确乎其不可易。虽世有升降而道统未尝不续。圣朝尊崇之典已隆益隆，庙祀天下之学宫。余独以为归德州学之庙尤非他郡之比，稽之于古，兹土乃高辛氏之子阏伯所都之地，商王庶子微子所封之国，吾夫子实所自出也。木本水源之思，岂忘于在天之灵乎？而春而秋，

<hr />

① （清雍正）河南通志·卷四二·学校·上·归德府［M］//四库全书·第536册. 台北：台湾商务印书馆，1982：488.

歆格乎此庙之祀，有必然者矣。赵公急先务，后之为守者宜全鉴于斯。①

4. 明代沈鲤《归德府学重修碑记》（万历八年，即1580年）：

归德，故宋也。宋自昔以愚称天下，如所谓守株待兔、袭石为玉，皆是也。谓为愚，信哉！即或有寓言无当、事不尽核者，意亦仿佛其近似，为之名。而俗（《省志》作"信"）尚颟蒙，与其人硁硁浑浑之状，亦大略可著（雍正《河南省志》作"瞆"，以下简称《省志》）也。当时之愚而笑之也，其病乎。及读列国、《史记》，则固谓宋俗近古，而（《省志》脱）多其有温中笃厚君子者，此又何以说也？挽近以来，人习巧慧，尚纷华，盖有竞而逐鹿也，不闻守株待兔也。有锜（《省志》作"饰"）楑街（《省志》作"苜"）珠也，不闻燕石什袭也。昔之硁硁浑浑、温中笃厚不可见，而俗益寝窳不古也（《省志》作"不足观矣"）！岂知愚固若是相反耶？兹益增吾一愚矣。盖闻庄生云："黄帝遗珠于赤水之津，使知求之，知弗得也。乃使象网，象网得之。"夫象网故世之所谓极愚也，而何以得之？而知反不如？噫嘻乎，异哉！兹可以观矣！（按：从"岂知愚固若是"至此，《省志》脱）我知之矣！盖道俗贵朴而忌雕，贵白而忌染也。彼有生而煌煌者上知也，次致诚以求明，次虽愚而不失（《省志》作"知"）其故，而惟巧慧纷华者始雕而染焉而下矣。乃世俗则因以为知，沾沾也，非君子所贵也。君子不得其上也思其次，不得其次也则与其知也宁愚，愚虽不可以跻乎上知，而抱朴守白，不失其故，犹然赤子矣。呜呼！使人人可为赤子也，岂不一赫胥大庭之世，而天下无事？愚亦奚不可者？而笑且病之？故曰："古之为道者，非以明民，将以愚之，民之难治以其多知。允哉，斯言！是在人上者（《省志》作"有以"）风之矣。风之自为士始矣。祠部大夫邹公之守吾宋也，盖雅识此意，思一挽习俗之弊也，而笃古以为诸士倡矣。又瞆学宫不修也，而鼎新以居士。盖曰："士不见异物而迁焉，则其业精专，而士习可兴，俗化可几，而理矣。"懿哉，言乎！邹公诸所为上知类如此，惟士亦何以承公此意哉！夫新沐者弹冠，新浴者振衣，贵称也，然非以尽锜（《省志》作"寻饰"）也。盖学宫敝则庇旧以为新，士习敝则反新而之旧，其事同而其所繇殊途（《省志》作"路"）也。诸君子诚有意弹冠振衣乎？盖上知无论，其次则吾愿复古之愚也，不愿有今之知也。

---

① （嘉靖）归德志·卷三·学校［M］//天一阁藏明方志续编·第60册.上海：上海书店，1990：159-161.

宁守株无获也，无竞而得鹿也。宁握石为固也，无饰椟售欺也。宁硁硁浑浑而为世姗笑、无巧慧纷华而沾沾自喜也。何以？故则抱朴守白而不失吾所为赤子者也。夫士而不失其所以为赤子，则固于学也无猎誉于言也，无厄词于行也，无饰貌于人，无瓦合于利，无攫取于患，无计避而仕，无速化其处也。鹑居而鷇食其出也，则其政闷闷，其民淳淳，无所如而不愚人者，而后诚可明，俗亦可化，久之且浸寻生知而隣之（《省志》脱"而隣之"三字），而向之硁硁浑浑者，乃所繇适道善俗之路也。奚温中笃厚云尔也？故曰：愚亦奚不可也而病且笑之？昔孔子谓古有三疾而喟，今不然，盖愚居一焉。岂谓其终愚？即余之所望于诸君可知也。虽然有难者，朴者一人而雕者十人，吾不能独是其朴也；素者一人而衣紫者十人，吾安能使人不紫也？夫士处今而不波，斯亦已不易，而又欲举世之芬华巧慧者，皆注吾之耳目而移之，斯岂不愚公移山哉！亦惑矣！虽然愚公移山而期之子复子孙复孙也，卒能感山神而役之，夫士患无其志，苟有志亦奚不可者！勉之乎诸君！其务获赤水之珠，使士习民俗自我复古也，斯无负邹公之所以风励之意，与兹宫之焕然者哉！亦可以解吾愚人之心矣！邹公讳学柱，字国材，浙东人，戊辰进士。以己卯八月兴是役，明年春正告成。其赞公斯举者则郡丞马君相、别驾周君邦爵、司理陈君璧、商丘尹吕侯乾健也。又明年辛巳，而学博牛君文道、齐君淑、曹君士良、李君维修属予纪斯役。顾于宋人也，安所得知者之言而道之，亦为之述其愚如此。[①]（按：从"昔孔子谓古有三疾而喟"至终，《省志》脱）

5. 明代沈鲤《亦玉堂稿·卷七·归德府学记》：

归德旧为州，有州学。自升州为府，遂称府学。太守邹公来典吾郡，乃更饰而新之，而俾记之以诏学者。郡故宋地，史称其俗近古，多温中笃厚君子。而世又传宋人之愚，如所谓守株以待兔之类，相与笑之。虽不尽然，然侗愿不雕之意或相类，则谓之愚也亦宜。迨今之人好智而矜能，耻于为愚，而去古益远，惟宋俗不失愚之意，故乃近古，则学者岂必破愚之为贵哉！亦惟不失其愚之意而已矣。仲尼称民之疾曰古之愚直。今之愚诈诈者，舞智者之所为也，何愚称焉！惟直而其愚不凿，学乃可加，故及门之徒三千，身通六艺者七十，岂少聪明才辩之士？而独称好学者，乃如愚

---

① 辑自（清顺治）《归德府志·卷九·艺文下》（顺治十七年（1660 年）刊本）第 63 至 65 页，校以（雍正）《河南通志·卷四二·学校·上·归德府》。

之回。回没而传一贯者，惟参之鲁，列国大夫侨札、晏婴、文武臧仲之伦，讵不翩翩博物多能，而独称宁武子之愚不可及，则何也？愚以学道则笃信，愚以谋国则勿欺。笃信不欺，诚之道也。诚自生明，明自能觉，岂待逆亿哉！先王设教，三物五典，离经辨志，敬业乐群，不令见异物而迁，固唯求不失赤子之心焉耳！赤子之心纯白完具，犹然愚也。世乃嗤愚而笑之，不知去愚愈远，而俗以不古，学愈以不真矣。试以往事，征梁园宾客如云，邹枚诸人文采烂然，非不惊愚夸才，而无益于实用。千载之下与荒台废址而俱尽。而考文献之所尊崇不忘者，惟微子之齐圣，张许之忠节，杜衍之相业，迄今不磨。夫行遁抗节，封还内降，皆智巧者之所深避而不为，而不朽与天壤并，则奈何轻去其愚也！予，郡人也，述郡事，志郡俗，不敢不以此意与诸君子共勉之，以无负太守之盛举。夫学宫敝，患其不新，故必革故而鼎新。学术坏不患其不新，而患其喜新，故必反新而还旧。宋俗旧以愚闻天下矣，宋之学者倘不染晚近智巧之习，以葆其愚而从事于学，庶几可寻孔门颜曾四勿三省之脉而闻道，不骛于支离行谊，不薰于功利，居则表俗，出则匡时，担荷非常，肩仔鸿巨，实有赖焉。诸士独不闻乎？黄帝遗珠赤水使智索之不得，而像罔乃得之；愚公欲移山至令子若孙世世不忘，遂使山灵为之自移。通象罔之旨何？精微之不彻不在聪明用事也。合愚公之力，虽鬼神可以动，何必巧慧收效也。如必不安于愚而逐世之智巧以为新，则固陋之说若捧土而障江河，得毋贾天下之笑，谓真宋之愚人也哉！①

6. 明代侯恪《重修归德府学明伦堂记》：

崇祯元年，今天子神圣御极，首诛逆阉臣魏忠贤等，一时日月重朗，乾坤更新，遂大计天下吏较其贤否而黜陟之。于是郡大夫薛公以治行第一举卓异。锡宴赏有差，俾还本郡。天子惘然念德之不专，不可以致治，乃命所司以久任责成功。薛公来，属其俊士而告之曰："天子俾余久守尔土，尔土自微子建学以来，风俗淳厚，教化修明，且吾夫子习礼之遗绩在焉。礼明则分定，分定则教行，故往者道祠遍天下，而尔郡守礼抗不从也，乃者学堂告颓，育才无地，余恐彝伦之不明，教化之不兴，终为守土者羞，其议所以修之。"于是鸠工庀材，出俸金若干，及前守丹阳汤公道衡捐贮赎

---

① 沈鲤. 亦玉堂稿·卷七 [M] //四库全书·第 1288 册. 台北：台湾商务印书馆，1982：295，296.

镋若干佐之。重甍翼白，画栋承云，人工称轮奂之美，庶士兴威仪之叹。修既成，薛公属余记其事。余叹曰：卓哉！薛公之修兹堂乎，先王之治，比闾族党，莫不有学，皆所以明人伦、教纲常也。人伦既明，纳常无斁，故其成也。道德同宗，本末相应。上有淳厚之求，而下无越轶之行，未始有庋焉。往者逆珰擅政，浊乱天常，于是有五拜以为容，九千以为颂者，而君臣之伦废。于是有称男以献媚，作孙以取悦者，而父子之伦乖。于是有以臣妾为褰修，议鸳鸯于丹穴者，而夫妇之伦伤。于是有结逆孽为棠棣，依奥援如鹡鸰者，而兄弟之伦薄。于是有见利而援肺，如平生遇害而下井石，相排挤者，而朋友之伦坏。此其人皆素称俊士，自乡而贡之王家者，岂其不明于道耶？上之人无所以提醒其心，而势利相搏，忧患相乘，故纲常之念顿轻，渐渐渐灭，以及于尽耳。大夫慨然于此，而重修此堂，以明人伦。人伦明于上，小民亲于下，岂独士无越思，虽比屋可封也。昔唐安史之乱，张巡、许远守睢阳为江淮保障，迄使郭、李诸将得一意北方，以成至德之功。抑宁师武臣力足相抗哉！无亦惟是君臣大义固结者素，故数万人虽死不渝耳。然则此堂之修虽与此伦并不可朽也。公讳玉衡，原名三台，字纬符，别号高尘，己未会魁，浙之定海人。①

二、明代书院教育之复兴

应天书院旧址除府州儒学的创立、复修、重建之外，明中后期书院教育开始复兴。书院复兴的主要原因，在于科举八股取士制度，以书院补官学教育之不足。正如明代沈鲤《敦伦书院记》中所说"书院之设所以佐学之所不及"。西周时期，中国教育体制既较为健全，"家有塾，党有庠，乡有序，国有学，知仁圣义，中和之有其德；孝友睦姻，任恤之有其行。而礼乐射御书数之有其艺，九年而视其成，四十而试之，仕流于既溢之余，而发于持满之末，故自公卿大夫，下达牛羊仓廪贱官之选，悉中于用。当其时，上无废教，下无废学，一道同风，其效如此"。东周以降，教化凌替，"道德礼乐经术之寄不在庠序，而在山泽"。教育由学在官府，而下移学在民间。孔子设科洙泗之滨，号贤弟子七十，从弟子三千。自是以来，"士之抱其器而不得用，私相教授于党闾之间者，往往不出户庭而自成黉序。后世书院之意，其权舆于此"。明有天下，立学无处不在，但以八股取士，"先生之所以为教，与弟子之所以为学者，不过占毕帖括之间，属题比类，纂摘撏窃，口吻刌于蠹简之记诵，而思虑敝于游词之剽缀"。

---

① （清顺治）归德府志·卷九·艺文下［M］.清刊本.顺治十七年（1660）：68-70.

"衰衣博带百十为群，娓娓谈清虚，其实孳孳营利欲"。道德礼乐经术之寄不在官学庠序，一些有识之士往往病之，"相与褆躬缮性，时发明其业以教术党之士"①，于是书院教育又一次振兴。

嘉靖、隆庆间讲学盛行。据嘉靖《归德志·卷四·学校志》载："嘉靖甲午（嘉靖十三年，即 1534 年）侍御（巡抚御史）蔡瑷，揽郡士李崑等十二人及属邑若干人，欲建书院储之未果，权即象贤祠社学房舍，命诸士肆业其内。扁（应天书院）仍其归也。"② 清顺治《归德府志·卷三·建置志》也有记载："应天书院，在城西北隅，宋有敕赐碑在旧城内，废。嘉靖中，御史蔡瑷以社学改建，今废。"③ 说明以"应天书院"重新命名的这座书院，重建时间不长，而蔡瑷调官，后人又无继其业者而废置无闻。

万历七年（1579 年），张居正当政，原任常州知府施观民以科敛民财私创书院，坐罪革职闲住。是时士大夫竞讲学，张居正特恶之，诏毁天下书院，尽改各省书院为公廨。（《资治通鉴纲目三编》卷二六）张居正卒，书院之学再次复兴。归德府城，首建"敦伦书院"。

明代沈鲤《敦伦书院记》：

> 按志，书院故在府城西北，宋初锡名应天，有勒赐碑在旧城内。金元为归德府学，本朝因之。弘治中圮于水，于是迁学于府治东，而书院中废。自世宗以迄于今，盖圮而修，修而复圮矣。向之为斋为堂，为廊为阁，为号房，为垣为门，为坊业，已鞠为茂草而荡为瓦砾矣。今悉还其旧观而闳敞倍焉。题曰：敦伦书院。夫今两都郡邑之学，皆曰明伦，而书院易之以敦何与？曰：明之为言知也，敦之为言行也，知行相须如车二轮，如鸟二翼，不行不足以为知也。今观皇祖《大诰》三篇，教民榜文，谆谆于五常之训。而他日诏师儒曰"正心实学"，曰"崇德重义"，曰"检身饬行"，意可知也。士不深惟立教之本，而卑之入乎口耳，高之沦于玄虚画脂，镂冰落其华而实者鲜矣。奚其明兹？曰敦伦者，正所谓皇极之敷言是训是行也。吾党之士尚各藏焉修焉，大者明君臣、敦父子、序兄弟、经夫妇，丽泽于朋友而增修其德，而后博学以贯之，多方以辨之，修文辞以发之，亦可以为成人矣。不佞虽备员三事，而自揣忠不足以结主，泽不足以答民，

---

① 沈鲤. 亦玉堂集·卷七 [M] //四库全书·第 1288 册. 台北：台湾商务印书馆，1982：300-302.

② （嘉靖）归德志 [M] //天一阁藏明方志续编·第 60 册. 上海：上海书店，1990：162.

③ （清顺治）归德府志·卷三·建置志 [M]. 清刊本. 顺治十七年（1660）：2.

形神梦寐，皆山中人也。古之君子进不能使其君安富尊荣，退犹可以使其子弟孝弟忠信，是用述今昔教学之本，与诸士共观鉴焉。

士养于学足矣。复群之书院者何？曰书院之设所以佐学之所不及也。先王之教，家有塾，党有庠，乡有序，国有学，知仁圣义，中和之有其德，孝友睦姻，任恤之有其行，而礼乐射御书数之有其艺，九年而视其成，四十而试之仕流于既溢之余，而发于持满之末，故自公卿大夫，下达牛羊仓廪贱官之选，悉中于用。当其时，上无废教，下无废学，一道同风，其效如此。周室既衰，教化凌替，道德礼乐经术之寄不在庠序，而在山泽。孔子，大圣人也。不得君师之位，而设科洙泗之滨。盖章缝之士，从者三千焉。自是以来，士之抱其器而不得用，私相教授于党闾之间者，往往不出户庭而自成黉序。后世书院之意，其权舆于此乎！秦汉以来无可考见，宋世理学大明，而嵩岳、岳麓、睢阳、白鹿四处最为显著，生徒多者至数百人。我朝宪章列代，治教休明，自两都郡邑达之蛮陬海徼，莫不有学。士渐被而兴起者，彬彬乎羽仪王路，宿称盛矣。然而道德礼乐经术之寄，其在焉否也？先生之所以为教，与弟子之所以为学者，不过占毕帖括之间，属题比类，纂摘撢窃，口吻刌于蠹简之记诵，而思虑敝于游词之剽缀，于是豪杰之士往往病之，而相与提躬缮性，时发明其业以教术党之士。讲学，书院所在，有之乃其敝也。而又何学之与？有万历初当事者发愤建议条禁撤毁，诚有激乎其言之矣。虽然有以涉败者而废天下之舟，有以噎病者而废天下之食乎？二百年来，名公巨儒勃萃理窟，成德达材皆于是出。惩末流之弊而并去其成法，非通论也。今宸居久于在宥，崇儒重学，向来禁毁之议尽格不用，而所在有司乃敢复有修葺废坠者。而吾归德亦始得以复其旧贯云。①

万历间最可称颂，并取得辉煌成就的是范文正公讲院（又称书院）。万历三十九年（1601年）郑三俊来任知府，又建范文正公讲院于归德府府学之东，一时公卿大夫、文学名士多出其中，一直影响到清代乾隆年间。其建置规模，在清顺治《归德府志》、康熙《商丘县志》中皆有详细记载。

清顺治《归德府志·卷三·建置志》：

宋文正公讲院，在府学之东，直长十八丈六尺，横阔八丈二尺。大门

---

①　沈鲤. 亦玉堂集·卷七［M］//四库全书·第1288册. 台北：台湾商务印书馆，1982：300-302.

一座，二门一座，讲堂一座，后轩一座，文昌阁一座，文正公祠一座，藏书楼一座。楼下厅房三间，向学西门楼一座，东号房二十间，西号房二十间。周围砖墙计高一丈三尺六寸。藏书楼前东西墙二道直接讲堂，东西号房各院墙一道前后相连，俱与中墙相对。东西各通道一条，耳门四座。号房每层各小门一座。明万历三十九年（1011年）知府郑三俊重建。①

清康熙《商丘县志·卷三·学校》：

　　宋范文正公讲院：在府学之东，明万历三十九年知府郑三俊重建，课士其中。……今为郡义学。按院基南北长十八丈六尺，东西横阔八丈二尺。大门一座，二门一座，讲堂一座，后轩一座，文昌阁一座，文正公祠一座，藏书楼一座。楼下敞房三间，向学西门楼一座，东号房二十间，西号房二十间。周围砖墙，计高一丈三尺六寸。藏书楼前东西墙二道直接讲堂，东西号房各院墙一道前后相连，俱与中墙相对。东西各通道一条，耳门四座。号房每层各小门一座。②

天启五年（1625年），魏忠贤乱政，"御史张讷上疏力诋邹元标、孙慎行、冯从吾、余懋衡等，请毁其讲学书院。于是元标、慎行、从吾、懋衡俱削夺，东林、关中、江右、徽州及天下一切书院皆毁"③。崇祯改元，魏忠贤败，定逆案，归德府范文正公讲院渐复，至清初又重新振兴。

三、郑三俊与范文正公讲院考述

郑三俊，字用章，号玄岳，池州建德人。《明史》卷二五四有传：万历二十六年（1598年）进士，授元氏知县，由南京礼部郎中，迁归德知府。清顺治《归德府志·六·职官志》记载："郑三俊，……万历三十八年（1610年）来守于宋，五年之中百废俱举，刑不滥及，而人畏若神明。创宋范文正公书院，择九邑之俊髦者，养而课之，共计六十余人，皆以科第显其后，为清流宗。"④ 雍正《河南通志·卷五五·名宦中》亦云："郑三俊，……万历三十八年知归德府，清廉特著，刑不滥及，人畏之若神明。创立范文正公书院，择所属俊髦六

---

① （清顺治）归德府志［M］.清刊本.顺治十七年（1660）：2，3.
② （清康熙）商丘县志［M］.郑州：古州古籍出版社，1989：104.
③ （康熙）历代通鉴辑览·卷一一·毁天下书院［M］//四库全书·第339册.台北：台湾商务印书馆，1982：623.
④ （清顺治）归德府志·卷六［M］.清刊本.顺治十七年（1660）：29，30.

十余人讲读其中，俱以科第显，多至大官。三俊望重朝野，年九十余卒。"①
《明史》本传说他"为人端严清亮，正色立朝"②，历官副都御史、户部侍郎、
刑部尚书、吏部尚书等职，为明末著名东林党人，名臣。据《江南通志·卷一
四八·人物志》，郑三俊"出为归德知府，河决岁饥，兴积贮、导水利，使民垦
淤田，复故业"③。由此可见，其为知府的五年，政绩极为卓著。最为后人称道
的是建范文正公讲院。他学识渊博，并极为尊崇范仲淹的高风亮节和爱才授徒
的精神。因范仲淹曾在此地应天书院讲学，他于就任的第二年，即万历三十九
年（1611），创建范文正公讲院。据清顺治《归德府志·卷三·建置志》、清康
熙《商丘县志·卷三·学校》记载的当时的建置规模（见上引文），讲院设施
完备，建构宏敞，几复北宋应天书院之旧观。

郑三俊公事之余，亲自执书讲学，课士其中，一时培养了许多杰出的人才。
正如侯方域《重修书院碑记》所云："归（归德府）有范文正公书院，先太守
郑公尝沿其意而创大之，以储归之材。居有号舍，赡有田，课试有约。行之既
久，归之名公巨卿接踵其间，出为当世用不绝，而士风亦群，感动淬厉，烝烝
以变。今虽废，而人之讴吟思慕郑公之泽者，数十年不衰。"又云"书院之设，
始于宋范文正公，公为诸生，即以天下为己任，其后参大政不久，未竟厥施，
然所措置，率宏以远。即如在归，而归有书院，其随地收拾人才之意，是何可
一日废也。……历宋而元而明，至万历间，始克有郑公再举行之。当时之人，
亲被郑公之泽，至于今其遗老有能言郑公时事者，犹过书院，仰首唏嘘，不忍
辄去。"④ 这则史料说明郑三俊讲院之建就是要上承北宋应天书院范仲淹讲学之
风，传承应天书院之文脉。

据顺治《归德府志》、雍正《河南通志》记载，时郑三俊创建范文正公讲
院，"择所属俊髦六十余人讲读其中"，"俱以科第显，多至大官"。这六十余人
今多不可考，仅能见于文献典籍，可考其姓名者有：

侯恂，字若谷，号六真，商丘县人。太常卿侯执蒲长子。康熙《商丘县
志·人物志》云："年十七，授知于郡守郑三俊，与弟恪同登万历丙辰（四十四

① （清雍正）河南通志［M］//四库全书·第537册.台北：台湾商务印书馆，1982：
258.

② 张廷玉，等.明史·第21册·卷二五四［M］.北京：中华书局，1974：6565.

③ 黄之隽，等.江南通志［M］//四库全书·第511册.台北：台湾商务印书馆，1982：
322.

④ 侯方域.侯方域全集校笺·上［M］.王树林，校笺.北京：人民文学出版社，2013：
329.

年，即 1616 年）进士。"李觉斯《资德大夫正治上卿户部尚书侯公墓志铭》亦云："万历丙午，公生十七年，始受知学使者梅公之焕，补博士弟子员。又五年，受知太守郑公三俊，招读书范文正公书院，与弟恪试叠第一，由是知名。"① 与弟恪同登万历四十四年（1616 年）进士，崇祯间官至兵部侍郎、户部尚书等。

练国事，《明史》卷二六〇有传。字君豫，永城人。万历三十九年（1611年）与侯恂兄弟同读书于范文正公讲院，同受知于郑三俊。又于万历四十四年（1616 年）同登进士第。崇祯初以佥都御史巡抚陕西，南明时起户部左侍郎，迁兵部尚书。

侯恪，字若木，一字若朴，号木庵。太常卿侯执蒲第二子，恂弟。官至南京国子监祭酒。彭尧谕《朝议大夫南京国子监祭酒侯公木庵先生行状》谓："公既为名里名家子，生而神异，就塾目诵十行俱下，腹笥有等身之誉，又静笃，不好美。……甫卯，补学博弟子员，同兄恂皆以茂才异等称。往庚戌（万历三十八年，即 1610 年），今刑部尚书郑公守归德，时筑学宫百余厦，大阅郡属诸弟子实其中，岁时造之。公与兄及余辈同受知郑公，试牍出，公兄弟迭称冠军，诸弟子皆慑服，无哗者。"② 侯恪有《遂园诗集》十二卷，明末中州诗坛与彭尧谕齐名，号"侯彭"。

叶廷桂，字蕃实，号青来，商丘县人。万历四十年（1612 年）举乡试第一，天启二年（1622 年）进士，历官户部侍郎督饷蓟辽，改兵部左侍郎总督蓟辽。历历中外，有古大臣风。康熙《商丘县志》说他："为诸生，首受知于郡守郑三俊。万历壬子发解第一。"邵长蘅《司马公传》还记载了他在范文正公讲院与郑三俊的一段佳话，说他"为诸生，受知郡守郑公三俊。壬子榜发，置骑驰贤书至，郑公曰：'姑勿言，解元其叶生乎？'已而，果然，则大喜。……其乡至今艳称之。"又，高玢《金吾公传》亦云："叶司马时为诸生，以高才受知郑公，尝曰：'叶生文必将大魁中州，决不作第二人。'壬子秋榜始发，郑公曰'今科元定属叶生矣'，捷书至，果然。司马公既元豫省，文声益张。"③

余诚，字洪崖，商丘人。与侯氏兄弟同学讲院，受知于郑三俊，与侯氏兄

① 李觉斯.资德大夫正治上卿户部尚书侯公墓志铭［M］//商丘侯氏家乘·卷三.光绪刊本.
② 彭尧谕.朝议大夫南京国子监祭酒侯公木庵先生行状［M］.商丘侯氏家乘·卷二.光绪刊本.
③ 邵长蘅.司马公传［M］//商丘叶氏家乘·卷五.光绪刊本；高玢.金吾公传［M］//商丘叶氏家乘·卷五.光绪刊本.

弟、练国事等同登万历四十四年（1612 年）进士。正色立朝，与阉党斗争强项不屈。屡迁兵部右侍郎协理戎政，晋南京兵部尚书。著有《西台谏草》数卷，明亡，北向稽首哭而焚之，曰"老臣不忍以空言取名后世而彰先朝之失策也"。入清郁郁而死。事见康熙《商丘县志》、乾隆《归德府志》小传。

周士朴，字丹其，商丘人。亦是郑三俊为知府时中的进士，官至工部尚书。

杨名时，字怀南，万历四十一年（1613 年）进士，官南京户部主事，治行卓异。

许世荩，字佩苑，天启二年（1622 年）进士，累官至户部侍郎。

宋权，字元恭，天启进士，入清顺治初官至大学士。康熙《商丘县志》、乾隆《归德府志》有传。

另外，明末著名文学家彭尧谕，有《西园先生诗集》《黍丘文集》，与侯氏兄弟同受知于郑三俊。

贾开宗，字静子，与徐作霖、吴伯裔、伯胤、徐谓号为雪苑社，万历间皆以诸生受学范文正公讲院。

郑三俊上承范仲淹应天书院讲学精神，培养了一批号称东林党的名臣。授教的情况，清初商丘文人高玢在为叶廷桂之子叶元滋撰写的《金吾公传》中有这样一段评述，他说："归在北宋，即南京，应天留守尹晏元献公殊，会延范文正公仲淹来主邦教，辟设书院，讲学其中，历朝最著名。金元以来鞠为茂草。明神宗朝，郑公三俊出守是邦，重而新之，自悬绛帐，搜集英俊，每日公余，亲诣教授，文教大兴。归之名公巨卿踵接其间。郑公亦终吏部尚书，为一代名臣，载记前史。"[1] 郑三俊不光继承了范仲淹的兴教之业，更重要的是将范仲淹刚正不阿，崇志向、尚气节的精神传入了书院。如侯恂、侯恪、练国事、叶廷桂等皆为东林宿儒，为官多着清声，立朝以侃直称。范文正公书院被泽不光一代，侯恂这批名公巨卿之后，商丘又崛起了第二批文人。他们不以功名显身，却以文才自负，倡雪苑社于中州，与江南复社相呼内，一时名满海内，而南北文人畏其锋。侯氏兄弟有侯方夏、侯方域、侯方镇、侯方岳、侯方岩，吴氏兄弟有吴伯裔、吴伯胤，徐氏兄弟有徐作霖、徐作肃，另外还有刘伯愚、贾开宗、张渭等人。他们像范仲淹那样，少年以天下为己任，俊风采，尚气节，指斥时政，裁量公卿，以清议自持。可惜他们生不逢时，他们所依附的明王朝，已经到了垂死没落、无可救药的地步，天下大乱，有的死于兵，有的未竟其志而中途夭折了。

---

① 高玢．金吾公传［M］//商丘叶氏家乘·卷五．光绪刊本．

卷之六　沿革考四　清至近代学统延续时期

　　清代书院继承应天书院精神，清初有较大发展。特别是范文正公讲院，清顺治间，得到了多次修葺和兴复。清康熙十三年（1674 年），知府闵子奇又重修范文正公讲院（乾隆《归德府志》卷十二），乾隆间成为归德府之义学。而归德府所属各县，清初至康熙、雍正间频建书院。如商丘县康熙十九年（1680年）知县朱衣贵于二程夫子祠内重立应天书院，后知县赵申桥更名为师程讲院，修文昌祠、魁星阁，康熙四十四年（1705 年）前后知县刘德昌又复加修治，乾隆初成为县义学；宁陵县有宁城书院，乾隆初知县梁景程倡捐兴建堂及诸房宇，并置地一顷一十亩，又捐银二百五十两存盐典生息，给师生膏火之资，景程刻碑记其事；鹿邑县有真源书院，康熙二十七年（1688 年）知县吕士鵉创建，并自为碑记；永城有太丘书院，系旧太丘驿地，虽为明隆庆年建，清初生员李支奕施地四顷并庄一处供书院课士之资，得以振复，有李荫嵒做记（见《永城县志》），又有浍滨书院。睢州有锦襄书院，明末没于水，康熙九年（1670 年）郡人吴淇重建二程祠堂，前立菊泉亭；又有绘川书院，康熙十四年（1675 年）知州程正性因锦襄书院在水中往来不便而改建；睢州又有道存书院，为清初当阳令李遥的家塾，知州马世英捐俸以延师授徒。柘城有朱阳书院，在县东关，康熙间邑人翰林院庶吉士窦克勤、知县史铿捐资倡修，每月集邑子弟课士讲学，时与耿介主讲的嵩阳书院并为称盛，窦克勤有《朱阳书院志》传世。乾隆以后，范文正公讲院为归德府义学，而各县之书院亦多渐为义学，而书院教育式微。

　　民国间归德府府学改称河南省立商丘第一高级中学，进而递升为商丘师范高等专科学校，1998 年改为商丘师范学院。2001 年 10 月，应天书院复建项目得以启动，2003 年被省政府批准立项为省重点项目，2007 年一期工程完工。新的应天书院建筑由河南大学古建研究院设计，于商丘古城南，南关大道东侧、紧临土城城墙内侧落成。

一、归德府儒学之修葺文献稽考

清代归德府儒学，仍承宋应天书院、南京国子监之余绪，在明代正德、嘉靖北迁新城州府儒学的基础上，重新修葺。其承绪沿革，乾隆《归德府志·卷十二·建置·儒学》中颇有较详叙述：

> 府儒学，在县治东，即宋应天书院，大中祥符中建，为南京国子监。屡经兵毁。明为儒学，洪武六年知州段嗣辉创建，宣德、天顺间知府李志、蒋魁相继增修。弘治中圮于水，迁今地。正德初知州刘信建明伦堂五楹，左右斋舍共六十楹，前为仪门三楹，大门三楹；其后为馔堂五楹，又后为教官宅。嘉靖初诏建启圣祠（国朝雍正年改为崇圣祠）、敬一亭；二十一年（1542 年）分守参议王崇榭知州李应奎修葺之。（嘉靖）二十四年（1545 年）为府学，三十四年（1555 年）知府王有为、三十八年（1559 年）知府陈洪范重修（归德府府志）。明末知府薛玉衡修明伦堂。国朝乾隆十六年（1751 年）知府陈锡辂重修。①

有关明代州府儒学，以上乾隆《归德府志》叙之颇详，并已见上卷考述，此不赘述。而入清以后府儒学的一次大的修葺在乾隆十七年（1752 年），时陈锡辂为知府，具体记载见乾隆十七年陈锡辂《重修儒学记》：

> 国家重熙，海宇乂安，入埏之内，守土者罔不崇饰学宫，俾翘秀之士修容乎礼园，翱翔乎书圃。况在微子受封之地，为至圣源流所自者哉！郡学自前代迄今屡经兴替。皇帝御宇之十有五年，含奉简命，从河南郡调守是邦。下车之后肃谒圣庙，顾见丹垩黯昧，梁楠陊剥，惧不足以揭虔妥灵，匠成翘秀，思有以重新之。退计所费，非数百缗不济。及首捐薄俸，而郡人之好义者各输金襄事。因是择吉鸠工。圮者整之，缺者补之，漫漶者彩焕之。始于辛未（乾隆十六年，1751 年）秋，迄于壬申（乾隆十七年，1752 年）春，凡数阅月而告竣。严严翼翼，烘爀有炜矣。夫学校者，人材所从出，其间兴替如山谷之出云焉。云之厚薄视乎山之崇卑，人材之多寡视乎学校之盛衰而已。归郡九庠，科名甲于中土，而郡庠弁之以先师礼教之留遗，而重以弦歌之陶淑，则为功较易也。自此以往，将见霞蔚云蒸，蛟腾凤起，人材之兴其未有艾乎！"②

---

① （清乾隆）归德府志·卷十二 ［M］. 清刻本. 乾隆十九年（1754）：1.
② （清乾隆）归德府志·卷十二·儒学 ［M］. 清刻本. 乾隆十九年（1754）：2，3.

从明末崇祯元年知府薛玉衡修明伦堂（见上卷侯恪《重修归德府学明伦堂记》），至乾隆十五年（1740年）已近五十年，五十年间未见修缮，已经丹垩漫漶，梁楣蛥剥。陈锡辂于乾隆十六年（1751）秋动工，至乾隆十七年（1752）春，历数阅月而告竣，并为文记之。

二、入清后范文正公书院修葺沿革之文献稽考

侯方域《重修书院碑记》（顺治八年，1651年）：

> 顺治八年，燕山王公来守归德，首下教博士弟子，问以郡之政所宜先者。博士弟子对曰："归有范文正公书院，先太守郑公尝沿其意而创大之，以储归之材。居有号舍，赡有田，课试有约。行之既久，归之名公巨卿接踵其间，出为当世用不绝，而士风亦群感动淬厉，烝烝以变。今虽废，而人之讴吟思慕郑公之泽者，数十年不衰。窃以为佐朝廷兴道育贤，郡国之政，宜莫此为大。"公曰："博士弟子言是！凡书院之为舍者几楹？其侵而居之者几何家？资饩之田几区？其官守因而入其租税者几何年？今坐何所？其试士之期月几日？条约之议详而要者几何？具趣所司各以闻，以付郡博士收而掌焉。"盖自郑公去，而书院之废垂四十年，公一朝复之。呜呼，伟矣！博士弟子曰："是不可以无记。"谨按：书院之设，始于宋范文正公。公为诸生，即以天下为己任，其后参大政不久，未竟厥施，然所措置，率弘以远。即如在归，而归有书院，其随地收拾人才之意，是何可一日废也？范公往，而继之来守者不能识其意，亦浸以湮灭矣。历宋而元而明，至万历间，始克有郑公再举行之。当时之人亲被郑公之泽，至于今其遗老有能言郑公时事者，犹过书院，仰首唏嘘，不忍辄去。岂人情痼习近而遗远耶？抑所以继范公之遗绪于兵火丧乱之余，久而不坠者，实郑公力也。然则郑公之遗绪，又岂不待后之人哉！夫天下法制，代有更变，惟学校弦诵之事，建国者卒无以易也。书院之设与学校相表里，王化之本而菁莪棫朴之盛，所由自出，是诚不可一日废。乃自范文正公以来，上下千百余年，而其间之创而建，建而兴者，仅公继郑公而三，然则政之举废存亡，岂不视乎其人欤！倘无以垂永久，则何以告于后之人，俾克守之！公曰："博士弟子言是。"其勒石为碑，而属余为之记。呜呼！余之望于守是邦者久矣，其何敢辞！（题下注："代宋太保。"）①

---

① 侯方域. 侯方域全集校笺·上 [M]. 王树林，校笺. 北京：人民文学出版社，2013：329.

顺治十三年（1656年）秋，归德知府王登进《归德府重修书院记》碑：

　　范文正公曰："国之文章，应乎风化；风化厚薄，见于文章。"又曰："文章以薄，则为君子之忧，风化其坏，则为来者之资。"至哉言乎！吾谓忧之，斯必救之，救之术，在敦其本，而敛其气。故无以为养，其本不固也，无以为聚，其气不实也。聚之如百工之居肆，养之如良苗之受籽，养之聚之，事在守令。顺治八年，不佞来守兹土，思为国家广厉风化，计惟再三，文章之士攸属。因进诸生而谋所以聚之养之者，咸曰："有讲院在，肇自宋晏公同叔，在兴于明郑公玄岳，于今垂六百秋，虽废兴相寻，而人才辈出。其代崛起者几何士，某科联镳者几何人！某也，远不可考。某也，近乃可征。典型未泯，则尚有商丘大司农侯公即为郑公门人。今其地且鞠为茂草云。"不佞闻而忾然曰："讲院之得人也如是夫！养之聚之，其在斯欤。"遂下王广文来朋，条其事以次举行之。先授田六百亩以为赡，功未及半，而士之向风者浸浸有起色。其事畚闻于郑公，郑公因手谕侯公，而赞其成。于戏！郑公去宋者四十年所矣！今犹惓惓于誉髦之士而作兴之，矧亲莅兹土者耶？不佞益励初心，殚吾力，割吾俸，凡鸠工庀事，不烦有司，不假胥吏，而一委于二三师臣，间从申饬之曰："饩廪务期，未可久也，得无草莱不辟，而嘉禾未登乎？得无出纳未明，而操觚失望乎？得无菜根不饱，而苜蓿独丰乎？工作务期，其有成也，得无估计过而以赢美自肥乎？得无取材苦窳而以耗蠹赔患乎？得无旷日废功而俾教泽中壅乎？有一于其典者，其咎诸广文，亦皆相率戒事，朝督夕董，收诗书煨烬之余，整榱桷瓦砾之地。先之以范公祠，继之以奎星阁，中之以大堂号房，而卒之以藏书楼及门垣。始告竣事，然后继计其为屋若干椽、墙若干堵、材木若干尺、砖石若干块、瓦若干片、灰若干觔，共费赀财若干缗，工徒若干众，彻我田赋者若干金，募诸绅士者若干，孰为主藏而握策者，孰为奔走而将命者。输虽征必登，劳虽不必录。始事于八年（1651年）五月，报功于十三年（1656年）七月，勒之贞珉，以诏来兹。于是不佞蠲期，同我寅僚，观厥成事。非求创也，而制维新规，必师古也，而强已正。环视诸生，固已养有资有所矣！因再进诸生于堂下，而诫之曰："尔多士，其亦知予今日之所期乎？尔多士，所业者文章之事，所化者，风俗之机也。尔今日弦于斯、诵于斯，思第一流者如何人？思天下己任者何如事？先忧者何所忧？后乐者何所乐？则其本斯立，其气斯定，文章以厚，风化从醇，无愧先贤讲学之地具，郑公与不佞先后创继之志也。尔今日弦于斯，诵于斯，思前辈何以蔚兴？后进何以寥落？科名何时可摄？利达何时可致？则其本斯拔，其气斯矜，文章以薄风化，有负先贤讲学，即非郑公不佞先后兴复之心也！尔多士，其慎自择焉。"诸生跪而请曰："公之教敬闻命矣！抚兹讲院缔造维艰，慎修思永，则不能无虑。宋固冲烦之区，而书院居阛阓之（地），阶除可以舆儓，楼阁可以安寝，兴堂庑可以充俳优歌舞之场，斋室可以辨皂枥笾豆之地。公今奉天子敕建节江西行，将舍宋子弟而去，倘一旦辒轩之使鳞次于郊，有司毁其垣、扁、钥而入厝而欢焉，则诸生唯有卷堂而去矣。如公教思何？"不佞曰："无虑也，贤有司未有不谋聚养者，未有文章风化有自任者，人之好善，谁不好我？吾安知继郑公而起，遂竟无其人也耶？果若诸生言是，必不知聚养者也，是必不好文章者也，是并不识有范文正公者也。况主之者有郑公，维之者有侯公，不佞为固，亦不忍一日忘尔多士也已。"因记其事，而并及之以诏后之为守为令者。

顺治岁次丙申（1656年）孟秋之吉。商丘县知县刘之骥，原任府学教授王来朋，原任户部尚书侯恂，侍卫宋荦，教授杨大雅，训导李崇德、韩际亨，经历陈基。管工乡耆官谢应第，原任锦衣卫叶元滋，贡生侯□，监生汪乔年，生员陆喆、周绍、刘之砬、周业炎、吉祥、万象吉、翁尔莛。管工礼房黄国祯、张四箴、杜守范、赵世勋、薄世荣。学书穆敬正、李洞润、姜生簿、吴方。门斗梁一□□徐思孔、赵文焕、毛大和。泥水匠邢海。石匠张三友镌字。①

顺治十五年（1658年），符应琦《宋范文正公讲院记》：

宋晏殊知应天。宋之应天，即睢阳也。召范文正公置府学掌学以教诸弟子，故睢阳有文正公讲院焉。明中季，睢阳没于黄河，城迁于北，讲院故址不可得。万历三十八年，秋浦郑公三俊来守此土，因创于郡东城之内。门之北建讲堂三楹，堂之北建文昌楼，楼之北文正公祠三楹，祠之北藏书楼三楹，自门以至藏书楼之东西，各建号房二十楹。集九邑士之俊秀者肄业其中。月有给，取于学租。每士一月麦釜千钱，朔、二十六大课。朔八、十二、二十二、二十八小课。大课则太守偕郡丞、别驾、司理临之，兀坐终日。小课则广文司之。风雨不辍者六载，以故宋之名公钜卿多出其间。其后十七年，而豫章万公元吉司李于兹，复修秋浦郑公之业。课士复六载，

① 王登进. 归德府重修书院记［M］. 此碑被埋于商丘古城归德府儒学院内，2008年被发现，今重立于府儒学大成殿附近。

54

以故雪园人物之盛接于三吴。崇祯十五年，讲院毁于流寇，西蜀邱公正策来守，戢而新之。余于顺治十五年承简命来司理，因思《虞书》之命皋陶曰："明于五刑，以弼五教。"是弼教乃明刑之首务也。遂造斯堂，集诸士而课之，一遵郑公、万公之成规不敢陨坠。因思范文正公之在宋，理学人品显于后世，而郑公、万公之在明，气节文章为百世师，致相符也。余以谫陋承乏，敢曰继二先生之后？庶几嗣守成规于无坠云耳。①

乾隆初陈锡辂等有关范文正公书院之诗作：

陈锡辂《题文正书院赠刘豹君作》：

乍从讲幄起经坛，谈吐经纶见古欢。重厚人情还朴茂，轻清水性少波澜。衣冠接座如云拥，风雨留宾股栗餐。太守尚惭同叔远，雅才休说嗣音难。

刘文蔚诗："中州文雅地，院以范公留。造士原多术，藏书尚有楼。性真无代谢，风月擅春秋。惭愧稽山客，经年共探求。"

查岐昌诗："古郭迷原庙，公名尚宋都。体经先问《易》，励节始为儒。异白尊故瑗，当年重晏殊。至今留讲院，贤迹并中吴。"②

三、范文正公书院清代之统绪考述

入清以后，战乱渐平。顺治八年（1651 年）燕山王登进守归德，倡文治。据侯方域《重修书院碑记》记载：初上任即有继郑三俊之志，兴复范文正公讲院。寻问"凡书院之为舍者几楹？其侵而居之者几何家？资饩之田几区？其官守因而入其租税者几何年？今坐何所？其试士之期月几日？条约之议详而要者几何？"将这些书院在明代的基本情况进行调查，然后交给郡儒学教授王来朋收而掌之，以次恢复。又于这年五月，重修范文正公讲院，他在顺治十三年（1656 年）写的《归德府重修书院碑记》记载了这次重修的经过：先修范公祠，继之以奎星阁，中之以大堂号房，而最后修藏书楼及门垣。"始事于八年（1651 年）五月，报功于十三年（1656 年）七月。"府首先授田六百亩，以为课士之资，功未及半，而一郡之士已闻风向学，教育渐次出现了起色。当时明季大臣做过督师、官至户部尚书的侯恂还在，隐居城南十里的南园，成为此次修缮义举的大力支持者，侯恂将此事还写信报告了远在江南池州建德的老师郑三俊，老人也因此兴奋不已。此次振兴书院教育，兴复修缮，具体任其事的是时任儒

---

① （清顺治）归德府志·卷九·艺文下［M］. 清刻本. 顺治十七（1660）：74-76.

② （清乾隆）归德府志·卷十二［M］. 清刻本. 乾隆十九年（1754）：4，5.

学教授的王来朋。王来朋，河南汝州人。顺治《归德府志·卷六·职官》、乾隆《归德府志·卷二一·名宦略下》皆入名宦传。府志说他"顺治初为府教授，端重有体，每月两集士子课论文艺，礼仪周备，士林宗之。"他亦以课士育才为己人，书院修缮过程他出力最多。今侯方域尚有一篇《为司徒公送王博士序》，赠序中说："郏郦王先生掌教吾郡，居一年，郡士化之。"又云："吾君吾相嘉先生之绩，迁其秩。先生喟然曰：'吾之朝夕一官者诚以今天下鼎革方始，学校未兴，欲广布国家《菁莪》之泽，岂为五斗米折腰哉！'遽解组归。是日也，诸弟子数百人，徒步奔走，挽先生车靰，祖帐垤泽门外。先生顾谓诸弟子曰：'天下危者易安，乱者易复，惟人材隳坏，不可一日收拾。其为危且乱者，深足忧。吾自为诸生时，尝窃见而慨于中久矣，每愿得一身教之。今吾弟子皆济济，从此相期，勉自竖立，吾之所以报吾君吾相者，庶其少舒乎！'于是，诸弟子再拜谢教。先生尽酒一卮，登车而去。"又云："君子未有不自审其材，而能成就天下之材者。人之材具，或大或小，难以逆见。惟风采隐然，抑己而行，不回惑于利禄，所谓养望于澹泊者，其所到未可量也。先生虽去，而天下之闻先生之风而兴起者，良不少矣！"① 作为学者之师，侯方域赞他"不回惑于利禄"，澹泊处世，唯担心天下危乱而教育荒废。看到"弟子皆济济"，心舒而勉之以去。

王来朋走后，范文公正书院由归德府通判符应琦主其事。符应琦在《宋范文正公讲院记》中较为详尽地记述了讲院在明清两代的课士状况："门之北建讲堂三楹，堂之北建文昌楼，楼之北文正公祠三楹，祠之北藏书楼三楹，自门以至藏书楼之东西，各建号房二十楹。集九邑士之俊秀者肄业其中。月有给，取于学租。每士一月麦釜千钱，朔、二十六大课。朔八、十二、二十二、二十八小课。大课则太守偕郡丞、别驾、司理临之，兀坐终日。小课则广文司之，风雨不辍。"又云："余于顺治十五年承简命来司理，因思《虞书》之命皋陶曰：'明于五刑，以弼五教。'是弼教乃明刑之首务也。遂造斯堂，集诸士而课之，一遵郑公、万公之成规不敢陨坠"（见前"文献稽考"）。

康熙十三年（1674 年），知府闵子奇又复修范文正公讲院。康熙二十年（1681 年），知县赵申乔又将上一任知县朱衣贵所立的县义学增建，题名为"应天书院"。应天书院、范文正公讲（书）院之名一直沿用到清中期。执教授徒者多为名师。可考者除王来朋、符应琦之外，名师还有徐邻唐、李度、田兰芳、高玢等人。

徐邻唐，顺治年间曾为书院山长。字迩黄，晚号我庵。幼力学，经传百家，

---

① 侯方域. 侯方域全集校笺·上 [M]. 王树林，校笺. 北京：人民文学出版社，2013：25.

无不综贯，为文奇崛逸荡。侯方域重其文，与贾开宗邀宋荦、徐作肃、徐世琛为雪苑六子社。一时声望鹊起，门弟子日益进。

稍后，有李度者，通经善文，为书院都讲，题居室为"拙存堂"，名人题咏很多。一联常署其庭曰："拙愚有性生难改，机变无心老益疏。"可见他是一个恶于机巧钻营，以洁身恭谨自许的封建文人。

康熙初中期，有徐邻唐的门人田兰芳为范文正公书院山长。田本睢州人，字箕山，问业于徐邻唐，后流寓商丘。徐死，田继其业，教授生徒二十余年。田兰芳与理学家汤斌同学，敦尚气谊，邃于学，博文多识，与商丘刘榛、郑廉号为"归德三茂才"而享誉南北。归德一府，自侯方域，贾开宗、徐作肃、徐邻唐、刘榛以古文著称，兰芳后出，他自品其文曰"杂"。诗以情真见长，绝去町畦，自抒胸臆，使人玩味不尽，有《逸德轩诗文集》。他学以经史为本，并研心性理学。乾隆《归德府志·卷二五·人物略》说他："敦尚气谊，教授生徒，指授经义，学者多赖以裁成。尝为书院山长，远近负笈从游者率成名士。"[1]

康熙后期，又有柘城高玢为范文正公书院山长。乾隆《归德府志·卷二五·人物略》记载云："高玢，字荆襄，柘城人，进士，授中书舍人，屡迁至山东道监察御史。居官清廉有为，侃侃不阿。奉使至西藏运粮，居塞十载始召还，归田教授生徒，为文正书院山长，下帷讲学，有醇儒风，一时学者翕然宗之。"[2] 高玢在《金吾公传》中自云："顾余远自塞外万里赐还，得以休老田舍。顷之，应郡守聘，授学生徒于范文正公书院，八载，辄寻郑公三俊逸事。当时，郡之缙绅先达名显，多出其门，叶司马（指传主叶元滋之父叶廷桂）其一也。郑与范两公遥遥五百余年，后先辉映，极盛之下难为继，余益为之景仰前徽云。"[3] 可见，高玢是有意承范、郑之后，而再振商丘教育的。

---

① （乾隆）归德府志：卷二五·人物略［M］.清刻本.乾隆十九年（1754）：11.

② （乾隆）归德府志：卷二五·人物略［M］.清刻本.乾隆十九年（1754）：12.

③ 高玢.金吾公传［M］//商丘叶氏家乘·卷五.光绪刻本.

卷之七　授徒管理志

　　应天书院自先师戚同文睢阳授徒至北宋真宗、仁宗年间进入鼎盛时期，为社会输送了一批批人才，培养了众多著名历史人物。书院从授徒理念到授徒内容，从传授知识到以德育人，从生员管理到体制创建，形成了一套较为完整的授徒管理体系，对北宋及以后公私教育影响深远。书院名师如范仲淹、王洙、石介、孙复等人，不管是创办私家书院，还是在地方倡建州府之学，又先后进入朝廷台阁、国子监太学，应天书院的授徒管理之法开枝散叶，成为上至朝廷，下至地方学府的取效楷模，在宋代教育史上影响深远，对今天的大学教育与管理亦多启迪。

一、有教无类的办学理念

　　"有教无类"，是先师孔子提出的教育思想，意思是不分贵族与平民、官吏与百姓、富人与穷人，不分国界、不分地域，只要有心向学，都可以入学受教。西周时期，政府设国学和乡学两类。国学又分大学和小学两级，而乡学则多称为庠、序、校、塾等。《礼记·王制》记载，"小学在公宫南之左，大学在郊，天子曰辟雍，诸侯曰泮宫"①。只有贵族子弟才能入学授教，平民是很难进入官办学校学习的。春秋战国时期，战乱频繁，礼崩乐坏。周天子失去了对国家的控制，周制崩解，诸侯割据。各诸侯国为培养自己的人才，纷纷自立"庠宫"。而以孔子为代表的私家讲学兴起，教育下移，由"学在官府"转向"官府""民间"两线发展。孔子明确提出的"有教无类"的思想，成为民间教育的指导思想。孔子弟子三千，来自鲁、齐、晋、宋、陈、蔡、秦、楚等不同诸侯国，这不仅打破了当时的诸侯国界，而且也打破了当时的夷夏之分。孔子弟子有来自贵族阶层的，如南宫敬叔、司马牛、孟懿子；也有很多是来自平民家庭，如

---

　　① 郑氏，注．陆德明，音义．孔颖达，疏．礼记注疏·卷十二［M］//四库全书·第115册．台北：台湾商务印书馆，1982：262．

颜回、曾参、闵子骞、仲弓、子路、子张、子夏、公冶长、子贡等。因此，孔子"有教无类"的思想在教育发展史上具有划时代的意义。应天书院秉承这一优秀教育传统，从杨悫、戚同文执教授徒，到应天书院接收大量生员，不论门第，不讲贫富，不分地域，只要品行无亏，有心为学，皆可收为弟子。

戚同文是个穷苦的孤儿，随祖母被收养在宋州祖母的娘家，而杨悫不卑贫贱，将其收入学舍。初授以《礼记》，能日诵一卷，不到一年，戚同文竟能背诵《五经》。杨悫把妹妹嫁他为妻，从此戚同文读书愈加勤奋。世逢晋末丧乱，绝意入仕，希望国家统一，因以"同文"为名字。杨悫曾勉励他出仕，他说："长者不仕，同文亦不仕。"戚同文师承杨悫的办学理念，并知报师恩。后杨悫遇疾不起，将身后事托付给戚同文，戚同文为其三代数人养老送终。① 正是杨悫看中了这个贫苦孤儿的天赋异禀和高尚品行，才成就了宋地的一代宗师。

戚同文执教授徒时期，正是五代后晋、后汉、后周至北宋初年，天下丧乱，官学式微。戚同文以他高尚的品行和不论门第，不卑贫贱，有教无类的办学理念，学舍得到了进一步扩大，学子进一步增多，宋州戚氏之学誉满远近，以致"请益之人不远千里而至"（《宋史》本传）。他的学生宗度，本蔡州上蔡人，其父宗翼曾为虞城主簿，与戚同文为好友，后隐居虞城，安贫不仕。家无斗粟，负米养母，未尝以贫窭干人。戚同文不弃贫贱，收宗度为弟子，后举进士，至侍御史，历京西转运使，预修太祖实录。② 许骧，商人家庭出身。他的父亲许唐本世家蓟州，后唐时经商中原，后晋立，以燕、蓟归契丹，唐归路绝。卜居睢阳，娶李氏女，生骧。他见郡人戚同文，以经术聚徒，遂携骧拜戚同文门下。许骧在戚同文教导下，十三能属文，善词赋。太平兴国初诣贡部，与吕蒙正齐名。太宗尹京师，颇知之，及廷试，擢甲科。官至右谏议大夫、兵部侍郎。③

戚同文去世后，曹诚在戚同文讲学旧居上修建学舍，大中祥符二年（1009年）经知府上奏朝廷，获赐额应天府书院。自真宗大中祥符二年（1009年）至仁宗景祐二年（1035年）的二十七年中，相对于朝廷国子监、太学及其他府官之学，书院继承戚同文创下的有教无类、不论门第、不卑贫贱的办学理念，不受入学资格限制，生徒来源更为广泛，入学条件相对宽松。

首先，无门第、无贵贱、无贫富限制。范仲淹大中祥符四年（1011年）入

---

① 脱脱，等. 宋史·第38册·卷四五七 [M]. 北京：中华书局，1977：13418.

② 脱脱，等. 宋史·第38册·卷四五七 [M]. 北京：中华书局，1977：13418-13419.

③ 脱脱，等. 宋史·第27册·卷二七七 [M]. 北京：中华书局，1977：9436.

应天书院读书时，自称"长白一寒儒"①。孙复早年求学离不开范仲淹的帮助。南宋楼钥《范文正公年谱》："公在睢阳掌学，有孙秀才者，索游上谒，公赠一千。明年孙生复谒公，又赠一千。因问何为汲汲于道路。孙生戚然动色曰：'母老无以养，若日得百钱，则甘旨足矣！'公曰：'吾观子辞气非乞客，二年仆仆，所得几何？而废学多矣。吾今补子为学职，月可得三千以供养，子能安于学乎？'孙生大喜。"② 孙复家贫，且母老无以养，范仲淹看重他的品质和学习热情，资助其读书，并为其在书院谋得学职，使得孙复既有经济来源供养母亲，又能安心读书。石介也是家境贫寒，宋代潘自牧《记纂渊海》卷五一，记载石介在应天书院贫苦读书，教师王渎赠以食物而石介不食的一则故事云："石守道为举子时，王渎侍郎以盘餐遗之。石谢曰：甘脆者亦介之愿也。但日享之则可，若止得一餐，则明日将何继乎？朝享膏粱，暮厌粗粝，人之常情也。介所以不敢当。"③ 王渎是应天书院名师，见石介穷苦勤约，不仅不弃，还赠以食物。这则故事不仅说明石介安贫乐学，也体现了应天书院"有教无类"、不讲门第贫富的教育思想。

其次，收徒无远近、无地域限制。就现今可考的应天府书院生源来看，有应天府本地生源，也有来自京东、京西路的学生，更有来自京东路以外的学生。范仲淹来自山东淄州长山县，石介来自山东泰山，孙复本山西晋州平阳人，富弼来自河南洛阳。本地人更多，如嵇颖、王尧臣、张方平、赵概等。范仲淹《范文正集·六·南京府学生朱从道名述》谓朱从道"沛国朱生"，今属徐州市。戚同文授徒全盛时，学子"请益之人不远千里而至，登第者五六十人"④。真宗赐名后的书院时期，更是"风乎四方，士也如狂。望兮梁园，归轫鲁堂。章甫如星，缝掖如云"⑤。

应天府书院秉承"有教无类"的教育理念，向民间、社会开放的特点，给普通士子提供了求学机会，备受读书人的追崇。另外，由于教育对象广泛，管理宽松，对于生源地、学成后的去向、学生数额、是否参加科考等不设限制，学生有充分的自主权。这对培养宋初求学风气的昌炽、学术风气的自由浓厚起

① 范仲淹. 寄乡人. 全宋诗·第 3 册·卷一六九 [M]. 北京：北京大学出版社，1996：1916.

② 楼钥. 范文正公年谱·史 [M] //四库全书存目丛书·第 82 册. 济南：齐鲁书社，1986：4.

③ 潘自牧. 记纂渊海 [M] //四库全书·第 931 册. 台北：台湾商务印书馆，1982：398.

④ 脱脱，等. 宋史·第 38 册·卷四五七 [M]. 北京：中华书局，1977：13418.

⑤ 范仲淹. 范文正集·卷七·南京书院题名记 [M] //四库全书·第 1089 册. 台北：台湾商务印书馆，1982：622.

到了巨大的推动作用。

二、经学为主的教学内容

睢阳学舍至应天书院时期的教学内容，并没有专门记载，但从一些史料中可以查知，主要以儒家经学为主，兼习诗、赋、策论。

《宋史·戚同文传》载："始，闻邑人杨悫教授生徒，日过其学舍，因授《礼记》，随即成诵，日讽一卷。……不终岁毕诵《五经》。"① 宋代王称《东都事略·卷四七·戚纶传》写戚同文"从邑人杨悫受经"②。知杨悫办学之初即以教授经学为主。《玉海》记载朝廷赐书院经书的情形时提到了睢阳学舍，"国朝自嵩阳、庐阜、岳麓、睢阳各有师徒，赐之经传"③。宋初，各讲习之所的教学内容也以经学为主，"咸平四年六月丁卯，诏郡县有学校聚徒讲诵之所，赐九经书一部"④。

戚同文办学时登第者有五十六人，从当时的科举考试内容看，科举考试有九经、五经、明经、诗、赋，另外还考察考生的法令知识等。宋代王溥《五代会要·卷二三·科目杂录》：后唐同光四年正月五科举人许维徽等一百人进状，有"方今三传一科五十余人，三礼三十余人，三史学究一十人"⑤。可见以《春秋》三传、三礼（《周礼》《礼记》《仪礼》）取士最多。考试方式有泛义、口义、墨义、对义、帖经、念书、对策等，每年的考试方式都会有细微变化。前面主要是对经义的考察，对策考试时策题有政事、经义等，主要考查考生的政见和才识。"周广顺二年二月，礼部侍郎赵上交奏：'贡院诸科，今欲不试泛义，其口义五十道，改试墨义共十道'从之。三年正月，户部侍郎权知贡举赵上交奏：'九经举人，元帖经一百二十道，墨义二十道，今欲罢帖经。于诸经墨义对一百五十道，五经元帖，经八十帖，墨义二十道，今欲罢帖经，令对墨义一百道，学究元念书二十道，对义五十道。'从之。"⑥ 除了考查学生的经义、对策之外，还考察诗、赋、论的写作。《五代会要》卷二二："进士元试诗赋各一首，

---

① 脱脱，等．宋史·第 38 册·卷四五七［M］．北京：中华书局，1977：13418.

② 王称．东都事略·卷四七［M］//四库全书·第 382 册．台北：台湾商务印书馆，1982：299.

③ 王应麟．玉海·卷一一二·庆历州县学［M］//四库全书·第 946 册．台北：台湾商务印书馆，1982：45，46.

④ （乾隆）钦定天禄琳琅书目·卷一·春秋公羊经传解诂［M］//四库全书·第 675 册．台北：台湾商务印书馆，1982：350.

⑤ 王溥．五代会要·卷二三［M］．北京：中华书局，1985：286.

⑥ 王溥．五代会要·卷二三［M］．北京：中华书局，1985：288.

帖经二十帖，对义五通，今欲罢帖经对义，别试杂文二首，试策一道……请别
试杂文二首外，其帖经对义，亦依元格。"① 当时科举考试的内容囊括了经学、
法令、对策、诗、赋、杂文等。

宋初，承晚唐、五代之制，取士专设明经一科，太祖建隆四年（963 年）
八月十三日诏曰："一经皓首，十上干名。乃前史之明文，见昔贤之苦节。自今
礼部贡院所试九经举人落第者，宜依诸科举人例，许会再应。"建隆七年（966
年）二月十四日诏曰："学古入官，历代垂训。将期进用，必藉该通。其《毛
诗》《尚书》《周易》三经学究，自今宜并为一科。及第后依三《礼》、三《传》
选数资序入官。"到太宗时期，紧承前制，又有改变，太平兴国四年（979 年）
十一月十日下诏："自今礼部应进士九经、五经、三史、《通礼》、三《礼》、三
《传》，引试自宜于律及律疏中向义三五条，或执卷发其端，令面对一两事。"②
此前，学究通习三经之业，恐难精至，分为三种，令各习一经，又加入通习明
法的内容。

从以上戚同文授徒时的科举背景来说，戚同文教学内容主要应适用社会科
举要求，而以经学为主兼及诗赋。正如王应麟《玉海》载："国初，有戚同文者
通五经业，聚徒百余人……"③ 戚同文精通经学，以经学教授为主的办学与杨
悫是一脉相承的。

曹诚复建学舍后的教学内容同样以经学为主，元萧𣂏《勤斋集·卷一·学
古书院记》："书院始于唐元和间，衡州人李宽于石鼓山，南唐升元于庐山白鹿
洞，宋大中祥符间睢阳民曹诚即戚同文旧居建学舍百五十间，蓄书二千五百卷，
召明经艺者讲习。及嵩阳、岳麓、茅山皆聚徒教授肄业。朝廷界之九经，赐以
敕额，时天下有四书院之称。是后江南诸郡凡先正过化之地皆置书院，敬延儒
先，昭明斯道，以遵前轨。"④ 此处的"经艺"是对儒家经书的统称，儒家"六
经"又称"六艺"。"召明经艺者讲习"，即征召深明儒家经书的学人为书院老
师而讲习其中。真宗大中祥符二年（1009 年），获赐额"应天府书院"，书院时
期的教学模式和教学内容，当依然沿用戚同文的旧路。因是真宗赐额的"府书

---

① 王溥. 五代会要·卷二三 [M]. 北京：中华书局，1985：278.
② 徐松. 宋会要辑稿·第 9 册·选举一二 [M]. 刘琳，等，校. 上海：上海古籍出版社，
2014：5507.
③ 王应麟. 玉海·第 947 册·卷一六七·应天府书院 [M]. 上海：上海古籍出版社，四库
全书：353.
④ 萧𣂏. 勤斋集·卷一·学古书院记 [M] //四库全书·第 1206 册. 台北：台湾商务印
书馆，1982：388.

院"，其教学内容应当更加与当时的科举取士相适应。

书院除传授经艺之外兼授诗赋。《宋史·戚同文传》说戚同文本人"好为诗，有《孟诸集》二十卷。杨徽之尝因使至郡，一见相善，多与酬唱"。宋代释文莹《玉壶野史》卷一亦谓戚同文，曾被杨徽之"召至郡斋，礼遇益厚，唱和不绝"。而他的弟子许骧亦能诗赋，《宋史·许骧传》谓许骧"十三能属文，善词赋"①。因五代至宋初，科举取士要考诗赋，到宋仁宗时尚且如此。如《宋会要辑稿·选举七》记载："景祐元年三月十八日，帝御崇政殿试礼部奏名进士，内出《房心为明堂赋》《和气致祥诗》《积善成德论》题，命翰林学士承旨盛度已下三十六人锁宿考试，如新制。"② 可见，戚同文授徒除授五经之外，兼授诗赋。到了真宗、仁宗的应天书院时期，诗赋也是在院学子的必修内容。范仲淹《范文正公集·言行拾遗事录》卷一，记载范仲淹在应天府书院任教时，教学生作赋的事迹，谓范仲淹"出题使诸生作赋，必先自为之，欲知其难易，及所当用意，亦使学者准以为法"③。范仲淹在出题让学生作赋之前自己必会亲自作赋，了解难易程度，明确出题意图，从而形成教学标准。范仲淹所出之题与所作之赋，也就成了当时学生的模板教材。正是当时的授课内容，能贴近科考实际，这也是吸引四方学者前来求学的重要原因。

三、体制完备的教学制度

应天书院具体的教学制度和教学管理，文献记载甚少。从书院主持者戚舜宾、王洙、范仲淹、石介等教学名师来看，该书院的教学并非处于一种无序的松散状态，而是有组织、有计划、有管理的较为完善的办学行为。并且书院有固定的教学设施，有学田作为固定的办学经费来源，有专门供老师教学研究和学子进修的藏书，这些都是应天书院与一般私学的根本区别。

就整个宋代书院的教学管理而言，主要由山长或曰洞主负责，而应天书院不在山林洞天，不像岳麓书院、白鹿洞书院那样有山长、洞主。杨悫、戚同文作为一方有名望的学者，自己创建学舍，并承担整个学舍的教学与管理。到了应天书院时期，规模宏大，师资学子众多，整个管理体制发生了变化，而管理方式当在戚同文创制的基础上有所变化。

---

① 脱脱，等．宋史·第 27 册·卷二七七［M］．北京：中华书局，1977：9436.
② 徐松．宋会要辑稿·第 9 册·选举七［M］．刘琳，等，校．上海：上海古籍出版社，2014：5396.
③ 范仲淹．范文正公集附·言行拾遗事录［M］//四部丛刊初编．商务印书馆，1937：465.

《宋史·戚同文传》谓，书院赐名后命戚纶之子"奉礼郎舜宾主之，署诚府助教，委本府幕官提举之"。《续资治通鉴长编》卷七十一于真宗大中祥符二年二月亦有记载："上嘉之，诏赐额曰应天府书院，命奉礼郎戚舜宾主之，乃令本府幕职官提举，又署诚府助教。舜宾，同文孙，纶子也。"① 而《宋会要辑稿·崇儒二·郡县学》亦有诏令"同文孙奉礼郎舜宾主之，召明经艺者讲习"②。可见，书院是由曹诚出资，而戚纶"画一而上"建成。建设过程又是戚纶长子戚舜宾"俾干其裕"（范仲淹《南京书院题名记》），具体主持；书院起用后，当然是作为戚同文、戚纶后人的舜宾"主之"，即是应天府书院"院主"。由于后来曹诚愿将书院学舍"入官"（《宋会要辑稿·崇儒二》），曹诚被命为府助教，而令本"府幕官提举"。如此一来，书院整个管理体制大致是院主主持管理整个书院的各种事务，助教辅助院主管理，而府署派一幕官为"书院提举"，书院提举在书院赐名之初，大概仅负责书院与当地政府、社会之间的关系协调，后来院主出任京师或外地为官，提举也负责院主的主要工作，到了府学时期，院主工作则由提举而直接取代了。

书院内部的教育教学管理，还有较为完善的体制。除院主作为书院首长之外，据范仲淹《南京书院题名记》，还有"掌教""管记"等职务。当时奉常博士王渎"时举贤良，始掌其教"。职方员外郎张吉甫，"时以管记，以领其纲"。"掌教"当主管书院的教学工作，如课程安排，学子考校等。而"管记"当主管财务及后勤工作。另外，当时书院的执教老师被称为"讲书"，又称"讲说"。"讲书"也多是由当时吃国家俸禄的官员担任，如范仲淹就有代晏殊而保举王洙继续担任应天书院的讲书状。范仲淹《代人奏乞王洙充南京讲书状》云："臣窃见贺州富川县主簿、充应天府书院说书王洙，于天圣二年御前进士及第，素负文藻，深明经义，在彼讲说已满三年，伏望圣慈，特与除授当州职事官，兼州学讲说，所贵国家教育之道，风布于邦畿，进修之人，日闻于典籍。士务稽古，人知向方。"③ 王洙是仁宗天圣二年（1024 年）进士，并除授贺州富川县主簿，而充应天府书院说书已满三年。宋代官制三年一任，王洙已经官任到期，到期后官员或罢职或迁转或待补，晏殊时为应天府知府南京留守司留守，延范仲淹为"掌教"，而王洙为书院"讲书"。由于王洙"素负文藻，深明经义"，

① 李焘. 续资治通鉴长编·第 6 册·卷七一 [M]. 北京：中华书局，1985：1597.

② 徐松. 宋会要辑稿·第 5 册·崇儒二郡县学 [M]. 刘琳，等，校. 上海：上海古籍出版社，2014：2762.

③ 范仲淹. 范文正集·卷十八 [M]//四库全书·第 1089 册. 台北：台湾商务印书馆，1982：746.

为留住王洙，才有是《代人奏乞王洙充南京讲书状》。

其实，书院中上至院主，下至讲书，皆要执教授经。这些执教者又多为戚同文再传弟子。戚舜宾是戚同文之孙，接传戚氏之学，做书院院主理所当然。作为院主，不仅管理院务，而且还直接讲授。张方平《举戚舜宾馆阁检讨》文中谓戚舜宾"奕世名儒，并见史牒。孝悌著于家，行义称于乡，该涉艺文，留心经术，自祥符初被诏管勾应天府书院，切摩诲诱诸生，多至成就，至今孜孜不倦"①。不仅"管勾应天府书院"，而且还要亲自执教，"切摩诲诱诸生"。张方平这封举荐状是在"庆历三年，与尚书兵部员外郎知制诰赵槩、右正言知制诰杨察、翰林学士知制诰充史馆修撰张方平、翰林学士起居舍人知制诰孙抃及翰林学士兼龙图阁学士户部郎中知制诰王尧臣等共同具状"。时离应天书院初建已三十五年，而戚舜宾执教还"至今孜孜不倦"。

初任掌教之职的王渎，后来任"讲书"的王洙，皆是戚同文高足王砺之子。先在应天书院领学生长班，后任教于书院的嵇颖，他的父亲嵇适也是戚同文的名弟子。范仲淹、石介、韦不伐等也是应天书院得名之初就进入书院学习的戚学传人，后皆为应天书院名师。可见，他们执经授学的教学内容皆戚氏一脉。

应天书院虽传戚氏之学，但教学门户开放，讲学是自由的。不同学术见解和政治主张的学者都可以在书院讲说。书院生员或定期解疑答难，或不定期举行集会，教师讲说时引经据典，皆可自由阐述自己观点。范仲淹讲学期间，心忧天下，为表达自己的政治主张，撰写万余言《上执政书》，在国家政策的各个层面，提出改革主张和措施。如在为国育才、选才方面提出深中时弊的一些观点。他认为："慎选举之方，则政无虚授。敦教育之道，则代不乏人。今士林之间患不稽古，委先王之典，宗叔世之文，词多纤秽。士惟偷浅，言不及道，心无存诚，暨于入官，鲜于教化，有出类者岂易得哉！中人之流，浮沉必矣。至于明经之士，全昧指归，讲议未尝闻，威仪未尝学，官于民上，贻笑不暇。责其论政，百有一焉。"关于如何培养与选拔有用之才，范仲淹提出："今春诏下礼闱，凡修词之人，许荐策论；明经之士，特与旌别；天下之望翕然称是。其间所存策论，不闻其谁，激劝未明，人将安信？傥使呈试之日，先策论以观其大要，次诗赋以观其全才；以大要定其去留，以全才升其等级，有讲贯者别加考试，人必强学，副其精举。"② 这些针对现实的育人选士思想，应当都是在书

① 张方平．乐全集·卷三〇［M］//四库全书·第 1104 册．台北：台湾商务印书馆，1982：327，328.

② 范仲淹．范文正集·卷八［M］//四库全书·第 1089 册．台北：台湾商务印书馆，1982：631，642.

院与同事、生员讨论讲贯的内容。

　　书院授课讲学，主要是书院在职教师，而当地政府的官员中学问丰赡、经艺深厚者，也时常到书院视学、讲论。如晏殊、宋绶、孔道辅、刘随、夏竦等，都有到书院视学讲论的记载。明道二年（1033 年）五月至十一月间，孔道辅以龙图阁待制为南京留守，到书院视察讲学，作为本府推官并主管书院的石介作陪。今石介《徂徕集》卷四尚留下六首诗来记述此事。现引如下，以见情实。《留守待制视学》：

　　　　艺祖兴王地，诸侯布教宫。冠缨临仗集，文雅与时隆。泮水差差绿，春芹习习风。袍辉子衿动，旗映讲纱红。节钺来门外，声容播国中。分庭等威杀，更仆宴谈终。亹亹闻谆诲，拳拳激懦衷。武昌尊庾亮，蜀郡乐文翁。王化周南始，儒缝鲁俗通。四方观表则，后学发童蒙。木铎留遗韵，缁衣缋旧功。愿公持此道，黄阁弼清躬。

　　　　其二

　　　　演道开谈席，观文降使辐。水寒芹叶薄，春早杏阴繁。喜动青青佩，亲闻亹亹言。孤生荷乐育，终始托丘园。

　　　　其三

　　　　开府雍容甚，轻裘博雅存。席间闲布帙，铃下昼无喧。首喜隆儒术，诸生接讨论。马融南郭学，觑觑岂堪言。

　　　　其四

　　　　春早沂风暖，芹生泮水深。前旌拂讲树，垂佩耀青衿。郁郁弥文化，循循善诱心。恭王不坏宅，金石有遗音。

　　　　其五

　　　　翼翼取则地，菁菁乐育篇。使辐临学舍，台席俯谈筵。韦相传经旧，文翁倡教先。诸生动观叹，门外卓卿旟。

　　　　其六

　　　　泮水绿犹浅，春芹叶始敷。旌旗久停驻，衿佩俨相趋。庾亮亲临学，哀公不诟儒。兹为表则地，风教自王都。①

　　诗谓，此地乃"艺祖兴王地"，书院乃"诸侯布教宫"。"冠缨"临集，"文雅"与时俱兴。孔道辅临院讲学是"使辐临学舍，台席俯谈筵""前旌拂讲树，

---

　　① 石介. 徂徕集［M］//四库全书·第 1090 册. 台北：台湾商务印书馆，1982：207，208.

垂佩耀青衿。郁郁弥文化，循循善诱心"，诸生们"覃覃闻谆诲，拳拳激儒衷"，"四方观表则，后学发童蒙"。当时是"席间闲布帙，铃下昼无喧。首喜隆儒术，诸生接讨论"。这些诗句，清楚地记载了孔道辅讲学，生员聆听，讲后师生讨论的情形。

仁宗景祐元年（1034 年）五月，刘随以工部郎中知应天府（《续资治通鉴长编》卷一一四），时石介以应天府推官主书院讲席。刘随崇佛，而石介尊儒，二人在应天书院曾就儒、佛、道的问题有过一次论辩。石介《上刘工部书》就记载了两人持不同观点在书院交锋的经过：

> 留守工部阁下，介前日从公入学中，公索观佛氏画像，以为佛与老氏与吾圣人为三教，三教皆可尊也。明日从公政事厅，同公观伏羲神农黄帝尧舜像，公赞三皇二帝之盛，称所谓佛者，则伏羲也，神农也，黄帝也，尧也，舜也。介殊不晓公之旨何为而为是言也。当日不敢面责公，夫道之盛莫盛乎皇，黄帝而上几千百君，独伏羲神农黄帝为称首。德之崇莫崇乎帝，少昊而下万有余祀，独尧舜为圣人，禹汤文武周公犹不及，其号而为王，后世能跻二帝三皇之懿者，真吾师乎！夫禹汤文武周公犹不能及，而佛夷狄之人，乃过禹汤文武周公与伏羲神农黄帝尧舜等则，是公欲引夷狄之人加于二帝三王之上也。欲引夷狄之道行于中国之内也。夫自伏羲神农黄帝尧舜禹汤文武周公孔子至于今，天下一君也，中国一教也。无他道也。今谓吾圣人与佛为三教，谓佛与老，伏羲神农黄帝尧舜俱为圣人，斯不亦骇矣乎？介不晓公之旨何为而为是言也。前日公在学，观书于东序，谓非圣人之书不可留，惧后生读之惑且乱也。公之心可谓正矣。噫！非圣人书犹不可观，老与佛反可尊乎？夫佛之为患，佛之悖道，佛之坏乱，佛之逆人，理佛之乱中国，唐则有姚崇言之于前，韩吏部言之于后。本朝如王黄州辈，亦尝极言之。数贤言之，人皆知数贤之言是也。苟数贤之言是，则佛果不足尚。公之知识固不下于前数贤，诚不识公何为而为是言也！朝廷天下名公为正人，出一言作一事，朝廷天下皆以为法言，其何容易哉！伏惟重之不宣。①

这封书信详细地记述了两人的不同观点和石介对刘随观点的驳斥。由此更可看出，书院的学术氛围的活跃，学术环境的平等，在学术方面没有长官与幕

---

① 石介. 徂徕集·卷十三 [M] //四库全书·第 1090 册. 台北：台湾商务印书馆，1982：274.

僚之分，都可以自由发表意见，都可以相互驳难讨论。

应天书院授徒的另一特点是生员以自修自研为主，自学与共同研习、教师指导相结合，师生之间、生生之间可以相互讨论，相互质疑辩难以解惑。

宋代朱熹纂《宋名臣言行录前集》卷七谓范仲淹初至书院，"入学舍，扫一室，昼夜讲诵。其起居饮食，人所不堪，而公自刻益苦。居五年，大通六经之旨，为文章论说，必本于仁义"，又谓"公处南都学舍，昼夜苦学，五年未尝解衣就寝。夜或昏怠，辄以水沃面。往往饘粥不充，日昃始食。同舍生或馈珍膳，皆拒不受"①。所谓"昼夜讲诵"，就是白天或听老师讲解、或同舍同学讨论探索，夜晚自持经书研读背诵。可见在籍生员，在书院的主要时间是自学，又叫"自治"。王洙为讲书，常教导学生，一个人"自治"最为重要，他说："人之文章美者，固誉之。不至者，未尝轻视。吾心意和平，得自治之要，险巇贪媚，固自不生。怨尤侥幸，逾绝思虑，以其染污吾心、戕贼天理，皆屏之于未萌。然事有曲直，必当中理。"② 他认为学子自我研修学习，一定要"心意平和"。所谓"心意平和"就是潜心沉意，平心静气，踏踏实实，不浮躁、不取巧。学生自学时，不是老师就可以任其信马由缰，不闻不问，而是要督之导之，以防学生贪逸懒惰。朱熹《宋名臣言行录前集》卷七还记载了范仲淹在书院督导学生自学的一则故事：

> 晏殊留守南京，公遭母忧，晏公请掌府学。公常宿学中，训督学者。夜课诸生读书，寝食皆立时刻。往往潜至斋舍诇之，见先寝者诘之。其人绐云："适疲倦暂就枕耳！"问未寝时观何书，其人亦妄对，则取书问之，其人不能对，乃罚之。③

诸生自学、就寝、用餐的管理，都是颇严格、有条理的。学生自学主要是在"斋舍"，而且"皆立时刻"，并有奖有罚。

应天书院在教学管理方面的另一特点是因材施教，教学方式灵活。自春秋战国以来，因材施教已成为历史上名师大德追求向往、累积总结的理念。先师孔子就很提倡这种方法。康熙御定《日讲四书解义·卷五·论语》上之二：

> 子曰："中人以上可以语上也，中人以下不可以语上也。"此一章书是

---

① 朱熹. 宋名臣言行录前集·卷七 [M] //四库全书·第449册. 台北：台湾商务印书馆，1982：79.
② 王钦臣. 王氏谈录·自治之要 [M]. 郑州：大象出版社，2003：176.
③ 朱熹. 宋名臣言行录前集·卷七 [M] //四库全书·第449册. 台北：台湾商务印书馆，1982：79.

言因材施教之意也。孔子曰：凡人资质有高下，学问有浅深。教人者当观
其力量如何，不可以概施也。若是中等以上之人，禀资既异，学力已深，
自可超乘而上。一经指示，便能领会，则言者适当其可，而听者不苦其难，
故可以语上也。若中等以下之人，禀质既庸，学力未粹，尚须积累之功，
遽语精微，卒难解悟，则言者徒觉其劳，而听者未悉其奥，故不可以语上
也。然上下岂有定哉？奋志图功，下学亦可以上达；因循玩忽，中人亦等
于下愚。总在人之自励何如耳！学者其勉诸。①

　　世界上的事物千差万别，人与人各不相同，教学只有人尽其才，才不至于
误人子弟。因而，宋代书院的整体授课特点多因人而异、因材施教。如书院设
有经、史、文等不同学舍，学生据己所长及爱好才性，选择不同主学方向。各
舍学生还可以自由循环听课，不懂者随时可以提问，由学长、经长、讲书或院
主解答释疑。释疑方式形式多样，以达目的为宜。

　　孙复擅长《春秋》。当初拜师范仲淹于应天书院，范仲淹谓："吾观子辞气，
非乞客也。"所谓"观子辞气"，是范仲淹观察这位学子的学术功底与学养素质，
所以决定"授以《春秋》"。而孙生笃学，不舍昼夜。明年，文正（范仲淹）去
睢阳，孙亦辞归。后十年，闻泰山下有孙明复先生，以《春秋》教授学者，道
德高迈"。（朱熹《宋名臣言行录前集》卷十）。孙复"治《春秋》不惑传注，
不为曲说以乱经。其言简易，明于春秋诸侯大夫功罪，以考时之盛衰，而见王
道之治乱。得于经之本义为多"②。正是范仲淹的因材施教，才成就了孙复这样
一位《春秋》学专家。

　　王砺是戚同文的著名弟子，王砺及其子、孙、重孙，四世皆得力于睢阳之
学。王砺"实生才子七人，六登进士第，世绪炽昌，遂为睢阳冠冕"。长子王涣
官至礼部侍郎，仁宗庆历末与杜衍等为睢阳五老诗会。二子王渎精于经学，真
宗时主教应天书院，蔡齐推其"经明有风节"。应天书院初建"虚师席待公，自
诸耆旧大生，皆执经北面。材经匠手，无不成器"③。其第四子王冲，"少则好
学，论议依名节，慷慨自喜，不与众浮沉"。真宗大中祥符初，与范仲淹同学于

---

①　喇沙里，陈廷敬．御定日讲四书解义［M］//四库全书·第208册．台北：台湾商务印
　　书馆，1982：141，142．
②　朱熹．宋名臣言行录前集·卷十［M］//四库全书·第449册．台北：台湾商务印书
　　馆，1982：120．
③　张方平．乐全集·卷三九·赠给事中太原王公墓志铭并序［M］//四库全书·第1104
　　册．台北：台湾商务印书馆，1982：467．

书院，"尤长于诗，诗凡千余篇"①。其幼子王洙，更是博学多才。欧阳修说他，"始能言，已知为诗，指物能赋。既长，学问自六经、《史记》、百氏之书，至于图纬、阴阳、五行、律吕、星官、算法、训故字音，无所不学，学必通达"②。王砺的七个儿子天资不同，各有异禀，正是睢阳书院因材施教，才成就了他们各自的事业。

四、以德为重的管理体系

书院不仅重视学术和文化的传承，更重视道德质量、个人修养的培养。睢阳学宗师戚同文就是一位尚信义，重然诺，为人正直善良，扶弱济困，轻财好施，高尚其志的学人。《宋史》本传说他"纯质尚信义，人有丧者力拯济之，宗族闾里贫乏者周给之，冬月，多解衣裘与寒者。不积财，不营居室，或勉之，辄曰：'人生以行义为贵，焉用此为！'由是深为乡里推服。有不循孝悌者，同文必谕以善道"③。曾巩也说他"以文学义行为学者师"，"以德行化其乡里"④。戚同文的高尚操守，为学生树立了道德榜样，对学生起着重视德行节操的教化作用，并渐次形成了学舍及书院管理中以德为重的管理理念，培养书院师生之间、生生之间良好的人际关系。

应天书院时期更加明确了以德为重的管理理念。范仲淹主持应天书院，他特别赞赏戚同文以德为重的人才培养理念。他在《南京书院题名记》中云："登斯缀者，不负国家之乐育，不孤师门之礼教，不忘朋簪之善导。孜孜仁义，惟日不足，庶几乎刊金石而无愧也。抑又使天下庠序，视此而兴，济济群髦，咸底于道，则皇家三五之风，步武可到，戚门之光，亦无穷已。他日门人中，绝德至行，高尚不仕，如睢阳先生者，当又附于此焉。"⑤ 从这篇《南京书院题名记》中可以看出，范仲淹不仅推崇戚氏之学问，而且更是推崇戚氏"不负国家之乐育，不孤师门之礼教，不忘朋簪之善导，孜孜仁义"，"济济群髦，咸底于

---

① 刘敞. 公是集·卷五三·尚书屯田郎中王公墓志［M］//四库全书·第1095册. 台北：台湾商务印书馆，1982：876.
② 欧阳修. 文忠集·卷三一·翰林侍读侍讲学士王公墓志铭并序［M］//四库全书·第1102册. 台北：台湾商务印书馆，1982：250.
③ 脱脱，等. 宋史·第38册·卷四五七［M］. 北京：中华书局，1977：13418.
④ 曾巩. 元丰类稿·四二·虞部郎中戚公墓志［M］//四库全书. 台北：台湾商务印书馆，1937：431-433；曾巩. 元丰类稿·四二·戚元鲁墓志铭［M］//四库全书. 台北：台湾商务印书馆，1937：431-433.
⑤ 范仲淹. 范文正集·卷七［M］//四库全书·第1089册. 台北：台湾商务印书馆，1982：622.

道"的以德为重的育人成果，他更希望应天书院能走出像先师戚同文一样"绝德至行"的大德名师。范仲淹还根据当时只重选举，而不重教育，天下学子以准备参加科举考试为主要任务，而国家多忽略道德教育的问题，更加明确了以德为重的管理理念。他认为这种只考试而不加教育的科举制度，犹如"不务耕而求获"，大大助长了学生投机钻营、醉心名利等不良风气。他在应天书院掌教时，写下万言《上执政书》，其中就"慎选举，敦教育"提出了自己的看法。他认为"士曾未教则贤材不充"，"贤材不充，则名器或假于人矣"。"重名器者在乎慎选举，敦教育"。如果"择而不教，贤孰继焉！"所以应"宜乎慎选举之方，则政无虚授；敦教育之道，则代不乏人"。他认为当今的弊病在于："今士材之间患不稽古，委先王之典，宗叔世之文，词多纤秽，士惟偷浅，言不及道，心无存诚。暨于入官，鲜于致化。有出类者岂易得哉！中人之流，浮沉必矣。至于明经之士，全暗指归，讲议未尝闻，威仪未尝学，官于民上，贻笑不暇。责其能政，百有一焉。诗谓：长育人材，亦何道也？古者庠序列于郡国，王风云迈。师道不振，斯文销散。由圣朝之弗救乎？当太平之朝，不能教育，俟何时而教育哉？"① 因而，他将"教育"的任务寄希望于书院的育人作用上。

以德为重的学生管理，首先体现在将书院学生的行为品德，纳入对学生的考核制度中。早在戚同文授徒时期，戚同文就围绕教学、课试，学生作息、归假等制定了一定的学规。宋代徐度《却扫编》卷上谓戚同文，"历五代入本朝，皆不仕，以文学行义为学者师，及是四方之士争趋之。……先生乃制为学规，凡课试讲肆，劝督惩赏，莫不有法；宁亲归沐，与亲戚还往，莫不有时。而皆曲尽人情，故士尤乐从焉"。又说"先生之规后传于时，及建太学，诏取以参定学制"②。所谓"课试讲肆"，上一节已经讨论过了。而对学生"劝督惩赏"之法及"宁亲归沐，与亲戚还往"的离学请假制度，其实就是学生的考核、管理制度的内容。戚同文授徒时期及后来的书院教育时期，其学生考核管理办法及其制定的具体制度已不可考。但这些制度为后来国子监太学所借鉴，而太学的学生考核管理办法还可略见于《宋史·选举志》及《宋史·职官志·国子监》。《宋史·职官志·国子监》云：

> 诸生之隶于太学者分三舍。始入学，验所隶州公据，以试补中者充外舍，斋长、谕月书其行艺于籍。行，谓率教不戾规矩；艺，谓治经程文。

① 范仲淹. 范文正集·卷八 [M] //四库全书·第1089册. 台北：台湾商务印书馆，1982：631，642.

② 徐度. 却扫编·卷上 [M]. 北京：中华书局，1985：22.

季终考于学。谕次，学录次，学正次。博士然后考于长贰，岁终校定，具注于籍，以俟覆试，视其校定之数，参验而序进之。凡私试，孟月经义、仲月论、季月策。公试，初场以经义，次场以论策。①

首先是注册学籍，书院学籍注册时虽然不同于国子监，没有什么"试补"程序，但其家庭籍贯及学养水平还是需要臻别的。其次是在籍学生的学籍管理，主要由同舍"斋长"和每月记录治经学习的"谕月"管理。斋长主要记其德行，即"率教"及遵守"规矩"的情况；而谕月又称"学谕"，则主要记录学子每月学习的进度和成效。斋长、谕月皆从在学诸生的品学兼优的学生中选拔担任。书院在诸生管理中主要是学生自我管理，书院中这类管理任务也主要由学生负责。国子监中太学生考核有私试、公试名目，又有学录、学正、博士职务，《宋史》又云：

> 博士掌分经讲授考校程文，以德行道艺训导学者。正、录掌举行学规，凡诸生之庚规矩者，待以五等之罚，考校训导如博士之职职事。学录五人，掌与正录，通掌学规。学谕二十人，掌以所授经传，谕诸生。直学四人，掌诸生之籍及几察出入。凡八十斋，斋置长，谕各一人掌表率。斋生凡庚规矩者，纠以斋规五等之罚，仍月考斋生行艺著于籍。②

"博士"，宋初又曰"国子监直讲"，而书院曰"讲书""讲说"。讲书分经讲授外，主要"以德行道艺训导学者"。国子太学的学规学范，不一定完全与应天书院相似，但大致不外乎这些方面。

应天书院对弟子在学期间思想行为、为学进德的目标、原则及方法的具体要求，也应有明确规定。正如宋代楼钥《又芝林家规》所云："师与弟子以道义相处，不得不立规矩以警其不率者。"③ 学子为学，战国时期就有《弟子职》，到了宋代书院的学规，主要侧重学子道德修养的培养。宋代黄震《黄氏日抄》卷四十记载："学规：乾道四年，规约以孝弟忠信为本。五年，规约以明理躬行为本。"④ 大致规约不外乎孝悌忠信、明理躬行，北宋书院大多如此。南宋朱熹的《白鹿洞书院揭示》，也就是白鹿洞书院的学规，首先是为教五目，"父子有

① 脱脱，等.宋史·第12册·卷一六五·职官志［M］.北京：中华书局，1977：3911.
② 脱脱，等.宋史·第12册·卷一六五·职官志［M］.北京：中华书局，1977：3911.
③ 楼钥.攻媿集·卷七八［M］//四库全书·第1153册.台北：台湾商务印书馆，1982：257.
④ 黄震.黄氏日抄·卷四十［M］//四库全书·第708册.台北：台湾商务印书馆，1982：164.

亲，君臣有义，夫妇有别，长幼有序，朋友有信"。其次是为学五序，"博学之，审问之，慎思之，明辨之，笃行之"。再次是修身之要，"言忠信，行笃敬，惩忿窒欲，迁善改过"。还有对学生处事、接物的要求，"正其义不谋其利，明其道不计其功"；"己所不欲，勿施于人。行有不得，反求诸己"①。可见到了南宋时期，书院学规更加完善、具体。

　　孝、悌、忠、信是师生首先要讲的守则。孝、悌是对治家而言，忠、信是对国家社会而言。戚同文"性醇厚，尚信义"，正因年幼时对祖母的孝而感动了杨悫，收其为徒。戚氏一门皆以孝悌、信义传家。戚纶"与其兄职方郎中维，以友爱闻祥符、天禧之间"②，"笃于古学，善谈名理，喜言民政，颇近迂阔。事兄维友爱甚厚，维卒，讣闻，哀恸不食者数日。与交游故旧以信义著称，士子谒见者必询其所业，访其志尚，随才诱诲之"③。戚纶之子戚舜宾、舜举、舜臣，"恭谨恂恂，举措必以礼择，然后出言。与其兄某官舜宾、某官舜举，复以友爱能师其家，有先人之法度。闻自天祐至今百有五十余年，天下六易，士之名一能、守一善，或身不终，或至子孙而失者多矣。而戚氏之世德独久如此，何其盛哉。"④　戚氏家教传统，是院教的一个缩影。关于"忠孝"，应天书院的名师也有自己的解释。《王氏谈录》记王洙教导诸子云："公诲诸子曰：忠，非必杀身自尽，其诚也可。今人莅一官苟能竭力于大小之务，不自愧于禄食，推而广之至于大事，皆忠也。至于以身死事，盖古人不幸而遇之耳。闺门之内，承顺父母颜色为先。"⑤　可见，应天书院以德为重的学生规范，颇能切合当时学生的修身实际。

　　以德为重的学生管理，还体现在学徒礼仪制度的践行，以此培养学生尊师重教的优秀品德。中国封建时代的师徒关系仅次于父子关系，即俗谚所谓的"生我者父母，教我者师父"。尊师重道，是我中华民族的优秀传统。拜师，有拜师之礼；授学，有授学之礼；对圣贤先师有祭祀之礼。周代已有释奠尊师之礼。孔子办学授徒，自云"自行束修以上，吾未尝无诲焉"。是说只要人能奉礼

---

①　朱熹．晦庵集·卷七四·白鹿洞书院揭示［M］//四库全书·第1145册．台北：台湾商务印书馆，1982：527.

②　曾巩．元丰类稿·四二·虞部郎中戚公墓志铭［M］//四库全书·第43册．台北：台湾商务印书馆，1937：433.

③　脱脱，等．宋史·第29册·卷三〇六·戚纶［M］．北京：中华书局，1977：10107.

④　曾巩．元丰类稿·四二·虞部郎中戚公墓志铭［M］//四库全书·第43册．台北：台湾商务印书馆，1937：433.

⑤　王钦臣．王氏谈录［M］．郑州：大象出版社，2003：158.

自行束修以上而来学者，吾皆教诲之也。束修，正义曰"礼之薄者"①。这不仅体现孔子有教无类，诲人不倦的精神，也说明当时拜师奉礼"自行束修"，有一定的拜师礼仪，即可建立师与弟子的关系。可见这种简朴的礼仪，是孔子拥有众多弟子的主要原因。先秦诸子的私家讲学，大抵如此。宋初书院私人授徒，也基本沿袭先秦诸子讲学之规。拜师时，先拜先师孔子，再拜师父，师父训话尊师守规，勉励为学。拜先师，拜老师，学生要行三跪九叩之礼。如《宋史·许骧传》就记载了许骧父亲许唐携骧拜师过程："郡人戚同文，以经术聚徒，唐携骧诣之，且曰：唐顷者不辞父母，死有余恨。今拜先生，即吾父矣。又自念不学，思教子以兴宗绪。此子虽幼，愿先生成之。"② 不仅许骧拜师，而且许骧的父亲许唐也要拜儿子之师。到了书院时期，学子入学见师，当也有一定的参拜程序，这些仪式和程序，成为培养学生尊师重教思想的一个方面。

所谓授学之礼，指授教生徒时应行的礼仪。明代黄佐《泰泉乡礼》卷三专讲"乡校"之礼，宋明时期，"凡在城四隅大馆，统各社学，以施乡校之教"。乡校的老师又称教读，"众共推择学行兼备而端重有威者，送有司考选以为教读"。教读升馆执教，诸生就学，仪式颇为隆重。《泰泉乡礼》写道："届期约正会各父兄，躬诣其（教读）家，再拜迎之。退乃各盛服候于社学门外，诸生候而前。至门，让主人入而右，教读入而左。至阶，让主人升自东阶，教读升自西阶。至堂，让主人东向，教读西向，行再拜礼。师席南向，主人各前布席。席定，诸生行四拜礼，以次献茶。"然后才可入馆。入馆前一日"直月（每月执勤人员）于前一日列诸生长少之序，挂于门内东西两壁，质明生徒至依序立于两阶下。约正约副入与教读誓戒，社祝致辞出，乃就座开馆"。馆堂设先圣牌位，约正与教读"上香行四拜礼"。社祝致辞。大致谓：学生应"以孝弟忠信为本"。"其闻善不相告，闻恶不相警，礼俗不相交，患难不相恤，阳善阴恶，二三其德者"不能在此堂学习。等先生就坐，诸生"以次执事赞礼乃升堂侍教"。每天分早学、午学、晚学，"平旦施早学之教，诵书，正句读"；"食后施午学之教，歌诗或书数"；"日夕施晚学之教，温书、习礼仪"。每月朔、望（即初一、十五）为休学假日，休学有休学之仪，"先一日晚设先圣牌位香案"，教读帅诸生于"朔望拜先圣毕，彻神位。拜先生，分班相拜而退。是日放假"。③ 早年戚

① 何晏，集解.陆德明，音义.邢昺，疏.论语注疏·卷七［M］//四库全书·第195册.台北：台湾商务印书馆，1982：587.
② 脱脱，等.宋史·第27册·卷二七七［M］.北京：中华书局，1977：9436.
③ 黄佐.泰泉乡礼［M］//四库全书·第142册.台北：台湾商务印书馆，1982：615，619.

同文设教讲读，其礼仪与乡校之礼大同小异，应天书院时期，由于进入府学官化时期，除拜师礼有所不同外，而生徒授学之礼应承先师规矩，而有所改进。但"以德为重"的宗旨不会改变。

另外，对先师先贤的祭典礼仪，也是教育学生尊师重道的重要一环。祭祀活动是宋代书院的一大特点。多数祭祀活动都是祭祀先圣先师孔子，但不同的学派祭祀的对象也会略有不同，有的也会祭祀本学派、本书院的创学先师，如应天书院纪念老师戚同文，龙门书院纪念老师程颐、程颢。目的是让书院生徒继承和发扬他们的学说、理念以及研习精神。朱熹认为祭祀中包含的尊师、重道、崇贤是格物致知的重要途径，通过祭祀活动将书院的教育目标具体化。应天书院有祭礼孔子的大成殿，同时还有戚同文祠。宋代吕本中《童蒙训》卷下云："睢阳有戚先生者名同文，字同文，有至行，乡人皆化之。……南京学中至今有戚先生祠堂。"① 戚同文祠堂当是戚纶、曹诚创建书院时所建。而书堂、书院祭祀孔子的活动，汉唐以后就已有之，五代、北宋时更为完善。宋代王禹偁《潭州岳麓山书院记》、宋代王应麟《玉海·天下四大书院》记载了北宋白鹿洞书院和岳麓书院等书院中供孔子，且有十哲、七十二贤作为配享和从祀。宋代徐度《却扫篇》卷上提到曹诚所建书院之结构是"前庙后堂，旁列斋舍，凡百余区"②。当时的应天府书院前有孔庙，后面设讲堂、戚同文祠堂、书楼等。这与咸平五年（1002年）宋真宗令全国书院学校修缮孔子庙堂之举有关。从应天书院的结构设置来看，当时书院既有讲授知识、自学阅览的场所，又有习礼祭祀的仪式活动场所，功能相当齐全。

应天书院由于遵循以德为重的教学、管理理念，形成了潜心学术、诲人不倦、尊师爱生、尊贤授能、官师和谐的优良院风院貌，为天下后起书院树立了榜样。

五、藏书校书的教辅功能

中国书院起源于唐代，最初为民间文人雅士的藏读书籍、修身养性之所。王应麟《玉海》对书院的解释为"院者，取名于周垣也"③。书院的本义即是用建筑围起来的安置书籍之所。尤其是纸张的大量使用和印刷术发展之后，书院与书的关系就越来越紧密了，藏书现象的广泛出现，在纸本和印刷出现之后。

---

① 吕本中．童蒙训［M］//四库全书·第698册．台北：台湾商务印书馆，1982：535．

② 徐度．却扫编·卷上［M］．北京：中华书局，1985：22．

③ 王应麟．玉海·卷一六七［M］//四库全书·第947册．台北：台湾商务印书馆，1982：353．

应天书院在睢阳学舍的早期，杨悫当有一定数目的藏书。元代欧阳玄《贞文书院记》记载："唐宋之世，或因朝廷赐名士之书，或以故家积书之多，学者就其书之所在而读之，因号为书院。"① 杨悫在将军赵直的扶持下在宋州立教兴学，"学者就其书之所在而读之"，没有藏书，如何兴学！杨悫去世后，戚同文继续在将军赵直的帮助下继承师业，并发扬光大，其藏书也应在杨悫藏书的基础上继续积累，而更加丰富。一个兴教授徒的学者，在那个时代，藏书既是兴学办教的基础，又是一位经师立教扬名的招牌，也是四方学士向往之、争趋之的一个因素。南宋周密《齐东野语》记载："宋室承平时，如南都戚氏、历阳沈氏、庐山李氏、九江陈氏、番阳吴氏、王文康、李文正、宋宣献、晁以道、刘壮舆，皆号藏书之富。"② 南都戚氏，即指戚同文世家。王明清《挥麈录》也有类似记载："承平时，士大夫家如南都戚氏、历阳沈氏、庐山李氏、九江陈氏、番阳吴氏，俱有藏书之名，今皆散逸。"③ 此五人即戚同文、沈立、李常、陈巽、吴良嗣。当时并无公共借阅的图书馆，普通士子又无法借阅到国家秘阁的藏书，这些藏书家的学馆、学舍、书院便是他们向往的好去处。戚同文丰富的藏书，也即应天书院的基础藏书，为学舍教学活动的开展提供了重要保障。

关于宋代书院藏书数目的记载不多见，现可见最早的要数应天府书院藏书数目的记载，《玉海》有云："于是（曹）诚即同文旧居建学舍百五十间，聚书千五百余卷，愿以学舍入官，令同文孙舜宾主之，故有是命，并赐院额。"④《文献通考·学校考》记载："真宗大中祥符二年，应天府民曹诚即楚丘戚同文旧居造舍百五十间，聚书数千卷，博延生徒，讲习甚盛。"⑤《宋史·戚同文传》也记作聚书千余卷。"千五百余卷"，或曰"数千卷"，当是戚氏原有旧藏，加上曹诚新购，才使得书院的规模和影响力进一步扩大，后经上报，得到真宗赐额"应天府书院"。曹诚是应天府书院创建的关键人物，其新聚捐赠加上戚氏原有旧藏，成为后来应天书院授徒和学术研究的基础。

在获得朝廷赐额之后，应天府书院又得到朝廷赐书。清人黄以周称："今之书院，在古为天子藏书之所，其士子之所肄业者，在汉谓之'讲堂'，亦谓之'精舍'，或谓之'精庐'。……至宋，有'白鹿''石鼓''岳麓''应天府'

---

① 欧阳玄. 圭斋文集·卷五 [M]. 成都：四川大学出版社，2010：86.
② 周密. 齐东野语·卷十二 [M]. 北京：中华书局，1983：217.
③ 王明清. 挥麈录·卷一 [M]. 上海：上海古籍出版社，2012：7.
④ 王应麟. 玉海·卷一六七 [M] //四库全书. 第947册. 台北：台湾商务印书馆，1982：353.
⑤ 马端临. 文献通考·卷四六 [M]. 北京：中华书局，1986：431.

四书院（石鼓建于唐元和间，白鹿建于南唐升元中，其初皆不名'书院'）。又别有'嵩阳''茅山'书院，其地不在朝省，而有天子之赐书，故额之曰'书院'。……沿及南宋，讲学之风聿盛，奉一人以为师，聚徒数百，其师既没，诸弟子群居不散，讨论绪余，习闻'白鹿''石鼓'诸名不复加察，遂尊其学馆曰'书院'，其地乃私居也，其书之有不，不可得而知也。其师开馆授徒，不啻汉之立精舍设教也。其学党同伐异，互相标榜，亦不减汉之守家法，而有安其所习，毁所不见之蔽也。"① 黄以周认为应天府及其他书院是因为有了朝廷的赐书而得到书院的赐额。他的这段话主要强调藏书对书院的必要性，甚至认为没有藏书仅有教学就不该被称为书院，此论虽有偏颇，但显现了清人对于"书院之所以称为书院"的思考，主张对书院藏书与教育功能区别看待。

同样提到应天府书院受赐书一事的是《历代名臣奏议》，中书舍人崔敦诗奏请白鹿洞书院额时写道："臣窃惟国朝偃武崇文，首善太学，其后天下州郡始相继有请建书院以养士。至道二年赐西京嵩阳书院额，咸平四年赐潭州岳麓书院，大中祥符二年从应天府请置新建书院，此类不一，皆赐经书，亦有令备价印造。"② 据崔敦诗所言，应天府书院于大中祥符二年（1009 年）获得赐额之时也获得了朝廷赐给的经书。因此，黄以周说应天府书院"有天子之赐书"之论确有根据。

应天府书院的藏书既有私人藏书，又有朝廷赐书。对比视之，南宋因印刷术的普及，书籍数量越来越多。南宋初年蒋友松创建的南园书院"聚书三万余卷，宾硕儒以教其族党子弟"③。魏了翁《书鹤山书院始末》记载："家故有书，某又得秘书之副而传录焉，与访寻于公私所板行者，凡得十万卷，以附益而尊阁之。取《六经阁记》中语榜以'尊经'，则阳安刘公为之记。"④ 鹤山书院数十万的藏书量已超过国家三馆的藏书。从记载可知其印刷的由来，是鹤山书院主人魏了翁四处访寻公私版本的努力得来的。应天府书院的藏书数目记载不一，但无论是一千卷还是一千五百卷，还是数千卷，其数字都与后来书院的上万卷差距较大，但在宋初印刷术还未大量普及的情况下已是相当瞩目了。正是经几

---

① 黄以周. 史说略·卷四［M］//黄以周全集·第 10 册. 上海：上海古籍出版社，2014：445.

② 黄淮，杨士奇. 历代名臣奏议·卷一一五［M］. 台北：台湾学生书局，1985：1544.

③ 沈翼机，等. （乾隆）浙江通志·卷二八［M］//四库全书·第 519 册. 台北：台湾商务印书馆，1982：729.

④ 魏了翁. 书鹤山书院始末［M］//全宋文·第 310 册·卷七〇九七. 书鹤山书院始末［M］. 上海：上海辞书出版社，2006：307.

代人的努力书院藏书而名扬朝野，才使四方学子向而往之，聚而学之，才成就了名师大儒的学术成就。

书院除藏书借阅的教辅功能之外，校书和编著书籍也是应天书院执教者的学术研究工作。唐人书院本就有校书功能，应天书院执教人员的校书著书，也突出体现了书院的学术研究风尚。在应天书院执教的讲说中，对于这方面具有突出贡献的是北宋著名的文献学者王洙。王洙在经、史、子、集方面皆有显著成果。

在经学方面，他是北宋较早对《易经》进行校勘辑释的学者。他整理有《古易》十二卷，著《周易言象外传》十卷。宋代陈振孙《直斋书录解题·卷一·易类》说他整理的《古易》十二卷，"上下经，惟载爻辞、外卦，辞一、象辞二、大象三、小象四、文言五、上系六、下系七、说卦八、序卦九、杂卦十。叶石林以为，此即《艺文志》（《汉书》）所谓《古易》十二篇者也。"《古易》十二篇，《隋书·经籍志》和《唐书·艺文志》已不见著录，王洙的发现整理，使《古易》重显于世。而《周易言象外传》十卷，则是王洙为《易》作注的学术著作。陈振孙《直斋书录解题》卷一谓：因前王弼有《易传》，而王洙"摘其异者，表而正之，故曰'外'。"① 宋代冯椅《厚斋易学附录·一·先儒著述》上云：王洙"集诸儒《易》说，折衷其理，依卦变为类。自序云：论次旧义，傅以新说，以王弼传为内，摘其异者表而正之，故云《外传》。"② 王洙此著原本虽佚，但其注疏多为南宋及以后易学著述所取纳。

在史学方面，王洙与张观、余靖、宋祁、李淑等合撰有《新校史记》一三〇卷、《新校前汉书》一〇〇卷、《新校后汉书》九〇卷、《三史刊误》四五卷，校勘悉取诸本及先儒注解、训传、六经、小说字林、说文之类数百家之书以相参校，凡所是正、增损数千言，尤为精备。又撰《三朝政录》二〇卷、《国朝会要》一五〇卷、《皇祐方域图志》五〇卷，这些史学著作有些是他在应天书院时即着手编撰，有些是他在任应天书院讲书时就积累了资料，打下了基础。

王洙在子学方面，更显示出了他的博学渊识。他贯通古今音律，曾经对《古今乐律通谱》进行整理编纂，他的儿子王钦臣在《王氏谈录》中说他："公洞晓音律，自能辨声度曲。尝究今乐之与古乐所由变，而总诸器之同归，以籍于谱。至如言黄钟其声，则属弦之某。抑按金石之某声，考筦之某穴，皆衡贯

---

① 陈振孙. 直斋书录解题·卷一［M］//四库全书·第674册. 台北：台湾商务印书馆，1982：528.

② 冯椅. 厚斋易学附录·一［M］//四库全书·第16册. 台北：台湾商务印书馆，1982：827.

为表而别之。至于北部诸器亦然，虽不知者可一视而究，号曰《古今乐律通谱》。"又云："今北部乐乃古之清商遗音，其论甚详。"① 今《宋史·艺文志》六，还著录了他编著的子部著作《清边武略》十五卷、《风角占》一卷、《青囊括》一卷等。他还有对医书《金匮玉函经》八卷的整理。宋代赵希弁《郡斋读书后志·卷二·子类·医家类》云："《金匮玉函经》八卷，右汉张仲景撰，晋王叔和集设答问杂病，形证脉理，参以疗治之方。仁宗朝王洙得于馆中，用之甚劾，合二百六十二方。"②

在文学集部的校勘整理方面，他最突出的贡献是《杜工部集校注》二十卷的编订和校注。宋代陈振孙《直斋书录解题·卷十六·别集类》上谓《杜工部集》二十卷"王洙原叔搜裒中外书九十九卷，除其重复，定取千四百五篇，古诗三百九十九，近体千有六，起太平时，终湖南所作。视居行之次，若岁时为先后。别录杂著为二卷，合二十卷，宝元二年记。遂为定本"③。宋代晁公武《郡斋读书志·卷四上·集部》谓："本朝自王原叔以后，学者喜杜诗。"④ 陈振孙、晁公武二书著录，说明有宋一代自王洙编定杜集，王琪刊行后，以下诸家皆遵而接续作注，甚者冒王洙之名，王洙编订整理笺注的杜集，遂成为宋以后杜甫诗文集的祖本，成为最权威的杜甫著作。王洙整理杜集的经过，见于自叙。其《杜工部诗集序》曰："甫集初六十卷，今秘府旧藏，通人家所有，称大小集者，皆亡逸之余，人自编撮，非当时第叙矣。搜裒中外书凡九十九卷，除其重复，定取千四百有五篇，凡古诗三百九十有九，近体千有六，起太平时，终湖南所作，视居行之次若岁时为先后，分十八卷。又别录赋笔杂著二十九篇为二卷，合二十卷。意兹未可谓尽，它日有得，尚副益诸。"⑤ 落笔为"宝元二年十月"，即 1039 年，这年距王洙由应天书院讲书入京师为翰林学士、史馆修撰仅两三年，可见其《杜工部集校注》的工作主要是在应天书院完成的。综王洙序记及宋人书目著录，王洙杜集整理校勘极为精审。王琪《增修王原叔编次杜诗后记》谓，王洙"家素蓄先唐旧集，及采祕府名公之室，天下士人所有得者悉

① 王钦臣. 王氏谈录·古今乐律通谱 [M]. 郑州：大象出版社，2003：169.
② 赵希弁. 郡斋读书后志·卷二 [M] //四库全书·第 674 册. 台北：台湾商务印书馆，1982：404.
③ 陈振孙. 直斋书录解题·卷十六 [M] //四库全书·第 674 册. 台北：台湾商务印书馆，1982：801.
④ 晁公武. 郡斋读书志·卷四上 [M] //四库全书·第 674 册. 台北：台湾商务印书馆，1982：253.
⑤ 王洙. 杜工部诗集序 [M] //四库全书·第 1069 册·集千家注杜工部诗集卷首. 台北：台湾商务印书馆，1982：666.

编次之"，校勘所依板书，当时天下"无遗矣"①。他在自序中，对杜集自唐以来的流传版本了如指掌。宋初喜杜诗者各据残本散佚自行编摭，已失唐时旧观。王洙"搜裒中外书凡九十九卷"，分别是古本二卷，蜀本二十卷，集略十五卷，樊晃序小集六卷，孙光宪序二十卷，郑文宝序少陵集二十卷，别题小集二卷，孙僅一卷，杂编三卷（见于王洙序文夹注）。正是校勘所依版本之富，才成为流传后世的权威定本。王钦臣《王氏家录》中于《校书》一节，亦记王洙校杜诗云："杜甫诗古六十卷，今亡。世传二十卷，止数百篇。参合别本，以岁时为类，得编二十卷。"② 在杜诗的注释方面，亦颇精到。王琪《王原叔编次杜诗后记》云："子美博闻稽古，其用事非老儒博士罕知其自出，然讹缺久矣。后人妄改而补之者，众莫之遏也。非原叔多得，其真为害大矣。"③ 王洙的注释，弥补了原书之缺，纠正了当时社会解释杜诗之讹，为后世正确把握杜诗内涵做了"导夫先路"工作，为杜甫诗文的研究做出了划时代的贡献。由此也可考知应天书院师生在杜诗学方面之一斑。

---

① 王琪．增修王原叔编次杜诗后记［M］//四库全书·第1069册．台北：台湾商务印书馆，1982：13.

② 王钦臣．王氏家录·校书［M］//全宋笔记·第一编·第十册．郑州：大象出版社，2003：168.

③ 王琪．补注杜诗卷首·王原叔编次杜诗后记［M］//（宋）黄希，等．四库全书·第1069册．台北：台湾商务印书馆，1982：13.

卷之八　职官志

　　戚同文授徒时期为私人办学，与地方官府没什么直接关联，此志从略。宋真宗大中祥符二年（1009年）皇帝赐名书院，始有"应天府书院"之名，书院之初，即署应天府管理，并有本府幕职官提举，当时主持戚氏学舍的戚纶长子戚舜宾继续主持，并属出资重建学舍的府民曹诚为应天府助教。宋仁宗景祐二年（1035年）"应天府书院"更名府学，一应办学所需及学府管理运行皆归应天府。三十五年间的书院运行、发展，直接受应天府知府、南京留守司管理。所以，本"职官志"以这一时期应天府主官、书院提举官为重点对象，纂为《职官表》。

　　宋仁宗庆历三年（1043年）十月，府学升为南京国子监，直至高宗赵构在南京称帝的建炎四年（1130年），南京国子监历时八十八年。其间南京及应天府官员，对南京国子学已无直接管辖之责，但也有一些官吏热衷教育，对南京国子学也有一定影响，有时留司官员或直接为南京国子监讲说者，本"职官志"亦作有选择性连带考述。

　　北宋一代，南京留守司与应天府其实是合署办公，一般应天府知府兼理南京留守司事。《宋史·职官七》记载："留守、副留守：旧制，天子巡守亲征，则命亲王或大臣总留守事。建隆元年（960年）亲征泽潞，以枢密使吴廷祚为东京留守。其西、南、北京留守各一人，以知府兼之（西京河南、南京应天、北京大名）。留守管掌宫钥及京城守卫、修葺、弹压之事，畿内钱谷、兵民之政皆属焉。政和三年（1113年），资政殿大学士邓洵武言：河南、应天、大名府号陪京，乞依开封制正尹、少尹名，从之。宣和三年（1121年），诏河南、大名少尹，依熙宁旧制，分左右厅治事。应天少尹一员，及三京司录通管府事。"[1] 据此，本志仅考应天府书院期与府学期履职知府及提举书院官员可考者，而对南京国子监期间对学宫有影响的名宦，亦略作稽考。《职官表》中依据

---

　　① 脱脱，等. 宋史·第12册·卷一六七·职官七［M］. 北京：中华书局，1977：3960.

史料，关涉文献版本出处，前文多见注释，《表》中引文，版源不再另注。

北宋真宗至钦宗间应天府、南京留守司职官表

姓名、籍贯	职官、时间	史料依据
真宗时期		
李防，字智周，大名内黄人	应天知府，真宗大中祥符一、二年任（1008—1009年）	据嘉靖《归德志·卷五·官师志》《宋史》卷三百三本传：景德初，李防诏与张知白分东西路安抚江南旱灾，遂为江南转运使，由江南转运徙知应天府。知应天府当在大中祥符初。在任期间凿府西障口为斗门，泄汴水淤旁田数百亩，民甚利之。并将戚同文旧居新建学舍上奏朝廷，真宗诏赐"应天府书院"名额
王旭，字仲明，大名莘人。王旦弟	应天知府。约大中祥符三、四年任（1010—1011年）	《宋史卷·二六九·王旭传》："……大中祥符间，旦既薨，（旭）扬历中外，早有政绩，由兵部郎中出知应天府。"
马元方，字景山，濮州鄄城人。淳化三年进士。官至兵部侍郎	应天府知府兼南京留守司事，大中祥符五至八年（1012—1015年）间任	《宋会要辑稿·方域二·南京》：大中祥符七年"二月一日诏名南京门曰崇礼，双门曰祥辉，外西门曰回銮。三日，以主客郎中、知应天府马元方兼南京留守司事，合置官属名目，下审官院流内铨，一如西京之式。"按，由此知马元方出任应天府知府当在是年以前约大中祥符五、六年间事
王随，字子正，河南人。登进士甲科，官节度使同中书门下平章事	知应天府兼南京留守。大中祥符八年（1015年）六月来任	《宋史·卷三〇一·王随传》："擢知制诰，以不善制辞出知应天府。"《续资治通鉴长编》卷八五：真宗大中祥符八年闰六月："丙申，以刑部员外郎、兼侍御史知杂事王随知制诰，知应天府兼南京留守。"
朱巽，字顺之，扬州天长人	知应天府兼理南京留守司事。大中祥符九年八月来任	《续资治通鉴长编》卷八七：真宗大中祥符九年八月："乙亥，以左司郎中、知制诰朱巽知应天府兼南京留守司事，刑部员外郎、知制诰王随为工部郎中、知制诰、知扬州。"

续表

姓名、籍贯	职官、时间	史料依据
王曾，字孝先，青州益都人。真宗时宰相	知应天府兼南京守留司事。真宗天禧元年十月至天禧三年十二月（1017—1019年）任	《宋史·卷三〇〇·王曾传》："王钦若方挟符瑞傅会帝意，又阴欲排异己者。……乃罢（王）曾为尚书礼部侍郎判都省，出知应天府。天禧中，民间讹言有妖起若飞帽，夜搏人，自京师以南，人皆恐。曾令夜开里门，敢倡言者即捕之。卒无妖。"《续资治通鉴长编》卷九四：真宗天禧三年（1019年）十一月，"知应天府王曾言：'府民五户共扑买酒场岁课三万余缗，逋欠积久，其两户已破产，三户累尝披诉，而计司虑亏岁课，不肯与夺。乞赐蠲减。'上谓辅臣曰：'南京，太祖兴王之地，比他处尤当优恤，岂可靳兹小利，重困吾民。'乃诏依东、西京例，令民取便买曲酿酒，其三户逋欠悉除之。"
张知白，字用晦，沧州清池人。官至宰相	应天府知府兼南京守留司事 天禧三年十二月至五年十二月（1019—1021年）任	据《续资治通鉴长编》卷九四：真宗天禧三年（1019年）十一月戊午、十二月壬戌文。又，卷九七：真宗天禧五年（1021年）冬十月戊申："知应天府张知白言，通判、秘书丞任中师临事明干，究民利病。有诏褒奖。"明嘉靖《归德志·卷五·官师志》："张知白，沧州清池人。初参知政事为王钦若所排。真宗朝知应天府，钦若谪，分司南京，众谓必报之，而知白待之加厚。入为相，清约如寒士，慎重名器，人服其公。"
王钦若，字定国，临江军新喻人。淳化三年（992年）甲科进士。宋真宗、仁宗时两度为相	南京留守。真宗天禧五年（1021年）十二月至仁宗即位的天圣元年九月（1023年）任	据《续资治通鉴长编》卷九七记载，真宗天禧五年（1021年）十一月，王钦若为丁谓所陷，"戊子，责授司农卿，分司南京"。又，《续资治通鉴长编》卷一〇一：仁宗天圣元年（1023年）冬十月癸未，"王钦若复相"。《宋史》卷二八三："与宰相丁谓不相悦，以疾请就医京师不报。令其子从益移文河南府，舆疾而归。谓言钦若擅去官守，命御史中丞薛映就第按问。钦若惶恐伏罪，降司农卿分司南京。"

姓名、籍贯	职官、时间	史料依据
张元,字公寿,其先濮州临濮人,后徙宋,为应天宋城人	应天府推官 天禧四、五年（1020—1021年）间任	宋韩琦《安阳集·卷四七·故客省使眉州防御使赠遂州观察使张公（元）墓志铭并序》:"公少磊落有大志,博学能文之外,喜读诸家兵法,常慕古大丈夫立奇功伟节以震暴于当世,不为拘儒龊龊之行。始冠,中天禧三年（1019年）甲科,任广安军判官。满岁,再调应天府推官。南都地素卑,民苦水患,公为治白沙、石梁二渠。壅者悉通,而田以岁获。"
赵湘,字巨源,华州人。进士甲科	应天府知府 天禧五年（1021年）任	《续资治通鉴长编》卷九九:真宗乾兴元年（1022年）七月,"知河南府薛颜,素与丁谓厚善。庚午,命知应天府赵湘与颜易任。"《宋史·卷三百三·赵湘传》:"又知应天府,进右谏议大夫,复知河南,为集贤院学士,以疾徙虢州,卒。"
薛颜,字彦回,河中万泉人	应天府知府。真宗乾兴元年（1022年）七月任	《宋史·二九九·薛颜》:"仁宗即位,迁给事中。丁谓分司西京,以颜雅与善,徙知应天府。"
仁宗时期		
李及,字幼几,其先范阳人,后徙郑州	应天府知府 仁宗天圣元年（1023年）九月来任	《续资治通鉴长编》卷一〇六:仁宗天圣六年（1028年）五月"丁巳,以枢密直学士、工部侍郎李及为御史中丞。"李焘按:"及以乾兴元年（1022年）三月知杭州,天圣元年九月徙南京。"《宋史·卷二九八·李及传》:"再迁尚书工部侍郎,历知杭州、郓州、应天、河南府,召拜御史中丞,卒。"徐松《宋会要辑稿·崇儒二》:仁宗天圣三年（1025年）十一月,"枢密直学士、知应天府李及言:本府书院甚有学徒,自建都以来,文物尤盛。欲望量于发解进士元额之外,乞添解三人。从之"

续表

姓名、籍贯	职官、时间	史料依据
张元,字公寿,其先濮州临濮人,后徙宋,为应天宋城人	大理寺丞,知南京留守判官事,仁宗天圣五年(1027)任	宋代韩琦《安阳集·卷四七·故客省使眉州防御使赠遂州观察使张公(元)墓志铭并序》:"再调应天府推官。……为治白沙、石梁二渠。壅者悉通,而田以岁获。本道转运使上其状,就改大理寺丞,知南京留守判官事。府尹晏元献公性方严,少许可,独知公。府事无巨细,皆以属之,而无不集者。"
晏殊,字同叔,抚州临川人。官至同平章事兼枢密使、礼部、刑部尚书,观文殿大学士等	留守南京知应天府,仁宗天圣五年(1027)正月来任	《续资治通鉴长编》卷一百五:仁宗天圣五年(1027年)春正月,"庚申,降枢密副使、刑部侍郎晏殊知宣州。……寻改知应天府。殊至应天,乃大兴学,范仲淹方居母丧,殊延以教诸生。自五代以来,天下学废,兴自殊始"。《宋史·卷三一一·晏殊传》:"上疏论张耆不可为枢密使,忤太后旨,坐从幸玉清昭应宫,从者持笏后至,殊怒,以笏撞之折齿。御史弹奏,罢知宣州,数月,改应天府。延范仲淹以教生徒,自五代以来天下学校废,兴学自殊始。"
蔡齐,字子思,其先洛阳人,曾祖官莱州胶水令,因家焉。举进士第一。官至参知政事	应天府知府、南京留守,天圣六年(1029年)八月来任	《宋史·卷二八六·蔡齐传》:"(刘)崇勋谮之,罢为龙图阁学士知河南府。参知政事鲁宗道固争留之,不能得。以亲老改密州,徙应天府,召为右谏议大夫御史中丞。"王钦臣《王氏谈录·相知之厚》:"及临淄公(晏殊)还朝,……是后蔡文忠(齐)继守留钥,复待以上客。"
宋绶,字公垂,赵州平棘人。官至参知政事	应天府知府,天圣九年(1030年)十月来任	《续资治通鉴长编》卷一百十:仁宗天圣九年(1030年)冬十月:"己卯,以翰林学士兼侍读学士宋绶为龙图阁学士,知应天府。"《宋史·卷二九一·宋绶传》:"上书忤庄献刘太后意,改龙图阁学士,出知应天府。"

续表

姓名、籍贯	职官、时间	史料依据
孙道辅，字原鲁，孔子四十五代孙。官至右谏议大夫、御史中丞	知应天府南京留守，仁宗明道二年（1033年）四月来任	《宋史·卷二九七·孔道辅》："迁尚书兵部员外郎，复出知徐、许二州，徙应天府。明道二年（1033年）召为右谏议大夫权御史中丞。"按，《续资治通鉴长编》卷一一二：仁宗明道二年（1033年）夏四月，有"召知应天府龙图阁学士刑部侍郎宋绶，通判陈州太常博士秘阁校理范仲淹赴阙"记载，知孔道辅来任当在是年四月
范雍，字伯纯，河南人。官礼部尚书，卒赠太子太师谥忠献	知应天府，约仁宗明道间任	《宋史·卷二八八·范雍》："太后崩，罢为户部侍郎知陕州，改永兴军。是岁饥疫，关中为甚，雍为振恤，以疾请近郡，遂知河阳。进吏部侍郎，徙应天府，又改河南府。"
蒋堂，字希鲁，常州宜兴人。官至礼部侍郎	知应天府兼南京留守，约仁宗明道、景祐年间任	《宋史·卷二九八·蒋堂传》："前后五年未尝一至京师，就除河东路都转运使，未行知洪州，改应天府。……以枢密直学士知益州。庆历初诏天下建学，汉文翁石室在孔子庙中堂，因广其舍为学宫。" 宋代胡宿《文恭集·卷三九·宋故朝散大夫尚书礼部侍郎……蒋公神道碑》："除河东转运使，未行，徙知洪州，又改应天府兼南京留守司。岁余，迁左司郎中知杭州。"
陈执中，字昭誉，洪州人	知应天府，约仁宗景祐元年（1034年）来任	《宋史·卷二八五·陈执中传》："明道中，安抚京东，进天章阁待制使，还，知应天府。"
石介，字守道，兖州奉符人	南京留守推官，仁宗景祐元年（1034年）来任	据许毓峰《石徂徕年谱》。又，《宋史·卷四三二·石介传》："进士及第，历郓州、南京推官。笃学有志尚，乐善疾恶，喜声名，遇事奋然敢为。……入为国子监直讲，学者从之甚众，太学繇此益盛。"

续表

姓名、籍贯	职官、时间	史料依据
刘随，字仲豫，开封考城人。官至天章阁待制	知应天府分司南京，仁宗景祐元年（1034年）五月来任	《续资治通鉴长编》卷一一四：仁宗景祐元年（1034年）五月，"癸亥，知宣州兵部员外郎刘随为工部郎中，知应天府。"《宋史·卷二九七·刘随传》："与孔道辅、曹修古同时为言事官，皆以清直闻。"
夏竦，字子乔，江州德安人	知应天府分司南京，景祐二年至宝元元年（1035—1038年）三月任。自夏竦始，应天书院改称府学	宋王珪《华阳集·卷四七·夏文庄公竦神道碑铭》："景祐元年（1034年），徙青州。明年，徙应天府兼南京留守。后二年，以户部尚书入为三司使。"《宋史·卷二八三·夏竦传》说他"材术过人，急于进取。喜交结，任数术倾侧反复，世以为奸邪"。"迁刑部尚书，徙应天府。宝元初，以户部尚书入为三司使"。
孔勗，字自牧，孔子四十四代孙	分司南京，仁宗景祐二年（1035年）八月任	《续资治通鉴长编》卷一一七：仁宗景祐二年（1035年）八月，"戊寅，秘书监孔勗分司南京，专领文宣王祠庙，仍赐绢百匹，米五十斛，羊酒副之。"
韩亿，字宗魏，其先真定灵寿人，徙开封之雍邱	应天府知府，宝元元年（1038年）三月任	《宋史·卷三一五·韩亿传》："会忻州地大震，谏官韩琦言：宰相王随、陈尧佐非辅弼才。又言：亿子综为群牧判官不当。自请以兄纲代之，遂与宰相皆罢，知应天府。"《历代通鉴辑览》卷七四：宝元元年（1038年）"三月，王随、陈尧佐、韩亿、石中立免"。宋代杜大珪《名臣碑传琬琰之集》下卷八引曾巩《韩忠宪公亿》："景祐二年（1035年），同知枢密院事；四年，改参知政事。因谏官言不当以子壻为群牧判官。宝元元年罢，知应天府。"

续表

姓名、籍贯	职官、时间	史料依据
盛度,字公量,世居应天府。后徙余杭。官至参知政事、知枢密院事	应天府知府,宋仁宗宝元三年、康定元年(1040年)任	《宋史·卷二九二·盛度传》:景祐二年(1035年),拜参知政事。迁知枢密院事行宰相权。"章得象既相,以度尝位其上,即拜武宁军节度使,坐令开封府吏冯士元强取其邻所赁官舍,以尚书右丞罢。复知扬州,加资政殿学士知应天府。"按,真宗大中祥符二年(1009年),诏赐额应天书院,盛度为之作记(文不存)。据《续资治通鉴长编》卷一三二庆历元年(1041年)七月记载,明年盛度于应天府任上致仕,知应天府最迟当在宋仁宗宝元三年(1040年)
张观,字思正,绛州绛县人	知应天府,约仁宗庆历初年任	《宋史·卷二九二·张观传》:"康定中西兵失利,因议点乡兵,久之不决,遂与王鬷、陈执中俱罢。……历知应天府、孟州、河南府。"
仁宗庆历三年(1043年)府学升南京国子监		
王举正,王化基子,字伯仲,永图镇定人	知应天府,仁宗庆历中至皇祐元年(1049年)秋七月任	《续资治通鉴长编》卷一六七:仁宗皇祐元年(1049年)秋七月癸卯,"资政殿学士户部侍郎、知应天府王举正为吏部侍郎"。《宋史·卷二六六·王化基附王举正传》:"以资政殿学士尚书礼部侍郎知许州。……徙知应天府,累迁左丞。皇祐初,拜御史中丞。"
李淑,字献臣,李若谷子,徐州丰人	知应天府兼南京留守,仁宗庆历八年(1048年)十一月任	《续资治通鉴长编》卷一六五:仁宗庆历八年(1048年)十一月乙未朔,"翰林学士兼端明殿学士、翰林侍读学士、礼部侍郎、知制诰、史馆修撰李淑落翰林学士,依前端明殿学士、兼翰林侍读学士,加龙图阁学士、集贤殿修撰,知应天府兼南京留守司"。《宋史·卷二九一·李若谷附子李淑传》:"初在郑州,作周陵诗。国子博士陈求古以私隙讼其讥讪朝廷,除龙图阁学士,出知应天府。"

续表

姓名、籍贯	职官、时间	史料依据
施昌言，字正臣，通州静海人	知应天府。皇祐元年（1049 年）来任	《宋史·卷二九九·施昌言传》："与北京留守贾昌朝累，论徙江淮发运使，加龙图阁直学士知应天府，又知延州。"按，据《续资治通鉴长编》卷一百六十，贾昌朝于庆历七年（1047 年）三月为武胜节度使同平章事、判大名府兼北京留守司，施昌言来任当在皇祐元年（1049 年）左右
欧阳修，字永叔，庐陵人。官至翰林学士、枢密副使、参知政事，卒谥文忠，世称欧阳文忠公。文坛领袖	应天知府兼南京留守司事。皇祐二年（1050 年）七月来任	宋代韩琦《安阳集·卷五十·故观文殿学士太子少师致仕赠太子太师欧阳公墓志铭》："皇祐初复龙图阁直学士，二年秋，移知应天府兼南京留守司事，历尚书礼部吏部郎中，丁太夫人忧去职。" 《文忠集年谱》："皇祐二年（1050 年）庚寅公年四十四：七月丙戌，改知应天府兼南京留守司事。己酉至府，十月己未明堂覃恩转吏部郎中加轻车都尉。是岁约梅圣俞买田于颍。皇祐三年（1051 年）辛卯公年四十五。皇祐四年（1052 年）壬辰公年四十六，三月壬戌丁母夫人忧归颍州。四月起复旧官，公固辞，八月许之。"
苏颂，字子容，丹徒人	南京留守推官，皇祐二年至五年（1050—1053 年）任	宋代曾肇《曲阜集·卷三·赠苏司空墓志铭》："丁外艰，服除，为南京留守推官。欧阳文忠公时为留守，政事一以倚公，府赖以治。"
孙复，字明复，晋州平阳人。理学家、教育家	南京留守判官兼南京国子监说书，仁宗皇祐三年（1051 年）五月任	《续资治通鉴长编》卷一七〇：仁宗皇祐三年（1051 年）五月，"壬申，太子中舍、知长水县孙复签书南京留守判官事兼南京国子监说书。"

姓名、籍贯	职官、时间	史料依据
刘沆，字冲之，吉州永新人	应天府知府，约仁宗嘉祐元年（1056年）十二月任	宋代陈均撰《九朝编年备要》卷十五：丙申嘉祐元年："十二月刘沆罢，出知应天府。"《续资治通鉴长编》卷一八八：仁宗嘉祐三年（1058年）"是岁，应天府失入平民死罪未决，通判孙世宁辨正之，吏当坐法，知府刘沆纵弗治"。《宋史·卷二八五·刘沆传》："中丞张昇等言：沆挟私出御史。……罢沆为观文殿大学士、工部尚书知应天府。"
张方平，字安道，号乐全居士，官至参知政事，卒谥文定，应天府南京人	知应天府兼南京留司。仁宗嘉祐四年（1059年）三月与仁宗嘉祐七年（1062年）八月两次出任	《续资治通鉴长编》卷一八九：仁宗嘉祐四年（1059年）三月，"己亥，三司使、吏部侍郎张方平为端明殿学士兼龙图阁学士、尚书左丞、知陈州。……寻改知应天府。"
英宗以下至北宋末年的南京国子监时期		
龚鼎臣，字辅之，郓州须城人	知应天府。英宗治平二年（1065年）二月任。又，神宗时以太常寺卿留守南京。时河决曹村，流殍满野，鼎臣劳来赈拊，归者不胜计	《续资治通鉴长编》卷二百四：英宗治平二年（1065年）二月："丁巳，礼部郎中、兼侍御史知杂事龚鼎臣为集贤殿修撰、知应天府。"《宋史》卷三四六本传："英宗登位，屡乞延访臣下，亲决国事。……（龚鼎臣）在言路累岁阔略细故，至大事无所顾忌，然其言优游和平，不为峻激，使人主易听。退亦未尝语人，故其事多施行。改集贤殿修撰，知应天府。"
元绛，字厚之，钱塘人	知应天府兼南京留守英宗治平初任	苏颂《苏魏公文集·卷五二·太子少保元章简公神道碑》："治平初，拜右谏议大夫，以给事中知应天府兼南京留守。"
王拱辰，字君贶，开封咸平人	知应天府。神宗熙宁二年（1069年）五月任	《宋史·卷十四·神宗》一：熙宁二年（1069年），"五月……癸未，翰林学士郑獬罢知杭州，宣徽北院使王拱辰罢判应天府，知制诰"。又，《宋史·卷三一八·王拱辰传》："熙宁元年（1068年），复以北院使召还。王安石参知政事，恶其异己，乘二相有故，出为应天府。八年，入朝为中太一宫使。"

姓名、籍贯	职官、时间	史料依据
南京国子监时期		
贾昌衡，字子平，真定获鹿人	知应天府。神宗熙宁中任	《宋史·卷二八五·贾昌朝附昌衡传》："熙宁更法度，核吏治，昌衡数以利害闻，神宗奖其论奏忠谠，召为户部副使，提举市易司课羡，增秩右谏议大夫，加集贤殿修撰，知河南府。历陈、郓、应天府、邓州，以正议大夫致仕卒。"
张方平，字安道，号乐全居士，官至参知政事，卒谥文定，应天府南京人。曾于仁宗嘉祐四年（1059 年）知应天府	知应天府兼留守司事。神宗熙宁七年（1074 年）任，十年再任	《续资治通鉴长编》卷二五八：神宗熙宁七年（1074 年）十二月："观文殿学士、户部尚书知应天府张方平为宣徽北院使，判应天府。方平辞曰：宣徽使非寄任不除，臣求乡郡自便而得之，恐开侥幸路。上曰：朕未之思也。乃命与翰林侍读学士知青州滕甫易任。既而方平卒不行，归宣徽院供职。"（方平与甫两易，事在十一日甲戌，今并书，归宣徽院供职在八年正月二十三日）。《续资治通鉴长编》卷二八二：神宗熙宁十年（1077 年）五月庚戌朔，"宣徽南院使判应天府张方平为东太一宫使，听居南京。方平四表乞致仕，而有是命。"
苏颂，字子容，丹徒人	知应天府兼南京留守。神宗熙宁八年（1075 年）任	《宋史》卷三四〇："加集贤院学士知应天府。吕惠卿尝语人曰：子容吾乡里先进，苟一诣我，执政可得也。颂闻之笑而不应。"宋代曾肇《曲阜集·卷三·赠苏司空墓志铭》："岁余，会恩得知婺州，徙亳州，归句当三班院，加集贤院学士。未几，出知应天府。"宋代邹浩《道乡集·卷三九·故观文殿大学士苏公行状》："（熙宁）七年（1074 年），召还，勾当三班院。是岁用郊祀恩，复集贤院学士，加护军。八年，出知应天府兼南京留守司事。"
李定，字资深，扬州人。受学于王安石	知应天府。约神宗元丰三、四年（1083 年）任	《续资治通鉴长编》卷三二五：神宗元丰五年（1084 年）五月，"通议大夫知潭州谢景温、大中大夫知制诰知应天府李定，并守户部侍郎。"

续表

姓名、籍贯	职官、时间	史料依据
王益柔,字胜之。王曙子。河南人	知应天府。哲宗元祐元年（1086 年）五月任	《续资治通鉴长编》卷三七八：哲宗元祐元年（1086 年）五月，"庚午，龙图阁直学士通议大夫知应天府王益柔卒"。《宋史·卷二八六·王曙附子益柔传》："宰相怒其不申堂用，他事罢其兼直，迁龙图阁直学士、秘书监，知蔡、扬、亳州、江宁、应天府，卒。年七十二。益柔少力学，通群书，为文日数千言。尹洙见之曰：赡而不流，制而不窘，语淳而厉，气壮而长，未可量也。"
曾肇,字子开,号曲阜,建昌南丰人。曾巩弟。历英、神、哲、徽四朝,历任礼、吏、户、刑四部侍郎	知应天府兼南京留守。哲宗元祐六年（1091）任,建中靖国元年（1101）秋七月再任	《续资治通鉴长编》卷四五六：哲宗元祐六年（1091 年）三月，"癸酉，诏右正议大夫端明殿学士礼部尚书邓温伯、……待制知应天府曾肇、左朝奉大夫天章阁待制知杭州林希，各迁一官"。《续资治通鉴长编》卷四六一：哲宗元祐六年秋七月，"宝文阁待制知应天府曾肇、起居郎孙升并为中书舍人。……后十数日，肇卒罢。"《续资治通鉴长编》卷四六二：哲宗元祐六年七月，"肇既罢，权刑部侍郎彭汝砺言：'臣窃闻天章阁待制知应天府兼留守司公事曾肇近除中书舍人，……言者不见首尾，遂以卖友之罪加肇。自初出徐州时及至还朝，每有人以此问臣，即一一具以实告，且使肇初与臣同，其后辄变，须臣言之，人乃知之，幽明不可欺。'"宋代陈均《九朝编年备要·卷二六·徽宗皇帝》：辛巳建中靖国元年（1101 年）秋七月，"曾肇徙知应天府"。《曲阜集·卷四附录·曾肇行状》："越明年，移知应天府兼南京留守司。宋当东南孔道，士大夫舟车衔尾，结辙而至，平时宴劳无虚日。公曰：饰厨传以邀往来之誉，吾不为也。乃积公帑之余，大兴学校，亲加训导，养成人才为多。居数月除中书舍人，命格不下。七年秋还朝，擢尚书礼部侍郎。"建中靖国元年"改知南京，公前自陈徙宋，遗爱未远。是时稚耋至送迎交于境上。宋人闻公再来，欢动城邑。"

姓名、籍贯	职官、时间	史料依据
黄履，字安中，邵武军故县人	知应天府，哲宗元祐七年（1092年）任。	《续资治通鉴长编》卷四七四：哲宗元祐七年六月："天章阁待制知邓州黄履知应天府，寻改青州（改青州在十六日今并书）。"
孙升，字君孚，高邮人	知应天府。哲宗元祐七年（1092年）六月来任。	《续资治通鉴长编》卷四七四：哲宗元祐七年六月，"中书舍人孙升为天章阁待制知应天府"。《宋史·卷三四七·孙升》："由起居郎擢中书舍人，直学士院。以天章阁待制知应天府。"
丰稷，字相之，明州鄞人	知应天府，哲宗绍圣四年（1097年）任，元符元年（1098年）正月再次来任。	《续资治通鉴长编》卷四九三：哲宗绍圣四年（1097年）十一月癸未，"龙图阁待制知应天府丰稷知河南府"。《续资治通鉴长编》卷四九四：哲宗元符元年（1098年）春正月，"戊午，新知成都府李清臣依旧知河南府，丰稷依旧知应天府，其新除告，并令缴尚书省。"
胡直孺，字少汲，奉新人	留守南京知应天府。钦宗靖康元年（1126年）任。	宋代陈均《九朝编年备要》卷三十：钦宗皇帝丙午靖康元年（1126年）九月，"置四道总管府：从何桌之请也。分总四道，以知大名府赵野总北道，知河南府王襄总西道，知邓州张叔夜总南道，知应天府胡直孺总东道。事得专制，财得通用，官得辟置，兵得诛赏，缓急则以羽檄召之入卫京师"。《宋史·卷二三·钦宗本纪》：靖康元年九月"丙戌，建三京及邓州为都总管府，分总四道兵。庚寅，以知大名府赵野为北道都总管，知河南府王襄为西道都总管，知邓州张叔夜为南道都总管，知应天府胡直孺为东道都总管。"

卷之九　人物志一　先师考　戚同文

宋初书院勃兴，沿五代之绪，颇讲师徒传承，师友渊源必有所自出，与汉初经师授徒颇近似。汉初，官学不立，齐、鲁、燕、赵之间，一些经师学者往往以诗、书、礼、易、春秋各自名家，教授乡里，从学者往往数十百人。宋初，一些名师建学舍、建书院，聚书授徒，亦颇讲究师承。如宋代曾巩《隆平集·学舍》一门中所说，"五代学校不修，学者多各从其师"①。王应麟《玉海·宋朝四书院》谓："祖宗尊右儒术，分之官书，命之禄秩，锡之扁榜，以宠绥之。宋有戚氏（同文），吴有胡氏（胡瑗），鲁有孙（复）、石（介）二氏，各有道德，为人师。汉初郡国往往有夫子庙而无校官，且不置博士弟子员，……诸儒以明经教于其乡，率从之者数百人，辄以名其家甚盛，则今书院近之矣。"② 应天书院以戚同文为宗师。应天书院的创建，虽由应天府民曹诚捐资，但建置规划主其事者为同文之子戚维、戚纶兄弟，并由同文之孙戚舜宾主于书院，续传戚氏之学。宋代范仲淹《南京书院题名记》记载：

> 皇宋辟天下，建太平，功揭日月，泽注河汉。金革尘积，弦诵风布，乃有睢阳先生赠礼部侍郎戚公同文，以奋于丘园教育为乐，门弟子由文行而进者，自故兵部侍郎许公骧而下，凡若干人。先生之嗣，故都官郎中维、枢密直学士纶，并纯文浩学，世济其美。清德素行，贵而能贫。

> 祥符中，乡人曹氏，请以金三百万，建学于先生之庐。学士之子，殿中丞舜宾，时在私庭，俾干其裕。……学士画一而上，真宗皇帝为之嘉叹。……观夫三十年间，相继登科，而魁甲英雄，仪羽台阁，盖翩翩焉，未见其止。宜观名列，以劝方来，登斯缀者，不负国家之乐育，不孤师门之礼教，不忘朋簪之善导，孜孜仁义，惟日不足，庶几乎刊金石而无愧也。

---

① 曾巩. 隆平集·卷一［M］//四库全书·第371册. 台北：台湾商务印书馆，1982：12.
② 王应麟. 玉海·卷一六七［M］//四库全书·第947册. 台北：台湾商务印书馆，1982：353.

抑又使天下庠序规此而兴；济济群髦，成底于道。则皇家三五之风，步武可到。戚门之光，亦无穷已。①

为此，戚同文其人其学其教及家学传承，是应天书院史志首先应关注的课题。

一、戚同文生平与人品

（一）名、字、籍贯及其师承

戚同文早年事迹，比较集中见于《宋史·戚同文传》：

> 戚同文，字同文，宋之楚丘人。世为儒。幼孤，祖母携育于外氏，奉养以孝闻。祖母卒，昼夜哀号，不食数日，乡里为之感动。始闻邑人杨悫教授生徒，日过其学舍。因授《礼记》，随即成诵，日讽一卷。悫异而留之，不终岁毕诵五经。悫即妻以女弟。自是弥益勤励读书，累年不解带。时晋末丧乱，绝意禄仕，且思见混一，遂以"同文"为名字。悫尝勉之仕，同文曰："长者不仕，同文亦不仕。"②

《宋史·戚同文传》记载戚同文名、字相同，史上同类现象甚多，并不为怪。明代陈士元《名疑》卷三颇有考稽，谓：

> 名与字同者：如《晋书》安帝名德宗字德宗，《南史》蔡兴宗字兴宗、王僧孺字僧孺、师觉授字觉授、慕容绍宗字绍宗、魏兰根字兰根、崔彦穆字彦穆，《唐书》尚可孤字可孤、张嘉贞字嘉贞、白元光字符光、郭子仪字子仪、李嗣业字嗣业、魏少游字少游、张孝忠字孝忠、戴休颜字休颜、高崇文字崇文、张巡字巡、杨燕奇字燕奇、孟浩然字浩然、李修字修、田承嗣字承嗣、田绪字绪，《宋史》戚同文字同文。③

但《宋史》对戚同文名与字的记载不尽相同，《戚同文传》谓"字同文"，而《戚纶传》则曰："父同文，字文约，自有传。"④ 在宋人典籍中也有记载戚同文字"文约"者，如北宋曾巩为戚纶作传之《隆平集》卷十三、宋代杜大珪

---

① 范仲淹.范文正集·卷七［M］//四库全书·第1089册.台北：台湾商务印书馆，1982：622.

② 脱脱，等.宋史·第38册·卷四五七·隐逸上［M］.北京：中华书局，1977：13418.

③ 陈士元.名疑·卷三［M］//四库全书·第952册.台北：台湾商务印书馆，1982：653.

④ 脱脱，等.宋史·第29册·卷三百六［M］.北京：中华书局，1977：10104，10107.

编《名臣碑传琬琰之集》下卷七引曾巩《戚学士纶》、南宋王称《东都事略·卷四七·列传·戚纶传》、宋章定《名贤氏族言行类稿·卷五二·宋朝·戚纶》等，皆曰"父同文，字文约"。当是戚同文，字同文，又一字文约。据戚同文《宋史》本传，戚同文"时晋末丧乱，绝意禄仕，且思见混一，遂以同文为名字"。据曾巩《戚舜臣墓志铭》谓"大父讳同文，唐天佑元年（904 年）生"。戚同文自唐天佑元年（904 年）至后晋末年出帝石重贵时（944 年）已经四十岁，此时"以同文为名字"，那么四十岁以前，也应该有名有字。据此推测，四十岁以前当名同文，字"文约"，这以后当名"同文"，更字亦"同文"。一字之更，表达了此时的戚同文对当时社会的看法、态度，及自己的政治理想、抱负。他对天下丧乱的社会现实不满，对战争给百姓带来的灾难痛心疾首；他迫切地盼望天下统一，人民安居乐业，所以名"同文"，字亦"同文"。

戚同文籍贯楚丘。楚丘，唐、五代为宋州属县，宋为南京次畿。宋乐史《太平寰宇记·卷十二·河南道·宋州》云："原领县十，今七：宋城、楚丘、柘城、穀熟、下邑、虞城、宁陵。"宋代王存等《元丰九域志·卷首·四京·南京》：南京应天府睢阳郡：……大中祥符九年升宋城县为正畿，余县为次畿。……次畿楚丘，京东北七十里，五乡。"隋开皇六年（586 年），改己氏县为楚丘县（楚丘故城，今名梁堌堆），治所在今山东菏泽市曹县境内安蔡楼镇楚天集村（旧称楚丘邑）。县域包括今河南商丘北和山东曹县南。

戚同文出身于书香门第，"世业儒"，祖父、父亲当都是读书人。楚丘城与南京属郭宋城仅七十里，为比邻，据杨悫、戚同文办学地址来看，戚同文"幼孤"，因父母双亡，少年随祖母寄养在外曾祖家，外曾祖当家于宋城，后变更为北宋的南京京城。

五代初，军阀纷争，人民陷于锋镝厄难之中。幼年的戚同文于宋城听说"邑人杨悫，教授生徒"，但家贫无资就学。他渴望学习又羡慕同龄人家的孩子能到学舍读书，常过学舍，于舍外听学。杨悫发现了这个好学少年，既好奇，又怜爱。将他唤入学舍，"因授《礼记》，随即成诵，日讽一卷"。杨悫大为吃惊，不仅对戚同文超强的记忆力和聪颖敏慧的天资感到诧异，而且更被他勤奋好学的精神感动，就让他留在学舍而亲授其学，竟"不终岁，毕诵五经"。戚同文的老师杨悫，其生平事迹留下的文献资料很少。《宋史·戚同文传》载："杨悫者，虞城人。力学勤志，不求闻达。"虞城亦为宋州下辖属县。杨悫将自己的妹妹配同文为妻，同文更加勤励，读书累年不解带，遂成为一位有志气、有理想、品行高尚的饱学之士。

戚同文"绝意禄仕，且思见混一"，据《宋史·戚同文传》载，是在"晋末丧乱"时。晋未,当指五代后晋石敬瑭及子石重贵时期,即937年至946年间。据曾巩为戚同文孙戚舜臣所撰《戚舜臣墓志铭》:"公宋之楚丘人,大父讳同文,唐天佑元年生,历五代入宋皆不仕,以文学义行为学者师。"① 戚同文当出生于唐天佑元年,即904年。"天佑",是唐朝最后一个皇帝哀帝李祝的年号,仅在位三年就被朱温取代。朱温改国号为梁,史称后梁,中原进入五代战乱更替时期。唐朝灭亡,戚同文四岁。由上可见,戚同文是在五代(后梁907—923年、后唐923—936年、后晋936—946年、后汉947—950年、后周951—960年)五十三年的丧乱中成长起来的一位学者。"晋末丧乱"时,戚同文应当是四十岁左右,进入宋朝时,他已经约五十七岁了。

(二)历五代入宋,以文学义行为学者师

宋地风俗淳厚,明嘉靖《归德志·风俗》云:"睢阳古郡犹有先王之遗风,重厚多君子。"又云:"自古士有忠义之风,民有仁厚之俗。"(见前)戚同文就是在这片沃土上成长的一位仁厚孝义君子。曾巩《戚舜臣墓志铭》谓戚同文"历五代入宋皆不仕,以文学义行为学者师"。作为一代名师,曾巩指出了他被尊为学者师的两个重要方面:一为"文学",一为"义行"。

所谓"文学"为学者师,是指精通儒家经典,文章学问堪为人师。"文学"一词,与当今社会所称意义不尽同。孔子讲学,分为四科,其一为"文学"。《论语·先进》:"文学,子游、子夏。"邢昺《论语注疏》谓"文学",为"文章博学"②。至汉武帝时,为选拔人才特设"贤良文学"科目,由各郡举荐人才上京考试,被举荐者便叫"贤良文学"。"贤良"是指品德端正、道德高尚的人;"文学"则指精通儒家经典的人。魏晋以后有"文学从事"之名。唐代于州县置"博士",德宗时改称"文学"。可见,曾巩所说之"文学",主要指精通儒家经典,能诗能文,博学多才。宋代释文莹《玉壶清话》谓戚同文为"东都之真儒"。《宋史·戚同文传》谓戚同文初学"《礼记》,随即成诵,日讽一卷","不终岁,毕诵五经"。说他学习勤奋刻苦,"读书累年不解带"。王禹偁《荐戚纶上翰林学士钱若水启》谓戚纶的父亲戚同文,"其先君通五经,教授于睢阳,终身不求闻达"③。另外,《小畜集·卷四·送戚维戚纶之阆州亳州》诗

---

① 曾巩.宋文鉴·卷一四二·戚舜臣墓志铭[M]//四库全书·第1351册.台北:台湾商务印书馆,1982:610.

② 何晏,集解.陆德明,音义.邢昺,疏.论语注疏·卷十一[M]//四库全书·第195册.台北:台湾商务印书馆,1982:.

③ 王禹偁.小畜集·卷二五[M]//四库全书·第1086册.台北:台湾商务印书馆,1982:254.

也说："睢阳戚先生，今世古之儒。终身不求仕，没齿唯诵书。"可见他精通儒家经典，学问渊博，为时人所称道。

另外，他喜闻人善，虚心好学。《宋史·戚同文传》说他"喜闻人善，未尝言人短"。并好为诗，释文莹说他"好为诗，有《孟诸集》。杨侍读徽之守南都，召至郡斋，礼遇益厚，唱和不绝"①。授徒时，曾在他周围团结了一批文人，他们相互唱和，砥砺气节，倡导风雅。《宋史》本传说他"颇有知人鉴，所与游者，皆一时名士"，"与宗翼、张昉、滕知白为友"。宗翼本上蔡人，因父亲官虞城县主簿遂家于此。此人博闻强识，经籍一见即能默写，又是很有功底的书法家。能属文，隐而不仕，被戚同文视为"有古人风，真吾友也"。"昉有史材"，"滕知白善为诗"。

所谓"义行"为学者师者，是说他品德行为高尚，堪称师表。戚同文以孝立身，以义规行，以德施教，其"义行"最为时人及后人敬仰称道。宋代释文莹说他"虽古之纯德者殆亦罕得"。

他以孝立身，奉养祖母，乡里感动。而且他知恩图报，不负恩师嘱托，倾力为其料理后事。《宋史》本传说他，"幼孤，祖母携育于外氏，奉养以孝闻。祖母卒，昼夜哀号，不食数日，乡里为之感动"。清《御定孝经衍义》亦云："戚同文，楚邱人。为儒，幼孤，祖母携育于外氏，奉养以孝闻。祖母卒，昼夜哀号，不食数日，乡里为之感动。有不循孝悌者，同文必谕以善道。卒，门人追号坚素先生。"② 他不仅自己孝敬祖母，还教育乡邻遵循孝悌之道。他少年无力读书，是恩师杨悫收留并教育他，如此成就了他的学问，他不仅对老师终身尊奉，而且知恩图报。《宋史》本传记载，"悫依将军赵直家遇疾不起，以家事托同文，即为葬三世数丧"。宋代曾巩《戚纶传》说他"从邑人杨悫受经，悫隐居不仕，而以女弟妻同文。遇疾，因托以家事，同文为葬其三世之未葬者"。老师病逝托以家事，他为师料理后事，奉养亲人，"为葬其三世之未葬者"③，尽心尽力，完成重托，以告慰先师之灵。

他尚信义，以仁人爱心，同情弱小，帮助贫困。为人宽厚，以道义自律，又以道义教人。释文莹《玉壶清话》说他"不善沽矫，乡里之饥寒及婚葬失其所者，皆力赈之"。《宋史》本传记载："同文纯质尚信义，人有丧者，力拯济

---

① 释文莹．玉壶清话·卷一［M］．郑州：大象出版社，2003：94．
② 御定孝经衍义·卷九一·士之孝［M］//四库全书·第719册．台北：台湾商务印书馆，1982：213．
③ 曾巩．隆平集·卷十三［M］//四库全书·第371册．台北：台湾商务印书馆，1982：125．

之；宗族闾里贫乏者，周给之；冬月，多解衣裘与寒者。"宋代陈均《九朝编年备要》卷七，真宗皇帝"赐应天府书院额"条也有同样记载：

> 初，楚丘戚同文聚徒教授，士不远千里而至。……同文质直尚信义，人有丧者，力拯济之。宗族闾里贫乏者，周恤之。冬月，多解衣以与寒者。不积财，不营居室。或勉之，辄曰：人生以行义为贵，安用是！深为乡党推服。①

穷苦人家死了亲人，无力下葬；宗族邻里贫困者每至春夏之交、青黄不接，无粮无米，忍饥挨饿，戚同文都会周济他们，让他们渡过难关。一些穷人冬天无衣御寒，戚同文看到他们受冻，实在不忍，他会把自己的衣服脱下来穿在他们身上。宋代吕本中在《童蒙训》中还记载了戚同文这样的两件事：

> 睢阳有戚先生者名同文，字同文，有至行，乡人皆化之。……所居门前有大井，每至上元夜即坐井傍，恐游人坠井，守之至夜深，则掩井而后归寝。尝有人盗其所衣衫者，同文适见之，喻盗第将去（告诉盗衣者自行拿去），然自此慎勿复然（复然：再这样做），坏汝行止，悔无及也。盗惭谢而去，同文竟以衫予之。南都（一作康，误）学中至今有戚先生祠堂。②

这则史料记载的第一件事是上元之夜，即旧历正月十五之夜，元宵佳节，中原素有赏灯风俗，正是"谁家见月能闲坐，何处闻灯不看来"（唐崔液《上元夜》）的出游欢闹之时。戚同文竟为了防止游人坠井，每年这个时候都会守坐在水井旁边，直至深夜，游人散去，他才掩盖井口离开。为了保护他人安全，甘愿牺牲自己的欢乐和休息时间。另一件事是有个偷窃戚同文衣衫的人，不是什么十恶不赦的大盗，一定是穷苦人被生活所迫而急需一件像样的衣衫遮体。行窃时正好被戚同文撞见，戚同文竟不怪罪，并告诉他可自行把衣衫拿去，并委婉规劝他以后不要再这样做，以免因此坏了名声。窃衣者面对这位忠厚的长者，惭愧后悔，称谢而去。戚同文竟把他喊住，并把衣衫送给他。

他高尚不仕，绝意利禄，淡薄富贵，却期盼国家统一。《宋史》本传说戚同文"时晋末丧乱，绝意禄仕，且思见混一，遂以同文为名字。悫尝勉之仕，同文曰：长者不仕，同文亦不仕"。唐末黄巢起义后，藩镇割据，跋扈一方。唐朝

---

① 陈均. 九朝编年备要·卷七［M］//四库全书·第328册. 台北：台湾商务印书馆，1982：176.

② 吕本中. 童蒙训·卷下［M］//四库全书·第698册. 台北：台湾商务印书馆，1982：535.

灭亡后，各地藩镇纷纷自立，其中地处华北地区军力强盛的政权控制中原，形成五代更替。五代时期的后梁、后唐、后晋、后汉与后周皆在中原，相继杀戮反复，民无宁日。除后唐建都洛阳外，其他四朝，皆都汴京开封。离宋州仅百公里。907 年，朱温篡唐建立后梁，这是五代十国的开始，时戚同文年仅四岁。戚同文二十岁这年（923 年），盘踞太原的晋王李克用之子李存勖灭后梁，定都洛阳，进入中原五代的第二个王朝后唐时期。后唐仅立国十二年，就被石敬瑭引契丹军攻灭。937 年，晋军与契丹军大举南下，后唐末帝自焚，后晋高祖石敬瑭定都汴州。后晋建立后，财政匮乏，契丹又索取无度，以致财政危机，国本不固。高祖石敬瑭一面抗击各藩镇，一面恭谨契丹，并重视农业、商业以提升经济。虽然契丹国得以安抚，但原燕云十六州官员耻臣于契丹，各地藩镇并不臣服晋廷，有些甚至有意拉拢契丹以夺位，后晋高祖就是在忧愤中去世的。石敬瑭之侄石重贵继位，即史上后晋出帝。出帝骄奢，朝政败坏。946 年，出帝再以杜重威率军北伐，而杜重威反而向耶律德光投降。耶律德光趁机率联军直逼开封，出帝开城投降，后晋遂亡。这就是《宋史·戚同文传》所说"时晋末丧乱"，戚同文"绝意禄仕，且思见混一"的社会现实。辽灭晋之战后，宋州短暂沦为"大辽"，时后晋河东军刘知远以中原无主为由，于太原称帝，建国后汉。辽军北返后开始收复中原，而重新定都开封。948 年，后汉高祖去世，其子刘承佑继位，是为后汉隐帝。后汉隐帝由于猜忌杀害辅国大臣，郭威起兵南下，并派养子柴荣镇守邺都，隔年攻入开封。郭威于出师御敌之际，军士拥戴郭威称帝，951 年，建国后周，即后周太祖，后汉亡。后周世宗柴荣苦心经营，使后周隐隐有一统天下之望，夺取后蜀四州、南唐十四州、辽两州。但柴荣在北伐燕云十六州时病重，被迫班师，不幸病亡。柴荣之子柴宗训即位后不到半年，就被赵匡胤篡位，而建立北宋。戚同文身处这等乱世，作为一位饱读诗书、学识渊博的贤能达士，只能遵循先师孔子之言，"天下有道则见，无道则隐"；"邦有道则仕，邦无道则可卷而怀之"。而选择穷则独善其身的人生道路，隐于民间，走传道授徒之路。但他渴盼天下尽早统一，抱有结束离乱、天下一统、人民能安居乐业的理想，他不仅名"同文"，而且甚至将自己的字也改作"同文"，其企盼之强烈由此可见一斑。他从此绝意仕禄，决心以德行化其乡里，尽一个有良知的知识分子的责任。《宋史》本传说他，"不积财，不营居室。或勉之，辄曰：'人生以有义为贵，焉用此为！'由是，深为乡里推服"。以教书授徒，终其一生。

后人对戚同文的"文""德"都称道备至。曾巩在《元丰类稿·卷四二·虞部郎中戚公墓志铭》《戚元鲁墓志铭》及《隆平集·戚纶传》中数次称道戚同文道德学问，认为远近学者皆愿投戚同文门下的原因是他"以德行化其乡里"，"以文学义行为学者师"。宋初，诗人杨徽之使至宋州，慕同文名，而厚加礼遇，将其比作晋陶弘景，认为他纯粹质直。戚同文去世，杨徽之与同文弟子共议谥号曰"坚素先生"。表达他贫贱不移，虚心好学，忠孝诚信，仁义宽厚的精神，成为后来应天书院的学风、师风。也成为戚氏后人世代相传的家风。

二、戚同文传道授业

（一）乱世授徒，师名远扬

戚同文授徒是在杨悫逝去后的后晋末，历后汉、后周至宋初太祖赵匡胤开宝、太宗赵光义的太平兴国年间，大约其办学授徒经历应从943年至980年的三十余年间。

《宋史·戚同文传》："悫依将军赵直家遇疾不起，以家事托同文。……直复厚加礼待，为筑室聚徒。"赵直，正史无传，当在五代后晋时为归德军节度下的一位将军。宋州晚唐、后梁为宣武军节度使所在地，后梁末袁象先以宣武军宋州归后唐，后唐庄宗改宣武军为归德军。宋州自后唐历后晋、后汉、后周，皆为归德军节度使司驻地。杨悫晚年得到赵直的帮助，至晋末戚同文授徒，更受到了赵直的礼待。由于戚同文道德学问为时尊奉，声气传扬，不只本地来学者日众，《宋史·戚同文传》说当时"请益之人，不远千里而至"。外地学者来归者亦多，赵直为戚同文大筑学舍。至后周、宋初太祖时期，学徒常有百人，其学舍规模，颇为壮观。

戚同文学问道德深受时人敬重，可从《宋史·卷二七七·许骧传》的记载中略见一斑。戚同文的高徒许骧，是在五代时期的后晋、后周间拜在戚同文门下的。《宋史·许骧传》记载了许骧的父亲许唐，送子拜师的史实：

> 许骧，字允升，世家蓟州。祖信，父唐，世以财雄边郡。后唐之季，唐知契丹将扰边，白其父曰："今国政废弛，狄人必乘衅而动，则朔易之地民罹其灾，苟不即去，且为所虏矣。"信以资产富殖，不乐他徙。唐遂潜赍百金而南。未几，晋祖革命，果以燕蓟赂契丹，唐归路遂绝。尝拥商赀于汴洛间，见进士缀行而出，窃叹曰："生子当令如此。"因不复行商，卜居睢阳，娶李氏女，生骧。风骨秀异，唐曰："成吾志矣。"郡人戚同文以经术聚徒，唐携骧诣之，且曰："唐顷者不辞父母，死有余恨。今拜先生即吾父矣。又自念不学，思教子以兴宗绪。此子虽幼，愿先生成之。"骧十三，能属文，善词赋。唐不识字，而罄家产为骧交当时秀彦。骧太平兴国初诣

贡部，与吕蒙正齐名。太宗尹京，颇知之。及廷试，擢甲科，解褐将作监丞，通判益州。①

许骧的父亲许唐，是后唐末年自北方蓟州（今属天津市）南逃至中原的。后晋时（937—946年）尝经商拥赀于汴洛间，并卜居睢阳宋州，娶李氏女，生骧。许唐携许骧拜师时，许骧也应十四五岁。那么许骧拜师时，当在后汉至后周时期。当时戚同文五十岁左右，许唐才说"今拜先生，即吾父矣"。后周末，宋太祖赵匡胤为归德军节度使，驻宋州。960年，赵匡胤于陈桥兵变，皇袍加身。称帝后，太宗赵光义为开封府尹，已了解许骧。所以在他即位之初，许骧即廷试擢甲科，解褐将做监丞。由《宋史》记载的这段许骧的史料可知，戚同文授徒主要在后汉、后周至宋初太祖赵匡胤年间。至宋初，天下略定，而戚同文弟子陆续登科出仕，戚同文师名也更加尊显。

（二）授徒有方，名人辈出

北宋初，人民新脱五代战争的厄难，"学者尚寡，海内向平，文风日起。儒先往往依山林即闲旷以讲授"②，独戚同文授徒于交通便利，经济繁荣的闹市之中。由于同文学问渊博，精通五经，又执教有方，教学成果显硕，门下登第者相继不绝。其教育成就，考论如下：

首先，为学舍创学规，立学范。宋代徐度《却扫编》卷上记载：

楚丘戚先生同文，生唐天祐中，历五代入本朝，皆不仕，以文学行义为学者师。及是四方之士争趋之。……先生乃制为学规：凡课试、讲肄、劝督、惩赏莫不有法，宁亲归沐，与亲戚还往，莫不有时，而皆曲尽人情，故士尤乐从焉。由此，书院日以浸盛。……先生之规后传于时，及建太学，诏取以参定学制，予幼时犹及见之。书院，即今之国子监也。③

徐度，字敦立，谷熟人。南渡后官至吏部侍郎。他是徽、钦二帝时期的重臣徐处仁之子。处仁靖康中尝参知政事，故家遗俗，徐度具得传闻。南都受围时，处仁在围城中，城破，其长子徐庚被杀，而幼子徐度幸免于难而南逃。故徐度此编所记，皆国家典章，前贤逸事，深有裨于史学。谷熟为南京辅畿，所以史上谓徐度或为南京人、睢阳人。戚同文为徐度同乡前贤，对南京地方乡贤，

① 脱脱，等.宋史·第27册·卷二七七［M］.北京：中华书局，1977：9436.
② 吕祖谦.东莱集·卷六·白鹿洞书院记［M］//四库全书·第1150册.台北：台湾商务印书馆，1982：54.
③ 徐度.却扫编·卷上［M］.郑州：大象出版社，2008：119.

徐度应当比较熟知，所以，他书中云"先生之规后传于时，及建太学，诏取以参定学制，予幼时犹及见之"。徐度年轻时当入南京国子监学习，故曰"犹及见之"。

　　戚同文所制学规包括"课试、讲肄、劝督、惩赏"及请假、省亲等多种制度。中华民族历来重视教育，自西周、春秋以来至唐，教育体制颇见完备。《礼记·学记》谓："古之教者，家有塾，党有庠，术有序，国有学。比年入学，中年考校，一年视离经辨志，三年视敬业乐群，五年视博习亲师，七年视论学取友，谓之小成。九年知类通达，强立而不反，谓之大成。"①　"宋初承唐制"②，戚同文精通儒家经典，以经术聚徒，以五经为主要讲授课试内容兼及诗赋教学。《宋史·儒林三·高阅传》谓："国初犹循唐制，用诗赋。神宗始以经术造士。"高阅建议神宗取士"今宜以经义为主，而加诗赋，帝然之"。高阅于是条具取士课试之法："以六经《语》《孟》义为一场，诗赋次之，子史论又次之，时务策又次之。"从此，"太学课试及郡国科举尽以此为法"③。其实，唐代取士课士，并非如高阅所说仅仅限于诗赋。欧阳修、宋祁撰《唐书·选举志》谓"唐制取士之科，多因隋旧，然其大要有三：由学馆者曰生徒，由州县者曰乡贡，皆升于有司而进退之。其科之目有秀才、有明经、有俊士、有进士、有明法、有明字、有明算、有一史、有三史、有开元礼、有道举、有童子"④。戚同文生于唐末，从杨悫受经，虽历五代，但授徒之法应多沿唐代而有所变化。古人"学而优则仕"，因此，学舍教育规章之制定多应配合国家选材取士而设。宋初选材取士而承唐制，戚同文学舍教育亦当如此。戚同文以五经授徒，而唐制取士亦有"明经"之科。《唐书·选举志》谓"而明经之别有五经、有三经、有二经、有学究一经、有三礼、有三传、有史科。此岁举之常选也"。具体讲授程序，而是视生徒情况而定，又有大经、中经、小经之别。《唐书·选举志》云："凡《礼记》《春秋左氏传》为大经，《诗》《周礼》《仪礼》为中经，《易》《尚书》《春秋公羊传》《谷梁传》为小经。通二经者，大经、小经各一，若中经二。通三经者，大经、中经、小经各一。通五经者，大经皆通，余经各一，《孝经》《论语》皆兼通之。凡治《孝经》《论语》共限一岁，《尚书》《公羊传》《谷梁传》

---

①　郑氏，注．陆德明，音义．孔颖达，疏．礼记注疏·卷三六·学记［M］//四库全书·第116册．台北：台湾商务印书馆，1982：82.

②　脱脱，等．宋史·第11册·卷一五五·选举志［M］．北京：中华书局，1977：3603.

③　脱脱，等．宋史·第37册·卷四三三［M］．北京：中华书局，1977：12858.

④　欧阳修，宋祁．新唐书·第4册·卷四四·选举志［M］．北京：中华书局，1978：1159.

各一岁半，《易》《诗》《周礼》《仪礼》各二岁，《礼记》《左氏传》各三岁。"至于给假、省亲、奖惩等制度，唐代亦有规制，《新唐书·选举志》云："旬给假一日。前假，博士考试，读者千言试一帖，帖三言，讲者二千言问大义一条，总三条通二为第，不及者有罚。岁终，通一年之业，口问大义十条，通八为上，六为中，五为下。并三下与在学九岁、律生六岁，不堪贡者罢归。诸学生通二经、俊士通三经已及第而愿留者，四门学生补太学，太学生补国子学。每岁五月有田假，九月有授衣假，二百里外给程。其不帅教及岁中违程满三十日，事故百日，缘亲病二百日，皆罢归。"这是唐人之制，而戚同文学舍之制，当参考唐人之制而有所取舍。徐度《却扫编》谓戚同文学舍之制"皆曲尽人情，故士尤乐从焉，由此，书院日以浸盛"。由此可见，学舍学规，相较于唐人学制，更富人情味而适用于私人办学之实际。至于课试之法，王安石《上皇帝万言书》云："近岁乃始教之以课试之文章。夫课试之文章，非博诵强学穷日之力则不能。"① 课经之方法，今见于典籍者，颇见于宋代吕祖谦《左氏博议》，此书既课试《春秋左氏传》之文章结集，吕祖谦《左氏博议·序》云："《左氏博议》者，为诸生课试之作也。……予思有以佐其笔端，乃取左氏书理乱得失之迹，疏其说于下，旬储月积，浸就编帙。"② 吕氏为南宋名师，所课之法当与北宋经师一脉传承。从吕氏《左氏博议》大体可见戚氏课试之端倪。

其次，教学成果显著，门弟子日益进，登进士者五十六人，入台阁，践政要者十余人。《宋史·戚同文传》谓戚同文授徒时，"请益之人不远千里而至，登第者五六十人。宗度、许骧、陈象舆、高象先、郭成范、王砺、滕涉，皆践台阁"。宋代曾巩《隆平集·卷十三·戚纶传》亦有类似记载：

> 父同文，……遭世丧乱，亦不复仕，聚徒讲学，相继登科者五十六人，践台阁者亦至十数。③

宋代张方平《朝奉郎守太子中舍骑都尉韦君墓志铭》亦云：

> 自五代乱离，经籍道息，睢阳有隐君子戚君同文，独以讲授为业，诸

---

① 王安石. 宋文选·卷十一·上皇帝万言书 [M] //四库全书·第1346册. 台北：台湾商务印书馆，1982：166，167.

② 吕祖谦. 左氏博议·卷首·左氏博议·序 [M] //四库全书·第152册. 台北：台湾商务印书馆，1982：296.

③ 曾巩. 隆平集·卷十三 [M] //四库全书·第371册. 台北：台湾商务印书馆，1982：125.

生后多达者。①

范仲淹《南京书院题名记》：

皇宋辟天下，建太平，功揭日月，泽注河汉，金革尘积，弦诵风布，乃有睢阳先生赠礼部侍郎戚公同文，以奋于丘园教育为乐。门弟子由文行而进者，自故兵部侍郎许公骧而下，凡若干人。

宋代释文莹《玉壶清话》卷一记载：

戚同文，宋都之真儒也。虽古之纯德者，殆亦罕得。其徒不远千里而至，教诲无倦，登科者题名于舍，凡孙何而下，七榜五十六人。

南宋王应麟《玉海·卷一六七·应天府书院》：

国初有戚同文者，通五经业，聚徒百余人，许骧、宗度、郭承范、董循、陈象舆、王砺、滕涉皆其门人。

今检雍正《河南通志·选举志》，载太宗朝进士三十三人中有六人是宋州人，而孙何又在上文所引资料之中，"许骧，归德人，太平兴国中登第；李昌龄归德人，太平兴国三年第，光禄卿"；"王砺，虞城（属宋州）人，太平兴国五年第，屯田郎"；"宗度，虞城人，太平兴国中登第"；"孙何，汝阳人，淳化三年状元，知制诰"；"李昌图，昌龄兄国子博士"；"李昌言，昌龄弟太子中舍"。上引文献资料涉及的戚门弟子，许骧、孙何，《宋史》有传；而宗度、王砺等在《宋史·戚同文传》中亦有附传记载。

宗度，父曰宗翼，为戚同文好友。《宋史·戚同文传》附："宗翼者，蔡州上蔡人，父为虞城主簿，因家焉。笃孝恭谨，负米养母，好学强记，经籍一见即能默写。欧阳、虞、柳书皆得其楷法，能属文，隐而不仕，家无斗粟，怡怡如也。未尝以贫窭干人，市物不评价，市人知而不欺。尝言：昼夜者，昏晓之辨也。故既暝、未曙皆不出户。见邻里小儿，待之如成人，未尝欺绐。同文尝谓翼曰：子劳谦有古人风，真吾友也。卒年八十余。子度，举进士，至侍御史，历京西转运使，预修太祖（应为太宗）实录。"

王砺，戚同文长女之子，承戚氏衣钵，传戚氏之学，其子孙多至通显，且王氏一门为以后应天书院建设与发展，做出了很大贡献（见本书"人物志六"）。《宋史·戚同文传》附：王砺，事母甚谨，太平兴国五年进士，至屯田

---

① 张方平. 乐全集·卷三九 [M] //四库全书·第1104册. 台北：台湾商务印书馆，1982：489.

郎中。子：涣、渎、渊、冲、泳、洙，涣子稷臣，渎子尧臣，并进士及第。涣子梦臣，进士出身。其仲子王渎与幼子王洙都是应天书院名师，与戚氏世代交好。宋代张方平《乐全集·卷三九·赠给事中太原王公（渎）墓志铭并序》云："父砺，赠光禄大夫尚书左仆射司虞，生五代，屯会委高赀，从儒者游习，通礼学，州辟从事，始为士族。时乡人正素先生戚君同文聚徒讲业，学者自远方至，仆射府君，戚之自出，著牒门下，以高业取甲科，仕至屯田郎中，名载国策。实生才子七人，六登进士第，世绪炽昌，遂为睢阳冠冕。"①

《宋史·戚同文传》附：滕知白，善为诗，至刑部员外郎，河北转运使。子涉，为给事中。高象先，父凝佑，刑部郎中，以强干称。象先淳化中官三司户部副使，卒于光禄少卿。郭成范，最有文，为仓部员外郎，掌安定公书记，辞疾，以司封员外郎致仕，卒。

戚同文弟子中有五十六人中进士，十余人入台阁，再加上他的两个儿子戚维、戚纶皆进士高第，此等教育成果确实惊世骇俗，为应天书院奠定了雄厚的前期人才基础。

范仲淹《南京书院题名记》一文中这样写道：

> 皇宋辟天下，……弦诵风布，乃有睢阳先生赠礼部侍郎戚公同文，以贲于丘园，教育为乐。门弟子由文行而进者，自故兵部侍郎许公骧而下凡若干人。先生之嗣，故都官郎中维、枢密直学士纶，并纯文浩学，世济其美。……祥符中，乡人曹氏请以金三百万，建学于先生之庐。学士之子殿中丞舜宾，时在私庭，俾干其裕。故太原奉常博士渎，时举贤良，始掌其教。故清河职方员外郎吉甫，时以管记，以领其纲。学士画一而上，真宗皇帝为之嘉叹，面可其奏，今端明殿学士盛公侍郎度文其记，前参预政事陈公侍郎尧佐题其榜。由是风乎四方，士也如狂，望兮梁园，归欤鲁堂。

范仲淹描写当时培养出的人才之盛云："然则文学之器，天成不一。或醇醇而古，或郁郁于时，或峻于层云，或深于重渊。至于通《易》之神明，得《诗》之风化，洞《春秋》褒贬之法，达礼乐制作之情，善言二帝三王之书，博涉九流百家之说者，盖互有人焉。若夫廊庙其器，有忧天下之心，进可为卿大夫者；天人其学，能乐古人之道，退可为乡先生者，亦不无矣。观夫二十年间相继登科，而魁甲英雄，仪羽台阁，盖翩翩焉未见其止。"为此，范仲淹告诫

---

① 张方平.乐全集·卷三九［M］//四库全书·第1104册.台北：台湾商务印书馆，1982：467.

应天书院弟子："宜观名列，以劝方来登斯缀者，不负国家之乐育，不孤师门之礼教，不忘朋簪之善导，孜孜仁义，惟日不足，庶几乎刊金石而无愧也。抑又使天下庠序视此而兴，济济群髦，咸底于道，则皇家三五之风，步武可到；戚门之光，亦无穷已。"北宋的真宗、仁宗年间，戚氏之学发扬光大。

三、戚同文生卒、谥号问题

（一）戚同文生年考

戚同文生年见于记载者有两处：其一为曾巩《虞部郎中戚公墓志铭》："公宋之楚丘人，大父讳同文，唐天祐元年生。"① 其二为宋代徐度《却扫编》卷上："先生名同文，生唐天祐中，历五代入本朝，皆不仕，以文学行义为学者师。"

曾巩是北宋中期人，与戚同文之孙、戚纶之子同时，对南京戚氏家世熟悉，曾为戚纶作传（见《隆平集》卷十三），又亲为戚纶之子戚舜臣、舜臣之子戚师道撰写墓志铭（皆见《元丰类稿》卷四二），对戚氏世家倍加赞扬。认为"余观三王所以教天下之士，而至于节文之者，知士之出于其时者，皆世其道德，盖有以然也。去三王千数百年之间，教法既已坏，士之学行世其家，若汉之袁氏、杨氏、陈氏，唐之柳氏，其操义风概有以厉天下，矫异世否耶。以余所闻，若宋之戚氏，其事可以次叙焉。"（《虞部郎中戚公墓志铭》）又云"戚氏，宋人，为宋之世家。……盖自五代至今百有六十余年矣，戚氏传绪寖远，虽其位不大，而行应礼义，世世不绝如此。故余以谓宋之世家也。"（《戚元鲁墓志铭》）一般墓志铭的撰写多依墓主最为相知的家人亲友所提供的墓主行状为据，生平言行皆有所本，与史实最为可信。为此，曾巩所言，是可信的。另徐度所记"生唐天祐中"，时间为约数，虽不具体，但徐度与戚氏为同乡，当也有所本，且与曾巩所言颇为接近。但徐度为北宋末年人，与戚同文之世相去已经一百五十余年，只是得之传闻而已。为此，戚同文生年，当以曾巩所记为准，即生于唐天祐元年（904 年）。

（二）戚同文卒年考

戚同文卒年并未见明确记载。

《宋史·戚同文传》云："长子维任随州书记，迎同文就养，卒于汉东，年七十三。"若由唐天祐元年（904 年），下推七十三岁，戚同文卒年的时间当为

---

① 曾巩. 元丰类稿·卷四二［M］. 北京：中华书局，1984：565.

宋太祖赵匡胤开宝七年，即 974 年。

不过关于戚同文卒年，若按《宋史·戚纶传》记载推算则大有不同。《宋史·戚纶传》：

> 纶少与兄维以文行知名，笃于古学，喜谈名教。太平兴国八年举进士，解褐沂水主簿，按版籍得道户脱口漏租者甚众，徙知太和县。同文卒于随州，纶徒步奔讣千里余。

戚纶举进士是在太宗赵光义太平兴国八年（983 年），若当年解褐授沂水县主簿，上任已在雍熙元年（984 年）；按宋制一任三年为期，任满迁升当在三年以后，即太宗雍熙四年（987 年）或端拱元年（988 年）间事。假推戚纶闻父卒噩耗为端拱二年（989 年）或淳化元年（990 年），那么戚同文享年也不应是七十三岁，而是八十五岁左右，前后相差十二三年。

由上可知，《宋史》中关于戚同文两处记载的卒年推算差异甚大，但关于戚同文卒地的记载颇为相同，即卒于长子戚维任随州书记时的"随州"。但戚维《宋史》无传，《宋史》中《戚同文传》《戚纶传》及其他涉及戚维者不仅语焉不详，而且甚至相互矛盾。如《宋史·戚同文传》谓戚维于太祖"建隆二年（961 年），以屯田员外郎为曹王府翊善"；而《宋史·崔颂传》载"景德中（宋李焘《续资治通鉴长编》卷六一将此事署真宗景德二年（1005 年）九月乙卯），雍王元份薨，府官皆坐黜。时戚维为曹国公元俨府翊善"，以"迂懦循默，不能规戒"为由，被崔颂之子崔暐取代①。两处记载戚维一作"曹王府翊善"，一作"曹国公元俨府翊善"；其实曹王、曹国公二者并非一人，所以两处所记时间亦差别甚大：一为太祖赵匡胤称帝第二年的建隆二年，一为北宋已经两任皇帝之后的真宗时期，时间相差四十五年。《宋史》撰于元代，史事考订疏漏甚多，可见《宋史》所谓戚同文卒于"随州"之说，不敢确信。

今检王禹偁《小畜集》颇有一些与戚维、戚纶交往的记载。王禹偁与戚纶为太宗太平兴国八年（983 年）同年进士，与戚维亦是好友。王禹偁《小畜集·卷四·送戚维戚纶之阆州亳州》，《小畜集·卷十九·送戚维序》，诗文所涉史实，可与《宋史》互为参证，不仅可证《宋史》之误，亦可推证戚同文卒年、卒地问题。《小畜集·送戚维序》云：

> （戚君）自释褐已来，縻郡曹，沈邑佐，颠踬穷苦者二十年，晨夕芳鲜，曾未快志，况温饫妻子乎！去年参常调选，于天官始授郡主簿，辇亲

---

① 脱脱，等 . 宋史·第 37 册·卷四三一 [M]. 北京：中华书局，1977：12817.

挈子，来即谯亳。修吏职外，日得以俸给躬荐甘滑，彩衣煌煌，色若自得，古之称孝子者，殆将无愧。今年秋，国家以蜀之令长阙而未补，用是有遂宁之命。公不以遐适为念，而以违养是患，且曰：退耕无田，则伏腊寅酉其可虞乎？进而取禄，则温清喜惧得无思乎？藩羊其赢，进退安据，复自念曰：与其千里负米，孰若五斗折腰者邪！一旦捧天书禀亲旨，拜乎北堂，膏车西下，白华在咏，心其摇摇，剑关倚云，遐指天末，名利之役其若是欤！噫！导一人之泽福，百里之民亦足行乎道也。食有道之禄，及高堂之亲，亦足光乎孝也。①

戚维自出仕以来二十年縻郡曹、沉邑佐。去年，参常调选，朝廷授戚维谯亳（亳州）主簿，"辇亲挈子"，到了任上。"修吏职外，日得以俸给躬荐甘滑"，无愧于"古之称孝子"。既是"辇亲"——车载着父母亲上任，由此可知，他们的父亲戚同文尚在世。又说，今年秋，国家以四川地方令长缺而未补，遂有"遂宁之命"。遂宁，即遂州。命下，戚维"不以遐适为念，而以违养是患"。经过一番思想斗争后，决定还是赴任，"一旦捧天书，禀亲旨，拜乎北堂，膏车西下，白华在咏，心其摇摇，剑关倚云，遐指天末"。这次赴任也是"禀亲旨"，是父亲或母亲同意并督其上任。是否也是"辇亲"上任的呢？《小畜集·送戚维序》中"拜乎北堂"，是拜辞了他的母亲才"膏车西下"的，并且一路上是"白华在咏，心其摇摇"，还时时刻刻想念着年老的父母。大概他到任安顿后，就如《宋史·戚同文传》所讲"迎同文就养"。《宋史》所谓戚同文卒于"随州"之说，"随州"当为"遂州"之误，也即《小畜集·送戚维序》中之"遂宁"。

另与此《小畜集·送戚维序》作于同时的还有一首《送戚维戚纶之阆州亳州》诗，诗中说兄弟二人"朴愿有父风，学业张皇谟。各登进士科，齐乘使者车。阆中佐郡政，亳社司榷酤。佐郡古半刺，可使悍氂苏。榷酤今权道，亦助军国须。牵车骥虽屈，补履两有余。……苦县且密迩，剑关多崎岖。于役勿为数，加节聊自娱。"② 戚维"之阆州"，即去阆州，阆州与遂州相邻，当过阆州而去遂州上任。诗中有"阆中佐郡政""佐郡古半刺"之语，知戚维去四川不是任州之主官，而"佐郡"之职，很可能即遂州书记。《宋史》所谓卒于长子

---

① 王禹偁. 小畜集·卷十九·送戚维序［M］//四库全书·第1086册. 台北：台湾商务印书馆，1982：188.

② 王禹偁. 小畜集·卷四·送戚维戚纶之阆州亳州［M］//四库全书·第1086册. 台北：台湾商务印书馆，1982：30.

戚维"随州书记"任上，当为"遂州书记"任上，"随"与"遂"，音同而讹。

从王禹偁《小畜集·送戚维戚纶之阆州亳州》一诗可知，戚维出任遂州，同时戚纶出任亳州，即"亳社司榷酤"，"司榷酤"，掌管酒税之官，收酒税"亦助军国须"。诗中又有"苦县且密迩"句，苦县，今鹿邑县，宋初为亳州所辖，当为亳州榷酤官署驻地。当应以王禹偁所说为最确切。

由王禹偁记载，大致可以认为：戚同文长子戚维任四川遂州书记，迎戚同文就养，而病逝于遂州。戚纶在亳州酒税官任上，接到噩耗而奔走数千里，前往遂州奔丧。如果考知王禹偁送诗、赠序的写作时间，戚同文去逝时间必是其诗文之后的一两年间。

王禹偁诗中有"我亦何为者，先上青云衢""终待奋直笔，会当伏青蒲"句。当时王禹偁应在京师为官。据黄启方《王禹偁年谱简编》、徐规《王禹偁事迹著作编年》，王禹偁宋太宗端拱元年（988年）被召见入京，担任右拾遗、直史馆。端拱二年（989年）、淳化元年（990年）为左司谏、知制诰、兼大理寺评事。宋太宗淳化二年（991年）九月贬为商州团练副使。《小畜集·送戚维序》《送戚维戚纶之阆州亳州》诗应作于端拱元年（988年）至淳化元年（990年）间。徐规《王禹偁事迹著作编年》将此序文、送诗署于淳化元年（990年）。若按淳化元年（990年）计，迎戚同文就养而去世的时间当在淳化二年，即991年，享年八十七岁。

（三）谥号问题

戚同文谥号有三说，即坚素先生、正素先生、贞素先生。

以"坚素"之号载籍最多。《宋史·戚同文传》："杨徽之尝因使至郡，一见相善，多与酬唱。徽之尝云：陶隐居号坚白先生，先生纯粹质直，以道义自富。遂与其门人追号坚素先生。"

《宋史》外，宋代李焘撰《续资治通鉴长编》影响较大。李焘将"追号同文曰坚素先生"之事，置于该书卷四十四，时间是在宋真宗咸平二年（999年）二月己酉：

> 秘书监杨徽之荐著作佐郎通判泰州戚纶文学纯谨，宜在儒馆。三月甲寅，以纶为秘阁校理。纶父同文，隐居教授，学者不远千里而至，登科者凡五十六人。徽之与门人追号同文曰坚素先生。①

真宗咸平二年（999年）二月，杨徽之举荐时为著作佐郎通判泰州的戚纶

---

① 李焘. 续资治通鉴长编·第4册·卷四四 [M]. 北京：中华书局，1979：930.

"文学纯谨，宜在儒馆"。三月，朝廷署纶秘阁校理，由泰州调来京师。紧接上文，言徽之与戚同文的门人追号同文为"坚素先生"事。时戚同文去世刚刚八年，追号之事可视为是年，也可视为是年（咸平二年）之前不久。正因为杨徽之是戚同文生前好友，对其人品极为敬仰，戚同文去世后才有与其门人共商追谥之事，也才有举荐戚纶之举，李焘故将二事署于同时叙述。

谥"坚素"之号，亦见两宋多家私人著述。如宋代曾巩《隆平集·卷十三·侍从·戚纶传》：

> 杨徽之因使至郡，（与同文）多所酬唱，及卒，徽之及其门人追号曰坚素先生。

宋代释文莹《玉壶清话》卷一：

> 戚同文，东都之真儒，虽古之纯德者殆亦罕得。……杨侍读徽之守南都，召至郡斋，礼遇益厚，唱和不绝。杨谓君曰：陶隐居昔号贞白先生，以足下纯白可侔，辄不揆已。表于朝，奏乞坚素之号，未知报否。后果从请。

按，文莹之记与史实未尽相合：其一，杨徽之未有南都之任。真宗景德三年（1006年）二月，下诏宋州升应天府；八年后，大中祥符七年（1014年）正月，才诏升应天府为南京。追号同文为"坚素先生"事，为真宗咸平二年（999年）三月或之前，时宋州尚无"南都"之称。再者，考《宋史·杨徽之传》，杨徽之亦无宋州之任。其二，"坚素先生"这一谥号，是在戚同文去世之后，没有人还未去世而有"奏乞"之说，所谓"表于朝，奏乞坚素之号"于常理未合。其三，"坚素"之号，是杨徽之与戚同文之弟子门人在同文去世后共同商议而定，是"私谥"，并非朝廷官方赐谥。文莹是仁宗时钱塘诗僧，戚同文之事皆得之耳闻而记入野史，未加详考。但"坚素"之号，并与杨徽之有关的记载确为事实。

南宋时期的私人史著及笔记、类书之属对戚同文谥"坚素"之号记载更多。如王称《东都事略·卷四七·列传·三十·戚纶》、杜大珪《名臣碑传琬琰之集》下卷七引曾巩《戚学士纶》、章定《名贤氏族言行类稿》卷五二、潘自牧《记纂渊海》卷十七、谢维新《古今合璧事类备要续集·卷十三·类姓门·戚》、无名氏《锦绣万花谷续集》卷三八等，皆有戚同文"及卒，（杨）徽之与其门人谥曰坚素先生"的记载。

南宋之后，元代张光祖《言行龟鉴》卷三、明代彭大翼《山堂肆考·卷一三五·谥法·戚坚素》、明代李贤等撰《明一统志·卷二七·归德府》、清代徐乾学撰《资治通鉴后编·卷十九·宋纪》及清《河南通志》《归德府志》等，亦有"既卒，门人私谥坚素先生""徽之与门人追号同文曰坚素先生"的记载。

曾巩《隆平集》卷十三既已记载戚同文卒谥"坚素先生"，却在他的诗文别集《南丰类稿》里收录的为戚同文之孙戚舜臣及重孙戚师道撰写的墓志铭中，又谓谥号"正素先生"。《元丰类稿·卷四二·虞部郎中戚公墓志铭》：

> 公（戚舜臣）宋之楚丘人，大父讳同文，唐天佑元年生。历五代入宋皆不仕，以文学义行为学者师，殁，其徒相与号为正素先生。

《戚元鲁墓志铭》：

> 戚氏，宋人，为宋之世家。当五代之际，有抗志不仕，以德行化其乡里，近远学者皆归之者曰同文，号正素先生。

曾巩在为戚同文之子戚纶写的传记中谓同文号"坚素先生"，而又在戚舜臣、戚师道写的墓志铭中谓"正素先生"，一人而留下二说。是否当时杨徽之与戚同文门弟子商议谥号时，就曾有"坚素""正素"两种提议也未可知。记载"正素先生"之说的还有北、南两宋之交的南京人徐度，徐度《却扫编》卷上：

> （楚丘戚）先生名同文，……先生没，门人私谥为正素先生。

另外，南宋中期以后，王应麟《赤城书堂记》、南宋施宿《会稽志》亦有"号正素先生"的记载。清《钦定续通志·卷五六九·隐逸传·戚同文传》又有杨徽之"遂与其门人追号贞素先生"之说。《易·乾卦》："元亨利贞。"《疏》云："贞，正也。"由此，"正素先生""贞素先生"可视为一说。另，清末学者俞樾，对徐度《却扫编》颇有辩证。他在《茶香室三抄·曹氏书院》条按："至《却扫编》称私谥正素先生，……而本传则云：杨徽之尝因使至郡，一见相善，尝云陶隐居号坚白先生，先生纯粹质直，以道义自负，遂与其门人追号坚素先生。余谓既以陶隐居相比，则宜为贞素先生，《却扫编》作正素者，避讳而改也。史作坚，则是误字，陶隐居号贞白，不号坚白，其误显然矣。"① 俞樾所辩可备一说。

---

① 俞樾．茶香室三抄·卷二四·曹氏书院［M］．民国上海进步书局石印本．

卷之十　人物志二　名师考一　戚维　戚纶
戚舜宾　附戚氏后人

　　戚同文长子戚维，仲子戚纶皆纯文浩学，朴厚有父风。其孙戚舜宾与父戚纶、伯父戚维，承先志，建应天书院，执教其中，戚门弟子遍布朝野，为北宋教育发展、人才培养做出了突出贡献。直至宋元间，还有戚氏后人执教授徒，传扬戚氏之学。范仲淹《南京书院题名记》谓："睢阳先生赠礼部侍郎戚公同文，以贲于丘园，教育为乐。……先生之嗣，故都官郎中维，枢密直学士纶，并纯文浩学，世济其美。"王禹偁《小畜集·送戚维戚纶之阆州亳州》诗对戚维、戚纶兄弟，继承家学家风赞美有加：

　　　　睢阳戚先生，今世古之儒。终身不求仕，没齿唯诵书。孝爱睦姻族，淳谨化里闾。文翁①变蜀土，尚以德位俱。仲淹居汾水②，专用素教敷。青青子衿辈，栉比曳朝裾。盛德苟无报，吾道将焉如！鲤庭生二子，骊颔委双珠。朴厚有父风，学业张皇谟。名登进士科，齐乘使者车。③

　　到了南宋中期，当时的大学者王应麟以戚氏教书育人为楷模，他在《赤城书堂记》中写道：

　　　　昔有正素戚先生，讲道睢阳，始建学舍，文忠富公、文正范公皆游习于斯，为一世伟人。家法之粹，延及后昆，正素子孙若维、纶，若舜宾、舜臣，世学相承，睢阳遂为四书院之冠，简策有光焉。④

　　戚同文的家学家教的传承，得到了社会的广泛赞扬。以致曾巩称戚氏为睢

---

① 文翁名党，字仲翁，庐江人。

② 文中子王通字仲淹，居汾水。

③ 王禹偁.小畜集·卷四·送戚维戚纶之阆州亳州［M］//四库全书·第1086册.台北：台湾商务印书馆，1982：30.

④ 王应麟.浙江通志·卷二六一·艺文·三·赤城书堂记［M］//四库全书·第526册.台北：台湾商务印书馆，1982：74.

阳著名"世家"。戚同文的家教家学、家风家传不仅仅属于戚氏一族，从戚同文创建学舍授徒，到戚同文之子戚维、戚纶创建应天书院，再到戚舜宾继承祖业长期在应天书院传经授徒，就戚氏三代为书院做出的贡献而论，戚氏的家教家学、家风家传，也是应天书院的学风院风。戚氏子孙，继承家风家学，服务社会百姓的事迹也理应为应天书院史志研究的内容。

一、戚维

戚同文长子戚维，字仲本①。《宋史》无传，宋人文献记载甚少。《宋史》中有关戚维的零星记载亦多相互抵牾（见上文），不可确信。《宋史·戚同文传》说戚维于太祖"建隆二年（961 年），以屯田员外郎为曹王府翊善"。"建隆"为太祖赵匡胤黄袍加身后的第一个年号，建隆二年，乃赵匡胤登极仅一年余，还不可能有赵氏王朝的封王之事。所谓建隆二年的"曹王府"，一定不是赵氏子孙。戚维是"以屯田员外郎"转迁"为曹王府翊善"，那么"屯田员外郎"也应是后周之官。若按此说，戚维中进士当在后周世宗时。其实并非如此。王禹偁《荐戚纶上翰林学士钱若水启》明确说："兄维，国初登进士上第。"可见《宋史·戚同文传》所述时间有误。

王禹偁谓戚维"国初登进士上第"，见于王禹偁淳化五年甲午（994 年）春夏间写的《荐戚纶上翰林学士钱若水启》，文中记载："兄维，国初登进士上第，有文有行，守道不渝，游宦三十余年，今为殿中丞。"② 由淳化五年（994 年）上推三十余年，戚维中进士当在太祖乾德年间。

又，王禹偁《小畜集·送戚维序》又云："盐官戚君，始以儒雅受训于庭，复以文学策名于国，终以廉平莅事于官。……自释褐已来，縻郡曹，沈邑佐，颠踬穷苦者二十年，晨夕芳鲜，曾未快志。"③ 据徐规《王禹偁事迹著作编年》，此文作于淳化元年（990 年）。由淳化元年（990 年）上推二十年，"释褐"时间当为宋太祖赵匡胤开宝三年（970 年）。中进士的时间也应在开宝一二年间。与上推时间相差四五年。但戚维中进士当在大宋开国之初，而不应为五代后周

① 凌迪知. 万姓统谱·卷一二三 [M] //四库全书·第 957 册. 台北：台湾商务印书馆，1982：687.

② 徐规. 王禹偁事迹著作编年 [M]. 北京：中国社会科学出版社，1982；王禹偁. 小畜集·卷二五·荐戚纶上翰林学士钱若水启 [M] //四库全书·第 1086 册. 台北：台湾商务印书馆，1982：254.

③ 王禹偁. 小畜集·卷十九·送戚维序 [M] //四库全书·第 1086 册. 台北：台湾商务印书馆，1982：188.

时间。

戚维国初中进士后，一直沉于下僚，如王禹偁所说"縻郡曹，沈邑佐，颠踬穷苦者二十年"。二十余年一直为地方曹、佐之官。据王禹偁《小畜集·送戚维序》，戚维与端拱二年（989年）授亳州主簿，辇亲挈子，来即谯亳。淳化元年（990年）秋，国家以蜀之令长阙而未补，有遂州书记之命。淳化二年（991年）父戚同文卒于遂宁，丁忧守丧（见"人物志一 先师考 戚同文"）。封建社会根据儒家传统的孝道观念，朝廷官员若父母去世，必须辞官回籍，为父母守制二十七个月。淳化四年（993年），起为殿中丞（据王禹偁《荐戚纶上翰林学士钱若水启》）。淳化五年（994年）秋，出为括苍丞。王禹偁有《送戚殿丞之任括苍》诗云：

> 佐郡海西边，挂帆离兔园。远经罗刹石，去近鹈鸪原。菊暖秋飞蝶，霜晴夜叫猿。老郎方吏隐，应笑市朝喧。①

括苍，即宋处州之地。宋代叶庭珪《海录碎事·地部》下："括苍郡：处州旧名括州，今为括苍郡。"② 即今浙江丽水。

真宗即位，入京为郎官，转为曹国公元俨府翊善。《宋史·崔颂传》载"景德中（宋代李焘《续资治通鉴长编》卷六一署此事为真宗景德二年（1005年）九月己卯），雍王元份薨，府官皆坐黜。时戚维为曹国公元俨府翊善"，以"迂懦循默，不能规戒"为由，被崔颂之子崔瞱取代。

清代厉鹗《宋诗纪事》卷七谓："戚维，……大中祥符初，累官都官员外郎、职方郎中。"并收其《送何水部蒙出牧袁州》诗一首，考《宋史·何蒙传》，此诗当作于真宗大中祥符五年（1012年）。诗云：

> 又领亲民任，星车别紫微。隼旗新命重，鹤发故人稀。云树看如画，风帆去似飞。乡中诸父老，荣美锦衣归。"③

《宋史·何蒙传》载："何蒙字叔昭，洪州人。少精《春秋左氏传》，李煜时举进士不第，因献书言事署录事参军。入宋授洺州推官，太平兴国五年调遂宁令。……真宗即位……改水部郎中，上所著《兵机要类》十卷，……大中祥

---

① 王禹偁. 小畜集·卷十·送戚殿丞之任括苍［M］//四库全书·第1086册. 台北：台湾商务印书馆，1982：79.

② 叶庭珪. 海录碎事·卷四·上地部下［M］//四库全书·第921册. 台北：台湾商务印书馆，1982：132.

③ 厉鹗. 宋诗纪事·卷七·戚维. 送何水部蒙出牧袁州［M］//四库全书·第1484册. 台北：台湾商务印书馆，1982：189.

符初，转库部，四年加太府少卿，未几知太平州，又知袁州。"① 诗中有"隼旟新命重，鹤发故人稀"句，当时二人都有七十多岁，故有是句。曾巩《隆平集·卷十三·侍从·戚纶传》谓戚维"仕至户部郎中"。《宋史·戚同文传》谓戚维"累官职方郎中，致仕，卒年八十一"。其一生仕履，大致如此。

真宗大中祥符初，戚维由水部郎中转库部郎中，因应天府民曹诚愿出资重建父亲的学堂，他与弟纶共同规划，投入重建工作。另外，此前虽因戚同文年老而不能直接授徒，但学堂并没有停止授徒，虽有戚纶长子戚舜宾主持经营，戚维、戚纶兄弟当休官家居时也不时要到学堂讲学。《宋史·戚纶传》说纶"善训子弟，虽至清显，不改其纯俭"。并有《遗戒》一书，当是他们兄弟子承父业，在学堂诱劝弟子学习的著作。

王禹偁《小畜集·送戚维序》谓戚维："始以儒雅受训于庭，复以文学策名于国，终以廉平莅事于官。下笔到古人，诵书得圣理；家门嗃嗃，敦大《易》之象；亲族熙熙，有邃古之风；士流之家仰为模范。"他一生"虽位未崇，禄未厚"，但王禹偁认为"取之不以道，昔人不贵焉。是知学古入官，沈于下僚者，非君子之耻也"。虽然戚维长期沉于下僚，但生平以道自处，并不以官微为耻。

戚维作为长子，受父亲影响甚大。"以儒雅受训于庭"，"下笔到古人，诵书得圣理"，一生为官廉洁平正，"有文有行，守道不渝"。

戚同文以孝闻于乡里，戚维对父母尽忠尽孝，被时人称为"古之孝子"。到亳州履职，车载其八十多岁父母随己任上，"修吏职外，日得以俸给，躬荐甘滑，彩衣煌煌，色若自得"。调往四川遂宁，"不以遐适为念，而以违养是患"。经过反复思想斗争，最后在父亲的督促下才去上任。他"一旦捧天书，禀亲旨，拜乎北堂，膏车西下，白华在咏，心其摇摇"，时时刻刻想念着年老的父母。到任后，就即刻迎亲任上就养。被王禹偁称赞为"导一人之泽，福百里之民，亦足行乎道也。食有道之禄，及高堂之亲，亦足光乎孝也"，誉之为"古之称孝子者殆将无愧"。

戚同文"以德行化其乡里"，而戚维睦亲悌弟，为时人奉为师表，"士流之家仰为模范"。王禹偁《小畜集·送戚维序》谓戚维"家门嗃嗃，敦大《易》之象；亲族熙熙，有邃古之风"。他与胞弟戚纶一生友爱，被当时和后世赞扬。《宋史·戚纶传》谓兄弟"友爱甚厚"。曾巩《虞部郎中戚公墓志铭》谓兄弟二人"以友爱闻祥符、天禧之间"。

① 脱脱，等. 宋史·第27册·卷二七七 [M]. 北京：中华书局，1977：9444.

[附] 王禹偁《小畜集·卷十九·送戚维序》

崇位厚禄，人心弗欲者鲜矣。然取之不以道，昔人不贵焉。是知学古入官沈于下僚者，非君子之耻也。盐官戚君始以儒雅受训于庭，复以文学策名于国，终以廉平莅事于官。下笔到古人，诵书得圣理，家门嘻嘻，敦大《易》之象；亲族熙熙，有邃古之风。士流之家仰为模范。用是而进，虽位未崇，禄未厚，固不为耻耳。自释褐已来，縻郡曹，沈邑佐，颠踬穷苦者二十年，晨夕芳鲜，曾未快志，况温饫妻子乎！去年参常调选于天官，始授郡主簿，挚亲挈子，来即谯亳，修吏职外，日得以俸给躬荐甘滑，彩衣煌煌，色若自得，古之称孝子者，殆将无愧。今年秋，国家以蜀之令长阙而未补，用是有遂宁之命。公不以遐适为念，而以违养是患，且曰：退耕无田，则伏腊寅酉其可虞乎？进而取禄，则温清喜惧得无思乎？藩羊其羸，进退安据，复自念曰：与其千里负米，孰若五斗折腰者邪！一旦捧天书，禀亲旨，拜乎北堂，膏车西下，白华在咏，心其摇摇，剑关倚云，遐指天末，名利之役其若是欤！噫！导一人之泽，福百里之民亦足行乎道也。食有道之禄，及高堂之亲，亦足光乎孝也。割慈去里，无庸介怀。矧皇朝平蜀已来，宰邑相望于馆，是以宋紫微由小著往，杨侍御自拾遗出。是役也，安知遂宁不为大来之朕乎？行哉！勉旃！勿以铜墨为魄耳。

王禹偁《小畜集·卷四·送戚维戚纶之阆州亳州》

古人贵道德，岂以禄位拘！有道不在位，颜回舜之徒。无德殃且至，商受为独夫。以此固名节，富贵安足图！睢阳戚先生，今世古之儒。终身不求仕，没齿唯诵书。孝爱睦姻族，淳谨化里闾。文翁变蜀土①，尚以德位俱。仲淹居汾水，专用素教敷。青青子衿辈，栉比曳朝裾。盛德苟无报，吾道将焉如！鲤庭生二子，骊颔委双珠。朴愿有父风，学业张皇谟。各登进士科，齐乘使者车。阆中佐郡政，亳社司榷酤。佐郡古半刺，可使悍荌苏。榷酤今权道，亦助军国须。牵车骥虽屈，补履两有余。谁谓佐著作，在上积薪刍。谁谓光禄勋，其中混琼瑶。我亦何为者，先上青云衢。伐木空求友，拔茅未连茹。终待奋直笔，会当伏青蒲。请镇名与器，愿分贤与愚。汇征补皇极，勠力张道枢。巨鱼方煦沫，相忘在江湖。冥鸿当顺风，淬翼摩太虚。此志尚喧郁，阙冀良悲吁。苦县且密迩，剑关多崎岖。于役勿为数，加节聊自娱。尺素惠好音，无惜双鲤鱼。

---

① 按：文翁（前187—前110），名党，字仲翁，公学始祖，庐江舒人，西汉循吏。汉景帝末年为蜀郡守，兴教育、举贤能、修水利，政绩卓著。为了纪念文翁，庐江县建乡贤祠，移建后易名忠义祠。

二、戚纶

戚纶，字仲言，少年时与兄维以文行知名。笃于古学，喜谈名教。在当时比他的兄长戚维影响更大，《宋史》卷三〇六有传。现以《宋史》本传为本体，以李焘《续资治通鉴长编》及宋人杂史、文集、笔记文献有关记载资料互为参证，将其生平事迹考述如下：

戚纶太平兴国八年（983 年）进士，初释褐授官沂水主簿，在任上按版籍查出欠交赋税的脱口漏租者甚众，为当时因战争吃紧的国库增加了收入。由于政绩显著，徙知江南西道吉州庐陵郡太和县。宋代张镃《仕学规范》卷十九记载了他在太和县的政绩：

> 戚密学纶，初筮仕知太和县，里俗险悍，喜撰虚讼。公至以术渐摩，先设巨械严固狴牢，其棰挺絚索比他邑数倍，民悚骇。次作《谕民诗》五十绝，不事风雅，皆风俗易晓之语，俾之讽诵，以申规警。立限曰："讽诵半年，顽心不悛，一以苛法治之。"果因此诗狱讼大减。其诗有云："文契多欺岁月深，便将疆界渐相侵。官中验出虚兼实，枷镣鞭笞痛不禁。"大率类此，江南往往有本。每当岁时，与囚约曰："放汝暂归，祀其先，栉沐蚑虱。"民感其惠，皆及期而还，无敢逃者。①

《宋史·戚纶传》亦云：

> 徙知大和县。……俄诏起复莅职，就加大理评事。江外民险悍多构讼，为《谕民诗》五十篇，因时俗耳目之事以申规诲，老幼多传诵之。每岁时必与狱囚约遣归，祀其先，皆如期而还。

治太和县作《谕民诗》及岁时放狱囚事在宋代历史中被传为美谈，除见于上述记载外，另见于宋释文莹《玉壶野史》卷四、江少虞《事实类苑·卷二二·宦政治绩·戚密学》等文献。

迁光禄寺丞，因审问陈州狱中案件失实，被免官。王禹偁《有怀戚二仲言同年》诗云："闻说去官常，凄凄返故乡。与君同甲子，似我有文章。憔悴衣衫绿，蹉跎鬓发苍。"② 回乡后，著《理道评》十二篇，得到王禹偁、钱若水的赏

---

① 张镃. 仕学规范·卷十九 [M] //四库全书·第 875 册. 台北：台湾商务印书馆，1982：105.

② 王禹偁. 小畜集·卷九·有怀戚二仲言同年 [M] //四库全书·第 1086 册. 台北：台湾商务印书馆，1982：87.

识。王禹偁《荐戚纶上翰林学士钱若水启》推重之意溢于言表：

> 右某启：某有进士同年戚纶者，负文章器识，纯谨君子也。……纶擢
> 第亦一纪（12 年）矣，历主簿、县尹，得大理评事，光禄丞司，榷自沽于
> 谯郡，非其乐也。向因谳狱宛丘，坐系乌府廷尉议罪，听以赎论，既释之
> 矣。或以前罚未塞，又夺其官。今会赦文，合从叙用。寓此佛寺，出无车
> 马，冒犯风雪，袖文相过，有《理道评》十二篇，味之，非空言也。然而
> 辞直意切，急于救时，若无知心，亦恐腾口以为失路而造谤也。尊道之士，
> 其将舍诸！恭惟学士才与位并，道与时会，力开贤路之梗，手筑圣域之基，
> 搢绅颙颙，有所仰赖。某罪在摈挥，恩出推挽，未能报德，尚复言人，盖
> 非学士之门，不敢急纶之言，贾纶之毁也。语曰：善人在患饭不及餐，区
> 区之心，实愧斯义，谨修启事并封。纶所著凡若干，几阁视草之暇，略赐
> 览观，则纶也幸甚。①

在王禹偁、钱若水的举荐下，复授大理评事，知永嘉县（淳化五年）。永嘉县境有陂塘之利，戚纶考察浚治，以备水旱，治绩突出。至道三年二月供奉官两浙转运使刘文质入奏戚纶等八人治迹，得到太宗皇帝下诏表扬（见宋李焘《续资治通鉴长编》卷四一）。

真宗咸平二年（999 年）二月，转著作佐郎通判泰州。将上任，秘书监杨徽之推荐他文学纯谨，宜在儒馆。三月，命纶为秘阁校理（另见李焘《续资治通鉴长编》卷四四）。受诏考校司天台在职官员，又考查论定州县在职官员的职田条制。真宗皇帝下诏凡馆阁官员将自己旧有著作文章献来，皇帝对戚纶的著作特别嘉赏，特改太常丞。紧接着又判鼓司登闻院。与王禹偁为同年好友，咸平四年（1001 年）五月王禹偁卒，为诔文悼之，文有"事上不回邪，居下不谄佞；见善若己有，疾恶过仇雠"之语，世人以为是二人相知之言（司马光《涑水记闻》卷三）。咸平六年（1003 年）九月，朝廷闻河北大稔，出内府绫罗锦绮计直百八十万，命盐铁判官朱台符与转运使定价出市籴粟作为援边的军粮，又以本路均定物数未等，复命戚纶乘传往均市之（宋代李焘《续资治通鉴长编》卷五五）。自河北使还，见磁州等地到处抓强壮农夫服役，不仅骚扰百姓，而且有违农时，返朝上奏皇帝，下诏止之（《续资治通鉴长编》卷五六景德元年春正月）。

---

① 王禹偁. 小畜集·卷二五·荐戚纶上翰林学士钱若水启［M］//四库全书·第1086册.
台北：台湾商务印书馆，1982：254.

景德元年（1004 年），判三司开拆，赐绯鱼，改盐铁判官。上疏言边事，甚被嘉奖。十月，拜右正言，龙图阁待制，赐金紫。当时初置龙图阁待制之职，首与都官郎中直秘阁杜镐同时被命，人们都为他们而感到光荣。纶久次州县，留意吏事，每便殿请对，语必移晷。或夜中召见，多所敷启。《宋史》本传载其奏疏曰：

夫出纳献替，王臣之任，章疏奏议，谏者之职。臣屡蒙召对，皆延数刻，屈万乘之尊，接一介之士，圣德渊深，包纳荒秽，体其至愚，不罪触犯，安敢循默不言！谨摭十事该治本者附于章左：一曰王畿关辅，二曰五等封建，三曰复制科，四曰崇国学，五曰辟旷土，六曰修贡举，七曰任大臣，八曰置平籴，九曰益厢军减禁兵，十曰修六典令式。词颇深切，上为嘉奖。

景德二年（1005 年）七月，与赵安仁、晁迥、陈充、朱巽同知贡举，戚纶与礼部贡院上言取士之法。李焘《续资治通鉴长编》卷六十真宗景德二年秋七月载：

丙子，龙图阁待制戚纶与礼部贡院上言："今岁诸道取解免解进士仅三千人，诸科万余人，其中文理纰缪，经义十否、九否者甚众，苟非特行约束，必恐益长因循。又虑官吏坐此殿罚，因而避事，全不荐人。窃惟取士之方，合垂经远之制，今请诸色举人各归本贯取解，不得寄应及权买田产立户。诸州取解，发寄应举人，长吏以下请依解十否人例科罪，其开封府委官吏觉察，犯者罪如之。乡里遐远，久住京师者，许于国子监取解，仍须本乡命官委保，判监引验，乃得附学，发解日奏请差官考试。近年进士多务浇浮，不敦实学，惟钞略古今文赋，怀挟入试，昨者廷试以正经命题，多懵所出。旧敕止许以篇韵入试，今请除官韵略外，不得怀挟书策，令监门巡铺官潜加觉察，犯者实时扶出，仍殿一举。咸平三年（1000 年）诏旨，进士就试，不许继烛，每岁贡院虽预榜示，然有达曙未出者。今请除书案外，不将茶厨、蜡烛等入，如酉后未就者，驳放之，仍请戒励专习经史。自今开封府、国子监、诸路州府，据秋赋投状举人，解十之四，如艺业优长，或荒谬至甚，则不拘多少。开宝通礼义纂请改为义疏，今后通礼每场问本经四道，义疏六道，六通为合格，本经通二、义疏通三亦同。今岁秋赋，止解旧人，新人且令习业。西川、广南旧取解举人，并许免解。今后及第，三史、通礼、三礼、三传，除官日比学究、明法，望授月俸多处，贵存激劝。"上以分数至少，约束过严，恐沮仕进之路，乃诏两制、知贡举官同详定以闻。于是，翰林学士晁迥等上议："令诸州约数解送，或自来举子止有三两人者，欲听全解，或其间才业卓然不群者，别以名闻。南省引试前一日，分定坐次，榜名晓谕，勿容移徙。远人无籍者，令召命官保职就京府取解。文武升朝官嫡亲，许附国学。先寄应令还本贯者，不得叙理。前举尚书、周易、学究、明法，经业不广，宜各问疏义六道，经注四道，六通为合格。三礼、三传所习浩大，精熟尤难，请问经注四道，疏义六道，以疏通三以上为合格。余如戚纶等条奏。"从之。①

预修《册府元龟》。会设置官署，十月，总领在京诸司公务。"时议者言辇下库务，其数踰百三十，出纳或致因循，三司簿领繁，多不能案视，故特置此职，掌举察京城储蓄受给，监生能否，及覆验所受三司计度移用之事焉"②。判鸿胪寺。

大中祥符元年（1008年），掌吏部选事。朝廷以"天书"下降，庆贺改元。又称京师、泰山均有"天书"下降。初受灵文，纶上疏谏劝。《续资治通鉴长编》卷六八真宗大中祥符元年夏四月，载戚纶《疏》曰：

> 臣遐览载籍，验天人相与之际，未有若今炳焕者也。请诏侍从大臣摹写祥符，勒于嘉玉，藏之太庙，别以副本秘于中禁，传示万叶，世世子孙恭戴天命，无敢怠荒。然臣窃谓，流俗之人古今一揆，恐托国家之嘉瑞，寝生幻惑之狂谋。或诈凭神灵，或伪形土木，妄陈瑞命，广述休祥，以神鬼之妖词，乱天书之真旨。少君、栾大之事往往有之。伏望端守元符，凝神正道，参内景修行之要，资五千致治之言，建皇极以御烝人，宝太和而延圣算。仰答天贶，俯惠群黎。③

《宋史·戚纶传》亦载是疏，疏文略有不同：

> 臣遐稽载籍，历考秘文，验灵应之垂祥，顾天人之相接。陛下绍二圣丕业，启万世洪基，勤行企道，恭默思元。上天降鉴瑞牒，昭锡聿示临民之戒用，恢奕叶之祥，乞诏有司速修大祀，载命侍从摹写祥符，勒于嘉玉，藏之太庙。别以副本，秘于中禁，传示万叶，无敢怠荒。然臣恐流俗幻惑，狂谋以人鬼之妖辞，乱天书之真旨，伏望端守元符，凝神正道，以答天贶，以惠烝黎。

① 李焘. 续资治通鉴长编·第5册·卷六十 [M]. 北京：中华书局，1979：1351，1353.
② 李焘. 续资治通鉴长编·第5册·卷六一 [M]. 北京：中华书局，1979：1371.
③ 李焘. 续资治通鉴长编·第6册·卷六八 [M]. 北京：中华书局，1979：1532.

　　疏上，上嘉纳焉。是冬封泰山，命纶同计度发运事，礼成，迁户部郎中，直昭文馆，待制如故。诏同编《东封祥瑞封禅记》。大中祥符二年（1009 年）正月，诏龙图阁待制班视知制诰在其下，于是龙图阁待制户部郎中直昭文馆戚纶、工部郎中直史馆陈彭年并兼集贤殿修撰。上既升待制之秩，以馆职弗称，又不欲罢纶等兼俸，故有此授（据《续资治通鉴长编》卷七一）。戚纶又建议修释奠仪颁于天下，立常平仓隶司农寺以平民籴，皆从之。帝尝宴钱种放于龙图阁，诏近臣为序，上览戚纶所作序，称其有史才。

　　前些年，应天府民曹诚倾巨资即戚同文旧居造学舍，戚纶为之策划设计，学舍建成后，来学者甚众，几复戚同文时旧观。是年，府奏其事，诏赐额"应天府书院"。戚纶成为应天书院的创始人之一。

　　大中祥符三年（1010 年），擢枢密直学士，真宗作诗宠之。八月，下诏祀汾阴后土，以戚纶为昭宣使。居无何，出知杭州，就加左司郎中。大中祥符七年（1014 年），江南制置发运使胡则寓居杭州，肆纵无检，戚纶恶之。通判吴耀卿为胡则党羽，偷伺戚纶动静，密报胡则。胡则又厚结李溥。李溥当时正与参知政事丁谓朝野勾结。三月，钱塘江潮为患，江堤原以竹笼石护堤，不数岁辄坏，复理复坏，民以为患。戚纶与转运使陈尧佐共议用薪土立埽岸以易笼石。虽免水患而有人颇对其变法不满。胡则等共抇撼戚纶之过，谗害其政，言于朝。丁谓主之，徙纶扬州。因维扬也是李溥、胡则巡内辖区，戚纶求换偏僻州郡，是冬又徙徐州。（见《续资治通鉴长编》卷八二）

　　大中祥符八年（1015 年），与刘综并罢学士，授左谏议大夫，代还。天禧元年（1017 年），复知青州。岁大饥，饿殍遍野，天禧二年（1018 年）正月，请以官廪菽粟二千斛设粥米，万斛减直出粜以惠饥民，全活甚众。青州临淄有巨富麻氏，其先五代末尝为本州录事参军，节度使广纳货赂，皆令麻氏主之，积至巨万。既而节度使被召赴阙不及取而卒，麻氏尽有其财，由是富冠四方（见宋司马光《涑水记闻》卷六）。纶尝作书劝临淄麻氏出粟以济饥民，太常丞致仕麻景宗拒之，答纶书极不逊，纶愤甚，具奏其事。上怒曰："纶选懦不能抑豪强，乃烦朝廷耶？"命李士衡代之。戚纶徙知郓州。（据《续资治通鉴长编》卷九一）

　　天禧三年（1019 年）五月，王遵诲奏纶谤讪，左迁岳州团练副使。先是，王遵诲尝任西边，寓家永兴，闺门不肃。事将发，知府寇准为平之。及是遵诲为同提点刑狱官，纶因谐戏语及寇准。遵诲怒，以为斥己，遂与提点刑狱官李仲容奏纶有讪上语，故坐责（《续资治通鉴长编》卷九三）。转和州。天禧四年（1020 年）改保静军副使。这年冬，以疾求归故里，改太常少卿，分司南京。

天禧五年（1021年）卒，年六十八。《续资治通鉴长编》卷一〇六谓：仁宗天圣六年六月己丑，其子戚舜举上戚纶平生奏议，诏追复戚纶为左谏议大夫。按，《宋史》本传谓"天圣中，其子舜宾献之"。

戚纶一生为官三十余年，清正纯俭，廉洁自处。晚年又被权臣排挤，屡次被贬。去世时家无余赀，靠朋友张知白资助办丧事。《宋史》本传谓，"虽至清显不改其纯俭。既没，家无余赀，张知白时知府事，辍奉以助其丧"。总其一生，其对社会贡献大体如下：

首先，他为官一身正气，廉洁奉公，痛恨贪腐，勤政爱民。由于长期做地方官，对下层政治弊病、民生疾苦比较了解，《宋史》说他"善谈名理，喜言民政"。又说他"久次州县，留意吏事"。为待制时，多次建白，《宋史》本传记载他"每便殿请对，语必移晷，或夜中召见，多所敷启"。曾上奏《治本十事》：一曰王畿关辅，二曰五等封建，三曰复制科，四曰崇国学，五曰辟旷土，六曰修贡举，七曰任大臣，八曰置平籴，九曰益厢军减禁军，十曰修《六典》令式。"词颇深切，上为嘉奖。"为官一身正气，初释褐为沂水主簿，即详查版籍，严稽不法；知永嘉县，力开陂塘之利；知贡举，尽杜科考之弊。深恶贪官恶吏，知杭州，江南制置发运使胡则肆纵无检，戚纶恶之，以致被胡则、吴耀卿、李溥、丁谓一群奸党小人陷害，屡遭贬斥。他关心百姓疾苦，见磁州等地乱抓青壮农夫，骚扰百姓，马上上奏皇帝而制止。青州大饥，他开仓赈济，以救饿殍，不惜受辱，劝临淄巨富麻氏出粟赈济饥民。

其次，他对北宋典章制度的建设也做出了一定贡献。如取士之法，群臣诏葬制度等。《宋史》本传说他："大中祥符中，继修礼文之事，纶悉参其议，与陈彭年并职，屡召对，多建条式，恩宠甚盛。"

再次，他一生也像父亲那样，以信义立身，以忠孝传家。《宋史》本传说他"事兄维友爱甚厚，维卒，讣闻，哀恸不食者数日。与交游故旧，以信义著称"。他与王禹偁为同年知己，禹偁卒，他诔文有"事上不回邪，居下不谄佞；见善若己有，疾恶过仇雠"，这不仅是对好友的评价，而且也是他个人人品的写照。

更为可贵的是，他一生热心教育，倾力奖掖后进。《宋史》本传说他"善训子弟，虽至清显，不改其纯俭"。"士子谒见者，必询其所业，访其志尚，随才诱诲之。尝云：'归老后，得十年在乡间讲习，亦可以恢道济世'。"在亳为官时，郡人鲁宗道，少孤，鞠于外家，自奋励读书。一天袖所著文谒戚纶，戚纶怜之，鼓励器重之，在他的指导下，中进士，后官至参知政事，为宋名臣（见《宋史·卷二八六·鲁宗道传》）。"乐于荐士，每一奏十数人，皆当时知名士。"为恢复父亲讲学之业，在本府富民曹诚的资助下创建应天书院，他规划设计，划一而上，因为官职在身，让长子戚舜宾主教，一时重现父亲往日讲学昌盛气象，名士迭出，誉满朝野。宋代张方平《朝奉郎守太子中舍骑都尉韦君墓志铭》云："睢阳有隐君子戚君同文，……子纶处近官，就其旧庐构学校，志于学者自远方至，朝廷嘉其事，赐名应天府书院。天下庠序由兹始。"他去世的时候，家人在他的书案上得《遗戒》一书，都是诱劝子弟怎样学习的。可能是他整理父亲的授徒经验，计划退居乡里后为讲学授徒所用，可惜他回乡第二年就离开了人世，没能实现像他父亲那样"乡间讲习"的愿望。

他的著作除了上文提到的，《宋史》本传载："有集二十卷。又前后奏议，有机务利害、备边均田之策，别为《论思集》十卷，分上下篇。"可惜这些著作皆已散佚。

[附]《宋史·戚纶传》

戚纶字仲言，应天楚邱人。父同文，字文约，自有传。纶少与兄维以文行知名，笃于古学，喜谈名教。太平兴国八年（983 年）举进士，解褐沂水主簿，按版籍得遁户脱口漏租者甚众，徙知大和县。同文卒于随州，纶徒步奔讣千里余。俄诏起复莅职，就加大理评事。江外民险悍多构讼，为《谕民诗》五十篇，因时俗耳目之事，以申规诲，老幼多传诵之。每岁时必与狱囚约，遣归祀其先，皆如期而还。迁光禄丞，坐鞫狱陈州失实免官。著《理道评》十二篇，钱若水、王禹偁深所赏重。久之，复授大理评事，知永嘉县（约淳化五年）。境有陂塘之利，浚治以备水旱。复为光禄寺丞，转运使又上其政绩，连诏褒之。真宗即位，转著作佐郎，通判泰州（咸平元年）。将行，秘书监杨徽之荐其文学纯谨，宜在馆阁，命为秘阁校理，受诏考校司天台职官定州县职田条制，诏馆阁官以旧文献上，嘉纶所著，特改太常丞。俄判鼓司登闻院，出内府缯帛市边粮，诏纶乘传往均市之。景德元年（1004 年），判三司开拆，赐绯鱼，改盐铁判官，上疏言边事，甚被嘉奖。十月，拜右正言龙图阁待制，赐金紫。时初建是职，与杜镐并命，人皆荣之。纶久次州县，留意吏事，每便殿请对，语必移晷。或夜中召见，多所敷启。俄上奏曰：夫出纳献替，王臣之任，章疏奏议，谏者之职。臣屡蒙召对，皆延数刻，屈万乘之尊，接一介之士，圣德渊深，包纳荒秽，体其至愚，不罪触犯，安敢循默不言！谨摭十事该治本者附于章左：一曰王畿关辅，二曰五等封建，三曰复制科，四曰崇国学，五曰辟旷土，六曰修贡举，七曰任大臣，八曰置平籴，九曰益厢军减禁兵，十曰修《六典》令式。词颇深切，上为嘉奖。二年（1005 年），与赵安仁、晁迥、陈充、朱巽同知贡举。纶上言取士之法，多所规制，并纳用焉。预修《册府元龟》，会置官总在京诸司之务，凡百三十司，命纶与刘承珪同领其事，判鸿胪寺。先是群臣诏葬公私所费无定式，纶言其事，诏同晁迥、朱巽、刘承珪校品秩之差，定为制度，遂遵行之。纶以三公尚书九列之任，唐末以来有司渐繁，纲目不一，谓宜采通礼六典令式，比类沿革，著为大典。时论称之。进秩右司谏，兵部员外郎。时诏禁群臣匿名上封及非次升殿奏事，纶谓忠谠之入当开奖言路，若踈远之士尤艰请对。上颇嘉之。大中祥符元年（1008 年），掌吏部选事。上初受灵文，纶上疏曰：臣退稽载籍，历考秘文验灵应之垂祥，顾天人之相接，陛下绍二圣丕业，启万世洪基，勤行企道，恭默思元，上天降鉴瑞牒，昭锡聿示临民之戒用，恢奕叶之祥，乞诏有司速修大祀，载命侍从摹写祥符，勒于嘉玉，藏之太庙，别以副本秘于中禁，传示万叶，无敢怠荒。然臣恐流俗幻惑，狂谋以人鬼之妖辞乱天书之真旨，伏望端守元符，凝神正道，以答天贶，以惠烝黎。是冬封泰山，命纶同计度发运事，礼成迁户部郎中，直昭文馆待制如故，被诏同编《东封祥瑞封禅记》，会峻待制之秩，又兼集贤殿修撰。建议修释奠仪颁于天下，立常平仓隶司农寺以平民籴。皆从之。尝宴饯种放于龙图阁，诏近臣为序，上览纶所作，称其有史才。三年，擢枢密直学士，上作诗宠之。祀汾阴，复领发运之职。居无何，出知杭州，就加左司郎中。属江潮为患，乃立埽岸以易柱石之制，虽免水患而众颇非其变法。胡则时领发运，尝居杭州，肆纵不检，厚结李浦，纶素恶之。通判吴耀卿，则之党也，伺纶动静，密以报则。则时为当涂者所昵，因共捃摭纶过，徙知扬州。惟扬亦浦、则巡内，持之益急。求改僻郡，徙徐州。八年，与刘综并罢学士，授左谏议大夫。代还，复知青州。岁饥，发公廪以救饿殍，全安甚众。徙郓州，王遵诲为劝农副使，尝任西边寓家永兴，闺门不肃，事将发，知府寇准为平之。纶因戏谑语及准，遵诲恚怒以为污己，遂奏纶谤讪，坐左迁岳州团练副使，易和州。天禧四年改保静军副使。是冬，以疾求归故里。改太常少卿分司南京。五年，卒。年六十八。

纶笃于古学，善谈名理，喜言民政，颇近迂阔。事兄维友爱甚厚，维卒，讣闻，哀恸不食者数日。与交游故旧以信义著称，士子谒见者必询其所业，访其志尚，随才诱诲之。尝云：归老后得十年在乡间讲习，亦可以恢道济世。大中祥符中，继修礼文之事，纶悉参其议，与陈彭年并职，屡召对，多建条式，恩宠甚盛。乐于荐士，每一奏十数人，皆当时知名士。晚节为权幸所排，遂不复振。善训子弟，虽至清显不改其纯俭。既没，家无余赀，张知白时知府事，辍奉以助其丧。家人于几阁间得《遗戒》一篇，大率皆诱劝为学。有集二十卷，又前后奏议有机务利害、备边均田之策，别为《论思集》十卷，分上下篇。天圣中其子舜宾献之，诏赠左谏议大夫。舜宾官太子中书。

三、戚舜宾

戚舜宾，戚纶长子。真宗大中祥符二年（1009 年），以奉礼郎管勾应天书院，继承祖业，授徒讲学。《宋史·戚同文传》："大中祥符二年，府民曹诚即同文旧居旁造舍百余区，聚书数千卷，延生徒讲习甚盛，诏赐额为本府书院，命纶子奉礼郎舜宾主之。"宋代李焘《续资治通鉴长编》卷七一，将此事置于宋真宗大中祥符二年二月庚戌：

> 应天府民曹诚，以赀募工，就戚同文所居造舍百五十间，聚书千余卷，博延生徒，讲习甚盛。府奏其事，上嘉之，诏赐额曰应天府书院，命奉礼郎戚舜宾主之，仍令本府幕职官提举，又署诚府助教。舜宾，同文孙，纶子也。①

《宋史全文》卷六略同。奉礼郎，唐宋均属太常寺。明清改名赞礼郎，所掌都是赞导礼仪之事，品秩都低，大约九品。真宗大中祥符二年（1009 年）以此官管理应天府书院，据范仲淹《南京书院题名记》，"学士之子殿中丞舜宾时在私庭，俾干其裕"，可知他于宋仁宗天圣中，曾为殿中丞。仁宗庆历三年（1043 年）张方平与赵概、杨察、孙抃、王尧臣联名举荐戚舜宾，从举荐札子中还大致可以看到之后十余年间的经历。张方平《举戚舜宾馆阁检讨》文云：

> 伏以美教化、厚风俗，王道之本也。欲教化之美，风俗之厚，在乎进廉节敦朴之士焉。臣等区区，窃志于此。伏见尚书司勋员外郎同判刑部戚舜宾，奕世名儒，并见史牒。孝悌著于家，行义称于乡，该涉艺文，留心经术。自祥符初诏管勾应天府书院，切摩诲诱诸生，多至成就，至今孜孜不倦。昨任淮南提点刑狱，属朝议方操急郡县，谓舜宾长者，非搏击吏，罢之，而令管勾国子监。近改判刑部。望朝廷察其儒者，老于庠序，除一馆阁检讨名目，所谓"廉节敦朴之士"，臣等切谓舜宾近之。干冒宸严，臣等无任战惧之至，谨具状奏闻，伏候敕旨。庆历三年，尚书兵部员外郎知制诰臣赵槩、右正言知制诰臣杨察、翰林学士知制诰充史馆修撰臣张某、翰林学士起居舍人知制诰臣孙抃、翰林学士兼龙图阁学士户部郎中知制诰臣王尧臣。②

---

① 李焘. 续资治通鉴长编·第6册·卷七一 [M]. 北京：中华书局，1979：1597.
② 张方平. 乐全集·卷三十 [M] //四库全书·第 1104 册. 台北：台湾商务印书馆，1982：327，328.

　　从这篇举荐札子中大致可以看出：戚舜宾自真宗大中祥符二年以奉礼郎管理应天书院，一直"切摩诲诱诸生，多至成就"，直到今天还"孜孜不倦"。其间曾"任淮南提点刑狱"，属朝议，方操急郡县，认为"舜宾长者，非搏击吏"，被罢职。又令他管勾（管理）国子监。近年由国子监管勾改判刑部。举荐戚舜宾时，舜宾任尚书司勋员外郎同判刑部。正是因为他是一个儒者，长期从事教育，"老于庠序"，非"搏击吏"，是一位"廉节敦朴之士"，才举荐他"除一馆阁检讨名目"。

　　戚舜宾作为戚纶的长子，自祖父去世后，他一直代父担负着从睢阳学舍到应天府书院的管理和教育工作。他如他祖父一样，切摩诲诱诸生，一生孜孜不倦。他从小就在祖父、父亲的教育下成长，"该涉艺文，留心经术"；"孝悌著于家，行义称于篆"，被社会称为"廉节敦朴之士"。他是传承戚氏之学，延续戚氏教育，为应天书院的创立和发展倾注一生心血的戚氏学人。

　　由于关涉应天书院的很多文献不存，关于戚舜宾生平的资料很少，今见《四部丛刊初编》本《范文正公集》后附录中存有五则范仲淹与戚舜宾的书札，从中还可看到戚舜宾主政应天书院的一些片段。

　　范仲淹《与戚（舜宾）寺丞书信五札》：

　　一

　　某启知宰寺丞，昨轩车之来，诚喜奉见，以困匮之日致礼不逮，未能忘情，徒自媿耳。洎于回辕，又失拜饯。自至琴署，谅敦清适，有孙复秀才者一志于学，方之古人，不知岁寒。何以为褐，非我长者其能济乎！拟请伊三五日暂诣门馆，惟明公与丁侯裁之。造次造次！惭悚惭悚！

　　二

　　小儿药已服两日，未应乞与，差人问伊久服得否？以何为候？又恐此药宣取多，则不胜其羸。

　　三

　　某再拜寺丞：久违清素之范，颇增鄙吝之怀。京尘多端，驿音鲜寓，惭悚惭悚！伏想监守之外，动履惟宁，其如縻才，识者奉惜。某在馆供职，无所为效，毡日知己，东行所寄物必已分明交付，亦乞示谕贵眷，各计万福。凝寒倍加保卫。别期光宠，虞县中舍不及上状，望言达。

　　四

　　某白人来领书问，知孝履无恙。端居不易，秋望如何？许相次见访，更不云云。惟多爱为祝！

五

　　某再拜寺丞，久阙致诚，颇多渴义，庠序之会渐有沦次，见讲《春秋》，听众四十人，试会亦仅三十人矣。公之志也，敢不恭乎？张兄员外素为交游，亦张知判之同年，盖丁忧累重不堪其忧。前日清河云随后便来，故专投刺，长者之性不能矫取，惟执事礼之。部夫将回，劳顿不易，乞保重是望。

　　戚舜宾是范仲淹的老师，范仲淹自宋真宗大中祥符四年（1011 年）入应天书院读书，到大中祥符八年（1015 年）举进士离开此地，前后共居五年，正是戚舜宾执掌应天书院。宋仁宗天圣五年（1026 年），范仲淹因母丧忧居睢阳，时晏殊由宣州知州改知应天府，延范仲淹入书院掌学主教，到天圣六年除服离去。时戚舜宾仍在主政书院。以上五札从语气看，当为范仲淹服丧期满、入朝为秘阁校理以后所写。第一札当为仁宗天圣六年（1027 年）初离书院时向戚舜宾推荐孙复入学籍的事情。说孙复"一志于学，方之古人，不知岁寒"，准备让他"三五日暂诣门馆，惟明公与丁侯裁之"。门馆，即书院，请戚同文与"丁侯"裁定其去留。"丁侯"已不知何人，当是指应天府提举书院之官。正是由范仲淹推荐，戚舜宾才决定留下这个穷秀才，以至于其后来成为一代名儒。第二、三、四三札，皆言家庭生活琐事。范仲淹于应天书院中进士后，娶应天府官至参知政事李昌龄之侄女为妻，逐家于宋城，并迎母亲以就养。此三札中言小儿服药事、家眷事及问候诸语，说明戚、范两家私交甚厚。第五札讲在应天书院讲《春秋》之事，听讲生"四十人"，参加会试"三十人"，说明戚舜宾于应天书院尝授《春秋》。从以上五札的言辞来看，范仲淹对这位老师极为敬重，每札皆多对长辈的问候。此五札虽仅从侧面反映了戚舜宾与范仲淹交往的一鳞半爪，但对研究戚氏文献困乏的今天弥足珍贵。

［附］戚舜举、戚舜臣、戚师道、戚性传小传

　　戚舜举，戚纶中子。据《续资治通鉴长编》卷一〇六，天禧中，舜举上其父生平奏议，诏复官。天圣中任大理寺丞，据雍正《浙江通志》卷一一五，真宗时又曾知婺州、温州军。《宋会要辑稿·仪制》一〇之一五今存有天圣六年六月二十六日戚舜举《乞赐褒赠奏》："修国史院取索先臣所著文集，寻以《奏议》十卷进纳，乞赐褒赠。"其父戚纶去世后，向当朝上其父所著文集及《奏议》十卷，乞赐褒赠的奏疏。

　　戚舜臣（996—1052 年），字世佐，为戚纶少子。少以荫补将作监主簿，三

十岁犹在父侧奉养。戚纶去世，家贫，乃出为监雍州税，又监衢州酒税，迁舒州太和县知县并管理茶场。勤政爱民，任满被百姓乞留，又三年才离开此地。回京，监在京盐院。出通判泗州，能使转运使不得以暴敛侵害百姓。又通判濮州，转知抚州。在抚州务除苛去烦。州有诡祠号"大帝"，以至百余所，迷惑侵扰百姓，舜臣全部除掉。徙知南安军，到任后不久就生了病，于皇祐四年（1052 年）六月七日卒于官。自主簿凡十一迁，官至尚书虞部郎中。卒后，曾巩为撰墓志铭。《墓志铭》说他"恭谨恂恂，举措必以礼择然后出"。与兄舜宾、舜举"复以友爱能帅其家，有先人之法度闻"。认为"天佑至今，百有五十余年，天下六易，士之名一能、守一善，或身不终，或至子孙而失者多矣，而戚氏之世德独久如此，何其盛也。观公之守其业者，可以知其恭；观公之施于事者，可以知其厚矣"（《元丰类稿》卷四二）。

戚舜臣之子戚师道，字元鲁，少有大志，聪明敏达，为真宗、仁宗时名臣王尧臣之婿。曾巩《元丰类稿·四二·戚元鲁墓志铭》云：名师道，字元鲁。为人孝友忠信，质厚而气和，好学不倦，能似其先人者也。盖自五代至今，百有六十余年矣，戚氏传绪寝远，虽其位不大，而行应礼义，世世不绝如此，故余以谓宋之世家也。元鲁自少有大志，聪明敏达，好论当世事，能通其得失。其好恶有异于流俗，故一时与之游者多天下闻人，皆以谓元鲁之于学行进而未止，意其且寿，必能成其材。不有见于当世，必有见于后。孰谓不幸而今死矣！故其死也，无远近亲疏，凡知其为人者，皆为之悲。而至今言者，尚为之慨然也。元鲁初以父任于建州崇安县尉不至，以进士中其科，为亳州永成县主簿，以亲嫌为楚州山阳县主簿。嘉祐六年（1061 年）三月二十九日，以疾卒于官，年三十有五。

曾巩为之铭谓"行足以象其先人，材足以施于世用"；"生既不得就其志，死又无以传其绪"。为此深为悲悼。并对宋州戚氏大为赞许，认为"盖自五代至今，百有六十余年矣，戚氏传绪寝远，虽其位不大，而行应礼义，世世不绝如此，故余以谓宋之世家也"。

至南宋末年，戚氏之学仍有传人。有戚性传者，继承祖业，教授生徒，传戚氏之学。元牟巘有《送戚性传》诗，诗云："睢阳书院戚先生，纶也名孙侍从臣。文物相传今几叶，又开讲席淑来人。"① 由此可见，戚氏家学因应天书院而发扬光大，应天书院之文脉也因戚氏后人而传承绵延。

---

① 牟巘. 牟氏陵阳集·卷六·送戚性传［M］//四库全书·第 1188 册. 台北：台湾商务印书馆，1982：54.

卷之十一　人物志三　名师考二　王渎　王洙

北宋时南京应天府虞城的王氏家族，自五代至国初的王砺，到王砺之子王涣、王渎、王渊、王冲、王泳、王洙等皆登进士第，再到官至相位的王尧臣及兄弟行稷臣、梦臣、汉臣、纯臣、钦臣、力臣等人及以后子孙们，多举进士，以文学、吏治通显于北宋中后期。这个终北宋一代的显赫的文化世家，与应天书院有着非常密切的关系。王砺的父亲王化是应天书院宗师戚同文的门婿（见清光绪二十年王庸敬编撰《太原王氏通谱》卷七），王砺是戚同文名弟子，承戚氏衣钵，传戚氏之学，其子孙多至通显。戚同文去世后，王砺仲子王渎及戚同文之孙戚舜宾共同支撑戚氏学堂。直至大中祥符初曹诚重建学舍，并得到真宗皇帝赐名书院，王渎成为书院名师。王砺幼子王洙又加入书院的授徒队伍，功绩卓著，他从应天书院迁除国子监、翰林院等职，掌教国子之学，将应天书院的授徒之法带入大宋国学。纵观北宋一代，是戚同文及其应天书院培育了王氏子弟，而王氏子弟为应天书院的建设和发展做出了突出贡献。

一、王渎

王渎，字希圣，王砺第二子。王渎几乎竭其一生，将自己的精力、才智、学问都献给了应天书院的建设与发展，他不仅是睢阳戚氏学堂的弟子，还是应天书院的名师。

（一）王渎早年的读书求仕生涯

王渎，据张方平《赠给事中太原王公（渎）墓志铭》（以下简称《王公（渎）墓志铭》），他出生于宋太祖开宝末年（约974年），少年时亲聆宗师戚同文的教导。当时戚学大盛，天下才士不远千里而来。著牒门下的弟子数百人，登进士的五六十人，做京官、践台阁的有十余人。王渎的父亲就是太宗之初中进士的，当时王渎十四五岁。少年"风调闳迈，凛凛有奇节，尝慨然曰：士志于道,在得其大者、远者,学而不究于古今之变,究而不适于几深之用,岂士也乎?"① 正是当时的睢阳学风士风,砥砺着这位少年才俊,青少年时期就立志高远,探学术大道、究古今之变于"几深之用"。这为他后来成为著名学者、名师奠定了根基。

真宗登极之初,大兴文治,广揽天下英才。夏竦《广文颂并序》云:"景德二年夏六月,颁劝学诏于天下。秋九月甲寅,诏张六科取士,广文德而励儒业也。"② 宋初开科取士尝立三科,盛度建言真宗,请设四科以取士,即"经术之士若典刑备举则政教流行,请设博通坟典、达于教化科;尧试臣以事,不直以言语笔札求人,审官期于适用,请设才识兼茂、明于体用科;今戎警未除,调边劳戌,必资良帅以集事功,请设军谋宏远、堪任将帅科;狱事之繁,民命所系,若推按失实,则枉情伤生,请设明晓法律、能按章覆问科"。景德二年(1005 年),沿盛度前议,遂置六科:"贤良方正、能直言极谏科,博通坟典、明于教化科,才识兼茂、明于体用科,详明吏理、可使从政科,识洞韬略、运筹决胜科,军谋宏远、材任边寄科。"③ 诏于天下,文士奋起,年近而立的王渎,更是跃跃欲试,参加了这年贤良方正、能直言极谏科的考试。《王公(渎)墓志铭》云:"公奋曰:此非吾时邪?起就贤良,举文中高选。"中选后,等待朝廷召用。

(二)王渎执教应天书院及宦迹考述

景德三年(1006 年),以宋州为应天府。此时,宗师戚同文已逝,戚氏学堂因戚维、戚纶服官在朝,无暇经营,委戚纶长子戚舜宾支持。宋州自五代以来都是节制京东路的重镇,"地望雄于征镇,疆理接于神州。实都畿近辅之邦,乃帝业肇造之地"④。当时官学未兴,路府州县皆不设学宫,每当朝廷中书省下京东地方选材,考试都在宋州戚氏学堂举行。时戚门弟子遍布朝野,美名传扬,戚氏之学的沿绪与复兴,成为戚氏后人和戚门弟子的迫切愿望。宋州富家曹诚,因应形势,大义慷慨,捐资五百万,助学堂修建。戚维、戚纶与在朝戚门弟子(王砺当为其重要参加者),划一而上,在原建筑的基础上,扩大规模,建成了一座宏伟雄敞的新学宫。天下文士闻风而来,宋州古城又出现了戚学振复的新

---

① 张方平. 乐全集・卷三九 [M] //四库全书・第 1104 册. 台北:台湾商务印书馆,1982:467.

② 夏竦. 文庄集・卷二四 [M] //四库全书・第 1087 册. 台北:台湾商务印书馆,1982:248.

③ 李焘. 续资治通鉴长编・第 8 册・卷一○七 [M]. 北京:中华书局,1979:2500.

④ 宋大诏令集・卷一五九・升宋州为应天府诏 [M]. 北京:中华书局,1962:599.

气象。大中祥符二年（1009 年），地方官员上奏朝廷，真宗大为佳叹，应天府戚氏学堂正式赐名为应天府书院。张方平《王公（渎）墓志铭》云："因后中书试里人于正素（戚同文，私谥"贞（正）素"）旧庐，建庠序，虚师席待公。"新建戚氏学堂，虚席以待王渎这位新科学士。王渎作为戚门再传弟子，当然当仁不让，遂成为应天府书院赐名前后的书院讲师。

大中祥符七年（1014 年）正月，真宗皇帝祀老子礼毕，回驾应天府，升应天府为南京，大赦天下，并张举六科。王渎居应天书院师席，遂应试，再举"服勤词学科"，廷试优等。因用韵被主考陈彭年指为有疑音，欲置乙榜，王渎于真宗前当面辨释，并批评贵近大臣，伸道不为名，虽中选而不就任。第二年复登进士第。《王公（渎）墓志铭》云："祥符七年，景亳回銮，举服勤词学科，既廷试第优等。考官翰林学士陈彭年指公赋用韵有疑音，上亲为问公，言彭年所指非是，援据详明。欲处公乙第，辞不就，以布衣诎贵近于上前，伸道不为名，士林韪之。明年，乃登第释褐，试校书郎，临江决曹掾。"由此可知，王渎在应天府书院前后授徒已有七年之久。

祥符八年（1015 年），父亲王砺卒，登第未及到官，遂守丧家居，并继续于书院执教，直至天禧元年（1017 年）服除，调维州团练推官。徙新平幕，举黄州麻城榷茗，迁大理丞，知楚州山阳县。改殿中丞，详议审刑，赐五品服。天圣元年（1023 年），仁宗初即位，太后听政，"弟冲宰陈留，大姓田氏豪黠，赂交权要为奸利。（王）冲弹治之急，则飞语毂下，浸闻献后付中人，推冲性刚毅不辱，终莫肯承，献后盛怒，谪（王）冲雷州。公坐监征淮西，顷之移倅海陵（泰州），就郡改奉常博士。"（张方平《王公（渎）墓志铭》）时淮甸水灾，饥民数以万计，王渎发廪粟并捐出自己家中的囷粮供给饥民，并巡视赈灾，每事必躬亲，因遘沴疾，不幸去世，年仅五十六岁。

张方平《王公（渎）墓志铭》说他当初参加六科考试，名动学士文人间。一些贵家子弟四处游走皇亲国戚、名公大臣之间以争宠论荐，或自托朋辈推附，但由于王渎学问早已闻名天下，且执教应天府书院，没人敢与他攀比。在朝大臣以为他出仕一定能上至公卿，被用于时，一定能建功立名。但两次六科中选，一次正逢应天府书院初建，一次因为与当道大臣争论学术问题而皆不及授官。以正科中进士，正逢父丧，又尽孝守制三年。及劾官释褐，所至必有政绩。初官潍州团练推官，查验水情，导流筑堤，为民兴利除害；审狱决疑，正气凛然。以榷茶税官莅黄州麻城，慎用不切实际新法，而颛用旧制，麻城成效最著。官殿中丞，详议审刑，案无留滞，屡蒙诏褒；上朝事疏便宜十余条，皆见纳用，朝议嘉其论事有大体。蔡齐时在中书，荐王渎经明有风节，命官御史之职，但

"命垂下而公不待，士君子惜之"。观王洙一生，"才高而位不充，志大而时不与，曾莫展发，殁于中身！"（《王公（洙）墓志铭》）恰恰因为其仕途多舛，才成就了应天书院教书授业的一代名师。

（三）王洙的教学与学术

王洙虽为官仕途坎坷，但在应天书院的执教授徒却使他名垂青史。张方平《王公（洙）墓志铭》云，应天书院初建，"虚师席待公，自诸耆旧大生，皆执经北面。材经匠手，无不成器。后登朝廷，著名迹者甚众。今四方学校，其规模条教，悉权舆于宋焉。乡举宾兴，尝占第一"。张方平说他首先是学问渊博，学术深正，一些老学者、名弟子都非常信服，"皆执经北面"。其次，说他授徒成果显著。材贤之士经匠手指教，无不成器。多登进士第，仁宗朝著名于朝者甚众，如范仲淹、富弼、赵概、张方平等人，还有他的弟弟王洙、儿子尧臣、纯臣兄弟，多登大位，为一朝名臣。应天府下各县，乡举宾兴，与全国其他府州相比，尝占第一。最后，是他在书院管理制度的建设方面做出了突出贡献。至仁宗朝地方庠序复兴，四方州府学校，其规模条教，都是遵循了应天书院的教育范式。

王洙为教爱护生徒，石介在应天书院读书时，家境贫寒，尝助以食。朱熹《宋名臣言行录前集》有云："守道为举子时寓学于南都，其固穷苦学，世无比者。王洙闻其勤约，因会客以盘餐遗之。"[1] 爱护在学寒素子弟，这是自戚同文传下的学风院风，如范仲淹、孙复等皆得书院老师的资助。

正是王洙长期执教于书院，王洙的弟弟、子侄多为书院英才。王氏子弟绳绵相继，出为世用不绝。

[附] 张方平《赠给事中太原王公（洙）墓志铭并序》

公讳洙，字希圣，占籍宋虞城。祖某，赠尚书虞部郎中，父砺，赠光禄大夫尚书左仆射司虞，生五代，屯会委高赀，从儒者游习，通礼学，州辟从事，始为士族。时乡人正素先生戚君同文聚徒讲业，学者自远方至，仆射府君，戚之自出，著牒门下，以高业取甲科，仕至屯田郎中，名载国策。实生才子七人，六登进士第，世绪炽昌，遂为睢阳冠冕。公其第二子也。风调阔迈，凛凛有奇节，尝慨然曰："士志于道，在得其大者远者，学而不究于古今之变，究而不适于几深之用，岂士也乎？"

---

① 朱熹. 宋名臣言行录前集·十［M］//四库全书·第449册. 台北：台湾商务印书馆，1982：120.

景德中，章圣张六科，致材髦，公奋曰：此非吾时邪？起就贤良，举文中高选，不时就召，因后中书试里人于正素旧庐，建庠序，虚师席待公，自诸耆旧大生，皆执经北面。材经匠手，无不成器。后登朝廷，著名迹者甚众，今四方学校，其规模条教，悉权舆于宋焉。乡举宾兴，尝占第一。

祥符七年，景亳回銮，举服勤词学科，既廷试第优等。考官翰林学士陈彭年指公赋用韵有疑音，上亲为问。公言彭年所指非是，援据详明。欲处公乙第，辞不就，以布衣诎贵近于上前，伸道不为名，士林韪之。明年，乃登第释褐，试校书郎，临江决曹掾，未之官，仆射弃养。以善丧闻。

除调潍州团练推官。州之渠洳有东西汙等四水，夏辄暴溢，漂田庐，岁劳民塞治。转运使承诏选公护役事。度地形势，导之下流，堤一立，迄今无水患。某人有讼其仇为杀兄者，狱疑，久不决。外台以属公。公阅囚辞，伏念旬时，未知所以。摘其情，推致精诚，至有见于梦寐，若有人自称其兄者，明弟被诬。且云取某人为证。窹而召捕之，果得，狱遂正。代还，徙新平幕，举黄州麻城榷茗，属计省议更榷法，公审新议非便，持不时下，颛用旧法，既而诸榷悉负常课，独麻城最，后新议亦竟寝。

迁大理丞，知楚州山阳县，改殿中丞，详议审刑，赐五品服，处比平奏，谳无滞，屡蒙诏褒。时天子游心治方，乐闻谠言，命百官转对。公上便宜十余条，皆见纳用。朝议嘉其论事有大体。

弟冲，宰陈留，大姓田氏豪黠，略交权要为奸利。冲弹治之，急则飞语毂下，浸闻献后付中人，推冲性刚毅不辱，终莫肯承，献后盛怒，谪冲雷州。公坐监征淮西，顷之移倅海陵，就郡改奉常博士。淮甸仍灾艰食，发廪粟与蓄家之囷以赈，饥民日数万计，巡视必亲。因遘疹疾作，淹至捐馆，享年五十有六。蔡文忠公时在中司，荐公经明有风节，中御史命垂下，而公不待，士君子惜之。

初公之与计偕，名动场屋，贵游争宠荐，自托朋辈推附，莫敢为等比，以为仕必公卿，用于时，必立功名。及劾官所至，必有纪者，然才高而位不充，志大而时不与，曾莫展发殁于中身，命也哉！

所著文集十卷，备对制策十卷。平生素蕴略存焉。

夫人清源县君仇氏，妇德顺而正，母道慈以严。二子：尧臣，翰林学士龙图阁学士权三司使，天圣中今上初临轩，大选天下士几四百人，翰林策名第一，通材雅望，辉光笃实，践历显重，为朝廷羽仪，岩廊之瞻，积有日矣。次纯臣，大理寺丞，国子监直讲，文雅开敏，邦之彦也。一女归魏氏，国子博士舜卿。孙五人：廷老、商老、同老，并秘书省正字；国老、周老，皆幼。诸弟子侄先后登进士科者十二人，盛矣哉！

翰林之贵，清源君进封乐安郡太君，而累追命公吏部员外礼部郎中、秘书少监、翰林掌邦计以赞禋礼之勤，故公有夕郎之赠。教忠继志，庆灵用集。翰林考于龟策，奉公辒车将归窆于故邑之某原，得庆历乙酉阳月某日吉，谓某曰：子非余乡党僚友乎！先子之烈，子亦闻之矣。惟是窀穸之事，子其识之。义不得以让，铭曰：

良农能稼而不能穑，良匠善构如莫我役。匪水行舟匪山生材，士用于时功名则谐。展如公兮维时之望，初谁谓公而不卿！马班如行，道遵如曾，莫远骋命。将然欤有子而才，宗庙之器把彼注兹。亶成公志宰树萧萧。即安幽宅，衮衣绣裳尚有追锡。（张方平《乐全集》卷三六）

二、王洙

王洙字原叔，王砺最小的儿子。生于太宗至道二年（996 年），卒于仁宗嘉祐二年（1057 年），《宋史》卷二九四有传。

（一）王洙的求学与应举

《宋史》本传说他"少聪悟博学，记问过人"①。欧阳修《翰林侍读侍讲学士王公（洙）墓志铭并序》（以上简称《王公（洙）墓志铭》）谓："其生始能言，已知为诗，指物能赋。既长，学问自六经、史记、百氏之书至于图纬、阴阳、五行、律吕、星官、算法、训故字音，无所不学，学必通达，如其专家。其语言初如不出诸口，已而辨别条理，发其精微，听者忘倦。决疑请益，人人必得其所欲，故自其少也，一时名臣贤士皆称慕之，其名声著天下。"②

王洙自幼深得父亲王砺的喜爱，十五六岁时，随父官金陵、余杭等地。王砺清夜多作诗，必召王洙起草或属数句，未成且假寐，王洙持笔侍侧，往往至中夜不敢退。③ 当时二兄王渎与戚舜宾全力经营戚氏学堂，继而主教应天书院，王洙与范仲淹、稢颖、石介等在书院同研共习，与稢颖（字公实）、窦充（字公持）最善。张方平《稢公（颖）墓志铭》说稢颖在书院"与王洙源叔、窦充公持为益友，三人更相箴儆，闻义而徙，偕成德业，乡论称之"④。

天禧三年（1019 年），初举进士，宋李焘《续资治通鉴长编》卷九三载真

① 脱脱，等．宋史·第 28 册·卷二九四·王洙［M］．北京．中华书局，1977：9814.

② 欧阳修．文忠集·卷三一［M］//四库全书·第 1102 册．台北：台湾商务印书馆，1982：250.

③ 王钦臣．王氏谈录［M］．郑州：大象出版社，2003：158.

④ 张方平．乐全集·卷四〇［M］//四库全书·第 1104 册．台北：台湾商务印书馆，1982：504.

宗天禧三年春事云："乙亥，诸路贡举人郭稹等四千三百人见于崇政殿，时稹冒缌丧赴举，为同辈所讼，上命典谒诘之。稹引咎付御史台劾问，殿三举同保人并赎金，殿一举时有司欲脱宋城王洙，问洙曰：'果保稹否？不然可易也。'洙曰：'保之，不愿易也。'遂与稹俱罢。"① 郭稹，字仲微，开封人。学问通博，文思敏赡，喜收藏，孙奭、冯元等学者推重之。与王洙少年为友，共学应天书院。初举二人同榜，而郭稹因服母丧未满参加殿试为同事所讼落第，王洙为保举人之人，当朝者有意脱王洙连座，但洙拒卖友求荣，遂与郭镇同罢，可见其少年时刚正意气。

（二）王洙执教应天书院

天圣二年（1024 年），再举进士甲科，补舒城尉，坐覆县民钟元杀妻不实而免官。时兄王渎出仕，戚舜宾等知王洙学富力强，延入应天书院为讲说。天圣五年（1027 年），晏殊为应天知府、留守南京，力兴书院教育，厚遇王洙，又延范仲淹主教书院。天圣六年（1028 年），朝廷调王洙富川县主簿，晏殊让范仲淹代笔，举荐他继续留书院讲书。范仲淹《代人奏乞王洙充南京讲书状》云：

> 三代盛王致治天下，必先崇学校、立师资、聚群材、陈正道，使其服礼乐之风，乐名教之地，精治人之术，蕴致君之方，然后命之以爵，授之以政。济济多士，咸有一德。列于朝则有制礼作乐之盛，布于外则有移风易俗之善。故声诗之作，美上之长育人才，正在此矣。国家崇儒敦古，右文致化，三京五府，多建庠序。当州近辅之郡，宜崇治本。兼至圣文宣王庙已有学舍三十余间，有修学进士二十余人，非有讲贯，何以发明！臣窃见贺州富川县主簿充应天府书院说书王洙，于天圣二年御前进士及第，素负文藻，深明经义，在彼讲说已满三年。伏望圣慈，特与除授当州职事官兼州学讲说，所贵国家教育之道，风布于邦畿，进修之人日闻于典籍，士务稽古，人知向方。干冒圣威，臣无任云云。②

晏殊乞留王洙为书院讲书时，王洙此前在书院已执教三年余，当时范仲淹因守母丧掌教应天府书院，才有代晏殊撰此留状。这则史料还记载了，当时书院有至圣文宣王庙，有学舍三十余间，有修学进士二十余人。并赞扬王洙"素

---

① 李焘. 续资治通鉴长编·第 7 册·卷九三 [M]. 北京：中华书局，2135.
② 范仲淹. 范文正集·卷十八 [M] //四库全书·第 1089 册. 台北：台湾商务印书馆，1982：746.

负文藻，深明经义"。当年范仲淹离开应天府书院，而留教的王洙接掌书院教席。

《宋史》王洙本传也有"晏殊留守南京，厚遇之，荐为府学教授"的记载。欧阳修《王公（洙）墓志铭》亦云：

> 初举进士，为庐州舒城尉，坐事免官。归居南京，故相临淄晏公为留守，奇其文章，待以客礼。久之复调贺州富川主簿。未行，临淄公荐其才，留居应天府学教诸生。会诏举经术士为学官，京东转运使举公应诏，召为国子监直讲。

王洙自仁宗天圣三年（1025 年）至天圣六年（1028 年），晏殊入京为御史中丞，荐王洙留任，直到仁宗的景祐元年（1034 年）入京为国子监直讲，前后在应天府书院任讲说十年之久。在晏殊任后的七年中，蔡齐、宋绶、刘随等相继官应天知府、南京留守，对王洙礼遇有加。王钦臣《王氏谈录·相知之厚》记述了王洙任教时与晏殊、蔡齐、宋绶在应天书院互为知己，讲论学问的往事：

> 蔡文忠守南都，公时为书院说书，且将荐公，而谓公曰：欲荐而未有人可令草奏以叙君之美，莫若烦君自为之。公谢曰：才不足当公荐。今石太祝延年众爱重，宜置某而荐石。蔡公曰：石固欲荐之，亦当自令草奏。公徐曰：得之矣。遂命公草石奏，而石为公草奏。初罢舒城尉里中，是时晏丞相为留守，方修后圃，而使诸曹掾赋驯鹤小池。户曹掾玉初邀同赋，既成，并上临淄公。公喜，遇之甚厚。及临淄公还朝，力荐为应天府学讲书，语在公家传中。是后蔡文忠继守留钥，复待以上客。蔡公既去，而宋公来，其所以遇之尤加。每公事退，开郡阁邀公，殆日以为常，相对但持书册论议而已。宋公嗜食干果，罗列左右间，或相劝食，或以文章示公。句意有所欲易，及一字不安者，必曰：君试思之。公曰：以某句某字如何？曰：更试思之。或至再三遂用。后宋公还朝，公亦入上庠，又陪佐史局，无一日异于初。宋公薨，公为之议谥，撰著行状，象篆勒墓铭，诸宋以服带缣钱遗于公甚厚，公不发其封悉还之。李邯郸公戏简公曰：可惜笔端得来尽被车儿推去。后老，思宋公平昔之知，尝叹曰：相知之厚，不愧古人，今亡矣夫。去年公谒告还里中，钱于飞侍读为留守，其妻，宋公女也。闻钱宴公于郡斋，曰：是往者日与吾父论书于此斋中，吾家为肴羞尊酒以待者也。因泣下。明日，钱以其妻语语公，公亦为凄然。①

---

①　王钦臣. 王氏谈录 [M]. 郑州：大象出版社，2003：167，168.

晏殊作为真宗、仁宗年间的著名文人，在文坛上有举足轻重的地位。为南京留守时，修后园花圃，命府署各曹掾赋《驯鹤小池赋》。户曹掾玉初邀王洙同赋，赋成，上之晏殊。晏殊见王洙赋，大喜，遇之甚厚。说明当时南京留守官员与书院讲说常有赋诗为文之雅聚。

蔡齐继守南都，更是厚遇王洙。蔡齐是真宗皇帝大中祥符八年（1015年）亲点的状元，当时轰动朝野，学问人品为时敬重。蔡齐早知王洙学问，欲荐王洙入京为官，由于对王洙还不尽了解，想先让王洙代自己草拟一荐状。而王洙反而推荐他的应天书院同学好友石延年。石延年与王洙皆是应天府南京的大名士，又是著名诗人。蔡齐被王洙不为名利、为国荐才的高尚精神所感动。遂让王洙代草石延年荐状，而让石延年代草王洙荐状，一时传为佳话。

天圣九年（1031年），蔡齐入朝为御史中丞，宋绶继留守南京知应天府。宋绶为留守三年间更是与王洙建立了深厚情谊。宋绶常开郡阁邀王洙探讨学术，相对持书册论议，或以文章示王洙，请王洙评点。宋绶卒，王洙为撰行状，并为其墓铭用篆书题额勒石，不收宋绶后人的润笔之费。告老还乡，又与宋绶的女儿、女婿相见，王洙忆其两人的交情而凄然落泪。

（三）王洙对应天书院学术的发扬光大

宋绶于明道二年（1033年）还朝，王洙于第二年因京东转运使举荐，入京为国子监说书并进直讲。他将应天府书院授徒时的经验带到了国学。在国学，由于他渊博的学识，主要从事校书修史工作。《宋史》本传云：

> 召为国子监说书，改直讲，校《史记》《汉书》，擢史馆检讨、同知太常礼院。为天章阁侍讲，专读《宝训要言》于迩英阁，累迁太常博士、同管勾国子监。预修《崇文总目》成，迁尚书工部员外郎，修《国朝会要》，加直龙图阁权同判太常寺。（同前）

当然，这些修校史书的工作，在应天书院时已经开始并奠定了学术基础。

庆历四年（1044年），范仲淹、杜衍、富弼等实行新政。王洙与杜衍的女婿苏舜钦共襄盛举，被时任御史中丞的王拱辰所忌。苏舜钦官集贤殿校理监进奏院事，值进奏院祀神，苏舜钦按常例，用所拆奏封的废纸换钱置酒饮宴。王拱辰诬奏苏舜钦，而株连王洙。王洙被贬外任。欧阳修《王公（洙）墓志铭》云：

> 庆历中，小人有不便大臣执政者，欲排去之。未知所发，而杜丞相子婿苏舜钦为集贤校理，负时名，所与交游皆当世贤豪。已而舜钦坐监进奏院祠神会客，为御史所弹，公以坐客，贬知濠州，徙知襄、徐、亳三州。

后来在范仲淹、富弼等人的强烈举荐下，得召还京。范仲淹举荐王洙有《乞召还王洙及就迁职任事札子》，文中云：

> 臣闻国家求治莫先于擢才，臣之纳忠无重于举善。臣窃见工部员外郎直龙图阁新差知徐州王洙，文词精赡，学术通博。国朝典故，无不练达。搢绅之中，未见其比。以唐之虞世南、先朝之杜镐方之，不甚过也。臣在中书日，洙曾求知越州，时章得象以下并言，朝廷每有典礼之疑，则问此人，必见本末，岂当许求外任？遂不行所请。寻以撰成《国朝会要》一百五十卷。蒙恩进直龙图阁，依旧天章阁侍讲，仍赐金紫，以旌稽古之能也。后以赴进奏院筵会，乃在京诸司常例得从一日之休，徒以横议中伤，例谴居外。三经赦宥，未蒙召还，恐非圣朝弃瑕采善之意。臣近见此人来知襄州，复能精勤政治，庶务修举，清简和恕，吏民乐康，乃知其才内外可用。自任工部员外郎已及六考，不求磨勘，直龙图阁亦又四年，未曾迁改。伏望圣慈，不以人之小累而废其大善，如朝廷采鸿儒硕学以备询访，则斯人之选为中外所服，苟有懿文，可以发明议论，润色训谟。欲乞特赐召还，仪表台阁，傥朝廷意，切生民重其外补，则乞就迁近职，别领大藩使搢绅之列，知稽古有劝，为善弗掩，实圣政之端也。①

范仲淹的这篇奏札，对王洙的学问、人品、执政能力，都进行了充分褒扬，说他"文词精赡，学术通博。国朝典故，无不练达。搢绅之中，未见其比"，把他比作唐初的虞世南、宋初的杜镐，被称为当世的"鸿儒硕学"，为"中外所服"。这些皆为公允之论。

王洙被召回后仍任检讨，同判太常寺侍讲，充史馆修撰，拜知制诰，权判吏部流内铨。至和元年（1054年）九月，为翰林学士。三年，因王尧臣为参知政事，叔侄同参内阁大政，为避嫌，改侍读学士兼侍讲学士。嘉祐二年（1057年）九月以疾卒，享年六十一。

王洙病时，八月开迩英阁，侍臣并进讲读，而王洙独病。天子思之，遣使者往问。既而，王洙病卒，天子震悼，赙恤加等，赠给事中，特赐谥曰文节。（据欧阳修《王公（洙）墓志铭》）

欧阳修说他：为人宽厚乐易，孝于宗族，信于朋友。以文儒进用，能因其所学，为上开陈其言，缓而不迫，天子常喜其说。意有所欲必问之，无不能

---

① 范仲淹. 范文正集·卷十九［M］//四库全书·第1089册. 台北：台湾商务印书馆，1982：761.

对。施于为政，敏而有方。其在朝廷，多所论议，遇人恂恂惟谨，及既殁，而考其言，皆当世要务。言天下民田税不均而奸民逃亡，有司失其常税，请用郭谘、孙琳千步开方为均田法，颁之州县。及论河功边食，皆可施行。（据欧阳修《王公（洙）墓志铭》）

（四）王洙著述考

王洙从应天书院走入社会，又在应天书院教书授徒，研修涵养十余年，最终成为北宋著名的学术大家。宋代王称《东都事略》云，王洙"性强敏，学问过人，百氏之书至于图纬、阴阳、五行、律历、星官、算法、训故、字书，无所不通"①。《宋史》本传说他，"洙汎览传记，至图纬、方技、阴阳、五行、算数、音律、训诂、篆隶之学无所不通"。由于他学力深厚，又勤于耕耘，其学术贡献是多方面的。《宋史》本传说他，"预修《集韵》《祖宗故事》《三朝经武圣略》《乡兵制度》，著《易传》十卷，杂文千有余篇"。欧阳修《王公（洙）墓志铭》说他，"既领太常，吉凶礼典撰定尤多。尝修《集韵》，校定《史记》、前后《汉书》，编《国朝会要》《乡兵制度》《祖宗故事》《三朝经武圣略》。皇祐中，大享明堂，翰林侍读学士宋祁言明堂礼废久，必得通知古今之学者，诏公共草。其仪礼成，撰《大享明堂记》。又诏修雅乐。晚喜隶书，尤有古法。著《易传》十篇。其他文章千有余篇"。《宋史·艺文志》著录其著作有《言象外传》十卷、《祖宗故事》二十卷、《皇祐方域图记》三十卷、《要览》一卷、《地理新书》三十卷、《三朝经武圣略》十卷、《清边武略》十五卷、《风角占》一卷、《青囊括》一卷、《昌元集》十卷、《注杜诗》三十六卷。又与王尧臣、欧阳修等编著《崇文总目》六十六卷。另，王钦臣《王氏谈录》后附王洙《编录观览书目》有六十六种，多为王洙参编及预编书目。从以上史料可知，王洙在经、史、子、集四部文献中皆有著作传世，可谓著述等身，不愧是北宋前期的著名文献学家。

[附Ⅰ]《宋史·王洙传》

王洙，字原叔，应天宋城人。少聪悟博学，记问过人。初举进士，与郭稹同保。人有告稹冒祖母禫，主司欲脱洙连坐之法，召谓曰："不保，可易也。"洙曰："保之，不愿易。"遂与稹俱罢。再举，中甲科，补舒城县尉。坐覆县民钟元杀妻不实免官。后调富川县主簿。晏殊留守南京，厚遇之，荐为府学教授。

---

① 王称. 东都事略·卷七十·王尧臣附［M］//四库全书·第382册. 台北：台湾商务印书馆，1982：451.

召为国子监说书，改直讲。校《史记》《汉书》，擢史馆检讨、同知太常礼院，为天章阁侍讲。专读宝训、要言于迩英阁。累迁太常博士、同管勾国子监。预修《崇文总目》成，迁尚书工部员外郎。修《国朝会要》，加直龙图阁、权同判太常寺。坐赴进奏院赛神与女妓杂坐，为御史劾奏，黜知濠州，徙襄州。会贝卒叛，州郡皆恟恟，襄佐史请罢教阅士，不听。又请毋给真兵，洙曰："此正使人不安也。"命给库兵，教阅如常日，人无敢哗者。徙徐州，时京东饥，朝廷议塞商胡，赋楗薪，输半而罢塞。洙命更其余为谷粟，诱愿输者以饷流民，因募其壮者为兵，得千余人，盗贼衰息。有司上其最，为京东第一，徙亳州。复为天章阁侍讲、史馆检讨。帝将祀明堂，宋祁言："明堂制度久不讲，洙有《礼》学，愿得同具其仪。"诏还洙太常，再迁兵部员外郎，命撰《大飨明堂记》。除史馆修撰，迁知制诰。诏诸儒定雅乐，久未决。洙与胡瑗更造钟磬，而无形制容受之别。皇祐五年，有事于南郊，劝上用新药，既而议者多非之，卒不复用。夏竦卒，赐谥文献。洙当草制，封还其目曰："臣下不当与僖祖同谥。"因言："前有司谥王溥为文献，章得象为文宪，字虽异而音同，皆当改。"于是太常更谥竦文庄，而溥、得象皆易谥。尝使契丹，至靴淀。契丹令刘六符来伴宴，且言耶律防善画，向持礼南朝，写圣容以归，欲持至馆中。洙曰："此非瞻拜之地也。"六符言恐未得其真，欲遣防再往传绘，洙力拒之。尝言天下田税不均，请用郭谘、孙琳千步开方法，颁州县以均其税。贵妃张氏薨，治丧皇仪殿，追册温成皇后。洙钩摭非礼，阴与内侍石全彬附会时事。陈执中、刘沆在中书，喜其助己，擢洙为翰林学士。既而温成即园立庙，且欲用乐，诏礼院议。礼官论未一，洙令礼直官填印纸，上议请用乐，朝廷从其说。礼官吴充、鞠直卿移文开封府，治礼直官擅发印纸罪。知府蔡襄释不问，而谏官范镇疏礼院议园陵前后不一，请诘所以。御史继论之不已，宰相意充等风言者，皆罢斥。既而洙以兄子尧臣参知政事，改侍读学士兼侍讲学士。罢一学士，换二学士且兼讲读，前此未尝有也。是岁，京东、河北秋大稔。洙言："近年边籴，增虚价数倍，虽复稍延日月之期，而终偿以实钱及山泽之物，以致三司财用之蹙。请借内藏库禁钱，乘时和籴京东、河北之粟，以供边食，可以坐纾便籴之急。"又言："近时选谏官、御史，凡执政之臣尝所荐者，皆不与选。且士之饬身励行，稍为大臣所知，反置而不用，甚可惜也。"及得疾逾月，帝遣使问："疾少间否，能起侍经席乎？"时不能起矣。洙泛览传记，至图纬、方技、阴阳、五行、算数、音律、诂训、篆隶之学，无所不通。及卒赐谥曰文，御史吴中复言官不应得谥，乃止。预修《集韵》《祖宗故事》《三朝经武圣略》《乡兵制度》，著《易传》十卷、杂文千有余篇。子钦臣。

钦臣字仲至，清亮有志操，以文赞欧阳修，修器重之。用荫入官，文彦博荐试学士院，赐进士及第。历陕西转运副使。元祐初，为工部员外郎。奉使高丽。还，进太仆少卿，迁秘书少监。开封尹钱勰入对，哲宗言："此阁书诏，殊不满人意，谁可为学士者？"勰以钦臣对。哲宗曰："章惇不喜。"乃以勰为学士，钦臣领开封。改集贤殿修撰、知和州。徙饶州，斥提举太平观。徽宗立，复待制、知成德军。卒，年六十七。钦臣平生为文至多，所交尽名士，惟嗜古，藏书数万卷，手自雠正，世称善本。①

［附Ⅱ］欧阳修《翰林侍读侍讲学士王公墓志铭并序》

公讳洙，字原叔，其生始能言，已知为诗，指物能赋。既长，学问自六经、史记、百氏之书至于图纬、阴阳五行、律吕星官、算法、训故字音无所不学，学必通达如其专家。其语言初如不出诸口，已而辨别条理，发其精微，听者忘倦。决疑请教，人人必得其所欲，故自其少也，一时名臣贤士皆称慕之，其名声著天下。初举进士，为庐州舒城尉，坐事免官。归居南京，故相临淄晏公为留守，奇其文章，待以客礼。久之复调贺州富川主簿。未行，临淄公荐其才，留居应天府学教诸生。会诏举经术士为学官，京东转运使举公应诏，召为国子监直讲。迁大理评事，史馆检讨，知太常礼院，天章阁侍讲直龙图阁，同判太常寺。庆历中，小人有不便大臣执政者，欲排去之，未知所发。而杜丞相子婿苏舜钦为集贤校理，负时名，所与交游皆当世贤豪。已而舜钦坐监进奏院祠神会客为御史所弹，公以坐客，贬知濠州，徙知襄、徐、亳三州。范文正公、富丞相皆言王某学问经术，多识故事，宜在朝廷。复召为检讨，同判太常寺，侍讲充史馆修撰，拜知制诰，权判吏部流内铨。至和元年（1054年）九月，为翰林学士。三年，以亲嫌改侍读学士兼侍讲学士。嘉祐二年（1057年）九月甲戌朔，以疾卒，享年六十有一。累官至尚书吏部郎中，阶朝散大夫，勋轻车都尉，爵开国伯食邑五百户。公为人宽厚乐易，孝于宗族，信于朋友。诸孤不能自立者皆为之嫁娶。始举进士时，与郭稹同保人，有告稹冒母禫者，法当连坐，主司召公问果保稹否，不然可易也。公言：保之，不可易也。于是与稹俱罢。公以文儒进用，能因其所学，为上开陈其言，缓而不迫，天子常喜其说。意有所欲必以问之，无不能对。尝以涂金龙水笺为飞白"词林"二字以褒之，至于朝廷他有司前言故实，皆就以考正。既领太常，吉凶礼典撰定尤多。尝修《集韵》，校定《史记》、前后《汉书》，编《国朝会要》《乡兵制度》《祖宗故事》《三朝经武圣略》。皇祐中，大享明堂，翰林侍读学士宋祁言明堂礼废久，必得

---

① 脱脱，等.宋史·卷二九四·王洙［M］.北京.中华书局，1977：9814.

通知古今之学者，诏公共草。其仪礼成，撰《大享明堂记》。又诏修雅乐，晚喜隶书，尤有古法。著《易传》十篇。其他文章千有余篇。其施于为政，敏而有方。襄州中庐戍兵骄，前为守者患之，不能制。公至，因事召之，悉集于庭，告曰：某时为某事者，非某人邪！取其一二人寘于法，余悉不问，兵始知惧。是时妖贼反贝州，州县无远近皆警动，佐吏劝公毋给州卒教习者真兵。公笑曰：是欲防乱乎？此所以使人不安也。在徐州，遭岁大饥，免民舟算缗，使得籴旁郡，而出公私米粟赈，民所活尤多。有司上其最，降诏书褒美。其在朝廷多所论议，遇人恂恂惟谨，及既殁，而考其言，皆当世要务。公知制诰，夏竦卒，天子以东宫旧恩赐谥文献。公曰此僖祖皇帝谥也。封还其目，不为草辞。因曰：前有司谥王溥为文献，章得象为文宪，字虽异而音同，皆当改。于是太常更谥竦文莊，而溥、得象皆易谥。又尝论宗戚近幸冒法干恩泽，以乱刑赏。又言天下民田税不均，而奸民逃亡，有司失其常税，请用郭咨、孙琳千步开方为均田法，颁之州县，使因民讼稍稍均之，可不扰而有司得复其常数。近时选谏官御史，有执政之臣尝荐举者，皆以嫌不用。公以为士饬身励行，而大臣荐贤以报国，以嫌废之，是疑大臣而废贤材不可。及论河功、边食，皆可施行。方公病时，八月开迩英阁，侍臣并进讲读，而公独病。天子思之，遣使者问公疾："少间否？能起而为予讲邪？"既而公病笃以卒，天子震悼。赙恤加等，赠给事中，特赐谥曰文节。以其年十月辛酉，葬于应天府虞城县之孟诸乡土山原。公应天宋城人也，曾祖讳厚，祖讳化，赠太傅。父讳砺，赠太师中书令兼尚书令。公初娶董氏，再娶胡氏，皆先公卒。又娶齐氏，封高阳县君。子男五人：长曰昪臣，早卒。次曰力臣，太常寺太祝；次钦臣，秘书省正字；次陟臣，将作监主簿；次曾臣，某官。一女适太常博士陈安道。铭曰：惟王氏之先，远自三代。下迄战国，商周齐魏。其后之人，皆以王为氏，故其为姓，尤多于后世。而太原之王，出周王子，公世可考，实太原人。后家于宋，遂以蕃延。唯其皇考，是生八子，公实其季。其德克嗣。播其休声，以显于仕。八支之盛，名誉材贤。公考朝廷，儒学之臣。退食于家，诜诜子孙。岂其不乐，胡夺之年。朝无咨询，士失益友。送车国门，出涕引首。于兹归藏，刻铭不朽。①

---

① 欧阳修. 文忠集·卷三一 [M] //四库全书·第 1102 册. 台北：台湾商务印书馆，1982：250-252.

卷之十二 人物志四 名师考三 范仲淹

范仲淹（989—1052年），字希文，北宋杰出的思想家、政治家、文学家。他一生"先天下之忧而忧，后天下之乐而乐"，以贤能称颂于后世。他与北宋的应天书院有着极为密切的关系，他不仅是应天书院培养造就的英才，还是宋仁宗天圣年间应天书院的名师，为振兴应天书院做出了卓越贡献，并对以后此地的教育事业发展，产生了极为深远的影响。但明清以来有关范仲淹与应天书院关系的认识，存在不少误区，在此首先要扩清一些历史事实，然后再对范仲淹为学于应天书院和执教于应天书院的史实进行考述。

一、明清以来有关范仲淹与应天书院认识的两个误区

（一）应天书院与范文正公讲院关系认识之误

自明万历三十八年（1610年）郑三俊为归德府知府，建范文正公讲院，当地文人就把北宋应天书院与明清范文正公讲院混为一谈。他们认为：应天书院是范仲淹所创，宗师是范仲淹，应天书院传承的是范仲淹之学。北宋的应天书院的延续就是明清的范文正公书院。这种认知起于明末清初，至今仍有不少学人抱有这种看法。如清初侯方域《重修范文正公书院碑记》：

> 归（归德府，今商丘古城）有范文正公书院，先太守郑公尝沿其意而创大之，以储国之材。……谨按：书院之设始于宋范文正公。公为诸生，即以天下为己任，其后参大政不久，未竟厥施，然所措置，率宏以远，即如在归，有书院，其随地收拾人才之意是何可一日废也。范公往而继之来守者不能识其意，亦浸以湮灭矣。由宋而元而明，至万历间，始克有郑公再举行之。①

又如清乾隆初符应琦《宋范文正公讲院碑记》：

---

① 王树林校笺. 侯方域全集校笺［M］. 北京：人民文学出版社，2013：329.

宋晏殊知应天，……召范文正公诣府学掌学，以教诸弟子，故睢阳有文正公讲院焉。明中季，睢阳没于黄河，城迁于北，讲院故址不可得。万历三十八年，秋浦郑公三俊来守此土，因创于郡东城之内门之北。……因思范文正公之在宋，理学人品显于后世，而郑公、万公之在明，气节文章为百世师，致相符也。余以谫陋承乏，敢曰继三先生之后？庶几嗣守成规于无坠云。①

自二碑赫然立于古城东城里范文正公讲院内，商丘人及一部分学人不辨原委，遂有上述认识，延绵五百年以至今日。其实事并非如此：应天书院是宋初戚同文及其子孙创建，应天书院传戚氏之学，范仲淹是戚门弟子，是戚氏之学传承人。应天书院宗师是戚同文。其子戚维、戚纶，孙舜宾、舜臣，重孙戚师道等，代能世其家学，并为应天书院的建立和发展做出了贡献。戚氏的师德家范为当时文人所宗仰，并产生了广泛的社会影响。

（二）范仲淹关于师承问题认识之误区

学术界还有一个错误需要澄清，那就是关于范仲淹的师承问题。《宋史·范仲淹传》云："仲淹……少有志操，既长，知其世家，乃感泣辞母，去之应天府，依戚同文学。"②"依戚同文学"这一说法，还见于南宋时期很多文人的记载，元以后历代沿袭，以迄于今。20 世纪 80 年代后的一些史学著作和一些文章，亦有沿用是说。③ 其实，范仲淹就学于应天书院与戚同文聚徒讲学为两个不同的历史时期，虽然范仲淹传承的是戚同文之学，但并非是戚同文直传弟子，而是他的再传弟子。

据欧阳修《资政殿学士户部侍郎文正范公神道碑铭》，范仲淹于真宗大中祥符四年（1011 年）入应天书院，"居五年，大通六经之旨，为文章论说必本于仁义。祥符八年（1015 年），举进士"④，离开应天书院。而戚同文生于唐天佑元年（904 年），其去世的时间当为太宗淳化二年（991 年）左右（见本书"人物志一 先师考 戚同文"）。范仲淹入学时，戚同文已去世约二十年，何来"依戚同文学"！

据本书考证，大中祥符二年（1009 年），真宗赐名"应天府书院"时，命

① 符应琦［M］//（顺治）归德府志·卷艺文下. 顺治刻本.

② 脱脱，等. 宋史·第 29 册·卷三一四［M］. 北京：中华书局，1977：10267.

③ 周宝珠，等. 简明宋史［M］. 北京：人民出版社，1985：477；周宝珠. 北宋的应天书院［J］. 古宋春秋，1983（1）：20.

④ 欧阳修. 欧阳文忠公集·第 19 册·卷二十［M］. 上海：古籍出版社，1993：83.

戚同文之孙、戚纶之子戚舜宾主之。范仲淹《南京书院题名记》中有详细记载："祥符中，乡人曹氏请以金三百万，建学于先生（指戚同文）之庐。学士（指时为枢密直学士戚纶）之子殿中丞舜宾，时在私庭，俾干其裕。故太原（王氏）奉常博士渎，时举贤良，始掌其教。故清河（张氏）职方员外郎吉甫，时以管记，以领其纲。学士画一而上。"可见，范仲淹大中祥符四年（1011 年）到书院时，其师应是戚同文之孙戚舜宾和奉常博士王渎及职方员外郎张吉甫等人的门下学生。①

二、范仲淹求学应天书院

（一）范仲淹应天求学之因

范仲淹，字希文，家本苏州。父亲范墉在宋太宗太平兴国三年（978 年），随吴越国王钱俶入京献地，遂留于中原，官武宁军（今徐州市）节度使掌书记。范仲淹太宗端拱二年（989 年）八月生于徐州官舍，为范墉第三子。淳化元年（990 年），父卒，时范仲淹二岁，母谢氏，贫无依，再适淄州长山朱氏。范仲淹遂以朱为姓，名说。范仲淹自幼刻苦读书，据《东轩笔录》记载："公与刘某同在长白山醴泉寺僧舍读书，日作粥一器，分为四块，早暮取两块，断齑数茎入少盐以啖之，如此者三年。"② 以朱说名与朱氏兄弟俱举学究，曾得到当时谏议大夫姜遵的赏识。宋代司马光《涑水记闻》卷十记载：

> 范仲淹字希文，早孤，从其母适朱氏，因冒其姓，与朱氏兄弟俱举学究。少尪瘠，尝与众客同见谏议大夫姜遵，遵素以刚严著名，与人不款曲，众客退，独留仲淹，引入中堂，谓其夫人曰："朱学究年虽少，奇士也。他日不唯为显官，当立盛名于世。"遂参坐置酒，待之如骨肉，人莫测其何以知之也。③

少年的范仲淹家居淄州，为什么会来到应天书院读书呢？这与当时南京应天府的教育发展和应天书院在全国的巨大影响分不开。此地不仅为建立北宋王朝奠定了基业，是赵氏王朝的发迹地，是北宋陪都之一，还是一代宗师戚同文的授徒讲学之地。人文荟萃，名家辈出。戚同文去世后，戚氏之学美谈于乡人

---

① 树林，桂荣. 范仲淹师承问题考辨［J］. 史学月刊，1988（3）：104-106；养拙. 范仲淹早年的两则史实考辨［J］. 商丘师专学报（社会科学版），1987（4）：104-108.

② 楼钥. 范文正公年谱·大中祥符三年［M］//四库全书存目丛书·史部·第 82 册. 济南：齐鲁书社，1986：2.

③ 司马光. 涑水记闻·卷十［M］. 郑州：大象出版社，2003：120.

士子之间，余响犹存。应天府富民曹诚独首捐私钱，"即同文旧居旁，造舍百余区，聚书数千卷"①，建成书院，博延生徒，讲习甚盛。宋真宗大中祥符二年（1009 年），"府奏其事，上嘉之，诏赐额曰应天府书院，命奉礼郎戚舜宾主之，乃令本府幕职官提举，又署诚府助教"②。舜宾上继祖业，"制为学规，课试讲肄，莫不有法，宁亲休沐，莫不有时，曲尽人情，人尤乐从"③。据后来范仲淹《南京书院题名记》记载，"故太原奉常博士渎，时举贤良，始掌其教。故清河职方员外郎吉甫，时以管记，以领其纲，学士（指戚纶）画一而上，真宗皇帝为之嘉叹，面可其奏"。命"端明殿学士盛公侍郎度文其记"，"参预政事陈公侍郎尧佐题其榜。由是风乎四方，士也如狂，望分梁园，归软鲁堂。章甫如星，缝掖如云。讲议乎经，咏思乎文。经以明道，若太阳之御六合；文以通理，若四时之妙万物焉。诚以日至，义以日精，集学为海，则九河我吞，百谷我尊；淬词为锋，则浮云我决，良玉我切"。一时戚门之光，好学之气，在商丘古城又蒸腾而起。由于当时书院学舍完善，书籍宏富，一时弟子众多，人才济济。又由于教学不一，因人发展，所以天成各别。"或醇醇而古，或郁郁于时，或峻于层云，或深于重渊。至于通《易》之神明，得《诗》之风化，洞《春秋》褒贬之方，达礼乐制作之情，善言二帝三王之书，博涉九流百家之说者，盖互有人焉。若夫廊庙其器，有忧天下之心，进可为卿大夫者；天人其学，能乐古人之道，退可为乡先生者，亦不无矣。"④ 所以，当时的文人学士，无不慕应天书院，苦读于长山醴泉寺的范仲淹自然也不例外。

范仲淹到应天府书院就读，另一重要原因在于其家庭。范仲淹自两岁时起为朱氏养子，并不知自己的家世。大中祥符四年（1011 年），范仲淹二十三岁时才询知其中缘故。事情的经过，南宋楼钥《范文正公年谱》的记载颇为清楚。《范文正公年谱》大中祥符四年谱文引《家录》云：

> 公以朱氏兄弟浪费不节，数劝止之。朱兄弟不乐，曰："我自用朱氏钱，何预汝事！"公闻此疑骇，有告者曰："公乃姑苏范氏子也。太夫人携公适朱氏。"公感愤自立，决欲自树立门户，佩琴剑径趋南都。谢夫人亟使人追之。既及，公语之故，期十年登第来迎亲。⑤

---

① 脱脱，等. 宋史·第 38 册·卷四五七［M］. 北京：中华书局，1977：13419.

② 李焘. 续资治通鉴长编·第 6 册·卷七一［M］. 北京：中华书局，1980：1597.

③ 徐度. 却扫编·上［M］. 郑州：大象出版社，2008：119.

④ 范仲淹. 南京书院题名记［M］//四库全书·第 1089 册. 台北：台湾商务印书馆，1982：622.

⑤ 楼钥. 范文正公年谱［M］//四库全书存目丛书·第 82 册. 济南：齐鲁书社，1996：3.

范仲淹离开朱氏后，当时的南京应天府书院就成了他最理想的去处。他"佩琴剑，径趋南都"，开始了在书院中的五年苦读生活。

（二）范仲淹求学应天书院

范仲淹自宋真宗大中祥符四年（1011 年）入应天书院读书，到大中祥符八年（1015 年）举进士离开此地，前后共居五年。正是这五年的寒窗苦读，使范仲淹具备了作为一个大政治家的基本素质。

1. 刻苦学习，奋然自立

欧阳修说范仲淹："少有大节，于富贵贫贱毁誉欢戚不一动其心，而慨然有志于天下。"在当时他就常常自诵： "士当先天下之忧而忧，后天下之乐而乐。"① 正是这种崇高的理想和远大的抱负，才使贫困无依的范仲淹在逆境中奋然自立、刻苦学习。

范仲淹在应天书院首先遇到的是生活问题。由于他脱离了朱氏家庭，生活上失去了后援，不过范仲淹对这个问题早有思想准备。他在离开长白山时就已抱定决心，要靠自己的力量走出一条人生路。欧阳修在他的神道碑铭中这样记载他在应天书院的学习情况：

> 入学舍，扫一室，昼夜讲诵。其起居饮食，人所不堪，而公益自刻苦。

《宋史·范仲淹传》也这样描述他刻苦的读书生活：

> 昼夜不息，冬月愈甚，以水沃面。食不给，至以糜粥继之。人不能堪，仲淹不苦也。②

南宋楼钥《范文正公年谱》说他，"昼夜苦学，五年未尝解衣就枕"。"往往饘粥不充，日仄（太阳过午西斜）始食"。这些记载，基本上概括了范仲淹在应天书院五年的生活学习情况。

大中祥符七年（1014 年）正月，宋真宗谒亳州太清宫，声势很大，从大中祥符六年（1013 年）八月就已开始准备，正月二十七日从亳州回銮，二十八日驾次应天府。一时府民感奋，热闹非常。第二天，真宗即升应天府为南京，将正殿榜以归德，改圣祖殿为鸿庆殿，并大赦境内。又亲御重熙颁庆楼，赐酺三日。直到二月初一才离开。③ 遇此盛事，应天书院的学生倾巢而出，皆往观之。

---

① 欧阳修. 欧阳文忠公集·卷二十·文正范公神道碑铭［M］//四部精要·第 19 册. 上海：古籍出版社，1993：83.

② 脱脱，等. 宋史·第 29 册·卷三一四［M］. 北京：中华书局，1977：10267.

③ 李焘. 续资治通鉴长编·第 7 册·卷八二［M］. 北京：中华书局，1985：1864.

唯独范仲淹诵读如常。据楼钥《范文正公年谱》引《范氏家录》记载：当时有人问范仲淹为什么不去看一看，他回答说："异日见之未晚也。"当时应天府留守的儿子与范仲淹同窗共学，看到范仲淹的饭食，又见他不出观驾，大为感动。回家后将看到的一切都告诉了他的父亲，留守也非常钦佩范仲淹的学习精神，让他的儿子拿上公厨饭食送给范仲淹，却被范仲淹谢绝了。留守的儿子见范仲淹不食，很着急，对范仲淹说："大人闻公清苦，故遗以食物，而不下箸，得非以相浼为罪乎？"范仲淹谢曰："非不感厚意，盖食粥已安之已久，今遽享盛馔，后日岂能啖此粥乎？"①"异日见之未晚"，这句话很平常，但从这平常的话中，我们可以看出范仲淹拥有何等的淡定和自律，胸襟和抱负。范仲淹的这则故事，说明他在应天书院读书期间，就已经形成了他那自信、自强，"其事上遇人""不择利害为趋舍"② 的气量。

2. 胸怀大志，乐观自信

范仲淹在应天书院读书时，还写有一首诗《睢阳学舍抒怀》。这首诗真实地反映了范仲淹当时生活与思想的一个侧面。诗云：

> 白云无赖帝乡遥，汉苑谁人奏洞箫。多难未应歌凤鸟，薄才犹可赋鹪鹩。瓢思颜子心还乐，琴遇钟君恨即消。但使斯文天未丧，涧松何必怨山苗！③

诗中虽然不免流露了一些寒士不遇的幽怨情绪，但基调却充满了乐观、自信。诗中的"汉苑"，即汉梁孝王苑，当时的应天书院所在地南京。呜咽忧怨的洞箫声，触动了诗人无限遐思："帝乡"（朝廷）是那样的遥不可及，向往帝乡的"白云"，因无法达到目的，自己是那样的无可奈何；自己多难的身世及低下的社会地位，不应去学那些高贵的鸾舞凤歌，学疏才薄的自己只应像晋代张华那样写些《鹪鹩赋》的文章。想一想颜回身居陋巷，一箪食、一瓢饮，别人不堪其忧，而颜子不改其乐，自己还有什么不满足的呢！只要能如俞伯牙遇到钟子期这样的知音，又何忧何愁！只要天下"斯文"未丧，总有实现理想的一天，

---

① 楼钥. 范文正公年谱［M］//四库全书存目丛书·史部·第 82 册. 济南：齐鲁书社，1996：3.

② 欧阳修. 欧阳文忠公集·卷二十［M］//四部精要·第 19 册. 上海：古籍出版社，1993：83.

③ 范仲淹. 范文正集·卷三·睢阳学舍抒怀［M］//四库全书·第 1089 册. 台北：台湾商务印书馆，1982：574.

涧底之松何必去怨山上之苗呢！① 这首诗可以说是范仲淹身处逆境时精神面貌的真实写照。

范仲俺在应天书院读书时，曾把家属安置在宁陵。《宁陵县志·卷九·人物》记载："范仲淹，本苏州人。少孤，母适长山朱氏，公随就育。及长，读书应天，因家计于宁陵。其异父兄弟朱某者多在宁陵。"② 《范文正公尺牍·卷上·家书》，其中"与朱氏"有家书十六封，其中有两封涉及宁陵家事，其中一封言范仲淹家属安置事，书云："三郎秀才，前日专到宁陵，奉谒不遇，为某暂来南京，便欲与贤同送五娘子往广济杜宅，星夜候贤归。千万千万！诸事侯却回勾当，且如今了却此事，兼要奉见商量向去次第，千万星夜速来，切切！"③ 家书中涉的一些本事虽无以稽考，但从信中表现出的范仲淹急切的心情来看，他是不愿为家事多耽误学习时间的。国事先于家事，这是范仲淹的一贯思想，欧阳修说他，"及退而视其私，妻子仅给衣食。其为政，所至民多立祠画像。其行己临事，自山林处士、里间田野之人，外至夷狄，莫不知其名字，而乐道其事者甚众"④。这种品格，从他读书时就已经表现出来了。

范仲淹在紧张而又单调的学习之余，还有一个业余爱好，那就是弹琴。陆游《老学庵笔记》卷九载："范文正喜弹琴，然平时止《履霜弹》一操，时人谓之范履霜。"⑤ 范仲淹来时，就佩带有琴剑，在学舍大概除了书剑之外，那把琴就是他最亲密的伙伴了。为什么范仲淹只弹《履霜弹》一操呢？霜者，高洁之象征。晋代陆机《文赋》云："心懔懔以怀霜，志眇眇而临云。"（《文选》卷十七）反复弹《履霜弹》一操，正是范仲淹为了表明自己的凌云壮志，同时磨砺自己的高洁风骨。这与范仲淹崇尚气节、刚正不阿的性格有关。

范仲淹在应天书院，"居五年，大通六经之旨，为文章论说必本于仁义"⑥。大中祥符八年（1015 年），他终于以朱说名考中了进士，这榜进士，以蔡齐为

① 咏史其二："郁郁涧底松，离离山上苗。以彼径寸茎，荫此百尺条。世胄蹑高位，英俊沉下僚。地势使之然，由来非一朝。金张藉旧业，七叶珥汉貂"萧统，编. 李善，注. 文选·卷二一 [M] //四库全书. 第 1329 册. 台北：台湾商务印书馆，1982：365.
② （康熙）宁陵县志 [M]. 清刊本. 清康熙三十二年（1693）.
③ 范仲淹. 范文正公集·后附·范文正公尺牍 [M]. 上海：商务印书馆，四部丛刊初编·集部；宁陵县志·卷十一·艺文 [M]. 清刊本. 清康熙三十二年（1693）.
④ 欧阳修. 欧阳文忠公集·第 19 册·卷二十·文正范公神道碑铭 [M]. 上海：上海古籍出版社，1993：83.
⑤ 陆游. 老学庵笔记 [M]. 郑州：大象出版社，2012：106.
⑥ 欧阳修. 欧阳文忠公集·卷二十·文正范公神道碑铭 [M] //四部精要. 第 19 册. 上海：上海古籍出版社，1993：83.

榜首（状元），范仲淹中乙科第九十七名。有诗赠别长山父老乡亲云："长白一寒儒，名登三纪余。百花春满路，二麦雨随车。鼓吹前迎道，烟霞指旧庐。乡人莫相羡，教子读诗书。"① 授广德军司理参军，迎母以就养。当他离家时，曾与母亲有约，以十年为期，现在仅用五年时间就践行了自己的诺言。从此，范仲淹结束了应天府书院的苦读生活，踏上了新的人生仕途。

三、范仲淹执教应天书院

宋仁宗天圣四年（1026 年），范仲淹的母亲不幸去世，按照封建社会的品官守丧惯例，范仲淹要离职丁忧家居，守丧三年。服丧期间，他又为应天书院的振兴做出了重要贡献。

范仲淹第二次来应天书院，与当时另一著名的政治家、文学家晏殊有密切关系。天圣五年（1026 年）二月，晏殊由宣州知州改知应天府。到任后，他首先着眼的就是应天府的教育，决定振兴应天书院。晏殊早闻知范仲淹名，又听说范仲淹葬母后退处睢阳，闭户忧居。他遂即延请范仲淹入书院来掌学主教。范仲淹自宋仁宗天圣五年春末夏初入书院授徒，到天圣六年除服离去，前后执教近两年。关于这两年的执教授徒生涯，典籍多有记载。《宋史·范仲淹传》云：

> 晏殊知应天府，闻仲淹名，召置府学。……仲淹泛通六经，长于《易》，学者多从质问。为执经讲解，亡所倦。尝推其奉以食四方游士，诸子至，易衣而出，仲淹晏如也。每感激论天下事，奋不顾身，一时士大夫矫厉尚风节，自仲淹倡之。②

楼钥《范文正公年谱》（天圣五年）引《范公言行录》云：

> 时晏丞相殊为留守，遂请公掌府学。公尝宿学中，训督学者皆有法度，勤劳恭谨以身先之。由是四方从学者辐辏其后，以文学有声名于场屋朝廷者多其所教也。③

司马光《涑水记闻》卷十亦云：

> 晏丞相殊留守南京，仲淹遭母忧寓居城下，晏公请掌府学。仲淹尝宿

① 范仲淹. 寄乡人［M］//全宋诗·第 3 册·卷一六九. 北京：北京大学出版社，1991：1916.

② 脱脱，等. 宋史·第 29 册·卷三一四［M］. 北京. 中华书局，1977：10267.

③ 楼钥. 范文正公年谱［M］//全库全书存目丛书·第 82 册. 济南：齐鲁书社，1996：4.

学中，训督学者皆有法度，勤劳恭谨以身先之。夜课诸生读书，寝食皆立时刻，往往潜至斋舍伺之，见有先寝者诘之。其人绐云："适疲倦，暂就枕耳。"仲淹问："未寝之时，观何书？"其人亦妄对。仲淹即取书问之，其人不能对，乃罚之。出题使诸生作赋，必先自为之，欲知其难易。及所当用意，亦使学者准以为法。由是四方从学者辐辏。其后宋人以文学有声名于场屋朝廷者，多其所教也。①

这些史料都讲到范仲淹入应天书院执教是晏殊所请。综合以上史料，范仲淹在书院的教书授徒告诉了我们以下几件事：

其一，他教学的内容是儒家的六经，兼授"赋"的写作。他对《易经》的理解尤其精辟，学者多从质问。

其二，授徒工作极为认真勤奋，执经讲解，不知疲倦，勤劳恭谨，以身先之。如白天讲论，晚上住宿学中，还要检查学生自读；出题教诸生作赋，一定自己先作，总结作赋经验，传授学习方法。

其三，为书院建规立制，使书院的整个管理，训练督导有法有度。寝食皆立时刻，并亲临训导，有奖有罚。

其四，爱学生，助弱者，建立了良好的师生关系。经常拿出自己的俸俸禄招待四方游学之士，贫苦学子拜谒范仲淹，衣服破旧，常常换了衣服出来。

其五，心忧天下，崇尚风节。每感激论天下事，奋不顾身。在范仲淹的倡导影响下，书院形成了矫厉尚风节，胸怀天下，关心国事的院风。

其六，振兴了书院教育，为国培育了英才。由于范仲淹的掌教，"四方从学者辐辏"。从这以后"宋人以文学有声名于场屋朝廷者，多其所教"。

可见，他不但把读书时形成的那种勤劳恭谨，独守贫素，学而不厌，教书时的诲人不倦的精神带给了书院，而且为提掖后进不计个人得失。这种崇高的师德精神，实为后人敬叹。

范仲淹来书院是由晏殊引进，对范仲淹在应天书院的工作最为知情，服制期满，他又推举范仲淹到京师补官。晏殊在《举范仲淹状》中这样评价范仲淹：

> 臣伏见大理寺丞范仲淹，为学精勤，属文典雅，分吏局亦著清声。前曾任泰州兴化县兴海堰之利，昨因服制退处睢阳，日于府学之中观书肄业，

---

① 司马光．涑水记闻［M］//全宋笔记·第一编·第7册．郑州：大象出版社，2003：120.

敦劝徒众，讲习艺文，不出户庭，独守贫素，儒者之行实有可称。①

此状不仅仅举荐了范仲淹，而且更是对范仲淹早年人品、工作的客观总结。

范仲淹两年授徒为时虽短，却为社会输送了一批优秀人才。仁宗年间被誉为"德高天下"的大儒孙复，就是其中之一。孙复，字明复，晋州平阳（今山西临汾）人。宋代魏泰《东轩笔录》卷十四中记载：

> 范仲淹在睢阳掌学，有孙秀才上谒，文正赠钱十千。明年，孙生复道睢阳，谒文正，又赠十千。因问："何故仆仆道路？"孙秀才戚然动色曰："老母无以养，若日得钱百，则甘旨足矣。"文正曰："吾观子辞气，非乞客也。二年仆仆，可得几何？吾今补子学职，月可得三千以供养，子能安于为学乎？"孙生再拜大喜。于是授以《春秋》。而孙笃学，不舍昼夜，行复修谨，文正甚爱之。明年，文正去睢阳，孙亦辞归。后十年，闻泰山下有孙明复先生以《春秋》教授学者，朝廷召至太学，乃昔日索游孙秀才也。文正叹曰："贫之为累大矣！倘因循索米至老，则虽人才如孙明复，犹将汩没不见也。"②

这则史料，可以看出范仲淹爱惜奖掖人才之一斑。当时为了收留孙复，他亲自写信给掌院事的戚舜宾，推荐孙复注籍书院。（见本书卷"人物志二"所引《与戚寺丞书》）

范仲淹带给应天书院的，还有他身居学舍而胸怀国家，"不以一心之戚，而忘天下之忧"③ 的爱国爱民思想。服丧期间，他本已离开政治舞台，可以过两年清静闲适的生活，但"以天下为己任"的范仲淹，却不能忘情于时事。他在书院中一方面教授生徒，一方面密切关注大宋时局的发展。凭着他敏锐的政治嗅觉，广博的历史知识及丰富的阅历，发现北宋王朝在表面升平的背后，潜伏着严重的社会危机。如不及早采取改革措施，一味因循守旧，必将酿成后患。尽管丧服在身，他也不顾"逾越典礼"，不怕上书会招致"终身之弃而自置于贫贱之地"，在书院中他写下了万言"逆耳之说"的《上执政书》。

《上执政书》中批评朝廷满足于暂时的天下太平而听不进不同意见。指出由于"兵久不用"以致"武备不坚"，"士曾未教"以致"贤材不充"，"中外奢

---

① 楼钥. 范文正公年谱［M］//全库全书存目丛书·史部·第82册. 济南：齐鲁书社，1996：4，5.

② 魏泰. 东轩笔录·卷十四［M］. 李裕民，校. 北京：中华书局，1983：159.

③ 范仲淹. 范文正集·卷八·上执政书［M］//四库全书·第1089册. 台北：台湾商务印书馆，1982：631.

侈"以致"国用无度","民力已竭"而"百姓困穷",以致"邦本不固"等种种弊病。同时告诫执政者,如果"不思变其道,而但维持岁月,一旦乱阶复作",就会"使天下为血为肉数百年"。为革除这些弊病,他提出"固邦本、重名器、备戎狄、杜奸雄、明国听"一整套具体的改革措施。当时执政的王曾虽不愿采纳范仲淹的改革建议,却"见而伟之"(楼钥《范文正公年谱》)。

范仲淹在《上执政书》中的这些忧国忧民的思想,每于授徒之时、每于同事谈话之际,无不感染和激励着他周围的人。他的《上执政书》也风靡于文人士子之间,苏轼《范文正公集叙》云:"公在天圣中,居太夫人忧,则已有忧天下致太平之意,故为万言书以遗宰相,天下传诵。"①《宋史》本传说他:"每感激论天下事,奋不顾身。一时士大夫矫厉尚风节,自仲淹倡之。"可见,他在应天书院的两年授徒经历,实为以后庆历年间任参知政事的改革新政,做了人才、舆论方面的准备。

范仲淹在应天书院的执经授徒,有他作为一个封建社会知识分子的指导思想。他曾说:"三代盛王致治天下,必先崇学校,立师资,聚群材,陈正道。使其服礼乐之风,乐名教之地,精治人之术,蕴致君之方,然后命之以爵,授之以政。济济多士,咸有一德,列于朝,则有制礼作乐之盛。布于外,则有移风易俗之善。故声诗之作,美上之长,育人才正在此矣。"② 这大概就是范仲淹以授生徒的目的吧!

另外,他致力于应天书院的振兴,也不光是因为这个学校是他的母校。他还说:"国家崇儒敦古,右文致化,三京五府多建庠序,当州近辅之郡,宜崇治本。"他在《南京府学生朱从道名述》一文中,借他人之口说:"祖宗之都,仪形万邦。道德之所兴,礼乐之所出,风化不作,四方何仰哉?"③ 正因为南京在北宋特殊的政治地位与地理位置,他才决心壮大"戚门之光","使天下庠序规此而兴"④,为北宋的学校树立了一个样板。

范仲淹为振兴应天书院,还特别注重师资队伍的建设。他在晏殊的支持下,对当时的一些硕学名儒,能留则留,能延则延。当时南京的王洙,在应天书院

① 苏轼.东坡全集·卷三四·范文正公文集叙 [M] //四库全书·第1107册.台北:台湾商务印书馆,1982:486.
② 范仲淹.范文正集·卷十八·代人奏乞王洙充南京讲书状 [M] //四库全书·第1089册.台北:台湾商务印书馆,1982:746.
③ 范仲淹.范文正集·卷六·南京府学生朱从道名述 [M] //四库全书·第1089册.台北:台湾商务印书馆,1982:613.
④ 范仲淹.范文正集·卷七·南京书院题名记 [M] //四库全书·第1089册.台北:台湾商务印书馆,1982:622.

为讲说已满三年，将要调离他任，他立刻代晏殊上书朝廷，乞留王洙继续为书院讲说。王洙出身应天府儒学世家，他的父亲王砺，是戚同文的著名弟子。他的二兄王渎于应天书院赐名之初就是书院的掌教名师，他与戚氏及应天书院有着极为密切的关系。又加上王洙本人"素负文藻，深明经义"①"文词精赡，学术通博，国朝典故，无不练达。缙绅之中，未见其比"②。所以，范仲淹对他极力挽留。范仲淹在天圣七年（1029 年）离开书院后，王洙一直留在书院任教，直到仁宗明道二年（1033 年）王洙被荐为国子监说书，才离开此地。

通过范仲淹两年的努力和当时官府的支持，应天书院又一次得到了振兴，"人乐名教，复邹鲁之盛；士为声诗，登周召之美。既而丘园初秀，阀阅令嗣，拳拳允集，济济如归"。四方从学者辐辏而至，可与孔孟邹鲁讲学比美。自真宗大中祥符二年（1009 年）至范仲淹主教时的仁宗天圣六年（1028 年），应天书院的学生"相继登科"，当时更是"魁甲英雄，仪羽台阁，盖翩翩焉未见其止"③，成为北宋一大学府。

天圣六年十二月，范仲淹服丧期满，为晏殊所荐，赴京为秘阁校理。第二年正月，他正式离开了应天书院。

[附 I]《宋史·范仲淹传》

范仲淹，字希文，唐宰相履冰之后。其先邠州人也，后徙家江南，遂为苏州吴县人。仲淹二岁而孤，母更适长山朱氏，从其姓，名说。少有志操，既长，知其世家，乃感泣辞母，去之应天府，依戚同文学。昼夜不息，冬月惫甚，以水沃面；食不给，至以糜粥继之，人不能堪，仲淹不苦也。举进士第，为广德军司理参军，迎其母归养。改集庆军节度推官，始还姓，更其名。

监泰州西溪盐税，迁大理寺丞，徙监楚州粮料院，母丧去官。晏殊知应天府，闻仲淹名，召置府学。上书请择郡守，举县令，斥游惰，去冗僭，慎选举，抚将帅，凡万余言。服除，以殊荐，为秘阁校理。仲淹泛通六经，长于《易》，学者多从质问，为执经讲解，亡所倦。尝推其奉以食四方游士，诸子至易衣而出，仲淹晏如也。每感激论天下事，奋不顾身，一时士大夫矫厉尚风节，自仲

---

① 范仲淹. 范文正集·卷十八·代人奏乞王洙充南京讲书状［M］//四库全书·第 1089 册. 台北：台湾商务印书馆，1982：746.

② 范仲淹. 范文正集·卷十九·乞召还王洙及就迁职任事札子［M］//四库全书·第 1089 册. 台北：台湾商务印书馆，1982：761.

③ 范仲淹. 南京书院题名记［M］//四库全书·第 1089 册. 台北：台湾商务印书馆，1982：622.

淹倡之。

天圣七年，章献太后将以冬至受朝，天子率百官上寿。仲淹极言之，且曰："奉亲于内，自有家人礼，顾与百官同列，南面而朝之，不可为后世法。"且上疏请太后还政，不报。寻通判河中府，徙陈州。时方建太一宫及洪福院，市材木陕西。仲淹言："昭应、寿宁，天戒不远。今又侈土木，破民产，非所以顺人心、合天意也。宜罢修寺观，减常岁市木之数，以蠲除积负。"又言："恩幸多以内降除官，非太平之政。"事虽不行，仁宗以为忠。

太后崩，召为右司谏。言事者多暴太后时事，仲淹曰："太后受遗先帝，调护陛下者十余年，宜掩其小故，以全后德。"帝为诏中外，毋辄论太后时事。初，太后遗诰以太妃杨氏为皇太后，参决军国事。仲淹曰："太后，母号也，自古无因保育而代立者。今一太后崩，又立一太后，天下且疑陛下不可一日无母后之助矣。"

岁大蝗旱，江、淮、京东滋甚。仲淹请遣使循行，未报。乃请问曰："宫掖中半日不食，当何如？"帝恻然，乃命仲淹安抚江、淮，所至开仓赈之，且禁民淫祀，奏蠲庐舒折役茶、江东丁口盐钱，且条上救敝十事。

会郭皇后废，率谏官、御史伏阁争之，不能得。明日，将留百官揖宰相廷争，方至待漏院，有诏出知睦州。岁余，徙苏州。州大水，民田不得耕，仲淹疏五河，导太湖注之海，募人兴作，未就，寻徙明州，转运使奏留仲淹以毕其役，许之。拜尚书礼部员外郎、天章阁待制，召还，判国子监，迁吏部员外郎、权知开封府。

时吕夷简执政，进用者多出其门。仲淹上《百官图》，指其次第曰："如此为序迁，如此为不次，如此则公，如此则私。况进退近臣，凡超格者，不宜全委之宰相。"夷简不悦。他日，论建都之事，仲淹曰："洛阳险固，而汴为四战之地，太平宜居汴，即有事必居洛阳。当渐广储蓄，缮宫室。"帝问夷简，夷简曰："此仲淹迂阔之论也。"仲淹乃为四论以献，大抵讥切时政。且曰："汉成帝信张禹，不疑舅家，故有新莽之祸。臣恐今日亦有张禹，坏陛下家法。"夷简怒诉曰："仲淹离间陛下君臣，所引用，皆朋党也。"仲淹对益切，由是罢知饶州。

殿中侍御史韩渎希宰相旨，请书仲淹朋党，揭之朝堂。于是秘书丞余靖上言曰："仲淹以一言忤宰相，遽加贬窜，况前所言者在陛下母子夫妇之间乎？陛下既优容之矣，臣请追改前命。"太子中允尹洙自讼与仲淹师友，且尝荐己，愿从降黜。馆阁校勘欧阳修以高若讷在谏官，坐视而不言，移书责之。由是，三人者偕坐贬。明年，夷简亦罢，自是朋党之论兴矣。仲淹既去，士大夫为论荐者不已。仁宗谓宰相张士逊曰："向贬仲淹，为其密请建立皇太弟故也。今朋党称荐如此，奈何？"再下诏戒敕。

仲淹在饶州岁余，徙润州，又徙越州。元昊反，召为天章阁待制、知永兴军，改陕西都转运使。会夏竦为陕西经略安抚、招讨使，进仲淹龙图阁直学士以副之。夷简再入相，帝谕仲淹使释前憾。仲淹顿首谢曰："臣向论盖国家事，于夷简无憾也。"

延州诸砦多失守，仲淹自请行，迁户部郎中兼知延州。先是，诏分边兵：总管领万人，钤辖领五千人，都监领三千人。寇至御之，则官卑者先出。仲淹曰："将不择人，以官为先后，取败之道也。"于是大阅州兵，得万八千人，分为六，各将三千人，分部教之，量贼众寡，使更出御贼。时塞门、承平诸砦既废，用种世衡策，城青涧以据贼冲，大兴营田，且听民得互市，以通有无。又以民远输劳苦，请建鄜城为军，以河中、同、华中下户税租就输之。春夏徙兵就食，可省籴十之三，他所减不与。诏以为康定军。

明年正月，诏诸路入讨，仲淹曰："正月塞外大寒，我师暴露，不如俟春深入，贼马瘦人饥，势易制也。况边备渐修，师出有纪，贼虽猖獗，固已慑其气矣。鄜、延密迩灵、夏，西羌必由之地也。第按兵不动，以观其衅，许臣稍以恩信招来之。不然，情意阻绝，臣恐偃兵无期矣。若臣策不效，当举兵先取绥、宥，据要害，屯兵营田，为持久计，则茶山、横山之民，必挈族来归矣。拓疆御寇，策之上也。"帝皆用其议。仲淹又请修承平、永平等砦，稍招还流亡，定堡障，通斥候，城十二砦，于是羌汉之民，相踵归业。

久之，元昊归陷将高延德，因与仲淹约和，仲淹为书戒谕之。会任福败于好水川，元昊答书语不逊，仲淹对来使焚之。大臣以为不当辄通书，又不当辄焚之，宋庠请斩仲淹，帝不听。降本曹员外郎、知耀州，徙庆州，迁左司郎中，为环庆路经略安抚、缘边招讨使。初，元昊反，阴诱属羌为助，而环庆酋长六百余人，约为乡道，事寻露。仲淹以其反复无常也，至部即奏行边，以诏书犒赏诸羌，阅其人马，为立条约："若仇已和断，辄私报之及伤人者，罚羊百、马二，已杀者斩。负债争讼，听告官为理，辄质缚平人者，罚羊五十、马一。贼马入界，追集不赴随本族，每户罚羊二，质其首领。贼大入，老幼入保本砦，官为给食；即不入砦，本家罚羊二；全族不至，质其首领。"诸羌皆受命，自是始为汉用矣。

改邠州观察使，仲淹表言："观察使班待制下，臣守边数年，羌人颇亲爱臣，呼臣为'龙图老子'。今退而与王兴、朱观为伍，第恐为贼轻矣。"辞不拜。庆之西北马铺砦，当后桥川口，在贼腹中。仲淹欲城之，度贼必争，密遣子纯祐与番将赵明先据其地，引兵随之。诸将不知所向，行至柔远，始号令之，版筑皆具，旬日而城成，即大顺城是也。贼觉，以骑三万来战，佯北，仲淹戒勿追，已而果有伏。大顺既城，而白豹、金汤皆不敢犯，环庆自此寇益少。

明珠、灭臧劲兵数万，仲淹闻泾原欲袭讨之，上言曰："二族道险，不可攻，前日高继嵩已丧师。平时且怀反侧，今讨之，必与贼表里，南入原州，西扰镇戎，东侵环州，边患未艾也。若北取细腰、胡芦众泉为堡障，以断贼路，则二族安，而环州、镇戎径道通彻，可无忧矣。"其后，遂筑细腰、胡芦诸砦。

葛怀敏败于定川，贼大掠至潘原，关中震恐，民多窜山谷间。仲淹率众六千，由邠、泾援之，闻贼已出塞，乃还。始，定川事闻，帝按图谓左右曰："若仲淹出援，吾无忧矣。"奏至，帝大喜曰："吾固知仲淹可用也。"进枢密直学士、右谏议大夫。仲淹以军出无功，辞不敢受命，诏不听。

时已命文彦博经略泾原，帝以泾原伤夷，欲对徙仲淹，遣王怀德喻之。仲淹谢曰："泾原地重，第恐臣不足当此路。与韩琦同经略泾原，并驻泾州，琦兼秦凤、臣兼环庆。泾原有警，臣与韩琦合秦凤，环庆之兵，犄角而进；若秦凤、环庆有警，亦可率泾原之师为援。臣当与琦练兵选将，渐复横山，以断贼臂，不数年间，可期平定矣。愿诏庞籍兼领环庆，以成首尾之势。秦州委文彦博，庆州用滕宗谅总之。孙沔亦可办集。渭州，一武臣足矣。"帝采用其言，复置陕西路安抚、经略、招讨使，以仲淹、韩琦、庞籍分领之。仲淹与琦开府泾州，而徙彦博帅秦，宗谅帅庆，张亢帅渭。

仲淹为将，号令明白，爱抚士卒，诸羌来者，推心接之不疑，故贼亦不敢辄犯其境。元昊请和，召拜枢密副使。王举正懦默不任事，谏官欧阳修等言仲淹有相材，请罢举正用仲淹，遂改参知政事。仲淹曰："执政可由谏官而得乎？"固辞不拜，愿与韩琦出行边。命为陕西宣抚使，未行，复除参知政事。会王伦寇淮南，州县官有不能守者，朝廷欲按诛之。仲淹曰："平时讳言武备，寇至而专责守臣死事，可乎？"守令皆得不诛。

帝方锐意太平，数问当世事，仲淹语人曰："上用我至矣，事有先后，久安之弊，非朝夕可革也。"帝再赐手诏，又为之开天章阁，召二府条对，仲淹皇恐，退而上十事：

一曰明黜陟。二府非有大功大善者不迁，内外须在职满三年，在京百司非选举而授，须通满五年，乃得磨勘，庶几考绩之法矣。二曰抑侥幸。罢少卿、监以上乾元节恩泽；正郎以下若监司、边任，须在职满二年，始得荫子；大臣不得荐子弟任馆阁职，任子之法无冗滥矣。三曰精贡举。进士、诸科请罢糊名法，参考履行无阙者，以名闻。进士先策论，后诗赋，诸科取兼通经义者。赐第以上，皆取诏裁。余优等免选注官，次第人守本科选。进士之法，可以循名而责实矣。四曰择长官。委中书、枢密院先选转运使、提点刑狱、大藩知州；次委两制、三司、御史台、开封府官、诸路监司举知州、通判；知州通判举知县、令。限其人数，以举主多者从中书选除。刺史、县令，可以得人矣。五曰均公田。外官廪给不均，何以求其为善耶？请均其入，第给之，使有以自养，然后可以责廉节，而不法者可诛废矣。六曰厚农桑。每岁预下诸路，风吏民言农田利害，堤堰渠塘，州县选官治之。定劝课之法以兴农利，减漕运。江南之圩田，浙西之河塘，隳废者可兴矣。七曰修武备。约府兵法，募畿辅强壮为卫士，以助正兵。三时务农，一时教战，省给赡之费。畿辅有成法，则诸道皆可举行矣。八曰推恩信。赦令有所施行，主司稽违者，重置于法；别遣使按视其所当行者，所在无废格上恩者矣。九曰重命令。法度所以示信也，行之未几，旋即厘改。请政事之臣参议可以久行者，删去烦冗，裁为制敕行下，命令不至于数变更矣。十曰减徭役。户口耗少而供亿滋多，省县邑户少者为镇，并使、州两院为一，职官白直，给以州兵，其不应受役者悉归之农，民无重困之忧矣。

天子方信向仲淹，悉采用之，宜著令者，皆以诏书画一颁下；独府兵法，众以为不可而止。

又建言："周制，三公分兼六官之职，汉以三公分部六卿，唐以宰相分判六曹。今中书，古天官冢宰也，枢密院，古夏官司马也。四官散于群有司，无三公兼领之重。而二府惟进擢差除，循资级，议赏罚，检用条例而已。上非三公论道之任，下无六卿佐王之职，非治法也。臣请仿前代，以三司、司农、审官、流内铨、三班院、国子监、太常、刑部、审刑、大理、群牧、殿前马步军司，各委辅臣兼判其事。凡官吏黜陟、刑法重轻、事有利害者，并从辅臣予夺：其体大者，二府佥议奏裁。臣请自领兵赋之职，如其无补，请先黜降。"章得象等皆曰不可。久之，乃命参知政事贾昌朝领农田，仲淹领刑法，然卒不果行。

初，仲淹以忤吕夷简，放逐者数年，士大夫持二人曲直，交指为朋党。及陕西用兵，天子以仲淹士望所属，拔用之。及夷简罢，召还，倚以为治，中外想望其功业。而仲淹以天下为己任，裁削幸滥，考覆官吏，日夜谋虑兴致太平。然更张无渐，规摹阔大，论者以为不可行。及按察使出，多所举劾，人心不悦。自任子之恩薄，磨勘之法密，侥幸者不便，于是谤毁稍行，而朋党之论浸闻上矣。

会边陲有警，因与枢密副使富弼请行边。于是，以仲淹为河东、陕西宣抚使，赐黄金百两，悉分遗边将。麟州新罹大寇，言者多请弃之，仲淹为修故砦，招还流亡三千余户，蠲其税，罢榷酤予民。又奏免府州商税，河外遂安。比去，攻者益急，仲淹亦自请罢政事，乃以为资政殿学士、陕西四路宣抚使、知邠州。

其在中书所施为，亦稍稍沮罢。

以疾请邓州，进给事中。徙荆南，邓人遮使者请留，仲淹亦愿留邓，许之。寻徙杭州，再迁户部侍郎，徙青州。会病甚，请颍州，未至而卒，年六十四。赠兵部尚书，谥文正。初，仲淹病，帝常遣使赐药存问，既卒，嗟悼久之。又遣使就问其家，既葬，帝亲书其碑曰"褒贤之碑"。

仲淹内刚外和，性至孝，以母在时方贫，其后虽贵，非宾客不重肉。妻子衣食，仅能自充。而好施与，置义庄里中，以赡族人。泛爱乐善，士多出其门下，虽里巷之人，皆能道其名字。死之日，四方闻者，皆为叹息。为政尚忠厚，所至有恩，邠、庆二州之民与属羌，皆画像立生祠事之。及其卒也，羌酋数百人，哭之如父，斋三日而去。四子：纯祐、纯仁、纯礼、纯粹。①

[附Ⅱ] 欧阳修《资政殿学士户部侍郎文正范公神道碑铭并序》

皇祐四年五月甲子，资政殿学士、尚书户部侍郎汝南文正公薨于徐州，以其年十有二月壬申，葬于河南尹樊里之万安山下。公讳仲淹，字希文。五代之际，世家苏州，事吴越。太宗皇帝时，吴越献其地，公之皇考从钱俶朝京师，后为武宁军掌书记以卒。公生二岁而孤，母夫人贫无依，再适长山朱氏。既长，知其世家，感泣，去之南都。入学舍，扫一室，昼夜讲诵，其起居饮食，人所不堪，而公自刻益苦。居五年，大通六经之旨，为文章论说必本于仁义。祥符八年举进士，礼部选第一，遂中乙科，为广德军司理参军，始归迎其母以养。及公既贵，天子赠公曾祖苏州粮料判官讳梦龄为太保，祖秘书监讳赞时为太傅，考讳墉为太师，妣谢氏为吴国夫人。

公少有大节，于富贵、贫贱、毁誉、欢戚不一动其心，而慨然有志于天下。常自诵曰："士当先天下之忧而忧，后天下之乐而乐也。"其事上遇人，一以自信，不择利害为趋舍。其所有为，必尽其方，曰："为之自我者当如是，其成与否，有不在我者，虽圣贤不能必，吾岂苟哉！"

天圣中，晏丞相荐公文学，以大理寺丞为秘阁校理。以言事忤章献太后旨，通判河中府、陈州。久之，上记其忠，召拜右司谏。当太后临朝听政时，以至日大会前殿，上将率百官为寿。有司已具，公上疏言："天子无北面。且开后世弱人主以强母后之渐。"其事遂已。又上书请还政天子，不报。及太后崩，言事者希旨，多求太后时事，欲深治之。公独以谓太后受托先帝，保佑圣躬，始终十年，未见过失，宜掩其小故以全大德。初，太后有遗命，立杨太妃代为太后。公谏曰"太后，母号也，自古无代立者。"由是罢其册命。

---

① 脱脱，等. 宋史·第29册·卷三一四 [M]. 北京：中华书局，1977：10267-10276.

　　是岁，大旱蝗，奉使安抚东南。使还，会郭皇后废，率谏官、御史伏阙争，不能得，贬知睦州，又徙苏州。岁余，即拜礼部员外郎、天章阁待制。召还，益论时政阙失，而大臣权幸多忌恶之。居数月，以公知开封府。开封素号难治，公治有声，事日益简。暇则益取古今治乱安危为上开说，又为《百官图》以献，曰："任人各以其材而百职修，尧、舜之治不过此也。"因指其迁进迟速次序曰："如此而可以为公，可以为私，亦不可以不察。"由是吕丞相怒，至交论上前。公求对辨，语切，坐落职，知饶州。明年，吕公亦罢。公徙润州，又徙越州。而赵元昊反河西，上复召相吕公。乃以公为陕西经略安抚副使，迁龙图阁直学士。

　　是时新失大将，延州危。公请自守鄜、延捍贼，乃知延州。元昊遣人遗书以求和，公以谓无事请和，难信，且书有僭号，不可以闻，乃自为书，告以逆顺成败之说，甚辩。坐擅复书，夺一官，知耀州。未逾月，徙知庆州。既而四路置帅，以公为环庆路经略安抚招讨使、兵马都部署，累迁谏议大夫、枢密直学士。

　　公为将，务持重，不急近功小利。于延州筑青涧城，垦营田，复承平、永平废寨，熟羌归业者数万户。于庆州城大顺以据要害，又城细腰、胡芦，于是明珠、灭臧等大族皆去贼为中国用。自边制久隳，至兵与将常不相识。公始分延州兵为六将，训练齐整，诸路皆用以为法。公之所在，贼不敢犯。人或疑公见敌应变为如何？至其城大顺也，一旦引兵出，诸将不知所向，军至柔远，始号令告其地处，使往筑城。至于版筑之用，大小毕具，而军中初不知。贼以骑三万来争，公戒诸将："战而贼走，追勿过河。"已而贼果走，追者不渡，而河外果有伏。贼失计，乃引去。于是诸将皆服公为不可及。

　　公待将吏，必使畏法而爱己。所得赐赉，皆以上意分赐诸将，使自为谢。诸蕃质子，纵其出入，无一人逃者。蕃酋来见，召之卧内，屏人彻卫，与语不疑。公居三岁，士勇边实，恩信大洽，乃决策谋取横山，复灵武，而元昊数遣使称臣请和，上亦召公归矣。

　　初，西人籍为乡兵者十数万，既而黥以为军，惟公所部，但刺其手，公去兵罢，独得复为民。其于两路，既得熟羌为用，使以守边，因徙屯兵就食内地，而纾西人馈挽之劳。其所设施，去而人德之与守其法不敢变者，至今尤多。

　　自公坐吕公贬，群士大夫各持公曲直。吕公患之，凡直公者，皆指为党，或坐窜逐。及吕公复相，公亦再起被用，于是二公欢然相约戮力平贼。天下之士皆以此多二公，然朋党之论遂起而不能止。上既贤公可大用，故卒置群议而用之。

　　庆历三年春，召为枢密副使，五让不许，乃就道。既至数月，以为参知政事，每进见，必以太平责之。公叹曰："上之用我者至矣，然事有先后，而革弊于久安，非朝夕可也。"既而上再赐手诏，趣使条天下事。又开天章阁，召见赐坐，授以纸笔，使疏于前。公惶恐避席，始退而条列时所宜先者十数事上之。其诏天下兴学，取士先德行不专文辞，革磨勘例迁以别能否，减任子之数而除滥官，用农桑、考课、守宰等事，方施行，而磨勘、任子之法，侥幸之人皆不便，因相与腾口。而嫉公者亦幸外有言，喜为之佐佑。会边奏有警，公即请行，乃以公为河东、陕西宣抚使。至则上书愿复守边，即拜资政殿学士、知邠州，兼陕西四路安抚使。其知政事，才一岁而罢，有司悉奏罢公前所施行而复其故。言者遂以危事中之，赖上察其忠，不听。是时，夏人已称臣，公因以疾请邓州。守邓三岁，求知杭州，又徙青州。公益病，又求知颍州，肩舁至徐，遂不起，享年六十有四。方公之病，上赐药存问。既薨，辍朝一日，以其遗表无所请，使就问其家所欲，赠以兵部尚书，所以哀悯之甚厚。

　　公为人外和内刚，乐善泛爱。丧其母时尚贫，终身非宾客食不重肉，临财好施，意豁如也。及退而视其私，妻子仅给衣食。其为政，所至民多立祠画像。其行己临事，自山林处士、里闾田野之人，外至夷狄，莫不知其名字，而乐道其事者甚众。及其世次、官爵，志于墓、谱于家、藏于有司者，皆不论著，著其系天下国家之大者，亦公之志也欤！

　　铭曰：范于吴越，世实陪臣。敢纳山川，及其士民。范始来北，中间几息。公奋自躬，与时偕逢。事有罪功，言有违从。岂公必能，天子用公。其艰其劳，一其初终。夏童跳边，乘吏怠安。帝命公往，问彼骄顽。有不听顺，锄其穴根。公居三年，怯勇隳完。儿怜兽扰，卒俾来臣。复人在廷，其事方议。帝趣公来，以就予治。公拜稽首，兹惟难哉！初匪其难，在其终之。群言营营，卒坏于成。匪恶其成，惟公是倾。不倾不危，天子之明。存有显荣，殁有赠谥。藏其子孙，宠及后世。惟百有位，可劝无怠。①

---

① 李逸安，点校. 欧阳修全集·第2册·卷二十一·资政殿学士户部侍郎文正范公神道碑铭并序 [M]. 北京：中华书局，2001：332-336.

卷之十三　人物志五　名师考四　嵇颖 韦不伐　石介　孙复

应天书院名师被当世称道，今能见于典籍者尚有嵇颖、韦不伐、石介、孙复等人。今略考其生平，述其事迹，立为小传，为名师考四。其史传资料，掇拾其大者附于某小传之后，以明言之有据，不妄言也。

一、嵇颖

嵇颖，字公实，应天宋城人。张方平之舅父。父亲嵇适，是戚同文的弟子，通经术，能文章，行止敦厚，宋初举进士，历官有政绩，不求合于时，官止庐州录事参军。颖生而敏悟，天资谨厚。著籍应天府书院，力学自立，为文常冠同群。修身慎行，动必以礼，安贫守道，事亲至孝，乡人皆贵而爱之。真宗天禧元年至五年（1017—1021 年）间，王曾、张知白相继守南京，见颖谨厚笃学，以礼待之，在书院学者中选学行可为人师者，以嵇颖领之。谓其子弟曰："吾待此君，所以教若曹。此君可以为人之师表者也。"（张方平《乐全集·嵇君行状》）时书院繁盛，四方之士辐集于此。嵇颖为诸生领袖，文人自远方来学，必先持刺拜谒嵇颖，蒙一顾称许，就会享誉朝内公卿之间。当时范仲淹、富弼，并在应天书院研习，愿与嵇颖交游。又与王洙、窦充友善，三人更相箴儆，闻义而徙，偕成德业。被称"益友三人"。① 初，参加科举，在书院与郭稹（官至龙图阁直学士）相善，天禧中，稹为开封府首荐，有人或揭发检举他隐瞒祖母丧恤未究（一说为母丧）。嵇颖与王洙投牒于考官作保，以是被连累（见本书"人物志三"），但他从不介怀。初，张尧封（仁宗温成皇后父）在书院为举子业，从嵇颖学文，家甚贫，公以其俊整，颇为延誉。尧封也因依嵇颖而自立，所著文章多收藏于嵇颖所。后尧封女儿入掖庭为修媛，有盛宠，尧封已死，修

---

① 王钦臣. 王氏谈录［M］//全宋笔记·第一编·第十册. 郑州：大象出版社，2003：171.

媛弟化基尝造稽颖自陈世旧，求父平生素业，且请编次为序以献，并说是朝廷的旨意。稽颖不答，亦不献。

天圣五年（1027年）登进士第，试秘书省校书郎、蔡州团练判官。初，范仲淹、富弼雅知稽颖，后来共同执政，每每相互交流说："稽君方雅之士，不苟进，吾二人必为成之。"后来王曾罢相，镇青社，辟稽颖掌镇海军书记；王曾移大名，随王曾幕府为天雄军节度推官。王曾特荐于朝，召赴朝廷，改太子中允。正要再升迁，因母亲去世，遂丁忧家居。服除，又用王曾举荐，景祐三年（1036年）召试禁林，充集贤校理，判尚书刑部。有疑案，请对崇政殿，敷奏称旨，特赐五品服，外补通判应天府。迁太常丞，代还同知太常礼院，判吏部南曹，迁太常博士，充开封府推官，改三司度支判官，迁尚书祠部员外郎。久之，同修起居注，兼判尚书礼部，纠察在京刑狱。庆历年间，召试中书，除知制，诰赐三品服，勾当三班院。皇祐二年（1050年）九月，以"兵部员外郎知制诰稽颖，为翰林学士"①，时稽颖已病重不起，"诏阁门以诰敕就第赐焉。九月十五日捐馆，享年五十有五"②。

其处世为人，颇有宗师戚氏之风。据张方平《乐全集·稽公行状》："公性淳至有雅量，不汲汲于富贵，不戚戚于贫贱，姿表秀伟，神韵夷粹，标致高元，不矜而庄。然好修威仪，重然诺。"每与所亲论君子出处，常言："故士不可以不弘毅，以其任重而道远。先儒有言，君子不失色于人，故其严可惮。不失口于人，故其言可信。如是而后，可与立，可以临大节而不夺。"其处世志尚可知。"其在乡党，恂恂如也。见长者必变，其与人交，久而弥恭。朋友切磋，其言似不足者。其在居室，未尝徙倚踞肆，进止皆有常处。不大声愠色，平生未尝与人相忤有所怨恶"，其为人气度可知！一生受知于王曾最多，"及居朝廷、登馆阁、历两禁，文章温厚，议论明审，行安而节和，官修而事举，诚一时之高选也"。（见张方平《乐全集·稽公行状》）卒后，他的好友赵概为撰墓表，王洙为撰《墓志铭》（今皆佚）。

[附Ⅰ]《宋史·稽颖传》

稽颖，字公实，应天宋城人。父适，尝为石首主簿。民有父子坐重系，府檄适按之，抵其父于法，而子获免；父死，假人言曰："主簿，仁人也，行且生

---

①　李焘. 续资治通鉴长编·第12册·卷一六九 [M]. 北京：中华书局，1985：4060.
②　张方平. 乐全集·卷四〇·稽公行状 [M] //四库全书·第1104册. 台北：台湾商务印书馆，1982：502，504.

贤子，后必大。"明年颖生。

天圣中，进士及第，授蔡州团练判官。王曾知青州、徙天雄军，皆辟为从事。后用曾荐，迁太子中允，为集贤校理。历开封府推官、三司度支判官、同修起居注，擢知制诰，累迁尚书兵部员外郎。召入翰林为学士，未及谢，卒。诏以告敕、袅衣、金带、鞍勒马赐其家。

颖举进士，时王曾、张知白相继为南京留守，见颖谨厚笃学，谓其子弟曰："若曹师表也。"张尧封尝从颖学，所为文，多留颖家。其后尧封女入禁中，为修媛，甚被宠幸，令其弟化基诣颖，求编次其父稿，为序以献之。颖不答，亦不以献。①

[附Ⅱ] 张方平《上骑都尉永城县开国男食邑三百户赐紫金鱼袋嵇公行状》

嵇氏之先出鲁奚斯后，徙会稽，在汉为稽氏，后复徙谯嵇山，遂为嵇氏。后又徙睢阳，盖谯之别也。公讳颖，字公实。父适，师事正素戚先生，通经术，有文，擢进士第。行敦厚，不求合于时，仕止庐州录事参军，赠尚书工部郎中。初任荆南石首簿，民有父子坐重辟，本情轻，被府檄专，按其狱矜而出免其子。父已抵法，假人而言：簿君仁人也，且生令子，后世必昌。明年而生公，敏悟夙成，天资谨厚。早失所怙，力学自立。未冠举进士。常冠乡赋，修身慎行，动必以礼。安贫守道，事亲至孝，乡人皆贵而爱之。王文正公、张文节公相继居守，礼待甚至。二公谓其子弟："吾待此君，所以教若曹。此君可以为人之师表者也。"睢阳庠序率先于天下，四方之士集焉。公以乡行为诸生领袖，士自远至，必先刺谒公，蒙一顾许与者，犹公卿之重。当是时，公名望甚盛。今资政殿学士范公、富公，并讲习在学，愿与公游。天圣五年登第，试秘书省校书郎、蔡州团练判官。初，文正、文节雅知公，后同执政，每相谓言嵇君方雅之士，不苟进，吾二人必为成之。至是沂公罢相，镇青社，辟公掌镇海军书记。沂公移大名，随府为天雄军节度推官。沂公特荐于朝，召赴阙，改太子中允。未及，别除授，丁太夫人忧。服除，又用沂公荐，景祐三年召试禁林，充集贤校理，判尚书刑部。有疑谳，请对崇政殿，敷奏称旨，特赐五品服，外补通判应天府。迁太常丞，代还同知太常礼院，判吏部南曹，迁太常博士，充开封府推官，改三司度支判官，移判都磨勘司，迁尚书祠部员外郎。公在睢阳典学，举子张尧封从公学文，公以其俊整，颇为延誉。尧封依公以立，所著文业多纳公所。后尧封女入掖庭为修媛，有盛宠，其弟化基尝造公自陈世旧，求父平生素业，且请编次为序以献，盖中旨也。公不答，亦不献。久之，同修起居注，兼判尚书

---

① 脱脱，等. 宋史·卷二九八 [M]. 北京：中华书局，1977：9900-9901.

礼部，纠察在京刑狱。明年召试中书，除知制，诰赐三品服，勾当三班院。俄迁手疏固辞，诏答不允。先是公以疾久，在告命下未拜，诏阁门以诰敕就第赐焉。九月十五日捐馆，享年五十有五。上方斋祠，总章举希阔之礼，公不得陪侍盛仪，命也夫。讣闻，天子悯悼，加恩命，有司以翰林中谢对赐，洎明堂庆赉，悉畀其家，别加赙恤，录其二子京秩，哀荣之典，咸用优等。公性淳至有雅量，不汲汲于富贵，不戚戚于贫贱，姿表秀伟，神韵夷粹，标致高远，不矜而庄。然好修威仪，重然诺，每与所亲论君子之所以为贵，动容貌。斯远暴慢矣，出辞气斯远鄙倍矣。故士不可以不弘毅，以其任重而道远。先儒有言，君子不失色于人，故其严可惮。不失口于人，故其言可信。如是而后，可与立，可以临大节而不夺。盖公之志如此。而从事于斯，实终其身。其在乡党，恂恂如也。见长者必变，其与人交久而弥恭。朋友切磋，其言似不足者。其在居室，未尝徙倚踞肆，进止皆有常处。不大声愠色，平生未尝与人相忤有所怨恶，亦可谓君子人欤！子贡曰：我不欲人之加诸我也。吾亦欲无加诸人。子曰：赐也，非尔所及也。若公者，庶几及焉者耶！初，游场屋，与故龙图阁直学士郭稹仲微相善，天禧中，稹为开封府首荐，人或扬其私曰：王母丧恤未究，公投牒于春官，保证之，以是被累，罢。累举曾不介怀。在庠序与王洙源叔、窦充公持为益友。三人更相箴儆，闻义而徙，偕成德业。乡论称之。夫以文正之方重，文节之刚严，本朝之高贤名相其所以待公如此，天下知公之道有足致焉者尔。文节早薨，故终始为沂公推引，及居朝廷、登馆阁、历两禁，文章温厚，议论明审，行安而节和，官修而事举，诚一时之高选也。母丧，常蔬食诵佛书，因洞其宗旨，视去荣利如脱屣。寝疾，再逾月，召姻朋谂之曰：生灭，人之常，吾善滕子京、葬九华圹中实以土，非惟免诸患，顾速反其本，遗令如九华襄事。子京，故天章阁待制宗谅也。公娶滕氏，给事中涉之女，事姑以孝闻，端淑有贤妇之风。继室王氏，兵部员外郎球之女，封扶风县君。三子：景章，太常寺太祝。景华，将作监主簿。立本，秘书省正字。某，秬出也，少学于外氏，讣至江外，告以葬期，念其孤也幼，未能纪述其先人行事，哭而略著其尝所亲炙之嘉言善行，致于紫微赵君叔平，侍讲王君源叔二君，舅氏之执友，以请幽堂之铭。其在朝廷风迹之可录而某未之闻者，二君必能详著之矣。谨状。①

二、韦不伐

韦不伐，字次德，南京宋城人。好古学笃，行侠尚义，风节凛凛。好急人

---

① 张方平．乐全集·卷四〇［M］//四库全书·第1104册．台北：台湾商务印书馆，1982：502-504．

患难，始终不渝，不戚戚于贫贱，不汲汲于富贵。在应天书院的众多学者中，与嵇颖先后被选为学者师，处书院师席时间最长。仁宗天圣年间，晏殊、宋绶、蔡齐相继留守南京知应天府，皆以厚礼相待。当时应天书院在天下，特别是京东两路名气很大，文人学士趋之若鹜。韦不伐又喜交友，与范仲淹、石延年、刘潜最善，山东豪俊慕韦不伐之名，从游者甚众。张方平少从舅父嵇颖读书应天书院，与韦不伐友善，自云："老夫性资疏旷，不堪拘束。幼知为学，而不能勤。于时山东士人若刘潜、吴颢、石延年、韦不伐、陈靖、田度、马武十数人，皆负豪杰之气不得骋，相与纵酒为高。仆年少好奇论，与诸酒徒游，故不得笃志于学也。"①

韦不伐五十多岁才离开应天书院外出为官。由房山司法参军，调邓州襄城尉，迁绛州太平令。时张方平在台谏，"受诏举堪治民者二人"，张方平举韦不伐。张方平《准敕保举知县县令》文云："伏睹见任绛州太平县令韦不伐，前池州青阳主簿李向，皆有行谊识虑，勤廉干济，并无骨肉在朝食禄。不伐已三考，曾有人保举，今堪充职官知县。"② 授乾州军事推官，知慈州吉乡县。转运使就举监汾州酒税，时明镐知并州，特别看重韦不伐，认为有古人之风，屡为慰荐。属河西有警，韦不伐督蘩粟入府州有劳，就迁卫尉寺丞。其诰辞赞其"老而有谋"，为倜傥之士。明镐读之而喜曰："此言尽君平生矣。"③ 因求监光化军酒税，迁大理寺丞。岁满知许州司录，改太子中舍。晚年退居襄阳，优游物外。张方平有诗赠之云："莫随世伪作圆方，坦坦无邪是履祥。学鄙浅讹趋古道，天教坎轲与刚肠。俯投胯下人皆笑，独卧隆中自不常。毕竟途穷无所合，何妨持钓坐沧浪。"④ 年七十四而终。张方平为撰墓志铭，其铭有："举世趑趄逐权利，君独轩昂事风义。晚得微官志不伸，生前素蕴心无愧"，这是对其一生的总结。

[附] 张方平《朝奉郎守太子中舍骑都尉韦君墓志铭并序》

睢阳乡先生韦君讳不伐，字次德，好古学笃，信义立风节，自五代乱离，经籍道息，睢阳有隐君子戚君同文，独以讲授为业，诸生后多达者。子纶，处

① 张方平. 乐全集·卷三四·谢苏子瞻寄乐全集序 [M] //四库全书·第1104册. 台北：台湾商务印书馆，1982：381.

② 张方平. 乐全集·卷三十 [M] //四库全书·第1104册. 台北：台湾商务印书馆，1982：330.

③ 张方平. 乐全集·卷三九·朝奉郎守太子中舍骑都尉韦君墓志铭并序 [M] //四库全书·第1104册. 台北：台湾商务印书馆，1982：489.

④ 张方平. 乐全集·卷一·赠韦不伐 [M] //四库全书·第1104册. 台北：台湾商务印书馆，1982：9，10.

近官，就其旧庐构学校，志于学者自远方至。朝廷嘉其事，赐名应天府书院，天下庠序由兹始。常选学行可为人师者主领之。君久处师席，晏元献公、宋宣献公、蔡文忠公相继居守，皆厚为之礼。尤善与人交，范仲淹希文、石延年曼卿、刘潜仲方，山东豪俊慕君名从游者甚多。好急人患难，始终不渝，不戚戚于贫贱，不汲汲于富贵。年五十余，始以一命为房山司法参军，再调邓州襄城尉，迁绛州太平令。某知谏省，受诏举堪治民者二人，以君塞诏。授乾州军事推官，知慈州吉乡县。转运使就举监汾州酒税，明文烈公镐知并州，顾君方重，有古人之风，屡为慰荐。属河西有警，君橐槁粟入府州有劳，就迁卫尉寺丞。其诰辞曰："朕知生老而有谋，倜傥士也。"明公读之，喜曰："此言尽君平生矣。"意欲处其孥于汉上，因求监光化军酒税，迁大理寺丞。岁满知许州司录，改太子中舍，因退居襄阳，优游物外。年七十有四而终。君本南京宋城人，先君葬其祖谷城，遂为襄阳人。曾祖襄阳录事参军讳允之，祖陈州录事参军讳仁济，考秘书丞赠尚书祠部员外郎讳襄，娶楚氏。子安序，孙积善、积中，皆修进士业。君既没二十八年，元丰二年十一月某日，始克葬君于谷城青石之崀下。安序俾积善来请铭其墓，铭曰：

"举世趒趑逐权利，君独轩昂事风义。晚得微官志不伸，生前素蕴心无愧。平昔交游拱木高，今方崀下幽堂闭。君名不泯幸我存，襄阳耆旧追前记。"①

三、石介

石介（1005—1045 年），字守道，一字公操，兖州奉符人。宋初著名学者，思想家，被称为宋代理学先驱。年二十余，入应天书院读书。时晏殊留守南京知应天府，范仲淹、王洙执教席。石介笃志好学，清苦自甘。许毓峰《石徂徕年谱》将石介入书院读书事置于仁宗天圣七年（1029）二十五岁时，谱文引《倦游录》云："先生为举子时，寓于南都，其固穷苦学，世无比者。王渎闻先生俭约，因会客以盘餐遗之。先生谢曰：'甘脆者，亦介之愿也，但日餐之则可。若只得一餐，则明日何以继乎？朝餐膏粱，久厌粗粝，人之常情也，介所不敢当赐。'王咨重之。"② 此则史料又见朱熹辑《宋名臣言行录前集》卷十。《石徂徕年谱》谓此事未定在何年，唯知在进士及第前。史料中涉及书院名师王渎，王渎于真宗天禧二年（1018）已出仕离开书院，时石介年仅十三、四岁。

---

① 张方平. 乐全集·卷三十九［M］//四库全书·第 1104 册. 台北：台湾商务印书馆，1982：489，490.

② 许毓峰. 石徂徕年谱［M］//宋人年谱丛刊：第二册. 成都：四川大学出版社，2003：867.

天圣中王渎幼弟王洙为书院说书，所谓遗之盘餐事为王洙也未可知。

天圣八年（1030），石介进士及第，授将侍郎、郓州观察推官。秩满调任南京留守推官并提举应天书院，成了应天书院的一位名师。石介提举应天书院期间，孔道辅、刘随、夏竦相继留守南京知应天府。

明道二年（1033 年）孙道辅视学书院，石介有《留守待制视学》诗六首：

其一：艺祖兴王地，诸侯布教官。冠缨临仗集，文雅与时隆。泮水差差绿，春芹习习风。袍辉了裣动，旗映讲纱红。节钺来门外，声容播国中。分庭等威杀，更仆宴谈终。亹亹闻谆诲，拳拳激懦衷。武昌尊庾亮，蜀郡乐文翁。王化周南始，儒缝鲁俗通。四方观表则，后学发童蒙。木铎留遗韵，缁衣缵旧功。愿公持此道，黄阁弼清躬。

其二：演道开谈席，观文降使轓。水寒芹叶薄，春早杏阴繁。喜动青青佩，亲闻亹亹言。孤生荷乐育，终始托丘关。

其三：盛府雍容外，轻裘博雅存。席间闲布帙，铃下昼无喧。首喜隆儒术，诸生接讨论。马融南郭学，龊龊岂堪言。

其四：春早沂风煖，芹生泮水深。前旌拂讲树，垂佩耀童衿。郁郁弥文化，循循善诱心。恭王不坏宅，金石有遗音。

其五：翼翼取则地，菁菁乐育篇。使轓临学舍，台席俯谈筵。韦相传经旧，文翁倡教先。诸生动观叹，门外卓卿旃。

其六：泮水绿犹浅，春芹叶始敷。旌旗久停驻，衿佩俨相趋。庾亮亲临学，哀公不诟儒。兹为表则地，风教自王都。①

这组诗可概括出应天书院在当时的社会地位及繁荣风貌，也可看到此地每任守官对书院的重视。孙道辅是孔子四十五代孙，与石介不仅是山东同乡，而且以传承儒学为己任，自应天府应诏回朝，以龙图阁待制为右谏议大夫权御史中丞（石介《徂徕集·卷四·上孔中丞书》），并在石介的要求下，经过孔道辅的努力，这年十月，加置应天府书院讲授官一名。

通过士建中（字熙道）的介绍，石介与孙复在书院相会。石介《与士熙道书》云："介顿首熙道仁兄秘校：四月十二日明复至，十八日石曼卿学士来，始得兄书。"又《与裴员外书》云："往年官在汶上，始得士熙道。今春来南都，

---

① 石介. 徂徕集·卷四 [M] //四库全书·第1090 册. 台北：台湾商务印书馆，1982：207，208.

又逢孙明复。韩孟兹遂生矣。"① 二人早以四海心知，此一见如故。后景祐二年（1035 年）冬，石介为其筑室泰山之麓，创建泰山书院，传应天书院《春秋》之学。明道二年（1033 年）这年，书院弟子张方平（字安道）举茂材异等科。石介极为高兴，为诗相庆，并激烈批评当时进士取士制度："尝言春官氏，设官何龊龊。屑屑取于人，辞赋为程约。一字竞新奇，四声分清浊。矫矫逸雄才，动为对偶缚。恢恢晁董策，亦遭声病落。每岁棘篱上，所得多浮薄。"这种以辞赋的四声、清浊、对偶校士取士，丝毫无补于治国经世，将六经三史束之高阁，带来士风浮薄之习，弊端百出。又云："嗟哉浮薄流，不知王霸略。六经挂东壁，三史束高阁。琐琐事雕篆，区区衍述作。随行登一第，谓身翥寥廓。趋众得一官，谓身縻好爵。栖栖咫尺地，燕雀假安托。汲汲五斗米，雁鹜资饮啄。"而张方平为学应天，不屑于声病音韵对偶之学，以"茂才异等"之实学登科，石介大为赏叹："壮哉张安道，少怀夫子学。三就礼部试，不肯露头角。耻用众人遇，羞将一战较。甘心揭翼归，豫志本卓荦。三贤文章师，[大参宋公（绶）、副枢蔡公（齐）、使相范公（仲淹），连章称荐。]，儒林推先觉。百鸟声喈喈，独能辨鸳鸯。玉石方混淆，独能识真璞。荐之于天子，此材堪轮桷。遂得望清光，三节近帷幄。僚友视万乘，器宇诚岳岳。愿乞数刻景，古今可扬榷。纵横三千言，得隽如夺稍。上下驰皇王，周旋聘礼乐。远推灾异源，上究星文错。直言补主阙，危论针民瘝。天子览其奏，嘉赏为嗟愕。既叹相见晚，且言同时乐。一命校秘书，恩泽优且渥。"② 这首诗不仅可看出他对当时取士制度的政治态度，也可看作他提举应天书院立志改革的办学理念。正是这种儒家治国的教育理念，他对当时佛教盛行，特别是一些士大夫忘儒信佛的风气极为不满。仁宗景祐元年（1034 年）五月，"知宣州兵部员外郎刘随为工部郎中知应天府"③。刘随，《宋史》卷二九七有传，字仲豫，开封考城人。与孔道辅、曹修古，同时为言事官，皆以清直闻。但他崇信佛教，到任应天府后即视学书院，在学中书楼索观佛氏画像，并认为"佛与老氏与吾圣人为三教，三教皆可尊也"。石介于学院中与其讨论儒、佛、道三教思想，事后又上书批评他的观点，认为书院应坚守儒家之学，反对佛教在书院传播。石介《上刘工部书》云：

---

① 石介．徂徕集．卷十六［M］//四库全书．第 1090 册．台北：台湾商务印书馆，1982：297，298.

② 石介．徂徕集．卷三·安道登茂材异等科［M］//四库全书．第 1090 册．台北：台湾商务印书馆，1982：197，198.

③ 李焘．续资治通鉴长编．第 9 册·卷一一四［M］．北京：中华书局，1985：2675.

介前日从公入学中，公索观佛氏画像，以为佛与老氏与吾圣人为三教，三教皆可尊也。明日从公政事厅，同公观伏羲、神农、黄帝、尧、舜像，公赞三皇二帝之盛，称所谓佛者，则伏羲也，神农也，黄帝也，尧也，舜也。介殊不晓公之旨何为而为是言也。当日不敢面责公，夫道之盛莫盛乎皇，黄帝而上几千百君，独伏羲、神农、黄帝为称首。德之崇莫崇乎帝，少昊而下万有余祀，独尧、舜为圣人，禹、汤、文武、周公犹不及，其号而为王。后世能跻二帝三皇之懿者，真吾师乎？夫禹、汤、文武、周公犹不能及。而佛夷狄之人，乃过禹、汤、文武、周公与伏羲、神农、黄帝、尧、舜则。是公欲引夷狄之人，加于二帝三王之上也？欲引夷狄之道行于中国之内也？夫自伏羲、神农、黄帝、尧、舜、禹、汤、文武、周公、孔子至于今，天下一君也，中国一教也。无他道也。今谓吾圣人与佛为三教，谓佛与老、伏羲、神农、黄帝、尧、舜俱为圣人，斯不亦骇矣乎？介不晓公之旨何为而为是言也。[①]

其坚守儒家之道导致如此。他在书院听到民间议论这些事：仁宗皇帝废郭皇后，宠幸尚美人，倡优日戏上前，妇人朋淫宫内，饮酒无时节，钟鼓连昼夜，深为忧虑。上书时为丞相的王曾，建议劝谏。事见《续资治通鉴长编》卷一一五。石介上承范仲淹以天下为己任，耿气节，遇事敢言，不避利益，这种风尚成为应天书院的一种优良传统。

宝元元年（1038 年）石介南京任满，以父年迈（父石丙已七十岁），代父远官四川嘉州军事判官，是夏离开南京入蜀。到任月余，突遭母丧而弃官回乡，忧居南京。不到两年，即康定元年（1040 年）三月，父石丙又故。连居父母之丧，垢面跣足，躬耕徂徕山下。在长春岭下建"徂徕书院"而开馆授徒，将应天书院之学发扬光大。服除，石介因杜衍举荐，被召国子监直讲，继王洙之后再次将应天书院之学带进京师国子监学，使国子监学生徒由原来二三十人，骤增至数千人，为北宋仁宗间的国子监学振兴，做出了重大贡献（详下附欧阳修《徂徕石先生墓志铭并序》）。

庆历三年（1043 年），仁宗起用范仲淹、富弼、欧阳修、杜衍等人立志革新，史称"庆历新政"。石介赋《庆历圣德颂》，赞扬政改，抨击夏竦等人为大奸。新政失败，石介因"朋党"被外放濮州通判，未到任即病卒于家，终年仅四十一岁。欧阳修为撰《墓志铭》，有《徂徕先生集》二十卷传世。

---

① 石介 . 徂徕集 · 卷十三 ［M］//四库全书 · 第 1090 册 . 台北：台湾商务印书馆，1982：274.

[附Ⅰ]《宋史·石介传》

石介，字守道，兖州奉符人。进士及第，历郓州、南京推官。笃学有志尚，乐善疾恶，喜声名，遇事奋然敢为。御史台辟为主簿，未至，以论赦书不当求五代及诸伪国后，罢为镇南掌书记。代父丙远官，为嘉州军事判官。丁父母忧，耕徂徕山下，葬五世之未葬者七十丧。以《易》教授于家，鲁人号介徂徕先生。入为国子监直讲，学者从之甚众，太学繇此益盛。介为文有气，尝患文章之弊，佛、老为蠹，著《怪说》《中国论》，言去此三者，乃可以有为。又著《唐鉴》以戒奸臣、宦官、宫女，指切当时，无所讳忌。杜衍、韩琦荐，擢太子中允、直集贤院。会吕夷简罢相，夏竦既除枢密使，复夺之，以衍代。章得象、晏殊、贾昌朝、范仲淹、富弼及琦同时执政，欧阳修、余靖、王素、蔡襄并为谏官，介喜曰："此盛事也，歌颂吾职，其可已乎！"作《庆历圣德诗》，曰："于惟庆历，三年三月。皇帝龙兴，徐出闱阖。晨坐太极，昼开阊阖。躬览英贤，手锄奸枿。大声沨沨，震摇六合。如乾之动，如雷之发。昆虫踯躅，怪妖藏灭。同明道初，天地嘉吉。初闻皇帝，靡然言曰："予祖予父，付予大业。予恐失坠，实赖辅弼。汝得象、殊，重慎微密。君相予久，予嘉君伐。君仍相予，竹镛斯协。昌朝儒者，学问该洽。与予论政，傅以经术。汝贰二相，庶绩咸秩。惟汝仲淹，汝诚予察。太后乘势，汤沸火热。汝时小臣，危言鲁鲁。为予司谏，正予门阒。为予京兆，圣予谳说。贼叛予夏，往予式遏。六月酷日，大冬积雪。汝寒汝暑，同予士卒。予闻辛酸，汝不告乏。予晚得弼，予心弼悦。弼每见予，无有私谒。以道辅予，弼言深切。予不尧、舜，弼自答罚。谏官一年，疏奏满箧。侍从周岁，忠力辈竭。契丹忘义，梼杌饕餮。敢侮大国，其辞慢悖。弼将予命，不畏不怯。卒复旧好，民得食禖。沙碛万里，死生一节。视弼之肤，霜剥风裂。观弼之心，炼金锻铁。宠名大官，以酬劳渴。弼辞不受，其志莫夺。惟仲淹、弼，一夔一契。天实赉予，予其敢忽。并来弼予，民无瘥札。曰衍汝来，汝予黄发。事予二纪，毛秃齿豁。心如一分，率履弗越。遂长枢府，兵政无蹶。予早识琦，琦有奇骨。其器魁落，岂视居楔。其人浑朴，不施剞劂。可属大事，敦厚如勃。琦汝副衍，知人予哲。惟修惟靖，立朝蠖蠖。言论硠硠，忠诚特达。禄微身贱，其志不怯。尝诋大官，亟遭贬黜。万里归来，刚气不折。屡进直言，以补予阙。素相之后，含忠履洁。昔为御史，几叩予榻。襄虽小官，名闻予彻。亦尝献言，箴予之失。刚守粹悫，与修侪匹。并为谏官，正色在列。予过汝言，毋钳汝舌。皇帝圣明，忠邪辨别。举擢俊良，扫除妖魅。众贤之进，如茅斯拔。大奸之去，如距斯脱。上倚辅弼，司予调燮。下赖谏诤，维予纪法。

左右正人，无有邪孽。予望太平，日不逾浃。皇帝嗣位，二十二年。神武不杀，其默如渊。圣人不测，其动如天。赏罚在予，不失其权。恭己南面，退奸进贤。知贤不易，非明弗得。去邪惟艰，惟断乃克。明则不贰，断则不惑。既明且断，惟皇帝之德。群臣蹡蹡，重足屏息。交相教语：曰惟正直，毋作侧僻，皇帝汝殛。诸侯危栗，坠玉失舄。交相告语：皇帝神明。四时朝觐，谨修臣职。四夷走马，坠镫遗策。交相告语：皇帝英武。解兵修贡，永为属国。皇帝一举，群臣懔焉。诸侯畏焉，四夷服焉。臣愿皇帝，寿万千年。"诗所称多一时名臣，其言大奸，盖斥竦也。诗且出，孙复曰："子祸始于此矣。"介不畜马，借马而乘，出入大臣之门，颇招宾客，预政事，人多指目。不自安，求出，通判濮州，未赴，卒。会徐狂人孔直温谋反，搜其家，得介书。夏竦衔介甚，且欲中伤杜衍等，因言介诈死，北走契丹，请发棺以验。诏下京东访其存亡。衍时在兖州，以验介事语官属，众不敢答。掌书记龚鼎臣愿以阖族保介必死。衍探怀出奏稿示之，曰："老夫已保介矣。君年少，见义必为，岂可量哉。"提点刑狱吕居简亦曰："发棺空，介果走北，孥戮非酷。不然，是国家无故剖人冢墓，何以示后世？且介死必有亲族门生会葬及棺殓之人，苟召问无异，即令具军令状保之，亦足应诏。"于是众数百保介已死，乃免斫棺。子弟羁管他州，久之得还。介家故贫，妻子几冻馁，富弼、韩琦共分奉买田以赡养之。有《徂徕集》行世。①

[附Ⅱ] 欧阳修《徂徕石先生墓志铭并序》

徂徕先生姓石氏，名介，字守道，兖州奉符人也。徂徕，鲁东山，而先生非隐者也。其仕尝位于朝矣。鲁之人不称其官而称其德，以为徂徕，鲁之望，先生鲁人之所尊，故因其所居山以配其有德之称，曰徂徕先生者，鲁人之志也。先生貌厚而气完，学笃而志大，虽在畎亩，不忘天下之忧，以为时无不可为，为之无不至。不在其位则行其言，吾言用功利施于天下，不必出乎已。吾言不用，虽获祸咎至死，而不悔。其遇事发愤作为文章，极陈古今治乱成败，以指切当世。贤愚善恶，是是非非，无所讳忌，世俗颇骇其言，由是谤议喧嚷，而小人尤嫉恶之，相与出力，必挤之死。先生安然不惑不变，曰：吾道固如是，吾勇过孟轲矣。不幸遇疾以卒，既卒而奸人有欲以奇祸中伤大臣者，犹指先生以起事，谓其诈死而北走契丹矣。请发棺以验，赖天子仁圣，察其诬，得不发棺而保全其妻子。先生世为农家，父讳丙，始以仕进官至太常博士。先生年二十六，举进士甲科，为郓州观察推官、南京留守推官。御史台辟主簿未至，以上书论赦罢不召。秩满迁某军节度掌书记，代其父官于蜀，为嘉州军事判官。

①　脱脱，等. 宋史·卷四三二 ［M］. 北京：中华书局，1977：12833–12836.

丁内外艰去官，垢面跣足，躬耕徂徕之下，葬其五世未葬者七十丧。服除，召入国子监直讲。是时兵讨元昊，久无功，海内重困。天子奋然思欲振起威德，而进退二三大臣，增置谏官御史，所以求治之意甚锐。先生跃然喜曰：此盛事也！雅颂吾职，其可已乎！乃作《庆历圣德诗》以褒贬大臣，分别邪正，累数百言。诗出，太山孙明复曰：子祸始于此矣！明复，先生之师友也。其后所谓奸人作奇祸者，乃诗之所斥也。先生自闲居徂徕，后官于南京，常以经术教授。及在太学，益以师道自居。门人弟子从之者甚众，太学之兴自先生始。其所为文章曰某集者若干卷。其斥佛老时文，则有《怪说》《中国论》，曰：去此三者，然后可以有为。其戒奸臣宦女，则有《唐鉴》，曰：吾非为一世监也。其余喜怒哀乐，必见于文。其辞博辩雄伟，而忧思深远。其为言曰：学者，学为仁义也。惟忠能忘其身，惟笃于自信者，乃可以力行也。以是行于己亦以是，教于人所谓尧、舜、禹、汤、文、武、周公、孔子、孟轲、扬雄、韩愈氏者未尝一日不诵于口。思与天下之士皆为周、孔之徒，以致其君为尧舜之君，民为尧舜之民，亦未尝一日少忘于心。至其违世惊众，人或笑之，则曰：吾非狂痴者也。是以君子察其行而信其言，推其用心而哀其志。先生直讲岁余，杜祁公荐之天子，拜太子中允。今丞相韩公又荐之乃直集贤院。又岁余，始去太学，通判濮州。方待次于徂徕，以庆历五年七月某日卒于家，享年四十有一。友人庐陵欧阳修哭之以诗，以为待彼谤焰熄，然后先生之道明矣。先生既没，妻子冻馁不自胜，今丞相韩公与河阳富公分俸买田以活之。后二十一年，其家始克葬先生于某所。将葬，其子师讷与其门人姜潜、杜默、徐遁等来告曰：谤焰熄矣，可以发先生之光矣，敢请铭。某曰：吾诗不云乎子道，自能久也。何必吾铭！遁等曰虽然鲁人之欲也，乃为之铭。①

四、孙复

孙复（992—1057 年），字明复，号富春，晋州平阳（今山西临汾）人，北宋理学家、教育家。幼贫，父早亡，但为学不辍，饱读六经，贯穿义理。四次到汴京参加科举皆落第。仁宗天圣五年（1027 年），晏殊知应天府兼南京留守司事，时范仲淹守母丧居南京，晏殊延范仲淹掌应天书院。孙复两次来谒范仲淹，都得到了范仲淹的经济资助，并为他在书院谋了学职，并授之以《春秋》。孙复入书院事见宋代魏泰《东轩笔录》：

---

① 李逸安，点校. 欧阳修全集·第 2 册·卷三十四. 徂徕石先生墓志铭［M］. 北京：中华书局，2001：506-508.

范文正公在睢阳掌学，有孙秀才者索游上谒。文正赠钱一千。明年，孙生复道睢阳，谒文正，又赠十千。因问："何为汲汲于道路？"孙秀才戚然动色曰："老母无以养，若日得百钱，则甘旨足矣。"文正曰："吾观子辞气，非乞客也。二年仆仆所得几何？而废学多矣。吾今补子为学职，月可得三千以供养，子能安于为学乎？"孙生再拜大喜。于是授以《春秋》。而孙生笃学，不舍昼夜，行复修谨，文正甚爱之。明年，文正去睢阳，孙亦辞归。后十年，闻泰山下有孙明复先生以《春秋》教授学者，道德高迈。朝廷召至太学，乃昔日索游孙秀才也。①

按，孙复书院研学，初入应天书院投谒范仲淹，范仲淹补孙复以学职，始其安心研学，当从下年（天圣六年）始。范仲淹《与戚寺丞书》云："某启知宰寺丞，昨轩车之来，诚喜奉见，以困匮之日致礼不逮，未能忘情，徒自愧耳。泊于回辕，又失拜钱。自至琴署，谅敦清适。有孙复秀才者一志于学，方之古人，不知岁寒。何以为褐，非我长者其能济乎！拟请伊三五日暂诣门馆，惟明公与丁侯裁之。造次造次！惭悚惭悚！"② 其中有推举孙复之语，考之魏泰《东轩笔录》所记，应是范仲淹向书院主院戚舜宾保举孙复补"学职"一事。范仲淹服满复职后不久，孙复也离开了应天书院。

孙复初入应天书院，不仅得到范仲淹的举荐，当时王洙、富弼、嵇颖皆在书院共与讲习，入籍书院后，不仅自己研学，且有讲学之事，王巩《闻见近录》记载："张尧封少从孙明复学于南京，其子去华与贵妃常执事左右。及贵妃数遣使致问明复，明复闭门拒之终身。"③ 王巩是苏轼好友，祖王旦，父王素皆真宗、仁宗时大臣，又是张方平爱婿，曾家于南京，所记应天书院事当有所本。张尧封早年在书院受知于嵇颖，又从孙复学，当为孙复第一次著籍书院时。

孙复再来书院，是仁宗景祐元年（1034 年）的春夏之交，是应石介之邀，并讲学应天书院。石介《徂徕集·卷十六·与士熙道书》："介顿首熙道仁兄秘校：四月十二日明复至，十八日石曼卿学士来，始得兄书。"又《与裴员外书》："往年官在汶上，始得士熙道。今春来南都，又逢孙明复。韩孟兹遂生矣。"④

---

① 魏泰. 东轩笔录·卷十四 [M]. 北京：中华书局，1983：159.
② 范仲淹. 范文正公尺牍·卷下·与睢阳戚寺丞 [M] //四库全书存目丛书·集部·第 10 册. 济南：齐鲁书社，1997：298.
③ 王巩. 闻见近录 [M] //四库全书·第 878 册. 台北：台湾商务印书馆，1982：666.
④ 石介. 徂徕集·卷十六·与裴员外 [M] //四库全书·第 1090 册. 台北：台湾商务印书馆，1982：297，298；石介. 徂徕集·卷十六·与士熙道书 [M] //四库全书·第 1090 册. 台北：台湾商务印书馆，1982：297，298.

景祐元年，孙复第四次科举落第，通过郓城举子士建中的介绍，复至应天书院，认识了石介。与石介早已四海心知，此一见如故。石介请孙复在书院讲《春秋》之学，石介大为叹服，为孙复在泰山筑室，邀孙复去讲学，并与张洞等执弟子礼，师事孙复。孙复居泰山八年，主要从事经学的研究与讲学，撰写了《易说》六十四篇、《春秋尊王发微》十二卷等著作。孙复不以生计为意，安贫乐道，聚书满室，与群弟子讲求儒道，传扬应天书院之学，拓展书院精神，乐此不疲。其门下如石介，早中进士高第，文彦博、范纯仁等人，皆一时文人精英，孙复也名声大噪，人称"泰山先生"，其名气并逐渐传扬于京师大臣之间。

　　孙复第三次来南京，应天府书院已升为南京国子监，他是被委以南京国子监讲书而掌南监教习之任的。庆历二年（1042 年），在范仲淹、富弼、石介等人的推荐下，孙复以布衣超拜，任秘书省校书郎、国子监直讲。他与石介一起，积极支持范仲淹等的"复古劝学"主张，在太学实施举人应考，须有听书日限，及扩大太学录取人数等措施，学生人数骤增，北宋太学从此而兴。《续资治通鉴长编》卷一三八：仁宗庆历二年十一月，"甲申，以泰山处士孙复为试校书郎、国子监直讲。复平阳人，举进士不中，退居泰山，学《春秋》，著《尊王发微》十二篇，大约本于陆淳而增新意。石介有名山东，自介而下皆以先生事复。……介既为学官，语人曰：孙先生非隐者也。于是范仲淹、富弼皆言复有经术，宜在朝廷，故召用之"①。孙复、石介皆学成于应天书院，自南都到讲学徂徕、泰山，又自山东入国子监。王洙由应天书院入国子监为直讲，石介、孙复继之。应天之学，开枝散叶，直接影响了国家教育的发展。庆历七年（1047年），坐徐州举子孔直温案，坐贬虔州监税，又知长水县，签书应天府判官事。调通判陵州，未行，翰林学士赵概等十余人言复经为人师，不宜使佐州县，留为南京国子监直讲，管南都国子监事。嘉祐二年（1057 年），病逝于家。仁宗赐钱治丧，欧阳修为之撰墓志铭。梅尧臣《哭孙明复殿丞三首》其二、其三诗总结了他的一生：

　　　旧业居东岱，中年谒紫庭。要途无往迹，至死守残经。诏许求遗稿，朋邻与葬铭。世人无怪我，涕泪为之零。

　　　自古春秋学，皆知不可过。生前恩礼少，殁后荐章多。妻子将焉托，田园有几何？汶阳秋树里，黄鸟谩听歌。②

---

①　李焘．续资治通鉴长编·第 10 册·卷一三八［M］．北京：中华书局，1985：3325.
②　梅尧臣．宛陵集·卷五四［M］//四库全书·第 1099 册．台北：台湾商务印书馆，1982：386.

孙复治学，继承韩愈之说，将儒学之道归于一切社会政治伦理的最高原则，构建了一套由远古伏羲、炎黄经尧、舜、禹至周公、孔孟的道统，并将孔孟宣扬的道德伦理高于皇权之上，使儒家传布之道俨然成为包括帝王在内的万众遵行的根本原则，而鸿儒硕学也成了帝王之师，这就大大抬高了儒士的社会地位。孙复从事教育及乎毕其一生。他有一首《谕学》诗，用自己一生求学与治学的心得教育后生学子：

> 冥观天地何云为，茫茫万物争蓄滋。羽毛鳞介各异趣，披攘攫搏纷相随。人亦其间一物尔，饿食渴饮无休时。苟非道义充其腹，何异鸟兽安须眉。人生在学勤始至，不勤求至无由期。孟轲荀卿扬雄氏，当时未必皆生知。因其钻仰久不已，遂入圣域争先驰。既学便当穷远大，勿事声病淫哇辞。斯文下衰吁已久，勉思驾说扶颠危。击喑驱聋明大道，身与姬孔为藩篱。是非丰悴若不学，慎无空使精神疲。①

孙复《春秋》之学，最为世所重。他首先提出"舍传以求经"的治经方法，即以时代的需要为出发点，直接从经学中寻求有用之道，并以自己的理解进行阐述，然后提出见解。此方法为后世理学家接受，为"义理之辨"开了先河，具有一定自由思想的含义，推动了人类思维理论的发展。另外，这种方法含有的不确定性，又主张文以致用，道以致用，提倡务实之学，在方法上为研究经学开拓了一条新路。今《春秋尊王发微》十二卷，置《三传》于不顾，凭己意诠释。以"尊天子，黜诸侯"立论，认为《春秋》"有贬无褒"，突出孟子"孔子成《春秋》而乱臣贼子惧"的思想。欧阳修评论说："先生治《春秋》，不惑传注，不为曲说以乱经。"②程颐回忆当时太学中孙复讲《春秋》时的情景云："孙殿丞复说《春秋》，初讲旬日间，来者莫知其数。堂上不容，然后谢之，立听户外者甚众。当时《春秋》之学为之一盛，至今数十年传为美事。"③他的学术思想还有两点值得注意：其一是继承韩愈思想，提倡儒家"道统"，排斥佛、道二教。他写有《儒辱》《无为指》等文，专门攻击佛、道，把儒、道、佛三教并重看作是"儒者之辱"，主张"鸣鼓而攻之"。其二是抨击科举时文：他对当时士人热衷于四六时文，科举取士以音韵、声病、对偶之学取士大的行为极其不满，强调"文

① 孙复. 孙明复小集·诗·谕学［M］//四库全书·第1090册. 台北：台湾商务印书馆，1982：178.
② 欧阳修. 文忠集·卷二七·孙明复先生墓志铭［M］//四库全书·第1102册. 台北：台湾商务印书馆，1982：218.
③ 程颐. 二程文集·卷八·回礼部取问状［M］//四库全书·第1345册. 台北：台湾商务印书馆，1982：675.

以载道"，认为"文者，道之用也；道者，文之本也"，作文应该"左右名教，夹辅圣人而已"①。孙复"舍传求经"的治经方法，也遭到清代学人的批评，如《四库全书总目》提要说他"遂使孔庭笔削，变为罗织之经""过于深求，而反失《春秋》之本旨者"②。指出孙复治经之病，颇能一针见血。

关于孙复的著作，最早系统的记载见于石介作于康定元年（1040 年）的《泰山书院记》：

> 先生尝以谓尽孔子之心者大《易》，尽孔子之用者《春秋》，是二大经，圣人之极笔也，治世之大法也。故作《易说》六十四篇，《春秋尊王发微》十七卷。疑四凶之不去，十六相之不举，故作《尧权》。防后世之篡夺，诸侯之僭逼，故作《舜制》。辨注家之误，正世子之名，故作《正名解》。美出处之得，明传嗣之嫡，故作《四皓论》。③

其中《尧权》《舜制》《正名解》（按，易名为《世子蒯聩论》）和《四皓论》诸文，今皆存于《孙明复小集》卷一。其"《易说》六十四篇"，不见于以后的史志目录，计已佚。其《春秋尊王发微》十七卷，当为祖无择所录"十五卷"书，很可能仅是孙复的《春秋》学著作。与此"得书十五卷"说相关联的是南宋陈振孙《直斋书录解题》卷三和马端临《文献通考》卷一八三，都明确著录孙复撰"《春秋尊王发微》十五卷"。但陈骙《中兴馆阁书目》著录孙复《春秋尊王发微》十二卷、又《总论》三卷，正好是十五卷之数。除经学著作外，马端临《文献通考·卷二三五·经籍考》著录"孙明复《睢阳子集》十卷"，当是他的诗文集，而自称"睢阳子"，可见他一生的学术渊源来自睢阳，即应天书院。《睢阳子集》十卷已佚，《四库全书》收《孙明复小集》一卷，成为现今通行本。此本出自泰安赵国麟家，仅文十九篇、诗三篇，附以欧阳修所作墓志一篇。盖从《宋文鉴》《宋文选》诸书钞撮而成，十不存一。然复集久佚，得此犹见其梗概。

[附 I]《宋史·孙复传》

孙复，字明复，晋州平阳人。举进士不第，退居泰山。学《春秋》，著《尊

---

① 孙复.孙明复小集·答张洞书 [M] //四库全书·第 1090 册.台北：台湾商务印书馆，1982：173，174.

② 永瑢，纪昀，等.四库全书总目·卷二六 [M] //四库全书·第 1 册.台北：台湾商务印书馆，1982：536.

③ 石介.徂徕集·卷十九 [M] //四库全书·第 1090 册.台北：台湾商务印书馆，1982：318，319.

王发微》十二篇，大约本于陆淳，而增新意。石介有名山东，自介而下皆以先生事复。年四十不娶。李迪知其贤，以其弟之子妻之。复初犹豫，石介与诸弟子请曰："公卿不下士久矣，今丞相不以先生贫贱，欲托以子，宜因以成丞相之贤名。"复乃听。孔道辅闻复之贤，就见之，介执杖屦立侍复左右，升降拜则扶之，其往谢亦然。介既为学官，语人曰："孙先生非隐者也。"于是范仲淹、富弼皆言复有经术，宜在朝廷。除秘书省校书郎、国子监直讲。车驾幸太学，赐绯衣银鱼，召为迩英阁祗候说书。杨安国言其讲说多异先儒，罢之。

孔直温败，得所遗复诗，坐贬虔州监税，徙泗州，又知长水县，签书应天府判官事。通判陵州，未行，翰林学士赵概等十余人言复经为人师，不宜使佐州县。留为直讲，稍迁殿中丞，卒，赐钱十万。复与胡瑗不合，在太学常相避。瑗治经不如复，而教养诸生过之。复既病，韩琦言于仁宗，选书吏，给纸笔，命其门人祖无择就复家得书十五万言，录藏秘阁。特官其一子。①

［附Ⅱ］ 欧阳修《孙明复先生墓志铭并序》

先生讳复，字明复，姓孙氏，晋州平阳人也。少举进士不中，退居泰山之阳，学《春秋》，著《尊王发微》。鲁多学者，其尤贤而有道者石介，自介而下，皆以弟子事之。先生年逾四十，家贫不娶，李丞相迪将以其弟之女（原注：一作子）妻之，先生疑焉。介与群弟子进曰："公卿不下士久矣，今丞相不以先生贫贱而欲托以子，是高先生之行义也，先生宜因以成丞相之贤名。"于是乃许。孔给事道辅为人刚直严重，不妄与人，闻先生之风，就见之。介执杖屦侍左右，先生坐则立，升降拜则扶之，及其往谢也，亦然。鲁人既素高此两人，由是始识师弟子之礼，莫不叹嗟之，而李丞相、孔给事亦以此见称于士大夫。其后介为学官，语于朝曰："先生非隐者也，欲仕而未得其方也。"庆历二年，枢密副使范仲淹、资政殿学士富弼言其道德经术，宜在朝廷，召拜校书郎、国子监直讲。尝召见迩英阁说《诗》，（原注：一有且字）将以为侍讲，而嫉之者言其讲说多异先儒，遂止。七年，徐州人孔直温以狂谋捕治，索其家，得诗，有先生姓名，坐贬监虔州商税，徙泗州，又徙知河南府长水县，签署应天府判官公事，通判陵州。翰林学士赵概等十余人上言，孙某行为世法，经为人师，不宜弃之远方，乃复为国子监直讲。居三岁，以嘉祐二年七月二十四日以疾卒于家，享年六十有六，官至殿中丞。先生在太学时为大理评事，天子临幸，赐以绯衣银鱼。及闻其丧，恻然，予其家钱十万，而公卿大夫、朋友、太学之诸生相与吊哭，赙治其丧。于是以其年十月二十七日葬先生于郓州须城县庐泉乡之北扈原。先生治《春

① 脱脱，等．宋史·卷四三二［M］．北京：中华书局．1977：12832-12833.

秋》，不惑传注，不为曲说以乱经，其言简易，明于诸侯大夫功罪，以考时之盛衰，而推见王道之治乱，得于经之本义为多。方其病时，枢密使韩琦言之天子，选书吏，给纸笔，命其门人祖无择就其家，得其书十有五篇，录之，藏于秘阁。先生一子大年，尚幼。①

---

① 李逸安，点校．欧阳修全集·第2册·卷三十·孙明复先生墓志铭［M］．北京：中华书局，2001：457-458.

卷之十四　人物志六　戚同文名弟子考

　　北宋应天书院的前身是戚同文办学的学堂，或称睢阳学舍、宋州学舍。戚同文授徒时，学者不远千里而至，据《宋史·戚同文传》、宋代曾巩《隆平集·戚纶传》、宋代释文莹《玉壶清话》等文献记载，登进士者五十六人，入台阁、践政要者十余人。范仲淹《南京书院题名记》谓"自故兵部侍郎许公骧而下凡若干人"；《宋史》本传、王应麟《玉海》列举践台阁践政要者有宗度、许骧、陈象舆、高象先、郭成范、王砺、滕涉等；《玉壶清话》谓"凡孙何而下，七榜五十六人"。以上文献中提到的这些历史人物，除极少数留下一些文献资料外，大多已很难稽考。当今的一些学人将五代至宋初的一些学人如高顿、薛居正等只要有文可述者多拉入戚氏弟子名单中①，不言出处，无根无据，本志所不敢取也。仅考其有典可据者，列名于下，并述其文献出处。

一、宗度

　　本上蔡人，父宗翼，为虞城主簿，因家虞城，与戚同文为好友。宗翼将其子宗度著籍戚同文门下。清雍正《河南通志·卷四五·选举·二·进士》："宗度，虞城人，太平兴国中登第。"《宋史·戚同文传》云："（度）举进士，至侍御史，历京西转运使，预修太祖（应为太宗）实录。"其父宗翼《宋史·戚同文传》中有附传。见本书卷之九"人物志一　先师志　戚同文"中所引。《宋史·钱若水传》谓："真宗即位，（若水）加工部侍郎。数月以母老上章求解机务，诏不许。……俄诏修《太宗实录》，若水引柴成务、宗度、吴淑、杨亿同修，成八十卷。真宗览书流涕，锡赉有差。"②宗度在"锡赉"之列。陆游《除修史上殿札子》曰："臣伏见真宗皇帝至道三年冬修《太宗实录》，至明年咸平

---

①　刘卫东，高尚刚．河南书院教育史［M］．郑州：中州古籍出版社，1991.；刘卫东．论应天府书院教育的历史地位［J］．河南大学学报（社会科学版），2001（5）：90-93.

②　脱脱，等．宋史·第26册·卷二六六［M］．北京：中华书局，1977：9166.

元年（998 年）八月而毕，甫九阅月。修书者钱若水、柴成务、宗度、吴渊、杨亿五人而已。书成又诏重修《太祖实录》，至明年六月而毕，亦甫九阅月。修书者王元之、梁灏、赵安仁、李宗谔四人而已。"① 可见，宗度所修乃《太宗实录》，非《太祖实录》，《宋史·戚同文传》有误。

二、许骧

字允升，世家蓟州，父许唐家于宋州，遂为宋州睢阳人。《宋史》卷二七七有传，其传文见本书"卷之九人物志一　先师志　戚同文"所引。许骧风骨秀异，时戚同文以经术聚徒，许唐携骧拜于门下。骧十三能属文，善词赋，许唐罄家产为骧交当时秀彦。骧太平兴国初诣贡部，与吕蒙正齐名。及廷试擢甲科，解褐将作监丞，通判益州。真宗初，官至兵部侍郎。《宋史》称他为"儒厚长者"。宋代江少虞《事实类苑·将帅才略·许骧》谓："许骧知益州归，首奏乞预为剑外之备。上怪问之。骧曰：臣解任时实无烽警，富民浮窳，易扰难安。以物情料之，但恐啸聚不可测耳。既而李顺果叛，时皆服其先见。"② 宋代潘自牧《记纂渊海》卷二二说他"历御史中丞，用法宽恕，时称仁厚长者"③。曾编订《淳化编敕》三十卷，宋代王应麟《玉海·卷六六·诏令·律令下·淳化编敕》："端拱二年十月，诏翰林学士宋白等详定端拱以前诏敕至淳化二年三月。白等上《淳化编敕》二十五卷，《敕书德音目录》五卷。帝阅之谓宰相曰：'其间赏罚条目颇有重者，难于久行，宜重加裁定。'即诏翰林承旨苏易简、右谏议大夫知审刑院许骧、职方员外郎李范同详定。至五年八月二十一日庚子，骧、范上言重删定《淳化编敕》三十卷。一本淳化二年八月庚子右谏议大夫判审刑院许骧，以新定《编敕》一部三十卷上献。编敕与刑统并行，上以其滋章繁碎，因命重删定，至是毕，付有司颁行天下。"④

三、陈象舆

戚同文高弟子之一，与宗度、许骧、高象先齐名。太宗太平兴国初举进士。

① 陆游. 渭南文集·卷四·除修史上殿札子［M］//四库全书·第 1163 册. 台北：台湾商务印书馆，1982：341.
② 江少虞. 事实类苑·卷五七［M］//四库全书·第 874 册. 台北：台湾商务印书馆，1982：476，4751.
③ 潘自牧. 记纂渊海·卷二二［M］//四库全书·第 930 册. 台北：台湾商务印书馆，1982：505.
④ 王应麟. 玉海·卷六六［M］//四库全书·第 944 册. 台北：台湾商务印书馆，1982：722.

雍熙、端拱间为盐铁副使，与枢密副使工部侍郎赵昌言厚善。宋代李焘《续资治通鉴长编》卷二九太宗端拱元年（988 年）云："枢密副使工部侍郎赵昌言与盐铁副使陈象舆厚善，度支副使董俨、知制诰胡旦皆昌言同年生，右正言梁颢，常在大名幕下，故四人者日夕会昌言第。京师语曰：陈三更，董半夜。有佣书人翟颖者奸险诞妄，素与旦亲狎，旦知颖可使，乃为作大言狂怪之辞，使颖上之，仍为颖改名马周，以为马周复出也。其言多排毁时政。"① 时任丞相的赵普嫉之，《宋史·赵普传》："时枢密副使赵昌言与胡旦、陈象舆、董俨、梁颢厚善。会旦令翟马周上封事排毁时政，普深嫉之，奏流马周，黜昌言等。"② 陈象舆被黜复州团练副使。淳化五年（994 年），以尚书户部郎中知洪州③。真宗即位，咸平中，转知福州府。景德二年（1005 年）八月，"徙两浙转运使，知饶州"④。大中祥符初，入朝为右谏议大夫（《续资治通鉴长编》卷七一）。七年，权判西京留司御史台。《续资治通鉴长编》卷八二真宗大中祥符七年（1014 年）云："五月丙戌，以左谏议大夫陈象舆权判西京留司御史台。象舆病风痹，步履艰阻，朝谒屡失仪，右军巡使姜遵劾奏之。象舆即求对，自陈可以治郡。上以语宰相，宰相曰：象舆非干器，且抱疾，任以专城，祗益其过耳。上然之。故有是命。实录云：姜遵请授象舆外郡。"⑤ 十一月，命太仆少卿裴庄权西京留司御史台代陈象舆，以象舆为卫尉卿分司西京。时刑部郎中赵湘知河南府，象舆自以位居湘右，每行香拜表，辄倨傲不为礼，使左右掖之而进，上封者言之，故有是命（据《续资治通鉴长编》卷八三）。其生平仅稽考见此。

四、高象先

高象先，虞城人⑥。父凝佑，刑部郎中，以强干称（见《宋史·戚同文传》）。陆游《跋高象先〈金丹歌〉》云："国初有高象先，淳化中为三司户部副使，少从戚同文学，与宗度、许骧、陈象舆、郭成范、王砺、滕涉齐名。"⑦

太宗即位之初举进士。宋代梁克家《淳熙三山志·卷十·版籍类一》云：

① 李焘. 续资治通鉴长编·第 3 册·卷二九 ［M］. 北京：中华书局，1995：651.
② 脱脱，等. 宋史·第 25 册·卷二五六 ［M］. 北京：中华书局，1977：8938.
③ （雍正）江西通志·卷一二三洪州东门记 ［M］//四库全书·第 517 册. 台北：台湾商务印书馆，1982：309.
④ 李焘. 续资治通鉴长编·第 5 册·卷六一 ［M］. 北京：中华书局，1995：1360.
⑤ 李焘. 续资治通鉴长编·第 7 册·卷八二 ［M］. 北京：中华书局，1995：1874.
⑥ 李焘. 续资治通鉴长编·第 4 册·卷三三 ［M］. 北京：中华书局，1995：740.
⑦ 陆游. 渭南文集·卷二六·跋高象先金丹歌 ［M］//四库全书·第 1163 册. 台北：台湾商务印书馆，1982：508.

"皇朝太平兴国五年（980 年），有言两浙大户租赋反轻，贫下之家输纳则重，乃诏朝臣王永、高象先赴州相度，于是官私田产概命弓量。"① 明代王鏊《姑苏志·卷十五·田赋税》亦云："宋初，尽削钱氏白配之目，遣右补阙王永、高象先各乘递马均定税数，只作中下两等，中田一亩，夏税钱四文四分，秋米八升；下田一亩钱三文三分，米七升四合。取于民者不过如此。"② 时高象先为右补阙，即为右拾遗之官。而马端临《文献通考》又说是太仆寺丞。《文献通考·卷四·田赋考四》云："又按，太平兴国中，遣左补阙王永、太仆寺丞高象先均福建田税，岁蠲伪闽钱五千三百二十一贯，米七万一千四百余石，用知周朝均田，孔氏抑为编户，本朝至蠲伪闽之敛，以数千万计，以其政之宽猛足以卜其受命之长短矣。"③《江南通志·卷六七·食货志》与《姑苏志》同。另宋代陈傅良《止斋集·卷二六·奏状札子》亦有"伪命日如福州每丁三百二十五，自太平兴国五年（980 年），定纳钱一百。七月，高象先奏请"的记载。这是高象先为江南百姓做的一件大好事，所以以多见史书记载。

另外，《广东通志》和《广西通志》皆有他为"转运副使""转运使"的记载，《广东通志·卷二六·职官志》记载他为"转运副使"不记年月。《广西通志·卷五一·秩官》谓"广南西路转运使"放在太平兴国二年（977 年）来任的周渭之下。今见汪森《广西名胜志总序》云："端拱元年（988 年），监察御史高象先为广西转运使，广西分部命使实始此。"④ 由此可知高氏任两广转运副使、转运使应在太宗的雍熙、端拱年间，即 985—988 年。

《宋史·戚同文传》说"象先淳化中三司户部副使"。他与吏部侍郎张宏等组成"磨勘院"，共考课同知幕职及州县官，其史事史书多有记载。《续资治通鉴长编》卷三三：太宗淳化三年（992 年）冬十月，"上虑中外官吏清浊混淆，莫能甄别。壬午，命户部侍郎王沔、度支副使谢泌、秘书丞王仲华，同知京朝官考课；吏部侍郎张宏、户部副使高象先、膳部员外郎范正辞，同知幕职州县官考课；号曰磨勘院。"⑤《宋史全文·卷四·宋太宗》二"壬辰淳化三年冬十

① 梁克家. (淳熙) 三山志·卷十 [M] //四库全书·第 484 册. 台北：台湾商务印书馆，1982：209.
② 王鏊. 姑苏志·卷十五·田赋税 [M] //四库全书·第 493 册. 台北：台湾商务印书馆，1982：310，311.
③ 马端临. 文献通考·卷四·田赋考四 [M] //四库全书·第 610 册. 台北：台湾商务印书馆，1982：120.
④ 汪森. 粤西文载·卷五二·广西名胜志总序 [M] //四库全书·第 1466 册. 台北：台湾商务印书馆，1982：602.
⑤ 李焘. 续资治通鉴长编·第 4 册·卷三三 [M]. 北京：中华书局，1982：740.

月"条亦有类似记载。据《宋史·戚同文传》,象先卒于光禄少卿。

高象先的著作,今见有《大道金丹歌》一卷。马端临《文献通考·卷二二五·经籍考·五二·子·神仙家》:"高象先《歌》一卷,晁氏曰:高先撰,象先其字也。未详何代人,论《参同契》。"① 《宋史·卷二百五·艺文志·一五八·艺文四·子类》曰"高先《大道金丹歌》一卷。"明代白云霁《道藏目录详注·卷四·太玄部》亦著录有《金丹歌》,与《玉室经》同卷,谓"真人高象先述"。陆游《渭南文集·卷二六·跋高象先〈金丹歌〉》谓"国初有高象先,淳化中为三司户部副使,少从戚同文学,……不言其所终,亦不知其乡里,恐即此人"。但又言"然序言名先,字象先,又似别一人"。高象先是否名先字象先,待进一步考证。而《大道金丹歌》一卷陆游虽认定此为高象先所著,但又有疑,故录此以待考。

又,道家宋张伯端撰,翁葆光注,戴起宗疏《悟真篇注疏》卷上,《注》引高象先曰"天地絪缊男女姤,四象五行随辐轹。昼夜屯蒙法自然,焉用孜孜看火候"之歌诀。而《悟真篇注疏》卷中,《疏》引高象先《指玄篇》文云:"黄帝访道崆峒室,始得玄纲未全悉。回头蜀国访峨眉,天真皇人与真一。莫若先敲戊巳门,戊巳门中有金水。金水便是黄芽根,黄芽根为万物母。母得子兮为鼎釜,日魂月华交感时。一浮一沉珠自飞,玄珠飞到昆仑上。子欲得之凭罔象,罔象得之归绛宫。绛宫蒸入肌肤红,肌肤红兮玄发黑,北斗由斯落死籍。大哉九十日功成,仿佛桥山有遗迹。君不见,叔通从事魏伯阳,相将笑入无何乡。准连山作参同契,留为万古丹中王。首曰乾坤易门户,乾道男兮坤道女。世人不识真阴阳,茫茫天下寻龙虎。日为离,月为坎,日月阴阳相吞啖。金乌死,玉兔生,万物皆因天地感。二气絪缊男女媾,四象五行凭辐轹。昼夜屯蒙法自然,焉用孜孜看火候。采有时,取有日,采兮取兮须慎密。"② 此当为《大道金丹歌》中之文。又,元代俞琰撰《席上腐谈》卷下著录高象先有《破迷歌》,并著录之,以备考。

五、郭成范

郭成范少年拜戚同文为师,与宗度、许骧、陈象舆、高象先齐名。郭成范于宋太祖开宝五年(972 年)进士及第。宋代彭百川《太平治迹统类·卷二

---

① 马端临. 文献通考·卷二二五·经籍考·五二 [M] //四库全书·第 614 册. 台北:台湾商务印书馆,1982:658.

② 张伯端,撰. 翁葆光,注. 戴起宗,疏. 悟真篇注疏 [M] //四库全书. 台北:台湾商务印书馆,1982:1061.

七·祖宗科举取人》载，开宝五年，扈蒙知贡举，太祖因不悦李昉取其乡人，"上令贡院籍下第人姓名三百六十人，癸酉召见，择一百九十五人，宋准以下及士廉各赐纸札引试，命御史李莹等为考官。乙亥上亲阅，得进士二十六人，士廉与焉，皆赐及第。"① 其中就有郭成范。《宋史·卷四五七·戚同文传》说他"最有文，为仓部员外郎，掌安定公书记，辞疾，以司封员外郎致仕卒"。安定公，当为太祖之孙、太祖第二子德昭子惟吉的封号。《宋史·卷二四四·宗室》一云"惟吉，字国祥……太祖崩，惟吉才六岁，昼夜哀号。……太宗即位，犹在禁中，日侍中食。太平兴国八年（983年），始出居东宫，授左监门卫将军，封平阳郡侯，加左骁卫大将军，进封安定郡公。淳化四年（993年），迁左羽林军大将军。至道二年（996年），授阆州观察使。凡邸第供亿车服赐与皆与诸王埒。"② 真宗大中祥符"三年五月薨，时年四十五"。郭成范为掌安定公惟吉书记，当在太宗的雍熙、端拱、淳化年间，即985—997年。安定公惟吉史称"好学善属文"，"每诵诗至《蓼莪》篇涕泗交下，宗室推其贤孝。雅善草隶飞白，真宗次为七卷，御制序，命藏秘阁"。郭成范"最有文"，为其掌书记，臣、主颇相为得人。《宋史·戚同文传》说他任掌安定公书记时因疾辞，"以司封员外郎致仕，卒"。其卒年当在真宗时期。

六、董循

宋代潘自牧《记纂渊海·卷三八·学校部·书院》、宋代王应麟《玉海·卷一六七·应天府书院》皆记载，"国初有戚同文者，通五经业，高尚不仕，聚徒教授。许骧、郭承范、董循、陈与（陈象舆）、王砺、滕涉皆其门人"。董循列入其名弟子之列。

董循事迹载籍者很难稽考。据宋代梁克家《淳熙三山志》卷七、宋代陈均《九朝编年备要》卷四及马端临《文献通考·卷六一·职官考》十五，董循于太宗淳化二年（991年）为司门员外郎，诏诸路转运司以常参官一人纠察刑狱事，于是以司门员外郎董循等分充诸路转运司提点刑狱。宋首置各路提点刑狱之官，由董循等一十一人分充诸路。余事待考。

七、王砺

王砺，《宋史·戚同文传》有附传，谓："王砺，事母甚谨，太平兴国五年

---

① 彭百川. 太平治迹统类·卷二七 [M] //四库全书·第408册. 台北：台湾商务印书馆，1982：672, 673.

② 脱脱，等. 宋史·第25册·卷二四四·宗室·一 [M]. 北京：中华书局，1977：8679.

进士，至屯田郎中。子涣、浃、渊、冲、泳，涣子稷臣，浃子尧臣，并进士及第。涣子梦臣，进士出身。"按：北宋有两个王砺，仁宗年间的王砺因与王尧臣同官，重其祖父名，二人还有一些过节。李焘《续资治通鉴长编》卷一四八载仁宗庆历四年四月因陈留移桥事二人相左，范仲淹奏疏所谓"王砺与尧臣祖同姓名，素不相喜"是也。宋代张方平《乐全集·卷三九·赠给事中太原王公（浃）墓志铭并序》（以下简称《王公（浃）墓志铭》）云："父砺，赠光禄大夫尚书左仆射司虞，生五代，屯会委高赀，从儒者游习，通礼学，州辟从事，始为士族。时乡人正素先生戚君同文聚徒讲业，学者自远方至，仆射府君，戚之自出，著牒门下，以高业取甲科，仕至屯田郎中，名载国策。实生才子七人，六登进士第，世绪炽昌，遂为睢阳冠冕。"①

据欧阳修为王洙撰《翰林侍读侍讲学士王公墓志铭并序》及为王尧臣撰《尚书户部侍郎参知政事赠右仆射文安王公墓志铭并序》记载，王氏其先太原祁人，六世祖某为唐辉州刺史，遭世乱因留家砀山。砀山近宋，其后又徙宋州之虞城，为南京应天府虞城人。王砺祖父讳厚，父亲王化，母戚氏，戚同文长女。张方平《王公（浃）墓志铭》说王砺生五代，他的父亲家赀丰厚，供王砺"从儒者游习，通礼学"，宋州辟为从事，使王氏进入士族阶层。当时戚同文聚徒讲业，学者自远方至，王砺为"戚之自出，著牒门下，以高业取甲科"。《宋史》谓宋太宗太平兴国五年（980 年）成进士。

王砺官至屯田郎中，而一生仕历多不见记载。据《江西通志·四六·秩官一》，太宗雍熙末（约 987 年），王砺由秘书丞知袁州府。《宋史·卷六三·五行志·第十六·五行二上》谓：咸平四年，"十二月，知淮阳军王砺献芝草三本。"② 知真宗咸平年间（998—1001 年）曾知淮阳军。又据李焘《续资治通鉴长编》卷五八，真宗景德元年（1004 年）冬十月，王砺为都官员外郎，与秘书丞许洞、殿中丞皇甫选、大理寺丞李渭诣澶州安集河北流民。又于这年十二月，抚谕怀、孟、泽、潞、滑、郑等州，放强壮归农。又据宋代孔延之《会稽掇英总集》卷十八、宋代施宿《会稽志》四及《浙江通志·一〇四·职官·宋》记载，真宗景德二年（1005 年）四月，王砺以职方员外郎知越州，因坐失与景德三年离任。

王钦臣《王氏谈录》记载，据王钦臣父亲王洙回忆云："先公（王砺）在

---

①　张方平. 乐全集·卷三六·王公（浃）墓志铭 [M] //四库全书·第 1104 册. 台北：台湾商务印书馆，1982：467.

②　脱脱，等. 宋史·第 5 册·卷六三 [M]. 北京：中华书局，1977：1388.

金陵、余杭，清夜多作诗，必召吾起草或属数句，未成且假寐，吾持笔侍侧，往往至中夜不敢退。时吾十五六岁，未始知倦。"① 王洙卒于嘉祐二年（1057年）九月，享年六十有一。十五六岁时，当在真宗大中祥符中（1011年左右），时应天书院初被赐名不久。

由以上史料可知，王砺于太宗太平兴国五年中进士后，曾以秘书郎官袁州。真宗咸平四年知淮阳军，献灵芝三本，入京师为都官员外郎。景德二年知越州。晚年曾官金陵、杭州，官至屯田郎中。据张方平《王公（渎）墓志铭》：王渎于"祥符七年，景亳回銮，举服勤词学科，既廷试第优等。……明年，乃登第释褐，试校书郎，临江决曹掾，未之官，仆射（王砺）弃养。"② 知王砺卒于宋真宗大中祥符七年（1014年）。其一生仕历大体如此。

戚同文卒后，曹诚于大中祥符初出资于戚先生旧学舍重建戚氏新学堂，戚纶、戚维兄弟与王砺等在重建学堂的规划与建设过程中都做了不少贡献。新学堂建成后，戚纶之子戚舜宾与王砺之次子王渎主持书院工作。可见王砺作为戚门弟子，为官不仅光大了戚学门楣，而且宗师卒后，还为戚学传承，应天书院的创建和发展做出了贡献。

《宋史·戚同文传》说王砺"事母甚谨"。他的母亲戚氏，是戚同文长女（据清光绪二十年王庸敬编撰《太原王氏通谱》卷七），纵观北宋一代，王氏与戚氏世代亲善，关系至为密切，这不仅仅是因为戚同文与王砺的师徒关系，还有血缘因素。特别是应天书院的创立、建设与发展，把两家紧紧地联系在一起。当时王砺继承戚同文以孝传家之风，以对母亲尽孝而闻名社会。忠君尽职，子孝父慈，遂为王氏家训。王钦臣（王洙之子）《王氏谈录·训子》云：

> 公（王洙）诲诸子曰：忠，非必杀身自尽，其诚也可。今人莅一官苟能竭力于大小之务，不自愧于禄食，推而广之至于大事，皆忠也。至于以身死事，盖古人不幸而遇之耳。闺门之内，承顺父母颜色为先，吾先公中令（王砺），奉戚氏太夫人极为子之道。太夫人每有小不如意，未尝与先公一言，先公必朝服再拜，候其色悦而退。先公在金陵、余杭，清夜多作诗，必召吾起草或属数句，未成且假寐，吾持笔侍侧，往往至中夜不敢退。时吾十五六岁，未始知倦，今吾爱汝曹不欲以严限慈，世事当自勉也。③

---

① 王钦臣. 王氏谈录·训子 [M]. 郑州：大象出版社，2003：158.
② 张方平. 乐全集. 卷三六 [M] // 四库全书·第 1104 册. 台北：台湾商务印书馆，1982：467.
③ 王钦臣. 王氏谈录·训子 [M]. 郑州：大象出版社，2003：158.

这是王洙训诫诸子的一段话，也是在传承王砺的家教。张方平《王公（洙）墓志铭》谓王砺"实生才子七人，六登进士第"。其实，王砺生有八个儿子。由于王砺教子有方，卒后还受到皇帝褒奖，下诏赠封尚书左丞。宋庠《元宪集·卷二一·屯田郎中王涣父砺可赠尚书左丞制敕》：

> 朕载耒劝耕，舍爵行赏，均厥庆赉，塞乎天渊。永惟通籍之列，咸被流根之泽，所以劝存而厚亡者也。具官某亡父，故具官某、早以士彦登于朝次，有文以饰吏，有孝以显亲，名附吏篇，行灼乡品。骋修途之未及，屈浮龄而前谢。善训诸子，不陨令名。置我周行，莫非嘉绩。宜徇褒先之请，以显教忠之族。星闱都坐天辖，上僚足贲英魂。用告幽穸可。①

敕书褒扬王砺"有文以饰吏，有孝以显亲，名附吏篇，行灼乡品"。并褒扬他"善训诸子，不陨令名。置我周行，莫非嘉绩"。所以，据褒先之请，赠尚书左丞，"以显教忠之族"。

八、嵇适

嵇适，字利往，宋城睢阳人，为张方平的外祖父。张方平《乐全集·卷四十·故翰林学士……嵇公（颖）行状》谓，其"父适，师事正素戚先生，通经术有文，擢进士第，行敦厚，不求合于时，仕止庐州录事参军"②。《乐全集》本卷又有张方平为其外祖撰写的墓志铭《赠赞善大夫嵇府君（适）墓志铭并序》，序称：嵇适生于国初，当时天下战乱未定，业儒读书的人很少。乡先生"戚公同文始大讲学，著录牒者自远方至"。嵇适的父亲与戚同文同里亲善，以嵇适属其弟子籍。"授经通大义，为门下高业，举进士第。历汝南褒信尉，掌洛之巩，江陵之石首簿，果州流溪令，越、颍、庐三郡纪纲掾"③。真宗大中祥符四年（1011年）十一月十日于合肥官舍去世，享年五十九。

据张方平《嵇府君（适）墓志铭并序》记载：嵇适"姿表秀举，襟局雅重，性宽和，寡言笑，平居燕坐拱默，终日虽仓促未尝趋步疾呼，家人未尝见其懈惰之容、喜愠之色。其与人交不逆诈，不苟谀，终身无与嫌怨者。莅官临事，主于忠恕，局事修整，不出其位，不为虚言奇行以邀声名。委蛇乎州县之

---

① 宋庠. 元宪集·卷二一［M］//四库全书·第1087册. 台北：台湾商务印书馆，1982：562.

② 张方平. 乐全集·卷四十·嵇公（颖）行状［M］//四库全书·第1104册. 台北：台湾商务印书馆，1982：502.

③ 张方平. 乐全集·卷四十·赠赞善大夫嵇府君（适）墓志铭并序［M］//四库全书·第1104册. 台北：台湾商务印书馆，1982：495.

职，而优为之，古所谓足于己、无待于外者乎！识公之道者，以比苟当涂、陈太丘焉。"①

《湖广通志·卷四四·名宦志》载：嵇适，宋城人。"为石首主簿，民有父子坐重系府橼，适按之，抵其父于法，而子获免。父死，假人言曰：主簿，仁人也，行且生贤子，后必大。"② 生三男三女。幼子嵇颖，官翰林学士，为应天书院名师，见本书"人物志五"；其一女嫁张方平的父亲，一女嫁于戚纶之子戚舜举。仁宗景祐六年（1039 年）葬于宋城县之平台乡东南。

九、滕涉

据《宋史·戚同文传》，滕涉师事戚同文，与宗度、许骧、陈象舆、高象先等人齐名。《戚同文传》谓其父"滕知白，善为诗，至刑部员外郎，河北转运使"。滕涉，虞城人，太宗朝进士。真宗初年，为殿中丞，景德元年（1004 年）六月，为真宗跋识，与刑部郎中边肃等号"二十四气"，又并称"二十四贤"。宋代李焘《续资治通鉴长编》卷五六：真宗景德元年六月，"上密采群臣之有闻望者，得刑部郎中边肃……殿中丞皇甫选、滕涉……将作监丞陈越凡二十四人。内出其姓名，令合门祗候，崇政殿再坐引对，外任者乘驿赴阙。每对必往复绅绎其词气，或试文艺多帖。三馆职或命为省府判官，或升其差使焉。……涉，虞城；遵度，淄川人也。好事者因号越等为二十四气。"③ 又明彭大翼撰《山堂肆考·卷一百三·人品·二十四贤》云："宋真宗景德元年，密采群臣有闻望者得二十四人，召对崇政殿，置于台省馆阁。比唐修文馆学士号为'二十四贤'。边肃、鞠仲谋、郝太冲、朱协、李玄、马京、何亮、卫太素、陈昭度、崔端、赵湘、姜屿、滕涉……"④。景德四年（1007 年）九月，命出使契丹，以"户部判官殿中丞滕涉为国主生辰使，侍禁合门祗候，刘煦副之。"⑤ 滕涉不负所望，尽礼而回。王铚《国老谈苑》记载："滕涉以户部副使聘北朝，主客谓涉曰：

① 张方平. 乐全集·卷四十·赠赞善大夫嵇府君（适）墓志铭并序［M］//四库全书·第 1104 册. 台北：台湾商务印书馆，1982：495.
② （雍正）湖广通志·卷四四·名宦志［M］//四库全书·第 532 册. 台北：台湾商务印书馆，1982：664.
③ 李焘. 续资治通鉴长编·第 5 册·卷五六［M］. 北京：中华书局，1985：1239.
④ 彭大翼. 山堂肆考·卷一百三［M］//四库全书·第 976 册. 台北：台湾商务印书馆，1982：106.
⑤ 李焘. 续资治通鉴长编·第 6 册·卷六六［M］. 北京：中华书局，1985：1490.

'南朝食肉何故不去皮？'涉曰：'本朝出产丝蚕，故肉不去皮耳。'"① 以应对敏捷被国人称道。真宗大中祥符二年（1009 年），出为梓州转运使。时川中泸州夷人集众为乱，虽屡示招诱，但仍侵扰不已。所以遣内殿崇班合门祗候侍其旭乘传旨戎泸州，与滕涉携本州岛岛长吏谕以祸福，如尚敢拒命，即就集酋首以兵威警之，苟能悛心，咸释其罪。傥执迷不改，须至加兵，即与钤辖等经度以闻。（见《续资治通鉴长编》卷七一真宗大中祥符二年夏四月）八月，"益州言黎州蛮已招安，有未宁辑者，望就选使臣抚谕。"又诏滕涉与侍其旭等，依前安抚。滕涉至黎州遇疾。② 在四川荐怀安军鹿鸣山人黄敏求《九经余义》四百九十篇与朝，被起用本军助教。朱彝尊《经义考·卷二四二引·宋会要》云："祥符五年（1012 年）正月，以怀安军鹿鸣山人黄敏求为本军助教。敏求明经术，尝著《九经余义》四百九十篇，转运使滕涉以其书上进，帝命学士晁迥等看详，迥等言所著撰可采，故特有是命。"③

入朝任提点刑狱，大中祥符九年（1016 年）六月，与常希古发知齐州。范航奸赃，以其受财枉法，免死杖脊、黥面，配沙门岛。范航为吏，所在贪狠，持人长短，众多惮之。航宰东明，民有讼其鬻虚钞纳物者，事状明白，按劾已就府佐，泊府台覆按，事果中变，航止罚金而已。后任河东提点刑狱，表求知博州聊城县，虽云便于举葬，实以是邑富饶，利于掊敛。在齐州尤狡蠹不法，笞棰无度，强取财物。至是，滕涉与常希古发其奸赃，又揭榜，令民首露得罪状数十条，遣御史李竦就鞫得实，而窜之。（据《续资治通鉴长编》卷八七）

真宗天禧四年（1020 年）为户部判官，知江宁府（据《江南通志·卷一百一·职官志·文职三》），请"分江南转运使为东西两路""以便按巡也"④，从之。

仁宗初即位，又与冯元、刘筠、蔡齐等上举荐徐州文学刘颜。刘颜少孤，好古学，不专章句，师事高弁，举进士第，以试秘书省校书郎知龙兴县，坐法免。久之授徐州文学，居乡里教授数十百人，采汉唐奏议为《辅弼名对》，滕涉等荐之，除任城主簿（据《宋史·卷四三二·儒林二·刘颜传》《续资治通鉴长编》卷一百仁宗天圣元年秋七月）。

---

① 王铚. 国老谈苑·卷二 [M] //四库全书·第 878 册. 台北：台湾商务印书馆，1982：352.

② 李焘. 续资治通鉴长编·第 6 册·卷七二 [M]. 北京：中华书局，1985：1630.

③ 朱彝尊. 经义考·卷二四二 [M] //四库全书·第 680 册. 台北：台湾商务印书馆，1982：176.

④ 李焘. 续资治通鉴长编·第 7 册·卷九五 [M]. 北京：中华书局，1985：2188.

入朝为刑部郎中龙图阁待制，仁宗天圣三年春正月，以右谏议大夫出知青州。宋代李焘《续资治通鉴长编》卷一百三：仁宗天圣三年春正月载，"丙戌，以刑部郎中龙图阁待制滕涉为右谏议大夫，罢职知青州。上谓辅臣曰：'青州大藩，宜遴拣牧守，涉足以任此乎？'王钦若曰：'涉自先朝已任要剧，顷自三司副使擢居侍从，今兹委寄，必能上副圣选也。'"① 当在仁宗中期，官至给事中，卒。

滕涉扬历中外，作为戚同文弟子，颇关心文治，举黄敏求，荐刘颜，皆彪炳国史。能诗，今存有知青州时道经灵岩山的题壁诗。顾炎武《求古录》载《滕涉诗》：

> 天圣戊辰（仁宗天圣六年，1028年）岁七月，奉诏解青印社归阙，粤十四日，道出鲁，经灵岩之山。灵岩古地也，山经地志颇载奇胜，因饬驾游于是。于时金火交胜，天宇如灼，周览未卒，顿获清凉。盖古之君子登名山览绝景思有以不忘者，矧今相国陇西公复题名于壁，余因命笔以继君子之行，兼记岁月而已。行右谏议大夫前知青州军州事滕涉。

> 山半旧招提，扪萝蹑石梯。佳名表四绝，胜境出三齐。殿古烟霞窟，庭深桂栢蹊。岳灵分地界，云险接天霓。香篆清风袅，松廊翠巘低。飞尘无路入，幽鸟隔岩啼。梦破泉声急，飘凉竹韵凄。微阳生顶上，残月落峰西。暂到犹尘虑，长居信觉迷。致君功业就，向此卜幽栖。②

明代杨慎《谭菀醍醐·卷三·天画》云："滕涉天圣中为青州太守，盛冬浓霜，屋瓦皆成百花之状，以纸摹之。"③ 滕涉一女，嫁书院名师嵇颖为妻。

十、孙何

宋代释文莹《玉壶清话》卷一谓戚同文弟子，"凡孙何而下七榜五十六人"。孙何，《宋史》有传。《宋史·卷三百六·孙何传》略曰：孙何，字汉公，蔡州汝阳人。父庸，字鼎臣。后周世宗显德中试补开封兵曹掾。入宋，太祖建隆初为河南簿，太平兴国六年（981年）改左赞善大夫。孙何十岁识音韵，十五能属文，笃学嗜古，为文必本经义，在贡籍中甚有声。与丁谓齐名友善，时辈号为孙丁，王禹偁尤雅重之。尝作《两晋名臣赞》《宋诗》二十篇、《春秋

① 李焘.续资治通鉴长编·第8册·卷一百三 [M]. 北京：中华书局，1985：2374.
② 顾炎武.求古录 [M] //四库全书·第683册.台北：台湾商务印书馆，1982：670.
③ 杨慎.谭菀醍醐·卷三 [M] //四库全书·第855册.台北：台湾商务印书馆，1982：698.

意》《尊儒教仪》闻于时。太宗淳化三年（992 年）举进士甲科，解褐将作监丞，通判陈州。召入直史馆，赐绯迁秘书丞京西转运副使，历右正言，改右司谏。真宗初，历献治国备边方略，真宗览而嘉之。俄权户部判官，出为京东转运副使，徙两浙转运使，加起居舍人。景德初代还，判太常礼院，知制诰，赐金紫，掌三班院。以疾卒，年四十四。孙何乐名教，勤接士类，后进之有词艺者必为称扬。好学，著《驳史通》十余篇，有集四十卷。

十一、孙僅

孙何弟，字邻几，当少年与兄同学于戚同文。《宋史·卷三百六·孙何附弟僅传》略曰：孙僅勤学，与何俱有名于时。真宗咸平元年（998 年）进士甲科，兄弟连冠贡籍，时人荣之。解褐舒州团练推官，会诏举贤良方正之士，赵安仁以僅名闻，策入第四等，擢光禄寺丞直集贤院。移知浚仪县。景德初，拜太子中允开封府推官。北边请盟，遣使交聘，僅首为国母生辰使，改本府判官，迁右正言，知制诰，同知审官院。以僅尝倅京府，谙民政，乃命知永兴军府。僅纯厚长者，为政颇宽。大中祥符元年（1008 年），加比部员外郎代还，知审刑院。顷之拜右谏议大夫、集贤院学士、权知开封府。改左谏议大夫，出知河中府。归朝复领审刑院，进给事中。天禧元年（1017 年）正月卒，年四十九。僅性端悫，中立无竞，笃于儒学，士大夫推其履尚。有集五十卷。

十二、王渙

王渙，王砺长子，少年当授学于戚同文学舍。当于太宗末年即举进士第。宋仁宗庆历元年（1041 年）既以太子宾客退居南京。仁宗的皇祐、至和年间（1049—1055 年）与太子太师致仕祁国公杜衍、司农卿致仕毕世长、兵部郎中致仕朱贯、驾部郎中致仕冯平，称睢阳五老，共建睢阳五老诗社，饮酒赋诗，优游陪都，一时传为佳话。时南京人绘《睢阳五老图》并附以诗以纪盛事，时为应天知府的钱明逸作《睢阳五老图诗并序》。"钱明逸，京兆人，初知应天，后知开封"①。《睢阳五老图诗并序》云：

夫蹈荣名而保终吉，都贵势而跻退者，白首一节，人生所难。今致政宫师相国杜公雅度敏识，圭璋岩庙，清德令望，龟准当世。功成自引，得谢君门，视所难得者则安享之谓所难行者。则恬居之燕申睢阳，与宾客太

---

① （雍正）河南通志·卷三十 ［M］//四库全书·第 536 册．台北：台湾商务印书馆，1982：116.

原王公、故卫尉河东毕卿、兵部沛国朱公、驾部始平冯公，咸以耆年挂冠，优游乡梓。暇时宴集为五老会，赋诗酬唱，怡然相得。宋人形于绘事，以纪其盛。昔唐白乐天居洛阳为九老会，于今图识相传以为胜事，距兹数百载无能绍者，以今况昔，则休烈巨美过之。明逸游公之门久矣，以乡同世契，倍厚常品。今假手留钥，日登翘馆，因得图像，占述序引，以代乡校咏谣之万一。至和丙申中秋日，钱明逸序。①

宋代王辟之《渑水燕谈录》卷四亦云："庆历末，杜祁公告老退居南京，与太子宾客致仕王涣……，为五老会。吟醉相劝，士大夫高之。……五人年皆八十余，康宁爽健，相得甚欢。故祁公诗云：五人四百有余岁。……是时欧阳文忠留守睢阳而叹慕，借其诗观之，用次韵。卒章云：闻说优游多唱和，新诗何惜借传看。"② 时王涣添名其间。祝穆《古今事文类聚前集》卷四五载王涣诗云："分曹归政养耆年，李下何由更正冠。贤相赋诗同啸傲，圣君优诏去盘桓。厖眉老叟俱称寿，凌雪乔松岂畏寒！屈指五人齐五福，乡人须作二疏看。"并谓时王涣已九十岁。仁宗嘉祐二年（1057 年）二月，他的侄子王尧臣在朝当政，言及伯父，仁宗皇帝家起王涣为礼部侍郎。此事见宋李焘《续资治通鉴长编》卷一八五：仁宗嘉祐二年二月，"甲寅，太子宾客致仕王涣为礼部侍郎，涣退归乡里十五年余，因其从子参知政事尧臣言，特迁之"③。钱明逸为序是在至和丙申（至和三年九月以前，亦即嘉祐元年，1056年），时王涣已九十岁，再起礼部侍郎时当已九十二岁高龄。《续资治通鉴长编》谓，当时以"太子宾客致仕"已经"退归乡里十五年余"。那么，他退居乡里时当在仁宗的庆历元年左右。由上推，王涣当生于太祖刚立国不久的乾德三年（965 年）左右。那么，由于是王砺长子，王涣青壮年时期，尝能亲聆宗师戚同文的指授，沾溉戚学颇多。

王涣身后子女见于文献记载的有两男一女，长子稷臣，进士及第；次子梦臣，进士出身。皆能继其家学。一女适本郡蔡挺。蔡挺与兄蔡抗曾与后为宰臣的富弼同学于应天书院，当时王渎、王洙、范仲淹为书院名师，特别赏识蔡挺才华，王涣并将爱女亲许为妻。结婚时女仅既笄，而蔡挺犹未冠。当时王氏一门顶贵，才如王尧臣，文如王洙，沓进联起，两世彬彬于朝。而蔡挺的父亲蔡

① 祝穆. 古今事文类聚前集・卷四五［M］//四库全书・第 925 册. 台北：台湾商务印书馆，1982：744.

② 王辟之. 渑水燕谈录・卷五［M］//全宋笔记・第二编・第 4 册. 郑州：大象出版社，2006：47.

③ 李焘. 续资治通鉴长编・第 13 册・卷一八五［M］. 北京：中华书局，1985：4468.

希奇仅为谯县主簿，官微节廉，家门贫寒。王洙不以蔡氏家寒为意。其女入门后"至孝而和"，"事舅姑，婉婉听命，不翅寒女"，"其友姒妇，待族姻，无一不得其欢心者"，深得公婆喜爱。助丈夫"抱艺决科"，而自己严以治家，"检柅肃严，而承顺于公，以劝以适"。蔡挺曾自叹自己事业有成"夫人助我多矣"①。从王洙之女亦可看出戚门第子秉承师教、忠孝治家的传统，还能看出戚门弟子所取得的教育成果。

---

① 朱长文. 乐圃余稿·卷十·宋故汝南郡夫人王氏墓志铭［M］//四库全书·第1119册. 台北：台湾商务印书馆，1982：53-55.

卷之十五　人物志七　书院英才考略

自宋真宗大中祥符二年（1009 年）赐名"应天府书院"始，至宋仁宗庆历三年（1043 年）书院升为南京国子监为止，三十四年的办学历史，为北宋王朝培养了一批又一批英才。这里有治国名臣，如范仲淹、王尧臣、张方平、富弼、赵概等，也有教育名家，如王洙、嵇颖、韦不伐、王洙、石介、孙复等，还有不少著名诗人、文学家，如石延年、刘潜等人。有些既是应天书院培养的英才，又是书院名师如范仲淹、嵇颖、韦不伐、王洙、王洙、石介、孙复等人，前已立传考述，此不赘述。本卷重点对早入籍于应天书院，入仕后具有社会影响的人物略做稽考，辑为"书院英才考略"。三十余年间，登进士入仕为官者难以尽考，仅"略"而述之，有待后之学者续焉。

一、王冲

王冲，字景儒，王砺子，真宗大中祥符初与范仲淹同学于应天书院。据宋刘敞《公是集·卷五三·尚书屯田郎中提举兖州仙源县景灵宫王（冲）公墓志铭》：王冲少年好学，论议依名节，慷慨自喜，不与众浮沉，士友多惮之。祥符中举服勤词学，成进士名，得试校书郎，知兴国军永兴县。父王砺于大中祥符末去世，解官服丧。服除，选于吏部，试判优等，为武安军掌书记，授武昌军。决狱明断如神，转运使奇其意，欲为之请赏，冲辞不受。仁宗登极，改元天圣，改著作佐郎，知寿州霍邱县。当任吏积不治，盗贼放横。王冲使本县百姓邻伍相收，司而以耳目，一切纠发老奸宿贼，县中捕快折服，擒无脱者。徙蜀州晋源，改秘书丞，知陈留。时仁宗初登皇位，章献太后听政，而宦官罗崇勋用事，罗崇勋等人交通县豪，气焰嚣张，渔夺百姓，而县吏不敢问。公至，独绳之以法。大姓田滋等由此惧怕，造谣言攻击王冲，告至朝廷。太后震怒，下王冲于狱，让宦者整治他。王冲仗义不屈，宁死不诬，虽查无实具，犹因此除名，而远徙雷州半岛。景祐初，仁宗亲政，为冲平反昭雪，复由著作佐郎，知越州会稽。康定初，复为秘书丞，通判乾州。自元昊衅边，边将数战不利，而民力消耗殆尽。王冲上《备边》《御戎》等策，又言修复郑国渠以实关中，事遂施行，民困以苏。通判华州，擢乾州，迁太常博士，知洋州。洋州原无郡学，王冲以应天书院初立学授徒之法，为郡立黉舍，收郡中有才子弟得二三十人，亲教养之。官吏有学行者可进学讲读，官民悦喜，由此该州教育彬彬然振兴。迁屯田员外郎，知泰州。明年改都官，岁饥发常平仓以食饥者，凡所活数万人，使者上其治，为淮南第一。仁宗皇帝赐绯衣鱼符，改职方郎。时其长兄王涣九十高龄，与杜衍举五老社，故请求为南京留司之官，以与长兄优游乡间间，有终焉之思。迁屯田郎中，提举兖州仙源县景灵宫，受诏未行，于嘉祐元年（1056年）十一月甲子以疾终，年六十八。

王冲以进士起官，更四县五州，以刚直为政，及不免入狱，滨于死。但他笃于仁义，气节凛凛，勇于当事，兴利若不及，去恶如恐失之，士大夫翕然仰之。性不妄悦人，虽穷困益坚。范仲淹特别赏识他的行事为人，数荐于朝。虽然仕途多艰，一生没做过京官，但他处之晏然，未尝以见色辞。喜读书属文，尤长于诗。逝时诗文存有一千余篇，今已不可得见。他仅守家学，教子忠孝，长子汉臣，进士及第，时为长举令。次子真臣，试将作监主簿。纵观一生，犹不愧应天书院优秀弟子。

二、窦充

窦充，字公持，洛阳人。研学应天书院，与嵇颖、王洙为益友三人。宋代张方平《乐全集·卷四十·故翰林学士……嵇公（颖）行状》：公"在庠序，与王洙源叔、窦充公持为益友三人，更相箴儆，闻义而徙，偕成德业，乡论称之。"另王钦臣《王氏谈录》记载其父王洙亦云："公始为进士，居里中，与嵇颖、窦充缔交，合各为箴以自警。"与范仲淹同学友善，举进士，官鄞江尉，范仲淹有《送窦公持鄞江尉》诗："片帆飞去若轻鸿，一霎春潮过浙东。王谢江山久萧索，子真今为起清风。"① 一生为官下层，清正廉洁，注重文献。仁宗明道元年（1032年）官湖州德清县令，重修孔子庙。明代董斯张《吴兴备志·卷二四·金石征》载，"《重修孔子庙碑》，宋德清令窦充撰，刻石在学"②。窦充文已不传。宋代沈与求《湖州德清县重修孔子庙碑》云："迨明道壬申之岁，河南窦充来是邑，讯之卜人，以为余不溪来自天目之山，注于邑之东南，两山挟之，

---

① 范仲淹·送窦公持鄞江尉［M］//四库全书·第491册·（延佑）四明志·卷二十·台北：台湾商务印书馆，1982：666.

② 董斯张·吴兴备志·卷二四［M］//四库全书·第404册·台北：台湾商务印书馆，1982：508.

秀气横出，宜益有搢绅之祥，乃作今庙直巽之隅，高明亢爽，非复旧比，而文雅之士班班出焉。"① 另仁宗庆历间，曾出为陕西襄城县知县，亦重修县学与惠远侯庙。《陕西通志·卷二七·学校》："襄城县学，宋庆历间倚于江岸。窦充宰襄建，有自记。"② 又卷二九《祠祀》二：汉中府襄城县，"惠远侯庙，在县治东南一里山河堰之左，旧名山河庙。宋政和间始赐是额。庆历中，知县窦充有碑"。

三、郭稹

郭稹，字仲微，开封祥符人。幼年丧父，母边氏，再适王砺长子、王淇王洙之兄王涣。稹实为王涣养子。应天府楚丘边氏自官至枢密直学士、累迁给事中的边肃及其子边调官尚书兵部员外郎，实为应天名家大户③，与王氏门第相对。郭稹母边氏再嫁王涣后又生四子。郭稹自幼长于应天，少年入书院读书，正是王淇掌教，在学与嵇颖、王洙相善。真宗天禧三年（1019年）春正月，诸路贡举人应试崇政殿，郭稹、王洙、嵇颖皆登第，时同辈讼郭稹因祖母未过丧期入试，郭稹落第，而嵇颖、王洙为郭稹联保，也同时落榜。④ 郭稹再举进士甲科，除河南县主簿，孙奭、冯玄荐其"学问通博"，除国子监直讲。康定元年以尚书刑部员外郎出使契丹，契丹厚礼之。既还，转兵部知制诰，判吏部流内铨，擢龙图阁直学士权知开封府，暴感风寒，卒于任。郭稹性和易，文思敏赡，尤刻意于赋，好用经语对，颇近于谐。聚古书画不计其赀购求之。母去世，稹解官服丧。时知礼院宋郊言稹为已再嫁母服丧，诏下有司博议，用冯玄等奏，有"听解官申心丧"之语⑤。

四、石延年

石延年，字曼卿，应天宋城人。先世本幽州人，后晋以幽州划归契丹，其祖举族南走，家于宋城。为人跌宕任气节，读书通大略，为文劲健，于诗最工，善于书法。真宗大中祥符末年研学应天书院，累举进士不中，真宗录三举进士

---

① 沈与求. 龟溪集·卷十一·湖州德清县重修孔子庙碑 [M] //四库全书·第 1133 册. 台北：台湾商务印书馆，1982：234.

② （雍正）陕西通志·卷二七·学校 [M] //四库全书·第 552 册. 台北：台湾商务印书馆，1982：419，519.

③ 脱脱，等. 宋史·第 29 册·卷三百一·边肃传 [M]. 北京：中华书局，1977：9983.

④ 李焘. 续资治通鉴长编·第 7 册·卷九三 [M]. 北京：中华书局，1985：2135.

⑤ 脱脱，等. 宋史·第 29 册·卷三百一 [M]. 北京：中华书局，1977：9998.

不第者以为三班奉职，延年耻不就。天禧中，张知白知应天府留守南京，奇其才，谓延年曰："母老乃择禄耶？"延年不得已就命。后以右班殿直，改太常寺太祝，知金乡县，有治名（以上据《宋史》本传）。

仁宗天圣六年（1028 年），蔡齐继晏殊守南都，时王洙为书院说书，欲荐王洙，王洙推石延年。王钦臣《王氏谈录·相知之厚》记载：蔡文忠守南都，公时为书院说书，且将荐公，而谓公曰："欲荐而未有人可令草奏以叙君之美，莫若烦君自为之。"公谢曰："才不足当公荐。今石太祝延年众爱重，宜置某而荐石。"蔡公曰："石固欲荐之，亦当自令草奏。"公徐曰："得之矣。"① 遂命王洙草石延年荐疏，而让石延年为王洙草奏。此事被传为佳话。

延年喜剧饮，尝与刘潜造王氏酒楼对饮，终日不交一言。王氏怪其饮多，以为非常人。益奉美酒肴果，二人饮啖自若，至夕无酒色，相揖而去。明日都下传王氏酒楼有二仙来饮。已，乃知刘、石也。延年虽酣放，若不可撄以世务，然与人论天下事，是非无不当。② 历光禄、大理寺丞，以秘阁校理迁太子中允，同判登闻鼓院。卒，欧阳修为撰《石曼卿墓表》（《文忠集》卷二十四）。《宋史·四四二·文苑四》有传，卷二百八《艺文志》著录《石延年诗》二卷。

五、刘潜

刘潜，字仲方，曹州定陶人。少卓逸有大志，好为古文，在书院与石延年、张方平、石介、韦不伐友善。以进士起家为淄州军事推官。尝知蓬莱县，代还，过郓州，方与曼卿饮，闻母暴疾，亟归。母死，潜一恸遂绝。其妻复抚潜大号而死，时人伤之，曰：子死于孝，妻死于义。《宋史·四二·文苑·四·石延年传》后有附传。《宋史·卷二百五·艺文志》著录"刘潜《君书集》三卷"。张方平有《哭刘潜》诗："尝谓君才似武侯，草庐牢落卧龙愁。天公不念苍生故，元叔堪怜郡吏休。蒿野已埋经国策，岩廊谁是富民侯。朝廷今始思英俊，不见庖丁刃一投。君没二年，西陲聚师。朝廷挍用才士，而碌碌竞进矣。"③

六、王尧臣

王尧臣，字伯庸，王渎长子。北宋名臣，官至参知政事。《宋史》有传。王尧臣生于宋真宗咸平六年（1003 年），十余岁时，戚氏学堂被真宗皇帝亲赐名

① 王钦臣. 王氏谈录·相知之厚 [M]. 郑州：大象出版社，2003：167，168.
② 脱脱，等. 宋史·第 37 册·卷四四二 [M]. 北京：中华书局，1977：13071.
③ 张方平. 乐全集·卷二 [M] // 四库全书·第 1104 册. 台北：台湾商务印书馆，1982：19.

为"应天府书院",学术大兴,京师以西文人学士趋之若鹜。其父王渎与戚纶之子戚舜宾掌教,如范仲淹、石介等英贤接踵而出。二十余岁,其父王渎虽出仕,而其叔父王洙复掌书院教席。晏殊留守南京为应天知府,又延范仲淹主教。时王尧臣以应天英才一举而状元及第,书院因此名声大振。王尧臣中第后两任地方,父丧丁忧。服除为三司度支判官,再迁右司谏。景祐四年(1037 年)以本官知制诰,赐服金紫,迁翰林学士,知审官院。元昊反,西边用兵,以公为陕西体量安抚使。欧阳修《文忠集·卷三二·尚书户部侍郎参知政事赠右仆射文安王公墓志铭并序》(以下简称《文安王公墓志铭》)云:"公视四路山川险易,还言某路宜益兵若干,某路贼所不攻,某路宜急为备。至于诸将材能长短尽识之,荐其可用者二十余人,后皆为名将。"力荐起用韩琦、范仲淹,云:"此两人天下之选也,其忠义智勇名动四裔,不宜以小故置之。"① 明年,元昊入泾原,复命王尧臣泾原路安抚使。要求复用韩琦、范仲淹。使还,又平德胜寨姚贵之叛。宝元二年(1039 年),以学士权三司使。时因西夏用兵,国库吃紧。王尧臣推见财利,出入盈缩,理清本末,计其缓急,去其蠹弊,斥其妄计小利之害大体者,然后一为条目,使就法度。罢副使判官不可用者十五人,更荐用材且贤者。一年而民不加赋而用足,三年,国库稍充。仁宗以功,升王尧臣为翰林学士承旨兼端明殿学士、群牧使。嘉祐元年(1056 年)三月,拜户部侍郎参知政事。三年,迁吏部侍郎。八月二十一日以疾薨于位,享年五十有六。

王氏承戚氏之学,忠孝传家,俭约修身,兄弟友爱。欧阳修《文安王公墓志铭》说他:"为人纯质,虽贵显不忘俭约。与其弟纯臣相友爱,世称孝弟者言王氏。遇人一以诚意,无所矫饰。善知人,多所称,荐士为时名臣者甚众。""将终,口授其弟纯臣,遗奏以宗庙至重,储嗣未立为忧。天子愍然,临其丧,辍视朝一日。赠左仆射太常谥曰文安。"其子同老、朋老皆能世其家学。欧阳修《文安王公墓志铭》:"宋多名家,王实大族。族大而振,自公显闻。公初奋躬,以学以文。逢国多事,有劳有勤。利归于邦,怨不避身。帝识其忠,谓堪予弼。俾副枢机,出入惟密。遂参政事,实有谋谟。"《宋史》卷二九二本传说他:"以文学进典内外制十余年,其为文词温丽。执政时尝与宰相文彦博、富弼、刘沆劝帝早立嗣,且言英宗尝养宫中,宜为后。……元丰三年,子同老进遗稿,……遂加赠太师中书令,改谥文忠。"② 欧阳修说他有《文集》五十卷,

---

① 欧阳修. 文忠集·卷三二·文安王公墓志铭并序 [M] //四库全书·第 1102 册. 台北:台湾商务印书馆, 1982:253-255.

② 脱脱, 等. 宋史·第 28 册·卷二九二·王尧臣 [M]. 北京:中华书局, 1977:9776.

《宋史·卷二百四·艺文三》录其《崇文总目》六十六卷。另外，庆历初又曾与张方平等修《唐书》。其学问渊博，学识纯正，皆得力于应天书院的教学传统。

七、王纯臣

王尧臣弟纯臣，亦是应天书院培养的英才，曾长期任国子监直讲，文雅开敏，为应天之俊彦。《宋史·艺文六》著录王纯臣有"《青宫懿典》十五卷，今佚。苏辙之子苏籀为纯臣之孙王浚明撰《故中奉敷文阁王公墓志铭》，谓："祖讳纯臣，任濮安懿王宫教授，迁河东漕，赠金紫光禄大夫。祖妣建康郡太夫人吴氏。父讳廷老，任两浙漕左，宣奉大夫。"① 而王浚明于高宗绍兴年间，官至司勋郎中，升直敷文阁。去世时，其子栋，通判镇江府；植，从政郎；棣、梲、楫权从事郎。柄、械通仕郎。由此可见，王氏一族，至南宋之初，为官者颇多。

八、张方平

张方平，字安道，南京人，北宋名臣，历官参知政事，卒赠司空，谥文定。《宋史》卷三一八有传。其婿王巩为撰《行状》云，其母嵇氏"贤明知书，躬自教诲。年十三，太夫人抚之曰：扬州俗浮薄，睢阳乡里有庠序（应天书院），四方学者萃焉。吾弟为之领袖，汝方志学，盍往依焉。吾惟汝一子，念孟母徙邻之义，不远千里致汝外氏，俾之就业，汝往勉哉。"② 舅父嵇颖以学行为应天书院师。既至书院，舅氏器爱之，切磋讲习，业大进。苏轼《张文定公墓志铭》云："公年十三，入应天府学，颖悟绝人。家贫无书，尝就人借三史，旬日辄归之，曰吾已得其详矣。凡书皆一阅终身不再读，属文未尝起草。"③ 在乡党，交游不杂。诸老先生皆自谓出其门下，名闻四方。与富弼同学书院，晏殊为南京留守，委范仲淹为其女在书院择婿，范仲淹推荐方平与富弼二人。据朱熹《宋名臣言行录前集》卷七云："晏殊判南京，公（范仲淹）以大理寺丞丁忧权掌西监（应为书院），一日，晏曰：'吾有女及笄，仗君为我择婿。'公曰：'监中有二举子，富皋、张为善，皆有文行，他日皆至卿辅，并可婿也。'晏曰：'然

---

① 苏籀．双溪集·卷十五·故中奉敷文阁王公墓志铭［M］//四库全书·第 1136 册．台北：台湾商务印书馆，1982：279．

② 王巩．（张方平）行状［M］//张方平．四库全书·第 1104 册·乐全集·附．台北：台湾商务印书馆，1982：518．

③ 苏轼．东坡全集·卷八八［M］//四库全书·第 1108 册．台北：台湾商务印书馆，1982：419．

则孰优?'范曰:'富修谨,张疏俊。'晏曰:'唯即取富为婿。'后改名,即弼
也。为善,后亦更名方平云。"① 由此知张方平初名"为善"。王巩《行状》说
他"放旷不屑细故",他在《谢苏子瞻寄乐全集序》中自云:"幼知为学而不能
勤,于时山东士人若刘潜、吴颢、石延年、韦不伐、陈靖、田度、马武十数人,
皆负豪杰之气不得骋,相与纵酒为高。仆年少好奇论,与诸酒徒游,故不得笃
志于学也。读书每抽三两策换易读之,未尝依卷帙彻一部,故涉猎荒疏。艺文
谬悠,仅成举业,得科名,遂以仕宦。"② 范仲淹评其品格"疏俊",正是指他
青年疏狂俊爽的性格特点。晏殊走后,宋绶、蔡齐继守南都,以为天下奇才。
归朝,广为延誉。范讽见方平文章,大为叹曰:"奇士哉!"明道二年制举六科,
三人共荐,方平举茂材异等科,为校书郎,知昆山县。一生仕历奇特独立,正
史多有称述,此不赘述。

　　《行状》谓范仲淹、蒋堂守姑苏,邀公谈游,"蒋公勉公曰:'即代归朝,
何以为献? 空言无补,不若著诸时务之为益于治也。'公因人事之间,采掇当世
之得失,浃日成《刍荛论》五十篇十卷,蒋公披阅不能释手,楼而上之,荐应
贤良方正能直言极谏科"③。苏轼《张文定公墓志铭》记他:"公晚自谓乐全居
士,有《乐全集》四十卷、《玉堂集》二十卷,注仁宗《乐书》一卷。神宗尝
赐亲扎曰:'卿文章典雅,焕然有三代之风,书之典诰,无以加焉。西汉所不及
也。'"④。《四库全书总目提要》云:"其集见于《宋史·艺文志》者四十卷,
与此本合。……方平天资颖悟,于书一览不忘,文思敏赡,下笔数千言立就。
才气本什伯于人,而其识又能灼见事理,剸断明决,故集中论事诸文,无不豪
爽畅达,洞如高抬贵手。不独史所载《平戎十策》《论新法疏》为切中利弊。
苏轼作序以孔融、诸葛亮比之,虽推挹之词稍为溢量,然亦殆于近似矣。"⑤

　　张方平事迹具《宋史》本传外,其重要史料还有《乐全集》附其婿王巩撰
《行状》、苏轼《东坡全集·卷八八·张文定公墓志铭》等。

　　① 朱熹. 宋名臣言行录前集·卷七 [M] //四库全书·第449册. 台北:台湾商务印书
馆,1982:85.

　　② 张方平. 乐全集·卷三四 [M] //四库全书·第1104册. 台北:台湾商务印书馆,
1982:381.

　　③ 王巩.（张方平）行状 [M] //张方平. 四库全书·第1104册·乐全集·附. 台北:台
湾商务印书馆,1982:518.

　　④ 苏轼. 东坡全集·卷八八·张文定公墓志铭 [M] //四库全书·第1108册. 台北:台
湾商务印书馆,1982:428.

　　⑤ 永瑢,纪昀,等. 四库全书总目·卷一五三·集部·六 [M] //四库全书·第4册. 台
北:台湾商务印书馆,1982:133.

九、富弼

富弼，字彦国，洛阳人。北宋著名宰相。《宋史》卷三一三本传云："少笃学，有大度，范仲淹见而奇之曰'王佐才也'。以其文示王曾、晏殊，殊妻以女。仁宗复制科，仲淹谓弼当以是进。举茂材异等，授将作监丞，签书河阳判官。"① 朱熹纂《宋名臣言行录后集·卷二·富弼》云："公初游场屋，穆伯长谓之曰：'进士不足以尽子之才，当以大科名世，公果礼部试下。'公西归，范文正遣人追公曰：'有旨，以大科取士，可亟还。'公还京师，见文正。辞以未尝为此学。文正曰：'已同诸公荐君矣。久为君辟一室，皆大科文字，可往就馆。'时晏元献为相，求婚于文正。文正曰：'公女若嫁官人，则仲淹不敢知。必求国士，无如富弼者。即议婚，公遂以贤良方正登第。"② 以上两则史料提到的范仲淹初见富弼、富弼初游"场屋"、范仲淹为晏殊择婿、富弼登大科进士等，其实皆发生在应天书院。前文张方平小传中已引范仲淹为晏殊举荐张方平、富弼两个皆可为婿事，见朱熹《宋名臣言行录前集》，此引为《后集》。另外，宋人笔记及类书中多记"择婿"遗事，被士林传为美谈，但所记往往有些差异。从晏殊守南都为应天知府而大兴应天书院、范仲淹主讲书院的时间来看，富弼的这些事实应发生于应天书院。晏殊仁宗天圣五年（1027 年）正月来南京，随延范仲淹主教应天书院，第二年八月又召回京师，在南都仅一年半的时间。晏殊入京即举荐范仲淹，天圣七年（1029 年），范仲淹也入朝为秘阁校理。富弼于天圣八年（1030 年），以茂材异等大科中第（另见苏轼《富郑公神道碑》），授将作监丞。在书院议婚时，富弼还是书院研学的秀才。晏殊在于其家兄的书信中，也提到选婚一事，晏殊《元献遗文·札子·答中丞兄家书》云："近日京师官中行公事甚多，细视多是人家子弟轻事玩狎，非类致之者。是知小儿女尤宜亲近有德，远轻薄之徒也。二娘子已商量与应茂才异等秀才富弼为亲，极有行止文艺。"③ 当时领袖文坛的晏殊，对富弼这位女婿是极为满意的。富弼一生不管地方为官，或为京师皇帝近臣，没有辜负范仲淹、晏殊等人的期望。北宋中期西夏用兵，朝内新旧矛盾重重，党争激烈，富弼砥柱中流，为三朝名相。官拜至同中书门下平章事集贤殿大学士、司徒，卒赠太尉，谥文忠。弼性至孝，

---

① 脱脱，等．宋史·第 29 册·卷三一三［M］.北京：中华书局，1977：10249.

② 朱熹．宋名臣言行录后集·卷二·富弼［M］//四库全书·第 449 册．台北：台湾商务印书馆，1982：146.

③ 晏殊．元献遗文·札子·答中丞兄家书［M］//四库全书·第 1087 册．台北：台湾商务印书馆，1982：35.

恭俭好修，与人言必尽敬，虽微官及布衣谒见但皆与之抗礼，气色穆然不见喜愠，其好善嫉恶出于天资。常言君子与小人并处其势必不胜。君子不胜则奉身而退。乐道无闷。小人不胜则交结构扇，千岐万辙，必胜而后已。迨其得志，遂肆毒于善良，求天下不乱不可得也。其终身皆出于此云。元祐初，配享神宗庙庭。哲宗篆其碑首曰"显忠尚德"，命学士苏轼撰文刻之。其一生仕历大节，在正史本传及苏轼撰《富郑公神道碑》中，此不赘述。

十、赵概

赵概，字叔平，南京虞城人。官至参知政事、尚书左丞。《宋史》卷三一八有传。七岁父卒，笃学自力。应天书院赐名之初，时赵概十六、七岁，入学既受知于戚纶。当时闻人刘筠、黄宗旦等皆称其文辞，认为必显于时，而其器识宏远，则皆自以为不及。仁宗天圣五年（1027 年）擢进士第三人，授匠作监丞，通判海州。当年王尧臣是第一名，韩琦第二名，赵概第三名（一说与韩并第二），王尧臣、赵概皆出自应天书院，书院一时名声大振。累官至参知政事、尚书左丞。为仁宗、英宗、神宗三朝元老，名重天下。宋代叶梦得《石林燕语》卷八云："仁宗留意科举，由是礼闱知举任人极艰。天圣五年春榜，王沂公当国，欲差知举官，从臣中无可意者，因以刘中山筠为言。时刘知颍州，仁宗即命驿召之。是岁廷试王文安公尧臣第一，韩魏公第二，赵康靖公第三。"又，卷六云："嘉祐末魏公为相，康靖为参知政事。伯庸（王尧臣）虽先罢去，而魏公与康靖同在政府，当时号为盛事。"① 为人闳厚端静，约己爱人。平居喜愠未尝形于色，闻人善若自得，其有所未至，亦将勉使及之。虽在事寡于言，然阴以济物不为少。当时与欧阳修同官，修逾公为知制诰，人皆为歉然，及修坐事，起诏狱，公独立上前，后修亦以老归颍州，公自睢阳尝往见之，与时知颍州的吕公著置酒高会，其献酬之曲流于乐府。公受两朝之遗，自谢事去，上四行大礼，每召公陪祠，皆以疾不能至。上命中贵人传宣抚问公，顿首谢命。尝集古今谏争事，上《谏林》百二十卷，著有《应制集·三十卷·别集》五十卷，又有《老子集注》《维摩经续注》等书，为晚年之作。

卒后苏轼为撰《赵康靖公神道碑》，王珪有《华阳集·卷六十·太子少师致仕上柱国天水郡开国公……赠太子太师谥康靖赵公墓志铭》。其一生仕历事迹已见《宋史》本传及以上二文。此从略。

---

① 叶梦得. 石林燕语［M］. 北京：中华书局，1984：85，112.

十一、蔡抗

蔡抗，字子直，宋城人。曾与富弼同学于应天书院。宋代张方平《乐全集·卷四十·礼部侍郎蔡公墓志铭》记载，他的父亲以明经仕进，为泗州军事推官，虽治经，但有才识，所结交皆为当世豪俊，故蔡抗与弟蔡挺青少年读书时既"早得时誉"。蔡齐为南京留守知应天府，喜奖拨人伦，"深器公，处之甥侄，竟妻以妻之宗女"①。景祐中登甲科，一命太平州军事推官。父疾弃官。近臣举充颍川郡王院伴读，迁颍川郡王、睦亲王宅讲书。久在宗邸，英宗在潜邸，器重之。知苏州，江湖民田苦风潮害，筑长堤亘八十里，民以为利。徙广东转运使。英宗立，召为三司判官。官至知制诰、龙图阁学士，卒赠礼部侍郎。其事迹见《宋史》卷三二八本传、张方平《乐全集·卷四十·礼部侍郎蔡公墓志铭》。

十二、蔡挺

蔡挺，字子正（一作子政），蔡抗弟。《宋史》卷三二八有传。少年即敏于学，英迈豪俊，雅有大志。本以文学进，间读兵书战策，以将帅之略自任。声闻于书院，王涣以爱女妻之。与张方平友善，逝后张方平《祭蔡子正资政文》（苏辙代）云："嗟我与公，少年相亲。乡党之游，继以婚姻。"② 未冠登进士第，释褐虔州推官，再调陵州。部司上官察其器干，人人欲引为己用。时朝内大臣多出自书院英才，最知蔡挺才干。王尧臣安抚陕西，辟他为管勾文字；富弼使辽，奏挺从至雄州，发现誓书有所更易，便派挺还京说明。仁宗欲知契丹事，亟召对，不及易朝服，占奏明辩。特迁大理寺丞。寻改殿中丞，签书南京留守判官公事。范仲淹宣抚陕西河东，荐公才，任烦要。历知数州，俱有善政。熙宁中，累迁至枢密副使。以疾迁资政殿学士，判南京留司御史台，卒，赠工部尚书，谥敏肃。有《文集》二十卷，今佚。虽尚武，而文笔甚佳。宋代江少虞《事实类苑·卷三五·诗歌赋咏》谓："蔡子正久在边任，晚年以龙图阁直学士再守平凉，作《喜迁莺》词以自广，曰：'霜天清晓，望紫塞古垒，寒云衰草。汉马嘶风，边鸿叫月，陇上铁衣寒早。剑歌骑曲悲壮，尽道君恩须报。塞垣乐，尽櫜鞬锦领，山西年少。谈笑。刁斗静，烽火一把，时送平安耗，圣主

---

① 张方平．乐全集·卷四十［M］//四库全书·第 1104 册．台北：台湾商务印书馆，1982：498.

② 张方平．祭蔡子正资政文（苏辙代）［M］//四库全书·第 1112 册．台北：台湾商务印书馆，1982：278.

忧边，威怀遐远，骄虏尚宽天讨。岁华向晚愁思，谁念玉关人老？太平也，且欢娱，莫惜金樽频倒。'此曲成，大传都下。"又云："熙宁六年，有司言日当食。四月朔，上为撤膳，避正殿。一夕微雨，明日不见日食，百官入贺。是日有皇子之庆。蔡子正为枢密副使，献诗，前四句曰：'昨夜熏风入舜韶，君王未御正衙朝。阳辉已得前星助，阴渗潜随夜雨消。'其叙四月一日避正殿，皇子庆诞，阴云日蚀，四句尽之。当时无能过之。"① 其生平事迹另见张方平《乐全集·卷四十·赠工部尚书蔡公墓志铭》。

十三、张尧封

张尧封，西京（洛阳）永安人。仁宗温成皇后之父。父颖，进士第，官建平令。尧封与弟尧佐，少好学，入应天书院研学，家贫，颇刻苦，孙复研学书院，从孙复学。邵博《邵氏闻见后录》卷二十云："张尧封从孙明复先生学于南京，其女子常执事左右。尧封死，入禁中为贵妃，宠遇第一。数遣使致礼于明复，明复闭门拒之终身。"② 按，张尧封从孙复学，并见王巩《闻见近录》与张镃《仕学规范》卷十二，《闻见近录》谓尧封从学时"其子去华与贵妃常执事左右"，《宋史·稽颖传》、张方平《稽君行状》皆谓其子化基。国初太祖时有张去华，其子师德，是王巩记错，或是尧封子另有一"去华"？有待详考。

张尧封累举不第。时稽颖为典学，从颖学为文（稽颖与其父同名）。稽颖以其俊整，颇为延誉公卿间，尧封也因此稍知名。自书院举进士，为石州推官。卒。当时所著文章多为稽颖保存。后尧封女入掖庭为修媛，有盛宠，其弟化基曾造访稽颖家，并自陈世旧，求父平生素业，且请稽颖为之编次，并为序以献。稽颖不答。（见本书"人物志五"）。皇祐初，其女进贵妃，后五年薨，仁宗哀悼之，追册为皇后，谥温成。尧封累赠太师中书令兼尚书令，封清河郡王，谥景思。其弟尧佐因缘侥幸，致位通显。尧佐，《宋史·卷四六三·外戚上》有传。

十四、王稷臣

王稷臣，王涣子。仁宗年间，进士及第。据《续资治通鉴长编》，英宗治平三年（1066年）夏四月，曾以度支郎中"直集贤院，充颍王府翊善，令于皇子

---

① 江少虞. 事实类苑·卷三五·诗歌赋咏［M］//四库全书·第874册. 台北：台湾商务印书馆，1982：301.
② 邵博. 邵氏闻见后录·卷二十［M］. 北京：中华书局，1983：156.

两位供职"①。又，张方平有《举王稷臣台阁》文，举荐文云："伏见尚书屯田郎中权管勾南京留守司御史台王稷臣，性资通敏，操守方正，和而不杂于俗，清而不滞于物。器识才望，士之高选。臣今同罪保举，堪充台阁清要。省府烦重任使。"②

---

①　李焘. 续资治通鉴长编·第 15 册·卷二〇八［M］. 北京：中华书局：5049.
②　张方平. 乐全集·卷三十［M］//四库全书·第 1104 册. 台北：台湾商务印书馆，1982：331.

卷之十六　应天著述志

刘熙古（903—976 年）

字义淳，宋州宁陵（今属河南）人。于五代时期的后唐、后晋、后周均有任官。宋太祖统管宋州时，刘熙古任节度判官，入宋官至参知政事，户部尚书。开宝九年（976 年）去世，追赠右仆射。见《宋史》卷二六三。

《春秋极论》二篇《演论》、三篇

始见《宋史》本传，云："熙古年十五通《易》《诗》《书》，十九通《春秋》。""后唐长兴中，以三传举。时翰林学士和凝掌贡举，熙古献《春秋极论》二篇，《演论》三篇，凝甚加赏，召与进士举擢第。"后佚。

《切韵拾玉》二篇

始见《宋史》本传，云其"颇精小学，作《切韵拾玉》二篇，摹刻以献，诏付国子监颁行之。"后佚。

《历代纪要》十五卷

始见《宋史》本传，云为"集古今事迹"成书。后佚。

《续聿斯歌》一卷、《六壬释卦序例》一卷

始见《宋史》本传，云"熙古兼通阴阳象纬之术"，作此二书。后佚。

戚同文（904—991? 年）

字同文，一字文约，宋之楚丘人。历五代入宋皆不仕，以文学义行为学者师，殁，其徒相与号为正素先生。为北宋应天府书院祖师。见《宋史·卷四五七·隐逸》上。

《孟诸集》二十卷

《宋史·卷二百八·艺文》七著录，后佚。《宋史》本传谓同文"好为诗，有《孟诸集》二十卷，杨徽之尝因使至郡，一见相善，多与酬唱"。

刘蒙叟 （934—1006 年）

字道民，宁陵（今属河南）人。刘熙古子。太祖乾德五年（967 年）进士，官终太常寺少卿。见《宋史》卷二六三。

《五运甲子编年历》三卷

始见《宋史》本传，云：成平中，直史馆，"会诏直史馆各献旧文，以蒙叟所著为嘉"。又言其"好学，善属辞"等。后佚。

有《乞真宗崇俭德守前规奏》，见《全宋文·卷七九》第四册第四百三十一页。

郭贽 （935—1010 年）

字仲仪，一字少仪，襄邑（今河南睢县）人。太祖乾德进士，官至参知政事，真宗时官至礼部尚书。卒谥文懿。见《宋史》卷二六六。

《戒子篇注解》

始见《宋史》本传，云，太平兴国间，郭贽为著作佐郎、右赞善大夫，兼皇子侍讲。太宗至东宫，出《戒子篇》，命贽注解，且令委曲讲说以喻诸王。后佚。

《文懿集》三十卷

始见《宋史》本传，后佚。传云："太宗在晋邸时，凡制篇咏，多令属和。"又言"贽属文敏速而不雕刻"。死后，遗文由其子昭度"集为三十卷上之，赐名《文懿集》"。

有《奉次文爵兄韵》《寄刘延叟》诗二首，见《宋诗纪事补遗》二。诗句二，见《春渚纪闻》七。

有《明德皇太后谥议》文一篇，《全宋文》五四辑自《太常因革礼》九五。

戚维

字仲本，戚同文长子，国初登进士上第，始以儒雅受训于庭，复以文学策名于国，终以廉平莅事于官。有文有行，守道不渝，游宦三十余年。累官职方郎中，致仕卒，年八十一。事见《宋史》卷四五七戚同文传附、王禹偁《小畜集·一九·送戚维序》）。

《送何水部蒙出牧袁州》诗一首

厉鹗《宋诗纪事》卷七辑自《袁州府志》《全宋诗·卷一七》（第一册）第二百五十三页。

张去华（938—1006 年）

字信臣，襄邑（今河南睢县）人。太祖建隆二年（961 年）进士，累官工部侍郎。善谈论，尚气节。真宗尝命写其《元元论》列置龙图阁四壁。见《宋史》卷三〇六。

《大政要录》三卷

始见《宋史·艺文志》四，后佚。《宋史》本传言，雍熙三年，去华加陕州转运使，"未行，著《大政要录》三十卷以献，上览而嘉之，诏书褒美，赐采五十匹，因留不遣。"

《文集》十五卷

始见《宋史》本传，后佚。有《游七星岩》诗一首，见《永乐大典》九七六三。收入《全宋诗》（第 1 册）第 298 页。

王砺（？—1014 年）

南京应天府虞城人。生五代，拜戚同文为师，通礼学，太平兴国五年进士，太宗雍熙末（约 987 年），由秘书丞知袁州府。真宗景德二年（1005 年）四月，王砺以职方员外郎知越州。官至屯田郎中。卒于宋真宗大中祥符七年（1014 年）。见《宋史·戚同文传》附传、张方平《乐全集·三九·赠给事中太原王公（渎）墓志铭并序》、宋庠《元宪集·卷二·屯田郎中王涣父砺可赠尚书左丞制敕》《江西通志·卷四六·秩官一》《浙江通志·卷一〇四·职官·宋》。

有《赠日本僧寂照》诗，喜为诗，《王氏谈录·训子》记王洙回忆其父王砺，"先公在金陵、余杭，清夜多作诗，必召吾起草或属数句，未成且假寐，吾持笔侍侧，往往至中夜不敢退"。此诗见王钦臣《王氏谈录·赠日本僧诗》与《全宋诗·卷五四》（第一册）第五百九十八页。

戚纶（954—1021 年）

字仲言，戚同文子，戚维弟。与兄维以文行知名，笃于古学，喜谈名教。太宗太平兴国八年（983 年）进士。历知州县，入为光禄寺丞。真宗初，除秘阁校理，拜右正言，图阁待制，预修《册府元龟》，进秩左司谏、兵部员外郎。在父亲讲学旧舍，建应天府书院。天禧五年（1021 年）卒，终年六十八岁。事见《宋史》卷三〇六。

《礼部韵略》五卷、《条式》一卷

与丘雍合著。宋代陈振孙《直斋书录解题》卷三著录，谓"雍熙殿中丞丘雍、景德龙图阁待制戚纶所定。景祐知制诰丁度重修，元祐太学博士增补，其曰略者，举子诗赋所常用，盖字书声韵之略也"。

《理道评》十二篇

《宋史·卷三〇六·戚纶传》云："著《理道评》十二篇，钱若水、王禹偁深所赏重。"《荐戚纶上翰林学士钱若水启》谓戚纶"出无车马，冒犯风雪，袖文相过，有《理道评》十二篇。味之非空言也。然而辞直意切，急于救时。"宋代王应麟《玉海·卷五五·艺文·著书·杂著》著录。佚。

《治本十事》

《宋史·戚纶传》云：一曰王畿关辅、二曰五等封建、三曰复制科、四曰崇国学、五曰辟旷土、六曰修贡举、七曰任大臣、八曰置平籴、九曰益厢军减禁军、十曰修《六典》令式。词颇深切，上为嘉奖。全文佚。

《遗戒》一篇

大率皆诱劝为学。见《宋史·卷三〇六·戚纶传》。佚。

《谕民诗》五十篇

见《宋史·卷三〇六·戚纶传》云："知大和县"，"江外民险悍，多搆讼，为《谕民诗》五十篇，因时俗耳目之事以申规诲，老幼多传诵之。"宋代江少虞《事实类苑·卷二二·宦政治绩·戚密学》："戚密学纶初筮仕知太和县，里俗险薄，喜撰虚词。公至以术渐摩，先设巨械，严固狴牢，其鞭挺、紃索比他邑数倍，民已悚骇。次作《谕民诗》五十绝，不事风雅，皆风俗易晓之语，俾之讽诵，以申规警。立限曰："讽诵半年，顽心不悛，一以苛法治之。"果因此诗，狱讼大减。其诗有云："文契多经岁月深，便将疆界渐相侵。官中验出虚兼实，枷锁鞭笞痛不禁。"大率类此，江南往往有本。"全诗后佚。

《戚纶集》三十卷

《山东通志·卷三四·经籍志》著录。按：《宋史》本传云："有集二十卷，又前后奏议有机务利害、备边均田之策，别为《论思集》十卷，分上下篇。天圣中其子舜宾献之。"所谓三十卷者，当指集二十卷、《论思集》十卷，合为三十卷。皆佚。

有《上真宗论受天书》，见宋代赵汝愚《宋名臣奏议·卷三六·天道门》。

有《治本十事奏》等文八篇，《全宋文·卷一四〇》（第七册）第二百一十五至二百一十九页。

有《送张无梦归天台山》《送何水部蒙出牧袁州》《论民》等三首诗，分别

211

见宋代林师蒇等编《天台续集》卷上、厉鹗《宋诗纪事》卷三、《全宋诗·卷七二》（第二册）第八百一十四页。

张师颜

宋真宗时在世。襄邑（今河南睢县）人，张去华子。官至刑部郎中、同提举在京诸司库务。见《宋诗纪事补遗》卷二二。

有《送程给事知越州》诗一首，见《宋诗纪事补遗》卷二十二。

杨大雅（964—1032 年）

本名侃，避真宗藩邸讳改名，字子正，宋州（今河南商丘）人。太宗端拱二年（989 年）进士，累官集贤院学士，知亳州。见《宋史》卷三〇〇。

《两汉博闻》十二卷

始见《宋史》本传，后佚。

《原治》十七篇

始见《宋史》本传，后佚。

《职林》十二卷

始见《宋史》本传，后佚。

《家谱》一卷

始见《宋史》本传，后佚。

《大隐集》三十卷

始见《宋史》本传，后佚。大隐当取"大隐隐朝市"之义，本传载大雅曾上书自荐。又言"大雅素好学，日诵数万言，虽饮食不释卷"。

《西垣集》五卷

始见《宋史》本传，后佚。大雅曾以兵部郎中知制诰。

有《游龙瑞观》等诗四首，见《宋诗纪事补遗》卷五。

有《皇畿赋》等文四篇，辑入《全宋文》卷二一一。

郭昭度

宋真宗、仁宗朝在世。字汝则，开封襄邑（今河南睢县）人。郭赞子。官终比部郎中。见《宋史纪事补遗》卷五。

《唐春秋》三十卷

见《补五代史艺文志》，误作郭昭庆。佚。

《经国治民论》二卷

见《补五代史艺文志》，误作郭昭庆。佚。

《治书》五十篇

见《补五代史艺文志》，佚。

《芸阁集》十卷

始见《宋史·艺文志》七，后佚。

有《左掖即事》《春日奉和马景山》诗二首，见《宋诗纪事补遗》卷五。

李永德

宋真宗朝在世。下邑（今河南夏邑）人。官殿中丞。见《宋史·卷二六七·李惟清传》附。

《点头文》一卷

始见《宋史·艺文志》六，入杂艺术类。后佚。

王涣

王砺长子，太宗末年举进士第，仁宗庆历元年（1041 年）以太子宾客退居南京。仁宗皇祐、至和年间（1049—1056 年）与太子太师致仕祁国公杜衍、司农卿致仕毕世长、兵部郎中致仕朱贯、驾部郎中致仕冯平，共建睢阳五老诗社，饮酒赋诗，优游陪都，官终礼部侍郎。见张方平《乐全集·卷三〇·请应天府致仕官王涣、朱贯给俸札子》。

有《睢阳五老会诗》《昭庆寺看芍药》诗二首，诗句二，见《事文类聚》卷四五、《关都文料续编》卷二九、《舆地纪胜》卷一七、《全宋诗·卷七三》（第二册）第八百四十三页。

盛度（968—1041 年）

字公量，应天府（今河南商丘）人。太宗端拱二年（989 年）进士，官参知政事，知枢密院。卒赠太子太保，谥文肃。曾奉诏同编《续通典》《文苑英华》。注释《御集》。见《宋史》卷二九二。

《沿革制置敕》三卷

始见《宋史·艺文志》三，后佚。

《庸调租赋》三卷

始见《宋史·艺文志》三，入地理类，后佚。

《西域图》

始见《宋史》本传，云："奉使陕西，因览疆，参质汉唐故地，绘为《西域图》以献。"后佚。

《河西陇右图》

始见《宋史》本传，云："尝奏事便殿，真宗问其所上《西域图》，度因言：酒泉、张掖、武威、炖煌、金城五郡之东南，自秦筑长城，西起临洮，东至辽碣，延袤万里，有郡有军有守捉，襟带相属，烽火相望，其为形势备御之道至矣。""今复绘山川道路壁垒区聚为《河西陇右图》，愿备上览。"真宗称其博学。后佚。

《愚谷集》

始见《宋史》本传，佚。

《银台集》

始见《宋史》本传，佚。

《中书集》

始见《宋史》本传，佚。

《枢中集》

始见《宋史》本传，云"度好学，家居列图书，每归未尝释手。敏于为文，而泛滥不精"。佚。

《中书制集》

始见《宋史》本传，佚。

《翰林制集》

始见《宋史》本传，后佚。

有《庶子泉》诗一首，见《宋诗纪事》四。

有《请行解盐条约奏》等文十五篇，辑入《全宋文》卷二一〇。

朱贯（970—? 年）

字贯道，睢阳（今河南商丘）人。为庆历末睢阳五老会之一。见《宋诗纪事》八。

有《睢阳五老会》诗一首，见《宋诗纪事》八。

张师德

宋仁宗时在世。字尚贤，开封襄邑（今河南睢县）人。张去华子。真宗大中祥符四年（1011 年）进士，官至左谏议大夫。见《宋史》卷三〇六。

《文集》十卷

始见《宋史》本传，后佚。

有《送僧归护国寺》诗一首，见《宋诗纪事补遗》六。

张师锡

宋仁宗时在世。开封襄邑（今河南睢县）人。张去华子。以侍郎致政居洛阳。见《宋史·卷三〇六·张去华传》。

有《老儿诗五十韵》《喜子及第》诗二首，见《青箱杂记》五。

王渎（974—1030年）

字希圣，南京宋城（今河南商丘）人。王砺次子，应天府书院初建，虚师席以待公，自诸耆旧大生，皆执经北面。材经匠手，无不成器。四方学校，其规模条教，皆源于应天。乡举宾兴，尝占第一。大中祥符八年（1015年）登第，仕至太常博士。见张方平《乐全集·卷三九·王公墓志铭》。

《文集》十卷

始见张方平《王公墓志铭》，云其自幼"风调宏迈，凛凛有奇节。尝慨然曰：士志于道，在得大者远者。学而不究于古今之变，究而不适于几深之用，岂士也乎！"后佚。

《备对制策》十卷

始见张方平《王公墓志铭》，后佚。

诗有"东湖富泉石"句，见宋王象之《与地纪胜·卷二八·江南西路·隆兴府》，辑入《全宋诗·卷一六二》（第3册）第1625页。

韦不伐（979—1052年）

字次德，南京宋城（今河南商丘）人。以大理寺丞知许州司录。见张方平《乐全集·三九·韦府君墓志铭》。

有《岘山》诗一首，见嘉庆《湖北通志》卷九〇。

王冲（989—1056年）

字景儒，王砺子，王渎弟，真宗大中祥符中进士，知兴国军永兴县。仁宗天圣初历知寿丘、晋源、陈留。忤宦官罗崇勋贬雷州。仁宗亲政，起知会稽，历知乾、洋、泰等州，领南京留司御史台，嘉祐元年卒。宋代刘敞《公是集卷五三·尚书屯田郎中提举兖州仙源县景灵宫王（冲）公墓志铭》。

《备边策》《御戎策》

始见刘敞《公是集·卷五三·王（冲）公墓志铭》，谓"康定初，复为秘书丞，通判乾州。自元昊衅边，边将数战不利，而民力消耗殆尽。王冲上《备边》《御戎》等策"。

《诗集》千余篇

刘敞《公是集·卷五三·王（冲）公墓志铭》说他"喜读书属文，尤长于诗。诗凡千余篇，读之，其志可见也"。今存《次韵范公（仲淹）游云门》《续寄一章》诗二首，见清代厉鹗《宋诗纪事》一七引《云门志略》、清代王昶《金石萃编》卷一三三，辑入《全宋诗·卷一七〇》（第三册）第一千九百二十页。

石延年（994—1041年）

字曼卿，一字安仁，宋城（今商丘）人。真宗、仁宗年间著名诗人。累举进士不第，以武臣叙迁得官，仕至太子中允，秘阁校理。建议选将练兵，以备辽夏。西夏扰边，朝廷征练河北、河东、陕西乡兵数十万，延年奉命经办，获仁宗赞许。见《宋史》卷四四二。

《五胡十六国考镜》一卷

诸家书目未载。见清代曹溶辑《学海类编》史参类。按五胡十六国，指西晋永兴元年（304年）至南朝宋元嘉十六年（429年）一百多年间，匈奴、氐、羯、鲜卑、羌五个少数民族，混战中原，与汉人割据，前后所建十六个政权。《四库全书总目》曰《十六国考镜》一卷，见《四库全书总目·卷六十六·史部·二十二》，提要云："此编举《晋书》载记中所列五凉、四燕、三秦、二赵并成夏等十六国，考其始终，传世几代，历年若干，通篇不及二千言，自宋以来诸家俱不著录，惟曹溶《学海类编》收之。"另有《丛书集成初编》本。

《石曼卿集》一卷

又名《石曼卿诗集》《石曼卿歌诗集》《石延年诗》《石学士诗集》。始见《郡斋读书志》卷一九，云："《石曼卿集》一卷，右皇朝石延年曼卿，南京宋城人，举进士不中，为三班奉职，改太常寺太祝，迁秘阁校理。能为诗，书甚遒丽。"又见陈振孙《直斋书录解题》卷二十："《石曼卿歌诗集》一卷，秘阁校理宋城石延年曼卿撰。自为序，石介复为作序。其仕以三举进士为三班奉职，处详见欧阳公所作墓志。"苏舜钦《苏学士集·卷一三·石曼卿诗集序》云："曼卿之诗，又时震奇发秀，盖取古之所未至，托讽物象之表，警时鼓众，未尝徒设。""曼卿资性轩豁，遇者辄咏，前后所为，不可胜计，逸亡而存者，才四百余篇。古律不异，并为一帙。"按此序又见于石介《徂徕集》一八，文字略有出入，未审谁作。有《两宋名贤小集》本。《全宋诗》收石延年诗一卷，载卷一七六，诗前小传云："以抄本《两宋名贤小集·石曼卿集》一卷为底本，校以影印文渊阁四库全书本及《宋文鉴》（四部丛刊本）等书所引。又清代振纲所辑《石学士诗集》一卷（道光二十年刊本），较底本收诗为多，今删其重出，以其所余参校诸书所引，与新辑得之集外诗合残句合编者。"集外有《调二举子》等诗四首，句若干，分别见《苕溪渔隐丛话》前集三二，《锦绣万花谷》前集一七，《全芳备祖》前集二，《山右石刻丛编》一三等。

有《鹊桥仙·七夕词》《燕归梁·春愁》词二首，分别载《岁时广记》二六，《绝妙好词选》三，收入《全宋词》（第1册）。

有《请以唃厮啰回鹘之兵御元昊奏》《致判府制徽猷大卿柬》文二篇，载《全宋文·卷四〇九》（第二十册）第八至九页。

宋庠（996—1066年）

字公序，初名郊，字伯庠。雍丘（今河南民权双塔镇）人。仁宗天圣二年（1024年）进士第一。官参知政事，枢密使。封郑国公，卒谥元宪。见《宋史》卷二八四。

《国语补音》三卷

始见《直斋书录解题》三，云："以先儒未有为《国语》音者，近世传旧《音》一卷，不著撰人名氏，盖唐人也。简陋不足以名书，因而广之，悉以陆德明《释文》为主，陆所不载，则附益之。"《郡斋读书志·三·春秋外传国语》亦云："皇朝宋庠为《音补》三卷。"有宋治平元年刊本，元刊本，明翻宋刊附《国语》后本，明嘉靖刊本，《四库全书》本，《微波榭丛书》本。

《纪年通谱》十二卷

始见《郡斋读书志》卷五，曰："宋庠公序撰。自汉文帝后元戊寅至周恭帝显德庚申为九篇，以本朝建隆之元至庆历辛巳为一篇，皆曰'统元'，以甲子贯之。有五号，曰：正、闰、伪、贼、蛮夷。以王莽十九年系孺子更始，以接建武；东魏十七年附西魏；豫王六年、天后十五年系中宗，续神龙；朱梁十六年通济阴天祐，续同光；捃晋恭帝禅宋之岁，对魏明元泰常五年，尊北降南，始主正朔，乃《通谱》之断意也。别二篇举字为类，各以部分，曰'类元'。庆历中上之，优诏褒焉。"下系公武按语，末云；"意者编简浩博，不免时有舛误也。"后佚。

《尊号录》一卷

始见《直斋书录解题》卷五，云："大意以为徽号夸诩非古，而我祖宗往往谦逊不居，犹愿超然远览，尽屏前号。其爱君以德与？"后佚。

《掖垣丛志》二卷

始见《郡斋读书志》卷七，曰："景祐中，李宗谔始取国初掌诰名氏，刻之于石，自为纪序，庠因之成此书。王禹玉颇讥其疏略。裴廷裕载舍人上事，知印宰相压角，至今传为故事，而庠书阙焉。"《直斋书录解题》作三卷，云庠"时为正字"。后佚。

《天圣编敕》三十卷

宋庠、庞籍撰，始见《郡斋读书志》卷八，云："天圣中，宋庠、庞籍受诏改修《唐令》，参以今制而成。凡二十一门：官品一，户二，祠三，选举四，考课五，军防六，衣服七，仪制八，卤簿九，官室十，田十一，赋十二，仓库十三，厩牧十四，关市十五，补亡十六，疾医十七，狱官十八，营缮十九，表葬二十，杂二十一。"孙猛《郡斋读书志校证》云："按'编敕'当'令文'之讹。宋因唐制，有律、令、格、式，而随时损益则有编敕。"后佚。

《杨文公谈苑》八卷

又名《谈苑》，始见《郡斋读书志》一三。《直斋书录解题》作十五卷，云："丞相宋庠公序所录杨文公亿言论。初，文公里人黄鉴从公游，纂其异闻奇说，名《南阳谈薮》。宋文删其重复，分为二十一门，改曰《谈苑》。"有《说郛》本，《五朝小说》本，《五朝小说大观》本，均一卷。

《鸡跖集》十卷

始见《郡斋读书志》一三，云："未详撰人。所集书传中琐碎佳事，分门编次之。《淮南子》曰：'善学者如齐王食鸡，必食其跖。'名书之意殆以此。"《宋史·艺文志》六有宋庠《鸡跖集》二十卷，而赵希弁《读书附志》则云："《读书志》云《鸡跖集》十卷，未详撰人，希弁所藏二十卷，题曰《宋景文鸡跖集》，有建炎元年黄邦俊序。"后佚。

《宋元宪集》四十卷

始见《直斋书录解题》卷一七，作四十四卷，此本久佚，今传四十卷本，乃清四库馆臣所辑。《四库全书总目》提要云："厉鹗编《宋诗纪事》，仅采掇《西清诗话》《侯鲭录》《合璧事类》《扬州府志》所载，得诗八首，则海内绝无其本已三四百年矣。《永乐大典》修于明初，距宋末仅百余年，旧刻犹存，故得以采录。而庠文章淹雅，可取者多，故所载特为繁富，今以类排比，仍可得四十卷，疑当时全部收入也。"云其诗"名章隽句，络绎纷披"。"文章多馆阁之作，皆温雅瑰丽，渢乎治世之音。盖文章至五季而极弊，北宋诸家，各奋起振作，以追复唐贤旧，穆修、柳开，以至尹洙、欧阳修，则沿洄韩、柳之波，庠兄弟则方驾燕、许之轨，譬诸贾董班马，体制各殊，而同为汉京之极盛，固不必论甘而忌辛，是丹而非素矣。陈振孙称景文清约庄重不逮其兄，以此不至公辅。今观其集，庠有沈博之气，而祁多新警之思，其气象亦复小殊。所谓文章关乎器识者欤？《书录解题》载是集作四十四卷，与史不合，然《文献通考》亦作四十四卷，似非讹舛，疑别本以《掖垣丛志》三卷、《尊号录》一卷编入集中，共成此数。唐宋诸集，往往有兼收杂著例也。《通考》于是集之下又附注曰：'一作《湜中集》二十卷。'其名又异。然《永乐大典》实只标《宋元宪集》，则非《湜中集》明甚，故今仍旧目，不取《通考》之名焉。"按《宋史·艺文志》七有宋庠《缇巾集》十三卷，又《操缦集》六卷，《连珠》一卷，复有《宋郊集》四十四卷，郊即庠也。余嘉锡《四库提要辨证》云："衢本《读书志》卷十九有《宋元宪集》四十四卷，袁本《读书后志》卷二作《缇巾集》二十卷，而晁氏所叙姓名仕履，则两本无一字之不同。《通考》所引晁氏语例用衢本，故此条书名、卷数并从之，其题下附注所称一作《湜中集》二十卷者，即指袁本言之，特误'缇巾'为'湜中'耳。《提要》于此，殊不了了。"有《四库全书》本，《武英殿聚珍版书》本，《丛书集成初编》本。

《缇巾集》二十卷

始见《郡斋读书志》（袁本《后志》二），云庠"遗命子孙，不得以其文集流行"。孙猛《郡斋读书志校证》云："原本作《宋元宪集》四十四卷，题下附注云：一作《湜中集》，袁本作《缇巾集》二十卷，宛委本不收此条。按此条见《经籍考》卷六十一，标题、卷数当从《书录解题》卷十七，附注则提衢本《读书志》，唯'缇巾'误'湜中'。《宋元宪集》卷三十六有《缇巾集记》，云：'此燕石也，与瓦甓无异，虽缇巾什袭，庸足宝乎？命亟去之。儿曹恳祁留于舍中，凡五百余首，勒成十二卷，命曰《缇巾集》。'此取名'缇巾'之意，正合《解题》所谓'遗命子孙不得以其文集流传'之语。'《宋志》卷七著录宋庠《缇巾集》十二卷，《操缦集》六卷，《连珠》一卷，卷数正与《记》合，疑《读书志》'二十'乃'十二'之误。袁本《后志》出于衢本，其标题、卷数保留衢本本真，故据改，并删去原本注文。《遂初堂书目》别集类有宋宣献《操缦集》《缇巾集》，《通志·艺文略》卷八有《宋元宪公集》五卷，又《缇巾集》十二卷，《四库总目》卷一五二著录《宋元宪集》四十卷，与《宋史》卷二八四本传云'《别集》四十卷'相合。"按《宋元宪集》与《缇巾集》之同异，前人及今人考证颇多，为便查考，此一并著录。

《操缦集》六卷

始见《宋史·艺文志》七，后佚。

《连珠》一卷

始见《宋史·艺文志》七一，后佚。

《宋元宪公表稿》

始见周必大《文忠集》一八《题宋元宪公表稿》，云："元宪公表稿，辞理精粹，真行灿然，今盖百五十余年矣，明窗三复，如见其人。"

《元宪诗稿》一卷

载宋代陈思辑《两宋名贤小集》。

有集外诗七首，分别见宋委心子《新编分门古今类事》《天台续集》上，《永乐大典》一〇五六、三五二六、一一八八八，《诗渊》第五册、康熙《重修扬州府志》一九等。

嵇颖（996—1050 年）

字公实，宋城（今河南商丘）人。仁宗天圣五年（1027 年）进士，皇祐二年（1050 年）八月，以尚书兵部员外郎召入翰林充学士，同修起居注。见《宋史》卷二九八。

有《欧阳修封开国伯制》等文三篇，辑入《全宋文》卷四七七。

赵概（996—1083 年）

字叔平，初名禋，南京虞城（今河南虞城）人。登进士第。历枢密副使、参知政事、观文殿学士。知徐州、左丞、吏部尚书，以太子少师致仕。见《宋史》卷三一八、宋代王珪《华阳集·六〇·太子少师致仕赠太子太师谥康靖赵公墓志铭》。

《日记》一卷、《见闻录》二卷

始见《宋史·卷三一八》本传，后佚。

《谏林》一百二十卷

始见《宋史·卷三一八》本传，集古今谏争事以成此书。后佚。

《老子集注》

见宋代王珪《华阳集·六〇·太子太师谥康靖赵公墓志铭》。

《维摩经续注》

见宋代王珪《华阳集·六〇·太子太师谥康靖赵公墓志铭》。

《应制集》三十卷、《别集》五十卷

见宋代王珪《华阳集·六〇·太子少师致仕赠太子太师谥康靖赵公墓志铭》。

有《金紫光禄大夫太子少师张化生墓志》等文九篇，辑入《全宋文》卷四三六。

有《老苏先生挽词》二首，《送梵才大师归天台》和《来燕堂联句》诗，辑诗句二，分别见宋代沈斐《嘉祐集》附录下，《天台续集》上、欧阳修《居士外集》四，辑入《全宋诗·卷一八七》（第四册）第二千一百四十三至二千一百四十四页。

王　洙（997—1057 年）

字原叔，一字源叔。宋城（今河南商丘）人。王砺季子，仁宗天圣年间进士。官至尚书吏部郎中。卒谥文。洙博览多闻，图纬、方技、阴阳五行、算术、音律、训诂、篆隶之学无所不通。曾校定《史记》《汉书》，预修《集韵》《国朝会要》等。仁宗朝参与制定明堂礼仪、雅乐制度。见《宋史》卷二九四。

《古易》十二卷

王洙整理。宋代陈振孙《直斋书录解题·卷一·易类》：《古易》十二卷，出翰林学士睢阳王洙原叔家。上下经，惟载爻辞、外卦，辞一、象辞二、大象三、小象四、文言五、上系六、下系七、说卦八、序卦九、杂卦十。叶石林以为，此即《艺文志》（《汉书》）所谓《古易》十二篇者也。案：《隋唐志》皆无《古易》之目，当亦是后人依仿录之尔。"

《言象外传》十卷

一作《周易言象外传》，又作《易传》王洙撰，始见《直斋书录解题》卷一，云："其序言：学《易》于处士赵期。论次旧义，附以新说，凡十二篇。以王弼《传》为'内'，摘其异者，表而正之，故曰'外'。"宋代冯椅《厚斋易学附录·一·先儒著述》上："王洙《言象外传》，《崇文总目·周易·言象外传十卷》：《中兴书目》云十二篇，本朝王洙撰。洙字原叔，应天人。以通经侍讲天章阁，集诸儒易说，折衷其理，依卦变为类。自序云：论次旧义，傅以新说，以王弼传为内，摘其异者表而正之，故云《外传》。"清《四库全书总目·卷六·经部六·易类六》载清代翟均廉撰《周易章句证异》十一卷，提要谓："王洙于篇中不载卦词，别为一篇之类此篇章之同异也。如乾卦三爻，孟喜作惕，惕若夤句厉无咎句，荀爽、虞翻，王弼作夕。惕，若厉句。邵子、朱震、朱子作夕，惕若句，此句读之同异也。逐卦逐爻悉为胪列，间或附以己意，以廉、案二字别之。古今本异同之处校勘颇为精密，虽近时之书，而所言皆有依据，转胜郭京举正以意刊改，托言于王韩旧本者也。"又清代朱彝尊《经义考》卷十七："王氏洙《周易言象外传》，《宋志》十卷，佚。《宋史》：王洙字原叔，应天宋城人。举进士为翰林学士，以兄子尧臣参知政事，改侍读学士兼侍讲学士，卒谥文。著《易传》。《崇文总目》：皇朝王洙原叔撰。洙以通经侍讲天章阁，乃集前世诸儒易说，折衷其理，依卦变为类。其论以王弼传为内，故自名曰外。《中兴书目》：《周易言象外传》十卷，侍讲王洙撰。凡十二篇。序云：论次旧义，附以新说，以王弼传为内，摘其要者表而正之，故云外也。陈振孙曰：其序言学易于处士赵期，论次旧义，附以新说，凡十二篇十卷。"按：王洙此著原本已佚，其注疏多为南宋及以后易学著述所取纳。

《无逸图》

王洙、蔡襄写，佚。清代朱彝尊《经义考》卷九七："文彦博曰：迩英北壁有仁宗朝讲官王洙所写《无逸图》。"又："范祖禹札子曰：臣窃以《无逸》者，周公之至戒。昔仁宗皇帝初建迩英阁，即书《无逸》于屏间。其后岁久而弊，又命知制诰蔡襄书之。仁宗尊崇经训如。"

《周礼礼器图》

王洙写。佚。清代朱彝尊《经义考·卷一二二·周礼三》："《长编》：至和元年（1054 年）九月，翰林学士王洙上《周礼礼器图》。先是，洙读《周礼》，帝命画车服、冠冕、笾豆、簠簋之制。及是，图成上之。"

《太常新礼》四十卷

王洙与孙祖德等合撰。宋代陈振孙《直斋书录解题》卷六："《太常新礼》四十卷，提举编修贾昌朝子明等上。景祐四年（1037 年），同知太常礼院浦城吴育春卿言：本院所藏礼文故事未经刊修，请择官参定。至庆历四年（1044 年）始成，凡《通礼》所存，悉仍其旧。衷其异者列之为一百二十篇。编修官：孙祖德、李宥、张方平、吕公绰、曾公亮、王洙、孙瑜、余靖、刁约。"

《大享明堂记》二十卷目录一卷

王洙等撰，一题文彦博等撰。始见《宋史》本传，后佚。欧阳修《王公（洙）墓志铭》谓，"皇祐中，大享明堂，翰林侍读学士宋祁言明堂礼废久，必得通知古今之学者，诏公（王洙）共草。其仪礼成，撰《大享明堂记》。"清代秦蕙田《五礼通考·卷二八·吉礼·明堂》："《仁宗本纪》：皇祐三年（1051 年）二月，宰官文彦博进《大享明堂记》。《玉海》：皇祐三年二月丙戌，文彦博等上《大享明堂记》二十卷目一卷。"宋代章如愚《群书考索·卷二八·礼门·明堂类》：宋朝仁宗大享明堂，"惟明堂不讲久矣，上必欲举行。盛礼制度损益多由上裁酌，咸适其当。既成礼，令王洙勒成《皇宋大享明堂记》三十卷，上自当序。至嘉祐七年九月七日，再行是礼。"按"三十卷"当为"二十卷"之误。又马端临《文献通考·卷一八七·经籍考》十四：《大飨明堂记》二十卷《纪要》二卷，陈氏曰："宰相河汾文彦博宽夫等撰。国朝开创以来，三岁亲郊未尝躬行大享之礼。皇祐二年（1050年），诏以季秋择日有事于明堂，而罢冬至郊祀，直龙图王洙言：国家每岁大享止于南郊，寓祭不合典礼。古者明堂、宗庙、路寝同制。今大庆殿即路寝也。九月亲祀，当于大庆殿行礼。诏用其言。礼成，命彦博及次相宋庠参预，高若讷编修为记，上亲制序文。已而，彦博以简牍繁多，别为纪要，首载圣训，欲以大庆为明堂礼官之议，适与圣意云云。"

《国朝时令集解》十二卷

王洙、贾昌朝等合撰，佚。宋代陈振孙《直斋书录解题·卷六·时令类》："《国朝时令集解》十二卷，左仆射真定贾昌朝子明撰。唐因《礼记·月令》旧文，增损为《礼记》首篇。天宝中改名《时令》。景祐初，始命复《礼记》旧文。其唐之《时令》，别为一篇，遂命礼院修书官丁度、李淑、宋祁、王洙、郑戬及昌朝，约唐《时令》，撰定为《国朝时令》，以便宣读。盖自唐以来，有明堂读时令之礼也。及昌朝解相印治郡，五臣者皆已沦没，乃采经史诸书及祖宗诏令典式，为之集解而上之。"

《集韵》

王洙与丁度、宋祁、郑戬等撰，始见《宋史·王洙传》、欧阳修《王公（洙）墓志铭》著录。宋代晁公武《郡斋读书志》卷一下："《集韵》十卷，右皇朝丁度、李淑、与宋祁、郑戬、王洙、贾昌朝同定，字五万三千五百二十五，比旧增二万七千三百三十一。"《四库全书总目》卷四十一《经部四十一小学类二》著录旧本题司马光《类篇》，提要曰：此"书后有附记曰：宝元三年（1040年）十一月，翰林院学士丁度等奏：今修《集韵》添字既多，与顾野王《玉篇》不相参协，欲乞委修韵官将新韵添入，别为《类篇》与《集韵》相副施行。时修韵官独有史馆检讨王洙在职，诏洙修纂。"又，旧本题宋丁度等奉勅撰《集韵》十卷提要云："前有《韵例》称，景祐四年（1052年），太常博士直史馆宋祁、太常丞直史馆郑戬等建言，陈彭年、邱雍等所定《广韵》多用旧文，繁略失当。因诏祁、戬与国子监直讲贾昌朝、王洙同加修定。"可见，这部音韵学著作是王洙参加的合作成果。

《新校史记》一百三十卷、《新校前汉书》一百卷、《新校后汉书》九十卷、《三史刊误》四十五卷

王洙与张观、余靖、宋祁、李淑等合撰。马端临《文献通考·卷二〇〇·经籍考·二七·史》引《崇文总目》云："皇朝张观等校定。初秘书丞余靖上言：国子监所收《史记》《汉书》误，请行校正。诏翰林学士张观、知制诰李淑、宋祁，与靖泊直讲王洙于崇文院雠对。靖等悉取三馆诸本及先儒注解、训

传、六经、小说字林、说文之类数百家之书以相参校，凡所是正增损数千言，尤为精备，逾年而上之。靖等又自录其雠校之说，别为《刊误》四十五卷。"清代齐召南《前汉书考证跋》："《汉书》又经师古注释，旨趣毕显，校者似易为力。乃自淳化，历景德、景祐、熙宁百年之中，三经覆校，当时名儒硕学刁衎、晁迥、余靖、王洙所奏刊正增损之条累百盈千，积成卷帙。"又余靖《后汉书景祐刊正札子》："国子监所印两《汉书》文字舛讹，恐误后学。臣谨参括众本，旁据他书，列而辩之，望行刊正。诏送翰林学士张观等详定。闻奏，又命国子监直讲王洙与靖偕赴崇文院雠对。……至今靖、洙悉取馆阁诸本参校，二年九月校毕，凡增五百一十二字，损一百四十三字，改正四百一十一字。"由上可知，三史校刊，王洙与余靖功绩具伟。

《三朝政录》二十卷

又名《三朝政要》《太平故事》，王洙与富弼等合撰。后佚。宋代晁公武《郡斋读书志·卷二上·史部》著录，谓："《三朝政录》二十卷，右皇朝富弼上言，欲选官置局，将三朝典故编成一书。即命王洙、余靖、孙甫、欧阳修编修，分别事类，成九十六门。"又宋代陈振孙《直斋书录解题·卷五·典故类》亦有记载，谓"《三朝政要》二〇卷，宰相河南富弼彦国撰。庆历三年，弼为枢副，上言选官置局，以三朝典故分门类聚，编成一书，以为模范。命王洙、余靖、孙甫、欧阳修同共编纂。四年书成，名《太平故事》，凡九十六门，每事之后各释其意。"《翰苑新书后集·上卷十四·模范成书》亦云："仁宗朝，王洙、余靖、孙甫、欧阳修同编修《祖宗故事》，先是枢密副使富弼言：太祖始革五代之弊，创立法度，太宗光绍前烈，纪纲益明。真宗承两朝太平之基，谨守成宪。臣今欲选官置属，将三朝典故分门类聚，编成一书。以为模范。"

《国朝会要》一百五十卷

王洙编修，后佚。宋代吕中《宋大事记讲义·九·仁宗皇帝·史馆》："庆历五年（1045 年）十一月，《国朝会要》成，王洙编修。自建隆至庆历四年，凡一百五十卷。"元代富大用《古今事文类聚遗集·五·修会要官》："本朝《会要》自建隆止庆历四年，成一百五十卷，章得象上，王洙编修。"

《皇祐方域图志》五十卷

王洙、掌禹锡合撰。《宋史·艺文志》三著录。王钦臣《王氏谈录》卷末《附编录观览书目》："《皇祐方域图》五十卷，王洙、掌禹锡。"宋代郑樵《通志·卷六六·艺文略第四·地理》著录，谓："《皇祐方域图志》五十卷，王洙等撰。"又宋代王应麟《玉海·卷十四·地理》："《皇祐方域图志》：三年七月己巳二十一日，知制诰王洙、直集贤院掌禹锡上《新修地理图》五十卷《国史志》三卷《图绘要览》一卷，诏赐名《皇祐方域图志》（《会要》：《九域志》云《图记》）。至和元年（1054 年）十二月庚子，洙、禹锡上《皇祐方域续图》。"清《御定月令辑要》卷十四云："《增玉海》：皇祐三年（1051 年）七月二十一日己巳，知制诰王洙、直集贤院掌禹锡上《新修地理图》五十卷《图绘要览》一卷，诏赐名《皇祐方域图志》。"又清代徐乾学《资治通鉴后编》卷六十《宋纪》六十，将"皇祐三年"，误为"皇祐二年"。

《崇文总目》六十六卷

与王尧臣等合著。佚，有清四库馆臣辑本，《四库全书总目·卷八五·史部四十一目录类一》提要云："宋制，以昭文、史馆、集贤为三馆。太平兴国三年（978 年），于左升龙门东北建崇文院，谓之三馆新修书院。端拱元年（988 年），诏分三馆之书万余卷别为书库，名曰秘阁，以别贮禁中之籍，与三馆合称四馆。景祐元年（1034 年）闰六月，以三馆及秘阁所藏或谬滥不全，命翰林学士张观、知制诰李淑、宋祁等看详定其存废讹谬者，删去差漏者补写。因诏翰林学士王尧臣、史馆检讨王洙、馆阁校勘欧阳修等校正，条曰讨论撰次，定著三万六百六十九卷，分类编目，总成六十六卷，于庆历元年（1041 年）十二月己丑上之，赐名曰《崇文总目》。"另见"王尧臣"条著录。

《乡兵制度》

王洙等撰，始见《宋史》本传，后佚。

《祖宗故事》二十卷

始见《宋史·艺文志》二，后佚。

《三朝经武圣略》十五卷

又名《武经圣略》，王洙撰，佚。

《宋史·艺文志》著录王洙兵书著述有"《三朝经武圣略》十卷、《清边武略》十五卷、《风角占》一卷、《青囊括》一卷。"又，清《山西通志·一七五·经籍·兵家》亦著录与《宋史·艺文志》同。南宋陈振孙《直斋书录解题·卷十·兵书类》："《三朝经武圣略》十五卷，天章阁侍讲王洙撰。宝元中上进，凡十七门。后五卷为奏议。《中兴书目》十卷，李淑《书目》十五卷。今本与邯郸（李淑《书目》）卷数同。"又宋代赵希弁《郡斋读书后志》著录为十二卷。赵希弁《郡斋读书后志·卷二·子类·兵类》："《武经圣略》十二卷，右皇朝王洙撰。宝元中西边用兵，朝廷讲武备，是时洙奉诏编祖宗任将用兵、边防事迹，分十二门。"与陈振孙著录有别。

《古今乐律通谱》

王洙撰，王钦臣《王氏谈录》谓王洙："公洞晓音律，自能辨声度曲。尝究今乐之与古乐所由变，而总诸器之同归，以籍于谱。至如言黄钟其声，则属之某。抑按金石之某声，考筦之某穴，皆衡贯为表而别之。至于北部诸器亦然，虽不知者可一视而究，号曰《古今乐律通谱》。"又云："今北部乐乃古之清商遗音，其论甚详。"

《清边武略》十五卷

始见《宋史·艺文志》六，后佚。

《风角占》一卷

始见《宋史·艺文志》六，后佚。

《青囊括》一卷

始见《宋史·艺文志》六，后佚。

《金匮玉函经》八卷

王洙整理。宋代赵希弁《郡斋读书后志·卷二·子类·医家类》："《金匮玉函经》八卷，右汉张仲景撰，晋王叔和集设答问杂病，形证脉理，参以疗治之方。仁宗朝王洙得于馆中，用之甚效，合二百六十二方。"宋代陈振孙《直斋书录解题·卷十三·医书类》作《金匮要略》三卷，马端临《文献通考》著录与《郡斋读书后志》同。陈振孙云："张仲景撰，王叔和集林亿等校正此书，王洙于馆阁蠹简中得之，曰《金匮玉函要略方》，上卷论伤寒，中论杂病，下载其方并疗妇人，乃录而传之。今书以逐方次于证候之下，以便检用，所论伤寒文多节略，故但取杂病以下，止服食禁忌二十五篇，二百六十二方，而仍其旧名。"又《文渊阁四库全书》又收有《金匮要略论注》二十四卷，为清人徐彬注。《四库全书总目·卷一百三·子部·医家类》提要云："此书叔和所编本为三卷，洙抄存其后二卷，后又以方一卷散附于二十五篇内，盖已非叔和之旧。然自宋以来医家奉为典型，与《素问》《难经》并重，得其一知半解，皆可以起死回生，则亦岐黄之正传，和、扁之嫡嗣矣。"

《地理新书》三十卷（现为十五卷）

王洙等奉敕编撰。始见《宋史·艺文志》五，清代瞿镛《铁琴铜剑楼藏书目录》一五作十五卷，云："题王洙奉敕删修。此宅经葬书之最详备者。自唐迄宋，皆编辑颁行，增加图解。晁氏《读书志》题僧一行撰，作三十卷。此本乃毕履道校补缺遗，考核无讹，以成善本，刊于金明昌间，前有履道及张谦、王洙三序，洙序有注，征引颇博，且序末附音义，疑皆履道所撰也。书分三十七门，其中五姓所属一门，于司商协民性之旨，颇能推阐无遗。"著录有影抄金本。卷首王洙序云："臣闻圣人包虑民之心，其制器大备，其示法详密，使民日去不善居而蕃息者也。父母之于子推燥湿以养之，又教以水汤、火焚、矛戟、虎豹、蛇鼋之能害人者叮咛反复，然后知而避之。人识父母之于已生而养之者也，不识安而全之者，父母之教也。人之于父母知其大而遗其细，知其择福而不知避害，圣人者为宫室、耒耜、书契、舟楫、弧矢、网罟、臼杵、重门，皆所以兴利驱害，虑及万世。当是时，庶工百执事黾勉于下，荏官以智献功以时，为之者百官，成之者圣人也。《易》曰：'通其变，使民不倦。神而化之，使民宜之。'圣人为民父母，制器示法既备，且悉周于无穷。昔公刘居豳，大王居漆沮，文王居岐，武王居镐，代皆相其吉凶，然后居之。在《诗》曰：'笃公刘，既景乃岗，相其阴阳。''古公亶父，聿来胥宇，爰契我龟。''度其鲜原，居岐之阳。在谓之将。''考卜惟王，宅是镐京，惟龟正之，武王成之。'及周公营新邑，亦使太保召公先卜宅献图兆。商相传说曰：'明王奉若天道，建邦设都。'然则建邦都，营邑屋，面方辨位，以求其宜，本三王之法也。在《周礼》有建邦国都鄙之法，以水地土圭表臬规日景，以极星正朝夕是也。秦汉以降，术学逢起，占家有五行、堪舆、建除、丛辰、太一诸学，世多习者，其书寝广。大宋统一海内，天覆地载。列圣爱民之心，疢然深思。农田耕垦，风雨祈禬，皆著救法。告医药碱石不得其宜，则夭殇所由生也。论次为书，博士讽诵，与令格救书藏于天下。又若占家之说，冠婚、行人、丘封、葬敛、日时、吉凶，不得其法则人逢百殃。圣人之心将欲纳民于富寿，其亦有取于斯也。唐贞观中，太常博士吕才奉诏撰《阴阳书》五十篇，其八篇地理也。至先朝更命司天监史序等分门总辑为《乾坤宝典》四百五十篇，其三十篇地理也。书既成，高丽国王上表请有司，诏给以写本。然序之书丛杂猥近，无所归诣，学者块其讹谬凡三千五百。司天监丞王承用又指摘缺误一千九百，始诏太子中允集贤校理稽颖、冬官正张逊、太卜署令秦弁与承用覆校同异，五年而毕。诏付太常，命司天少监杨惟德与二宅官三十七人详其可否。惟德泊逊斟酌新历，修正舛瞀，别成三十篇，赐名《地理新书》。至皇祐三年（1051年），集贤校理曾公定领其事，奏以浅澦疏略，无益于世。有诏臣诛、臣禹锡、臣羲叟泊公定置局删修，以司天监主簿亢翼改正其归。观文殿学士丁度典领焉。度薨，臣洙实掌其属。于是具阅三馆所藏，及古今占术验忌，披其奥突，结其苞柢，管以体要，区以轻重，而各从攢部，先后可寻。白吕才成书名以《地理》，而专记冢墓，颇淆以室舍吉凶同条，非著书之法。今首以城邑、营垒、寺署、邮传、市宅、衢衕，则左阴右阳，刑祸、福德所相也。辨之以四方，叙之以五行，商之以五姓，宪之以九星，媲之以八卦，参之以八变，为地事凡二十篇，终以冢穴、埏道、门陌、顷亩，则开三闭九，山垄水泉所相也。任之以八将，齐之以六对，董之以三鉴，傣之以六道，为葬事凡十篇。若乃冈原利害则绘之，以易民用，为地图一篇。

种次有汇刊之以便看读，为目录一篇，勒成三十二篇。阃之以经义，辨凿空也。质之以史传，信休咎也。广之以异闻，求成败也。巫史所传，则在其可据者，不颛新见也。辞质而易晓，便于俗也。伏惟皇帝陛下，以圣人制作之德，广祖宗爱民之心，将使斯民去夭伤刑害而远不善，则兹书之所以作也。自有诏校正，距今二十一年，臣洙等以庸浅而黾勉于下，旷日弥月然后能就，告乃成而名之，皆陛下也。四夷有求于中国，观其书则文而不俚，将以见册府藏书之盛。其下则惠逮漏泉宅兆以时，圣人之仁如此。惟文武受命，世世忠厚，诗人美之。曰敦彼行苇，牛羊忽践履。谓草木微者，犹能爱之，况于人乎？故卜世三十，享国过历。若然大宋之仁惠传上下，能爱民之报，祚以万年，天之道也。谨序。"（录自《续修四库全书·子部·术数类》《重校正地理新书》卷首）由序文可知，此书乃是一部集体编纂著作，最后由王洙总其成。中国古代风水术，或称堪舆术，起源甚早，讲究天时、地利、人和的密切配合，博大精深，是中国古代民俗文化的重要组成部分。本书内容包括：四方定位、日影取正、水地定平、水势吉凶等。此书成为宋元时期堪舆学之圭臬。书中提供了完整的五姓堪舆资料，如"五音三十八将内从外从位""五音三十八将图""五音山势""五音地脉""五音男女位"等，是五姓堪舆中的占验山势方位吉凶，还有"六甲置丧庭冢穴法""六甲八卦冢法""天覆地载法"等安宅丧葬吉凶宜忌的民俗宜忌史料。书中的四方定位、岳台测候之图、祖冲之立表图、视定揆日图、参影考极图、后面景表版图等是当时的地理及天文历法知识，是难得的科技史料。

《洪范稽疑经注疏》

见《藏园群书题记·六·宋内府写本洪范要鉴》条，云史载仁宗于皇祐三年（1051年）九月辛未令王洙进此书。佚。

《王氏谈录》一卷

又名《王洙谈录》《王原叔谈录》，始见《直斋书录解题》卷一〇，云："翰林学士南京王洙之子录其父所言。"凡九十九条，记宋代轶闻杂事，间及考证杂说。有旧抄本，《百川学海》本，《宝颜堂秘籍》本，《唐宋丛书》本，《说郛》本，《四库全书》本。

《昌元集》十卷

始见《宋史·艺文志》七，后佚。

《杂文》千余篇

始见《宋史》本传，后佚。

《杜工部集校注》二十卷，王洙编订校注

宋代陈振孙《直斋书录解题·卷十六·别集类》上："《杜工部集》二十

卷，唐左拾遗检校工部员外郎剑南节度参谋襄阳杜甫子美撰。案《唐志》六十卷、《小集》六卷，王洙原叔搜裒中外书九十九卷，除其重复，定取千四百五篇，古诗三百九十九，近体千有六，起太平时，终湖南所作。视居行之次，若岁时为先后。别录杂著为二卷，合二十卷，宝元二年记。遂为定本。王琪君玉，嘉祐中刻之姑苏，且为后记。元稹墓铭亦附第二十卷之末。又有遗文九篇，治平中太守裴集刊。附集外蜀本，大略同，而以遗文入正集中，则非其旧也。世言子美诗集大成而无韵者几不可读，然开天以前文体大略皆如此。若《三大礼赋》，辞气壮伟，又非唐初余子所能及也。"宋代晁公武《郡斋读书志·卷四上·集部》："《杜甫集》二十卷，《集外诗》一卷，《注杜甫诗》二十卷，蔡兴宗编《杜甫诗》二十卷，赵次公《注杜甫诗》五十九卷，……集有王洙原叔、王琪君玉序。本朝自王原叔以后学者，喜杜诗，世有为之注者数家，率皆鄙浅可笑。有托原叔名者，其实非也。吕微仲在成都尝谱其年月，近时有蔡兴宗者再用年月编次之。而赵次公者又以古律诗杂次第之，且为之注。两人颇以意改定其误字，人不善之。"陈振孙、晁公武二书著录，颇说明有宋一代自王洙编定杜集，王琪刊行，以下诸家皆遵而接续作注，甚者冒王洙之名。王洙编订整理笺注的杜集，遂成为宋以后杜甫诗文集的祖本，并且成为最权威的杜甫著作。从而奠定了王洙杜诗学无人取代的历史地位。王洙整理杜集的经过，见于自叙。王洙《杜工部诗史旧集序》曰："甫集初六十卷，今秘府旧藏，通人家所有，称大小集者，皆亡逸之余，人自编摭，非当时第叙矣。搜裒中外书凡九十九卷，除其重复，定取千四百有五篇，凡古诗三百九十有九，近体千有六，起太平时，终湖南所作，视居行之次若岁时为先后，分十八卷。又别录赋笔杂著二十九篇为二卷，合二十卷。意兹未可谓尽，它日有得，尚副益诸。宝元二年（1039年）十月，翰林学士兵部郎中知制诰史馆修撰王洙原叔记。"（宋代黄希原本，黄鹤补注《补注杜诗》卷首传序碑铭，文渊阁四库全书本）综上王洙序记及宋人书目著录，王洙杜集整理最主要的文献价值有三：其一是改《新唐书》杜甫列传所叙其生平事迹之误。他举《新书》列传踳驳之例，自注粗列五处：（1）传云"召试京兆兵曹"，而集有《官定后戏赠》诗，注云"自初授河西尉，辞，改右卫率府胄曹"；（2）传云"遁赴河西谒肃宗于彭原"，而集有《喜达行在》诗，注云：自京窜至凤翔；（3）传云"严武卒，乃游东蜀，依高适。既至而适卒"，按：适自东川入朝拜右散骑常侍乃卒。又，集有《忠州闻高常侍亡》诗。（4）传云"扁舟下峡，未维舟而江陵乱，乃游襄衡"，而集有居江陵及公安诗至多。（5）传云"甫永秦二年卒"，而集有大历五年正月追酬高蜀州诗及别题大历年者数篇。其二是校勘精审。王琪《增修王原叔编次杜诗后记》谓王洙

229

"家素蓄先唐旧集，及采秘府名公之室，天下士人所有得者悉编次之"，校勘所依板书，当时天下"无遗矣"。可谓在宋初，杜集版本已穷尽搜索。他在叙中对杜集自唐以来流传板书洞了指掌。宋初喜杜诗者各据残本散佚自行编撼，已失唐时旧观。王洙"搜裒中外书凡九十九卷"，分别是古本二卷，蜀本二十卷，集略十五卷，樊晃序小集六卷，孙光宪序二十卷，郑文宝序少陵集二十卷，别题小集二卷，孙仅一卷，杂编三卷（以上见于王洙序文夹注）。正是校勘所依版书之富，才成为流传后世的权威定本。其三是编次科学。王洙编纂杜诗，首先将杜诗分为古体诗和近体诗两类，而每类中又每诗考其年月，以时间顺序排纂。他在序中云："凡古诗三百九十有九，近体千有六，起太平时，终湖南所作，视居行之次若岁时为先后。"王钦臣《王氏家录·校书》亦记王洙校杜诗云："杜甫诗古六十卷，今亡。世传二十卷，止数百篇。参合别本，以岁时为类，得编二十卷。"明代胡震亨《唐音癸籤·卷三十二·集录》三亦有，"杜甫集编自唐人樊晃，其后五代孙光宪、宋初郑文宝、孙仅各有编，今无考。宝元初，翰林王洙原叔始分古体、近体二类，考其岁月以次之"之语。二体分别以年代顺序编排，颇能让读者方便了解杜甫其人其事，并为杜甫每个时期的创作研究奠定了文献基础。其四是注释精到。王琪《王原叔编次杜诗后记》云："子美博闻稽古，其用事非老儒博士罕知其自出，然讹缺久矣。后人妄改而补之者，众莫之遏也。非原叔多得，其真为害大矣。"正是王洙的注释，弥补了原书之缺，纠正了当时社会解释杜诗之讹。为后世正确把握杜诗内涵做了"导夫先路"之作用。为杜甫诗文的研究做出了划时代的贡献。

有《题岘山石幢》诗五首，分别见于《襄阳府志》卷三四，宋祁《景文集》五附，王钦臣《王氏谈录》，刘攽《中山诗话》。

有《地理新书序》等文十二篇，辑入《全宋文》卷四七八。

高惟几

宋仁宗时在世，睢阳（今河南商丘南）人。官泽州判官。见雍正《泽州府志》卷三四。

有《送钤辖馆使王公》《海棠》诗二首，见《成都文类》卷一三，《海棠谱》中。

宋祁（998—1061年）

字子京，雍丘（今民权）人。宋庠弟。仁宗天圣二年（1024年）进士，历国子监直讲，太常博士，同知礼仪院，尚书、工部员外郎，同修起居注，权度支判官，判盐铁勾院，同修礼书，累擢知制诰、翰林学士。任史馆修撰，修《新唐书》列传。拜翰林学士承旨。卒谥景文。见《宋史》卷二八四。

《景祐广乐记》八十卷

宋祁等撰。始见《直斋书录解题》卷一四。后佚。《宋史·艺文志》一作八十一卷，题冯元、宋郊撰。按宋祁本名郊，后改今名。《直斋书录解题》云："景祐元年（1034），判太常寺，燕肃建言钟律不调，欲以王朴《律准》更加考详。诏宋祁与集贤校理李照共领其事，照言朴律太高，比之古律，约高五律，遂欲改定大乐，制管铸钟，并引校理聂冠卿为检讨官。三年七月书成。"

《三圣乐书》一卷

始见《直斋书录解题》卷一四，后佚。

《大乐图》一卷

始见《宋史·艺文志》一，后佚。

《摘粹》一卷

始见《宋史·艺文志》一，入小学类，后佚。

《明堂通仪》二卷

始见《宋史·艺文志》三，题宋郊著，后佚。

《新唐书》二百二十九卷（与欧阳修等同修）

始见《郡斋读书志》卷五，云："嘉祐中曾公亮等被诏删定，欧阳修撰纪、志，宋祁撰列传。旧书约一百九十万，新书约一百七十四万，即其中增表。故书成上于朝，自言曰：'其事则增于前，其文则省于旧'也。而议者颇谓永叔学《春秋》，每务褒贬，子京通小学，惟刻意文章，采杂说既多，往往抵牾，有失实之叹焉。"《直斋书录解题》卷四云："初，庆历中命王尧臣、张方平等刊修，久而未就。至和初，乃命修为纪、志，祁为列传，范镇、王畴、宋敏求、吕夏卿、刘义叟同编修，嘉祐五年（1060 年）上之。凡废传六十一，增传三百三十一，志三，表四，故其进书上表曰：'其事则增于前，其文则省于旧。'第赏增秩训词，刘敞原父所行，最为古雅。曰：'古之为国者，法后王，为其近于己，制度文物可观故也。唐有天下且三百年，明君贤臣相与经营扶持之，其盛德显功、美政善谋固已多矣，而史官非其人，记述失序，使兴坏成败之迹，晦而不章，朕甚恨之。肆择廷臣笔削旧书，勒成一家，具官欧阳修、宋祁创立统纪，裁成大体，范镇、王畴、宋敏求等网罗遗逸，厥协异同。凡十有七年，大典乃立，宏富精核，度越诸子矣。校雠有功，朕将据古鉴今，以立时治，为朕得法，其劳不可忘也。皆增秩一等。布其书于天下，使学者咸观焉。'旧例，修书止著官高一人名衔。欧公曰：'宋公于我为前辈，且于此书用力久且深，何可没也？'

遂于纪、传各著之。宋公感其退逊。今案旧史成于五代文气卑陋之时，纪次无法，详略失中，论赞多用俪语，固不足传世。而新书不出一手，亦未得为全善。本纪用《春秋》例，削去诏令，虽太略但不失简古。至列传用字多奇涩，殆类虬户铣溪体，识者病之。欧公尝卧听《藩镇传序》，曰：'使笔力皆如此，亦未易及也。'然其序全用杜牧《罪言》，实无宋公一语。然则欧公殆不满于宋，名衔之著，固恶夫争名，抑亦以自表异耶？温公《通鉴》多据旧史，而唐庚子西直谓《新唐书》敢乱道而不好。虽过甚，亦不为亡谓也。刘元城亦谓事增文省，正新书之失处云。"有宋嘉祐刊本，元大德丁未刊本，五省官书《二十四史》本，百衲本《二十四史》本，《二十一史》本，武英殿《二十四史》本，《四部备要》本，《四库全书》本，中华书局点校本。

《益部方物略记》一卷

始见《说郛》卷六九。《四库全书总目》提要云："是编乃嘉祐二年，祁由端明殿学士、吏部侍郎知益州时所作。因东阳沈立所撰《剑南方物二十八种》补其阙遗，凡草木之属四十一，药之属九，鸟兽之属八，虫鱼之属七，共六十五种。列而图之，各系以赞，而附注其形状于题下。赞居前，题列后。""其图已佚，赞皆古雅，盖力摹郭璞《山海经图赞》，往往近之。注则颇伤謇涩，亦每似所作《新唐书》。盖祁叙记之文类如是也。"有《津逮秘书》本，《说郛》本，《四库全书》本，《学津讨原》本，《丛书集成初编》本。

《景文笔录》三卷

简称《笔录》。始见《郡斋读书志》卷一三，《宋史·艺文志》四作一卷。《郡斋读书志》云此书"皆故事异闻、嘉言奥语，可为谈助。不知何人所编，每章冠以'公曰'"。按宋祁又有《笔记》三卷，未审是否一书，参考下条。

《宋景文笔记》三卷

简称《笔记》。始见《直斋书录解题》卷一〇，作一卷。《四库全书总目》提要云："其书上卷曰《释俗》，中卷曰《考订》，下卷曰《杂说》，则欲自为子书。造语奇隽，多似焦赣《易林》、谭峭《化书》，而终以庭戒、治戒、左治、右铭，未审为平日预作，为其后人附入也？末有宝庆二年上虞李衎跋，称其可疑者七事。""然大致考据精详，非他说部游谈者比。"孙猛《郡斋读书志校证·卷一三·景文笔录》条下云"按《书录解题》卷十杂家类有《宋景文笔记》一卷。《宋志》卷二传记类有《宋景文笔记》五卷，注云：'《契丹官仪》及《碧云騢》附。'卷帙增多，盖以有书附焉。卷四杂家类有《宋祁笔录》一卷，又卷五小说家类有宋肇《笔录》三卷，注云：'次其祖祥（"祥"当"庠"之讹，下详）遗语。'宋肇书条殆取材于《中兴艺文志》。《经籍考》卷四一引

《中兴艺文志》云：'《笔录》三卷，皇朝绍圣中宋肇次其祖庠遗语，凡一百七十条。'马端临云：'二《笔录》卷数同，祁、庠又兄弟也。然则一书邪？二书邪？当考。'《四库全书总目》卷一二〇云：'今考书中称引莒公者不一，莒公即庠，则此录为祁明矣。或肇所编又一书，亦名《笔录》耳。'《郑堂读书记》卷五六，则以为一书，云：'盖肇次其叔祖遗语，非别有一书也。《中兴》或误涉而《宋志》因之重载耳。'今本俱题《笔记》，无题《笔录》者。"按诸家所辨，乃在于宋祁《笔录》与宋肇《笔录》为一为二，至于宋祁《笔记》与《笔录》，则均认为是一书，而今所见《笔记》，内容与《郡斋读书志》载"景文笔录"条所云："故事异闻，嘉言奥语"似亦不尽同，姑记以存疑。有《说郛》本，《百川学海》本，《学津讨原》本，《四库全书》本，《学海类编》本，《丛书集成初编》本。

《治戒》

始见《宋史》本传，云："又自为志铭及《治戒》以授其子，三日敛，三月葬，慎无为流俗阴阳拘忌也。棺用杂本，漆其四会，三涂即止，使数十年，足以腊吾骸、朽衣巾而已。毋以金铜杂物置冢中。且吾学不名家，文章仅及中人，不足垂后。为吏在良二千石下，勿请谥，勿受赠典。冢上植五株柏，坟高三尺，石翁仲，他兽不得用。若等不可违命。"后佚。

《宋景文集》一百卷

始见《郡斋读书志》，作一百五十卷。原本久佚，今传六十二卷本，为清四库馆臣重辑。《郡斋读书志》言其："通小学，故其文多奇字。苏子瞻尝谓其渊源皆有考，奇险或难句。"《直斋书录解题》卷一七云其"所撰《唐书》列传，不称良史。景文《笔记》，'余于为文似蓬瀛，年五十，知四十九年非，余年六十，始知五十九年非，其庶几至于道乎！'每见旧所作文章，憎之必欲烧弃。梅尧臣喜曰：'公之文进矣。'景文未第时，为学于永阳僧舍，或问曰：'君好读何书？'答曰：'余最好《大诰》。'故景文为文谨严，至修《唐书》，其言艰，其思苦，盖亦有所自欤？"按《宋史》本传及《直斋书录解题》作一百卷，《宋史·艺文志》七作一百五十卷，《郡斋读书志》同，云"有《出麾类稿》《西州猥稿》之类，合并而为一。"或百五十卷与百卷之别，在于有无附书。此本不详佚于何时，四库馆臣重辑成文集六十二卷补遗三卷附录一卷，提要云："兹就《永乐大典》所载，汇萃衰次，厘为六十有二卷，又旁采诸书，纂成补遗二卷，并以轶闻余事各为考证，附录于末。虽未必尽还旧观，名章巨制，谅可得十之七八矣。"提要并为其"奇险或难句"辩，以为其"实则所著诗文，博奥典雅，具有唐以前格律。残膏剩馥，沾丐靡穷，未可尽以诘屈斥也。又陈振孙《书录解题》称祁自言年至六十，见少时所作，皆欲烧弃。然考祁《笔记》尝云：年二十五，即见奇于宰相夏公；试礼部，又见称于龙图刘公。盖少作未尝不工；特晚岁弥为进境耳。"有《四库全书》本，《武英殿聚珍版书》本，《丛书集成初编》本。又《佚存丛书》收原集残三十二卷本。

　　《景文集拾遗》二十二卷（清代孙星华辑）

　　按《景文集》一百卷，久佚，四库馆臣辑成六十二卷补遗二卷，孙星华再辑成此书。有福建广雅书局武英殿聚珍版书《景文集》所附本，《湖北先正遗书·景文集》所附本。

　　《西州猥稿》一卷

　　始见《郡斋读书志·卷一九·宋景文集》条，《宋史·艺文志》七作三卷，佚，今存一卷本乃后人自《成都文类》《瀛奎律髓》《文翰类选》诸书采辑而成，非原帙。有《两宋名贤小集》本。

　　《出麾小集》

　　始见《郡斋读书志·卷一九·宋景文集》条，言其已合并《宋景文集》。不传。

　　《刀笔集》二十卷

　　始见《宋史·艺文志》七，后佚。

　　《濡削》一卷

　　始见《宋史·艺文志》七，后佚。

　　《景文诗集》一卷

　　载清代曹庭栋辑《宋百家诗存》二。

　　《宋景文长短句》一卷

　　载赵万里辑《校辑宋金元人词》。

　　《宋景文家书》

　　始见周必大《文忠集·卷一八·题宋景文家书》，云："前辈谓文章当如作家书，今观景文公家书，皆成文章，是固一理也。"后佚。

　　有集外诗十首，诗句若干，分别见朱长文《墨池编》卷三，《海棠谱》中，《苕溪渔隐丛话》后集二〇，《永乐大典》卷二四〇七、四九四〇、七九六二、八六二八、一三三四〇、二〇八五〇，《诗渊》第二册等。

　　集外有文七十余篇，辑入《全宋文》，与本集合编为五十卷，见卷四八二至五三一。

张亢（999—1061年）

字公寿，宋城（今河南商丘）人。真宗天禧三年（1019年）进士，历知磁、寿、和、筠、卫、怀等州，见韩琦《安阳集·卷四七·张公墓志铭》。

有《长桥》诗三首，见弘治《吴江志》卷一九，诗句二，见《归田录》卷二。

毕从古（1002—1059年）

字几道，睢阳（今河南商丘）人。毕士安孙。以恩入仕，官终驾都郎中。

《诗》二百篇、《文》五十余篇，始见毕仲游《西台集·卷一六·毕从古行状》，后佚。

王尧臣（1003—1058年）

字伯庸，虞城（今属河南）人。王渎子。仁宗天圣五年（1027年）进士第一。官翰林学士承旨，兼端明殿学士，枢密副使，拜参知政事，吏部侍郎，卒赠尚书左仆射，谥文安。神宗时加赠太师中书令，改谥文忠。见《宋史》卷二九二。

《崇文总目》残十二卷（王尧臣等撰）

始见《郡斋读书志》卷九，云："王尧臣等撰。景祐中，诏张观、李若谷、宋庠取昭文、史馆、集贤、秘阁书，刊正讹谬，条次之，凡四十六类；计三万六百六十九卷。康定三年（1042年）书成。尧臣及提举臣聂冠卿、郭稹加阶邑，编次官吕公绰、王洙、刁约、欧阳修、杨仪、陈经各进秩有差。《国史》谓书录自刘向至毋煚所著皆不存，由是古书难考，故此书多所谬误。"按《直斋书录解题》八作一卷，云："景祐初，学士王尧臣同聂冠卿、郭稹、吕公绰、王洙、欧阳修等撰定，凡六十六卷。诸儒皆有论议，欧公《文集》颇见数条，今此惟六十六卷之目耳，题云'绍兴改定'"。按此上卷，仅为书目，序释题解尽删去。清人钱大昕尝见此一卷本，其《十驾斋养新录》卷一四云："《崇文总目》一册，予从范氏天一阁抄得之，其书有目而无序释，每书之下多注'阙'字。陈直斋所见盖即此本，题云'绍兴改定'，今不复见题字，或后人传抄去之耳。朱锡鬯跋是书，谓因郑渔仲之言，绍兴中从而去其注释。今考《续宋会要》载绍兴十二年（1142年）向子坚言，乞以《唐艺文志》及《崇文总目》所阙之书，注'阙'字于其下，付诸州军搜访。是今所传者，即绍兴中颁下诸州军搜访之本，有目无释，取其便于寻检耳。"《郡斋读书志》袁本著录亦为一卷。按此六十六卷本久佚，今存十二卷本，乃四库馆臣自《永乐大典》录出部分序释，以次补入一卷之目，编次而成。《四库全书总目》提要记其事云："宋制，以昭文、史馆、集贤为三馆。太平兴国三年（978年），于左升龙门东北建崇文院，谓之三馆新书院。端拱元年，诏分三馆之书万余卷，别为书库，名曰秘阁，以别贮禁中之籍，与三馆合称四馆。景祐元年（1034年）闰六月，以三馆及秘阁所藏或谬滥不全，命翰林学士张观，知制诰李淑、宋祁等看详，定其存废，讹谬者删去，差漏者补写。因诏翰林学士王尧臣，检讨王洙，馆阁校勘欧阳修等校正条目，讨论撰次，定著三万六百六十九卷，分类编目，总成六十六卷，于庆历元年（1041年）十二月己丑上之，赐名曰《崇文总目》，后神宗改崇文院曰秘书省，徽宗时因改是书曰《秘书总目》，然自南宋以来，诸书援引，仍谓之《崇文总目》，从其朔也。""考原本于每条之下，具有论说，逮南宋时郑樵作《通志》，始谓其文繁无用，绍兴中遂从而去其序释。""全本已不甚行，南宋诸家，或不见其原书，故所记卷数各异也。""此本为范天钦天一阁所藏，朱彝尊抄而传之，始稍见于世，亦无序释。彝尊《曝书亭集》有康熙庚辰九月作是书跋，谓欲从《六一居士集》及《文献通考》所载，别抄一本以补之。然是时彝尊年七十二矣，竟未能办也，今以其言考之，其每类之序，见于欧阳修集者，只经史二类及子类之半。马端临《文献通考》所载论说亦然，晁公武《读书志》、陈振孙《书录解题》皆在《通考》之前，惟晁公武所见多《通考》一条，陈氏则但见六十六卷之目，题曰"绍兴改定"者而已。《永乐大典》所引，亦即从晁、陈二家书目中采出，无所增益，已不能复睹其全。然搜辑排比，尚可得十之三四，是亦较胜其无矣。谨依其原次，以类补入，厘为一十二卷。其六十六卷之原次，仍注于各类之下。""今观其书，载籍浩繁，抵牾诚所难保。然数千年著作之目，总汇于斯，百世而下，借以验存佚、辨真赝、核同异，固不失为册府之骊渊、艺林之玉圃也。"有《四库全书》本，又清嘉庆四年（1799年）钱东垣自《欧阳文忠公集》《玉海》《文献通考》中辑成五卷又补遗一卷，有《汗筠斋丛书》本，《粤雅堂丛书第二编》本，《丛书集成初编》本，较十二卷本为优。

《文集》五十卷

始见《欧阳文忠公集·卷三二·王公墓志铭》。注："一作六十。"后佚。按《宋史》本传云："尧臣以文学进，典内外制十余年，其为文词温丽。""元丰三年（1080年），子同老进遗稿。"

有《怀天台隐士》诗一首，见林表民《天台续集别编》一。

有《请于陕西缘边四路益屯兵马奏》等文23篇，辑入《全宋文》两卷，载卷五九五、五九六。

张方平（1007—1091 年）

字安道，号乐全居士。宋城（今河南商丘）人。仁宗景祐元年（1034 年）举茂才异等科。西夏入犯，上平戎十策。英宗治平中，召拜翰林学士承旨。神宗即位，除参知政事。其守蜀时，得眉山苏洵及其二子苏轼、苏辙，深器重之。卒谥文定。见《宋史》卷三一八。

《注仁宗乐书》一卷

始见苏轼《东坡全集·卷八八·张文定公墓志铭》，元代黄镇成《尚书通考》卷四："帝乃亲制雅乐声谱及郊庙乐章二十一曲，又诏吕夷简等分造乐章，参施郊祀。其后议者以李照立黍累尺为非，乃于乐书删去李照乐事一节，诏张方平与宋祁同共删润。"后佚。

《嘉祐驿令》三卷

始见《直斋书录解题》卷七，云："三司使梁国张方平安道等修定。前一卷为条贯敕，后三卷则例令。官吏、帮支、驿券、衙官、傔从之类，据此也。"后佚。方平嘉祐中任三司使，书成于此时。

《嘉祐禄令》十卷

始见《宋史·艺文志》三，后佚。

《乐全集》四十卷附录一卷

又名《张方平集》，始见《直斋书录解题》卷一七，云"参政文定公南都张方平安道撰。初举茂材异等，再举贤良方正，皆中其科。识略过人，知苏洵父子于布衣，恶王安石于考试进士之日，皆人所不能及也。寿至八十五，薨于元祐中，于当时最为耆德，然颇为司马温公所不喜。"《四库全书总目》提要云："方平自号乐全居士，因以名集，盖取庄子'乐全之谓得志'语。详所作《乐全堂》诗中。其集见于《宋史·艺文志》者四十卷，与此本合。然方平在翰林时代言之文如立太子、除种谔节度使、韩琦守司徒、吕公弼枢密使、李昭克殿前副都指挥使诸制，见于《宋文鉴》者，此集皆无之。考王巩作方平《行状》，称别有《玉堂集》二十卷，《东都事略》所载亦同，盖制草别为一编，故集中不载耳。集凡诗四卷，颂一卷，刍荛论十卷，杂论二卷，对策一卷，论事九卷，表状三卷，书一卷，笺启一卷，记序一卷，杂著一卷，祭文碑志六卷。方平天资颖悟，于书一览不忘，文思敏赡，下笔数千言立就，才气本什佰于人，而其识又能灼见事理，剖断明决，故集中论事诸文，无不豪爽畅达，洞如高抬贵手，不独史所载《平戎》十策、《论新法疏》为切中利弊。苏轼作序，以孔融、诸葛亮比之。虽推挹之词稍为溢量，然亦殆于近似矣。其集流传甚少，此本首尾颇完善，慎字下皆注'今上御名'四字，盖从孝宗时刊本钞出，惟不载苏轼原序，疑传写者偶遗之，今并为录补冠于卷首，以存其旧。"按，苏轼所作《墓志铭》云："神宗尝赐亲札曰：'卿文章典雅，焕然有三代之风，《书》之《典》《诰》，无以加焉，西汉所不及也。'"有宋刻残本，明抄本，清抄本，《四库全书》本，《四库全书珍本初集》本，中州古籍出版社1992年点校本。

《玉堂集》二十卷

《宋史·艺文志》七、《郡斋读书志》卷五下、《直斋书录解题》卷一七著录。始见王巩《张公行状》（《乐全集》附）云："内外制辞杂著二十卷，曰《玉堂集》。"刘挚《张文定玉堂集序》（刘挚《忠肃集拾遗》）略云："自庆历至于熙宁，典册诰命，多出公手。上之仁心德意，国之威福所指，明布喻下，昭如日星，而述作之妙，知有助哉！至于供奉歌颂，祠祝赞戒，勒之金石，播之乐府，又何其富也。"张方平《乐全集·卷三四·谢刘莘老寄玉堂集序》云："英宗治平中，复召充学士承旨，辞不得命。又还内禁，居玉堂东阁。""暇日阅两禁词册，因命两院史翻录前后所当内外制、告、命、令、书、诏及禁中诸词语，类次为二十卷。虽思致荒浅，不足为文章风体，然国家典册号令，至于史牍所载，亦有以美教化、厚风俗、示劝戒者，非徒为之空文而已也。玉堂者，太宗皇帝神笔飞白大书'玉堂之署'四字，揭于中楹，备于翰林旧志，故以命篇云。"《郡斋读书志》云："张文定《玉堂集》二十卷，右张文定公方平之文也。公字安道，宋城人。明道二年（1033年）以茂材异等擢为校书郎，神庙时参大政，元祐六年（1091年）终于太子少师致仕，赠司空谥文定。公出入两禁垂二十年，一时大典多出其手。刘忠肃尝序其《玉堂集》二十卷，乃在东坡所序《乐全集》四十卷之外。淳熙九年（1182年），锡山尤袤重刻于江西漕台。"后佚。

《张方平进策》九卷

始见《宋史·艺文志》七，后佚。按《宋史》本传，赵元昊且叛，"方平上《平戎》十策，以为入寇当自延渭，巢穴之守必虚，宣屯兵河东，卷甲而趋之，所谓攻其必救，形格势禁之道也。宰相吕夷简善其策而不果行。"又云："国家都陈留，当四通五达之道，非若雍各有山川足恃，特倚重兵以立国耳。兵恃食，食恃漕运。以汴为主，汴带引淮、江，利尽南海。天圣以前，岁调民浚之，故水行地中。其后浅妄者争以裁减役费为功，汴日以塞，今仰而望焉。是利尺寸而丧丘山也。乃画上十四策，富弼读其奏，漏尽十刻。帝称善，弼曰：'此国计大本，非常奏也。'悉如其说行之。"此可见其进策之切中利弊，宜于实用。后佚。

《朴斋小集》一卷

载《两宋名贤小集》。

《刍荛奥论》二卷

又名《刍荛要论》，按苏轼《张文定墓志铭》云有《刍荛论》五十卷。《乐全集》中有《刍荛论》十卷。此二卷本，《持静斋书目》三有著录。有《奥雅堂丛书初编》本，《丛书集成初编》本。

集外有《送苏子由监筠州酒税》等诗五首，句四，见《栾城三集》一附，《青箱杂记》卷一〇，《永乐大典》卷三〇〇四，《续会稽掇英集》卷二等。

集外有《任子诏》等文三十八篇，辑入《全宋文》，与本集合编为五十卷，见卷七八二至八三一。

蔡抗（1008—1067 年）

字子直，应天宋城（今河南商丘）人。景祐元年（1034 年）进士，官至枢密直学士、知秦州。卒赠礼部侍郎。见张方平《乐全集·卷四〇·蔡公墓志铭》。

有《乞减损臣僚所举选人数奏》等文两篇，辑入《全宋文》卷八九〇。

蔡挺（1014—1079 年）

字子政，一作子正（《栾城集·卷二六·代张公祭蔡子正资政文》），宋城（今河南商丘）人。景祐元年（1034 年）进士，累官至直龙图阁，知庆州，拜枢密副使。卒赠工部尚书，开府仪同三司，谥敏肃。见《宋史》卷三二八。

《裕陵边机处分》一卷

始见《宋史·艺文志》六。按裕陵指宋神宗。蔡挺于神宗时知渭州，防西夏，史称其"治军有方"，因拜枢密副使。是书当记神宗处边防事之机宜。佚。

《教阅阵图》一卷

始见《宋史·艺文志》六，后佚。

《蔡敏肃公平戎庆捷诗卷》

始见周必大《文忠集·卷一六·跋蔡敏肃公平戎庆捷诗卷》，云为庆熙宁中收复熙、河、洮、岷、叠、宕等州之捷。后佚。

《文集》二十卷

始见《乐全集·卷四〇·蔡公墓志铭》，言其"起诸生，本以文学进，雅有大志""文集二十卷，平生之素业存焉"。后佚。

有《以南都种山药法送介甫并序》《皇子生献诗》二首，见《宋诗纪事》

卷二〇。

有《喜迁莺》词一首，见《全宋词》第一册。

有《马兰平可修堡栅奏》等文十篇，辑入《全宋文》卷一〇三三。

张景宪（1015—1081 年）

字正国，襄邑（今河南睢县）人。张师德子。官河东转运使，历知瀛州、河东、同州、房州。见《宋史》卷三三〇。

有《尹景仁墓志铭》等文三篇，辑入《全宋文》卷一〇四三。

许拯（1015—1083 年）

字康伯，襄邑（今河南睢县）人。仁宗景祐中以通三经登第，官至知京兆府奉天县，以奉议郎致仕。见陆佃《陶山集·卷一四·许侯墓志铭》。

《文集》十卷

始见陆佃《许侯墓志铭》，云其"尝曰：学者为言，不必是尧而非桀，亦不必诋盗跖毁孔子，而后为知道。盖其趣如此。"后佚。

王纯臣

宋仁宗朝在世。虞城（今河南商丘）人。王尧臣弟。历太常博士崇文院检讨、祠部员外郎秘阁校理、通判扬州，转运使等职。见《宋诗纪事小传补正》卷二。

《青宫懿典》十五卷

《宋史·卷二〇七·艺文志·六》著录，《玉海》卷一二九："庆历中进，诏藏秘阁。"后佚。

有《贺岷州太守种谊破鬼章》诗一首，见《宋诗纪事》卷三二。

蔡天球（1025—1069 年）

字粹夫，宋州（今河南商丘）人。仁宗庆历六年（1046 年）进士，官终都官。见刘挚《忠肃集·卷一三·屯田员外郎蔡君墓志铭》。

《易论》十卷

《孝经》二卷

《杂文诗》百余篇

并见刘挚《屯田员外郎蔡君墓志铭》，后佚。按《孝经》应为《孝经注》。

郑雍（1031—1098 年）

字公肃，襄邑（今河南睢县）人。仁宗嘉祐二年（1057 年）进士，官至中书舍人。见《宋史》卷三四二。

《古今名贤诗》二卷，

始见《宋史·艺文志》八，后佚。

有诗句二，见《舆地纪胜》卷二二。

蔡安特

宋神宗时在世。字资中，睢阳（今河南商丘）人。官两浙提点刑狱。见《宋诗纪事小传补正》卷二。

有《题灵岩寺》诗一首，见《宋诗纪事》卷三二。

许昌龄

宋神宗朝在世。襄邑（今河南睢县）人。欧阳修尝手书其诗。见《宋诗纪事》卷九〇。

有《南庄》诗一首，见《宋诗纪事》卷九〇。

蔡奕（1040—1083 年）

字如晦，宋城（今河南商丘）人。蔡挺子。进士及第，官至直龙图阁权发遣秦州兼都总管经略司事。见刘挚《忠肃集·卷一二·蔡君墓志铭》。

《文集》十卷

见刘挚《蔡君墓志铭》，云其"天资沈明而强于自修"。后佚。

毕仲衍（1040—1082 年）

字夷仲，睢阳（今属河南商丘）人。毕士安曾孙。以祖恩补官，举进士，官至起居郎。见《宋史》卷二八一。

《中书备对》十卷

始见《郡斋读书志》卷七，云："元丰三年毕仲衍承诏编次。序曰：'《周官》所谓要会者，正今日中书所宜有，自汉迄唐，莫知议此。今编成十卷，凡一百二十五门，附五十八事。'李清臣尝与许将书云：'《备对》乃吴正宪公居宰路，以圣问多出意表，故令中书省掾毕君为之。其时预有画旨，诸司遇取会不许濡滞。如此尚历数年乃就，后虽有改革，然事亦可概见。'"又《宋史》本传云："撰《中书备对》三十卷，士大夫家争传其书。"后佚。

有《送程给事知越州》诗一首，见《续会稽掇英集》卷五。

毕仲愈

宋哲宗、徽宗朝在世。字将叔，睢阳（今河南商丘）人。毕仲游弟。官秘书少监。工诗。见《宋史》卷二八一。

有诗句四，见《宋诗纪事》卷二六。

王钦臣

宋哲宗、徽宗时在世。字仲至，宋城（今河南商丘）人。王洙子。赐进士及第。官集贤殿修撰，知成德军。平生为文至多，所交尽名士。性嗜古，藏书数万卷，手自校正，世称善本。见《宋史》卷二九四。

《王氏谈录》

王钦臣编其父洙平生教子、谈学、论诗之语，亦收他人少量睿言慧说。陈振孙《直斋书录解题》著录。《文渊阁四库全书》杂家类三《提要》云："王氏谈录一卷，不著撰人名氏。《说郛》载之，题曰王洙撰。《书录解题》则以为翰林学士南京王洙之子录其父所言。今观此书凡九十九则，而称先公及公者七十余则，则非洙所著明甚。盖编此书者见卷尾有《编录观览书目》一则，末题云'王洙敬录'，遂以为全书皆出洙手。不知此一则乃嘉祐以前人所为，洙特录而跋之，其子附载书末耳。世无自著书而自标敬录者也，其'解绘事后素'一条，朱子集注取之。其论校书当两存、解经不可改字就义，皆为有识。其称校书之注二字以上谓之一云，一字谓之一作，亦深有理。洙字原叔，应天宋城人。中甲科，官终侍读学士。兼杂说之属臣侍讲学士，卒谥曰文。子钦臣，字仲至，赐进士及第，官终待制，知成德军。据本传及《东都事略》，洙子惟钦臣一人，则此书即钦臣所录也。"按，王洙之子并非钦臣一人。有《说郛》本，《四库全书》本。

《广讽味集》 五卷

始见《直斋书录解题》卷二○，后佚。

《王仲至诗》 十卷

始见吕颐浩《忠穆集·卷七·跋王仲至诗》，云其"博学善属文，尤工于诗"。

有《宿华岳观》等诗十三首，句四，分别见《淮海集》卷九，《侯鲭录》卷二，吕颐浩《燕魏杂记》，《能改斋漫录》卷一一、卷一八，《声画集》，《天台续集》中,《宝真斋法书赞》卷一七,《宋诗纪事》卷二四等。

许安世（1041—1084 年）

字少张,襄邑（今河南睢县）人。英宗治平四年（1067 年）进士,官至尚书都官员外郎。见《宋元学案补遗》卷九八。

有《咏史》等诗四首,见《彦周诗语》《会稽掇英集》卷一、卷五、卷八。

王陟臣

字希叔,宋州虞城（今河南虞城北）人。王洙子,钦臣弟。仁宗嘉祐六年（1061 年）进士,官度支判官。右司郎中,见《续资治通鉴长编》卷二八八、卷二九二、卷三一二、卷四〇二。

有《送程给事知越州》诗一首,见《续会稽掇英集》卷四。

张会宗

宋神宗时在世。南京（今河南商丘）人。熙宁七年（1074 年）守秘书丞分司南京。见《宋诗纪事补遗》卷二一。

有《留题赠灵岩鉴公禅师》诗一首,见《宋诗纪事补遗》卷二一。

毕仲游（1047—1121 年）

字公叔,睢阳（今河南商丘）人,仲衍弟。与仲衍同举进士。元祐初召试学士院,除集贤校理,累迁吏部郎中。后入元祐党籍,终于西京留司御史台。《宋史》卷二八一附载入士安传。

《元祐馆职诏策词记》一卷

始见《宋史·艺文志》八,后佚。元祐为哲宗年号。

《西台集》二十卷

《宋史·艺文志》作五十卷,又名《毕仲游文集》,始见《郡斋读书志》卷一九,云,苏子瞻上表自代,云其"学贯经史,才通世务,文章精丽,议论有余"。原本久佚,今存二十卷,乃清四库馆臣自《永乐大典》辑出。《四库全书总目》提要云:"《东都事略》但称仲游有集行世,不详卷数。《宋史·艺文志》作五十卷,而晁公武《读书志》则称《西台集》二十卷,所纪卷目多寡互殊。传本亦久绝于世,今从《永乐大典》各韵中搜辑排比,诗文诸体俱全,似已勘所遗阙,特未能足五十卷之数。然《宋志》荒谬,多不可凭,疑五字为传写之误。谨仍依《读书志》厘为二十卷,亦几几乎还其旧矣。仲游少负隽名,其试馆职时所与同策问者乃黄庭坚、张耒、晁补之诸人，而苏轼独异所作，擢为第一。他日又举以自代，且称其学贯经史，才通世务，文章精丽，议论有余。原状具见《东坡集》中。今观其著作，大都雄伟博辨，有珠泉万斛之致，于轼文轨辙最近，针芥之契，殆由于此。其间如正统、封建、郡县诸议，虽不免稍失之偏驳，而其他论事之作，类皆明白详尽，切中情理，不为浮夸诞谩之谈。盖其学问既有根柢，所从游者如富弼、司马光、欧阳修、范纯仁、范纯粹、刘挚辈，又皆一时名德，渐渍薰陶，故发为文章，具有典则。集中《上苏学士书》，称其知畏于口，未畏于文，深戒其以文字贾祸。又《上司马温公书》，称其欲废新法，而左右皆安石之徒，惧其祸之犹在。其后悉如所虑，是其深识远计，尤不可及，固非独文辞之工矣。又，《永乐大典》有毕仲衍《上编次官制卷目札子》一道，亦题作《西台集》。考《宋史》载仲衍为官制局检讨，文字千万，计损益删补曲尽其当，或由仲衍无集，故附入仲游集中欤？或亦并存以备考证。至开启疏、乐词诸篇，非文章之正体，今以原集所有，姑录存之，而刊本则概从删削焉。"有《四库全书》本，《武英殿聚珍版书》本，《丛书集成初编》本。

有集外诗《离蒲中简游景叔知府少卿》《芭蕉》诗二首，句一，见《永乐大典》卷一〇九九九、《全芳备祖》卷一三等。

王文举

宋城（今河南商丘）人，贺铸诗友。见《庆湖遗老诗集》卷二、卷三、卷八。

有诗句二，见《庆湖遗老诗集·卷六·答王文举》注。

孙谔（？—1101 年）

字符忠，睢阳（今河南商丘）人。神宗熙宁六年（1073 年）进士，官至左司谏。预修《郊庙礼文》，详定《礼部韵略》。见《宋史》卷三四六。

《洪范会传》一卷

始见《郡斋读书志》卷一，云："谔，元祐中博士。其说多本先儒，颇攻王氏之失。"

有《赠僧道澄》诗一首，句一，见《舆地纪胜》卷一八八、卷二四。

张罜

宋徽宗至高宗时在世。字文叔，南京（今河南商丘）人。徽宗建宁进士。官知邵武军。见《嘉定赤城志》卷一〇、《明一统志》卷七八。

有《题东湖二首》，见《天台续集别编》卷五。

张庄

宋哲宗时在世。应天府（今河南商丘）人。元丰三年（1080年）进士。官广南西路转运副使，知融州、桂州，兼黔南路经略安抚使，知靖州。见《宋史》卷三四八。

有《陪诸公观稼》诗一首，见《宋诗拾遗》卷一四。

蔡蕃（1064—1111年）

字晋如，宋城（今河南商丘）人。蔡挺孙。官终润州通判。见刘跂《学易集·卷八·蔡君墓志铭》。

《文集》十卷

始见刘跂《蔡君墓志铭》，云其"好学勤笃，经史诸家，下逮传记稗官之言，无不读。求访异闻如弗及，手自抄书数十百卷，雠订完密，士大夫得其本，多赖是正。属文援据殚洽，语不陈习。多见倩托，人人各如自其意出。尤工于诗。有《文集》十卷藏于家。"后佚。

蔡安持

宋哲宗、徽宗时在世。字资中，睢阳（今河南商丘）人。官至兵部侍郎。见《宋会要辑稿》选举一九，职官四二、六九。

有《题灵岩寺》《灵岩》诗二首，见《北京图书馆藏中国历代石刻拓本汇编》宋代分册，《全宋诗》卷一二八三（第二十二册）第一万四千五百一十四至一万四千五百一十五页。

许翰（？—1133年）

字崧老，襄邑（今河南睢阳）人。哲宗元祐三年（1087年）进士，徽宗宣和七年（1125年）召为给事中，以言事落职。钦宗靖康元年（1126年）复官，除翰林学士，迁御史中丞、同知枢密院事，因议论不合朝廷旨意，去官。高宗即位，拜尚书右丞兼权门下侍郎，极论李纲忠义不可罢，高宗不纳，求去。见《宋史》卷三六三本传。

《襄陵易传》

始见李纲《梁溪集·卷一六三·书寄崧老易传后》，言自著《易传》九卷，寄许翰以求正，书示其中数十条"既与世之说易者不同，于《襄陵易传》亦有合不合者，愿参考之，取其是而削其非，因周详以诲谕为望。"后佚。

《太玄解》四卷《太玄历》一卷，

又名《玄解》《玄历》，始见《直斋书录解题》卷九，云："所解十一篇，通温公注为十卷，仿韩康伯注《系辞》合王弼为全书之例也。大抵《玄首》如《彖》，《赞》如《爻》，《测》如《象》，《文》如《文言》，《摛》《莹》《掜》《告》如《系辞》，《数》如《说卦》，《冲》如《序卦》，《错》如《杂卦》之类。其于《易》也，规规然拟之勤矣。《太玄历》者，亦翰所传，云温公手录，不著何人作。"后佚。

《襄陵春秋集传》

始见李纲《梁溪集·卷一六三·书襄陵春秋集传后》。《宋史》本作《春秋传》。李纲云："襄陵许崧老作《春秋集传》，取三家之说不悖于圣人者著之篇，而删去其所不然，又断以自得之意，有发于三传之所不能言者。余得而读之，廓然如披云雾而睹天日之清明，灿然如汰沙石而见金玉之精粹，然后知三传果有功于《春秋》，而《集传》又有功于三传。"后佚。

《论语解》

始见《宋史》本传，后佚。

《襄陵文集》二十四卷

又名《襄陵集》，始见《直斋书录解题》卷一八著录为二十二卷，《宋史·艺文志》七同，宋代赵希弁《郡斋读书志·卷五下·附志》著录为《襄陵文集》二十二卷、《诗》二卷、《行状》一卷。原本久佚，今存十二卷本，为清四库馆臣于《永乐大典》中重辑。《四库全书总目》提要谓："史称翰于宣和间即奏记蔡京为百姓困弊，起为盗贼，天下有危亡之忧，愿罢云中之师，修边保境。时不能用。其后燕山之役，卒以召衅，论者谓其有曲突徙薪之谋。其谏种师道不当罢疏至三四上，亦深得救时要领。至南渡后入践政府，极论黄潜善奸邪，而力言李纲忠义可用，致为宵小龂龁去位，生平正直之节终始不挠。今所上章奏具在集中，其劲气凛然，犹可想见。"又云："翰所著有《论语解》《春秋传》诸书，盖颇究心于经术，故发为文章，具有源本。惟论配享札子一通，称扬雄与孟子异世同功，请以配食孔子庙廷，位次孟子，其说颇为诬谬耳。陈振孙《书录解题》称《襄陵集》二十四卷，其本久佚。今据《永乐大典》所载，采辑编次，厘为十二卷。其奏疏为《永乐大典》所原缺者，则别据《历代名臣奏议》补入，庶直言谠论，犹得以考见其什一云。"有《四库全书》本，《四库全书珍本初集》本。《全宋文》收许翰文两卷，载卷三一〇五至三一一六。文前小传云："今以文渊阁四库全书本为底本，另外补文十三篇，仍厘为十二卷。"

有《方舍舟九江适会仆射相公道过二林得非所期相顾叹息辄为长句用志胜游且以叙别》等诗五首，见《全宋诗》卷一一九九（第 20 册）第 13545 至 13547 页。

许安仁

字仲山，襄邑（今河南睢县）人。少从苏轼学诗，有声称。晚以累举授官。政和间为顺昌尉，甚得士民之誉。见明凌迪知《万姓统谱》卷七六、《宋诗纪事》卷四一。

《阤奇集》

始见《许彦周诗话》，云："季父仲山所著《阤奇集》，自序曰：'水激之以乱石则有声，麝藏之以亵器则馨。齐不可者二城，田单因而纵兵，文独不待阤而后奇乎？'"又云："季父病中，梦至一处，泛舟环水皆奇峰可爱，赋诗云'山色浓如滴，湖光平如席。风月不相识，相逢便相得。'既寤而言之，后数日卒。"后佚。

《无隐论》

见《补宋史艺文志》，佚。

《吏隐堂植竹》诗二首

宋代吴曾《能改斋漫录·卷十一·记诗》："许安仁尉顺昌郡，厅事之后，创吏隐堂，植竹，题诗云：劚破中庭一亩苔，主人发白手亲栽。即今谁识清真节，须向三冬雪后来。又云：珍重劳君慰远游，繁声疏影一堂秋。主人看即官期满，分付风烟与子猷。"

有《和徽宗御制宫词》等诗五首，见《宋诗纪事》卷四一、《彦周诗话》、嘉靖《延平府志》卷二〇。

滕康（1085—1132 年）

字子济，宋城（今河南商丘）人。徽宗崇宁五年（1106 年）进士，官至端明殿学士同签书枢密院事。见《宋史》卷三七五。

《翰墨丛记》五卷

始见《直斋书录解题》卷一一。原书佚，今仅见《说郛》卷三一存有九则，大抵记古今文人逸事。

《文集》二十卷

始见《宋史》本传。靖康二年（1127 年），高宗闻其习宪章，召至济州。高宗即位，"凡告天及肆赦之文，皆康为之。辞意激切，闻者感动"。后佚。

许忻

许翰弟。字子礼，襄邑（今河南睢县）人。宣和三年（1121 年）进士，高宗时为吏部员外郎，极论和议不便，疏入不省，乞外补，授荆湖南路转运判官，谪居抚州，起知邵阳，卒。见《宋史》卷四二二。

《许右丞行状》一卷

陈振孙《直斋书录解题·卷七·传记类》："吏部员外郎许忻撰。许公翰，字崧老，襄邑人。为尚书右丞，忻其弟也。"

《许侍郎诗》

见朱熹《朱文公文集·卷八四·跋许侍郎诗卷》，云："其为文章，盖直吐出胸中之蕴，未尝屑屑焉为如是之言也。""观其长篇大句，固自雄健豪逸，磊落惊人。而《新宅书怀》近体诸作，又皆律切精稳，不留缝罅，亦足以验其才力之有余，无所施而不可矣。"后佚。

有《论和议不便疏》等文三篇，辑入《全宋文》卷四〇〇九。

刘棐

宋高宗时在世。字仲忱，宋城（今河南商丘）人。官终集贤殿修撰知台州。见《宋诗纪事小传补正》卷三。

有《咸阳》诗一首，见《宋诗纪事》卷五〇。

徐度

字端立，一字敦立，丞相徐处仁之子，谷熟（今河南商丘东）人。宋高宗时在世，官至吏部侍郎。见《宋元学案》卷二七。

《国纪》五十八卷

始见《直斋书录解题》卷四，云："《国纪》五十八卷，吏部侍郎睢阳徐度敦立撰。度，丞相处仁择之之子也。其书详略颇得中，而不大行于世。鄞学有魏邸旧书，传得之。"《宋史·艺文志》二作六十五卷。后佚。

《却扫编》三卷

始见宋代赵希弁《郡斋读书志·卷五上·附志》，《宋史·艺文志》四著录作《崇道却扫编》十三卷。《四库全书总目》提要云："书中屡称先公，盖其父处仁，靖康中尝参知政事，故家遗俗，具有传闻，故此编所纪，皆国家典章、前贤逸事，深有裨于史学。陆游《渭南集》有是书，曰：'此书之作，敦立犹少年，故大抵无绍兴以后事。'盖其书成于高宗初年也。王明清《挥麈后录》载明清访度于雪川，度与考定创置右府与揆路，议政分合因革，笔于是书。又载其论哲宗实录，又论秦桧刊削建炎航海以后日历、起居注、时政记诸书，二事则度之究心史学可以概见。至谓《新唐书》载事倍于《旧书》，皆取小说，因欲史官博采异闻，则未免失之泛溢。此书上卷载叶梦得所记俚语一条，中卷载王鼎嘲谑一条，下卷载翟巽诙谐一条，为例不纯。自秽其书，是亦嗜博之一证矣。然大致纂述旧闻，足资掌故，与《挥麈》诸录、《石林燕语》可以鼎立。而文简于王事，核于叶，则似较二家为胜焉。"清代王士禛《居易录》卷十五："《却扫编》，睢阳徐度撰，专详宋累朝官制沿革同异之故，亦有用之书也。度为宰相处仁子，处仁仕政、宣间，靖康初拜中书侍郎，独能不附京、贯，以刚廉称。"有《津逮秘书》本，《四库全书》本，《学津讨原》本，《丛书集成初编》本。

有《所复州县乞慎择吏奏》等文五篇，辑入《全宋文》卷四〇一三。

许顗

高宗时在世。字彦周，襄邑（今河南睢县）人。许拯孙。见《宋诗纪事小传补正》卷三。

《许彦周诗话》一卷

又名《彦周诗话》，始见《直斋书录解题》卷二二。《四库全书总目》提要云："颛议论多有根柢，品题亦具有别裁"，其论"卓然而识"。而亦不免"穿凿太甚"，"好奇而至于不可通"等弊，"然论其大致，瑕少瑜多，在宋人诗话之中犹善本也"。有明刊本，《百川学海》本，《稗海》本，《津逮秘书》本，《四库全书》本，《历代诗话》本，《丛书集成初编》本。

有《梦中作》《秋雨》诗二首，见《宋诗纪事》卷四三。

程迥

字可久，号沙随，应天府宁陵（今属河南）人。靖康之乱徙绍兴之余姚，早孤贫，飘泊无以自振，二十余始知读书。时乱甫定，西北士大夫多在钱塘，迥得以考德问业焉。登隆兴元年（1163年）进士。受经学于昆山王葆、嘉兴闻人茂德、严陵喻樗。尝为德兴丞，卒。朱熹告迥子绚曰：敬惟先德，博闻至行，追配古人，释经订史，开悟后学，当世之务又所通该，非独章句之儒而已。曾不得一试而奄弃盛时，此有志之士所为悼叹咨嗟而不能已者。然著书满家，足以传世，是亦足以不朽。事迹具《宋史·卷四三七·儒林传》。

《易章句》十卷

又名《古易章句》，见《直斋书录解题》卷一、《宋史》本传，后佚。

《易传外编》一卷

又名《古周易章句外编》《易外编》，始见《直斋书录解题》卷一，《宋史》本传，《四库全书总目》提要云此书"杂论《易》说及记古今占验。"有天一阁刊本，《范氏奇书》本，《四库全书》本。

《古易考》一卷

始见《直斋书录解题》卷一、《宋史》本传，与《易章句》《外编》《占法》合一，云迥"及与前辈名公交游，多所见闻，故其论说颇有源流根据。《古易考》十二篇，阙《序》《杂卦》。"后佚。

《周易古占法》一卷

又名《古易占法》《易占》《占法》，始见《直斋书录解题》卷一，前有宋绍兴三十年（1160 年）迥自序，云："迥尝闻邵康节以易数示吾家伯淳，伯淳曰：'此加一倍法也。'其法不详于世。今本之《系辞》《说卦》，发明倍法，用逆数以尚占知来，以补先儒之阙，庶几象数之学可与士夫共之，不为谶纬瞽史所惑，于圣人之经，不为无助也。"有天一阁本，《四库全书》本，《说郛》本。

按，宋代王应麟《玉海·卷三六·艺文·易下》："程迥《易章》十卷，《外编占法》《古易考》各一卷，世称沙随《易》。"又《四库全书》据两淮盐政采进本著录《周易古占法》一卷，《古周易章句外编》一卷，提要辨之甚详，云："此书世无刊本，凡藏书家所传写者均作二卷，前卷题曰《周易古占法》上凡十一篇，后卷杂论易说及记古今占验，题曰《周易古占法》下，又题曰《古周易章句外编》。中有一条云：迥作《周易古占法》，其序引云云。显非占法之下卷矣。考《宋史·艺文志》载迥《古易占法》《周易外编》二书，均止一卷，然则止前卷十一篇者为《周易古占法》，其后卷自为《周易章句外编》，后人误合为一书，因妄标卷上卷下字耳。然陈振孙《书录解题》以迥《周易章句》十卷、《外编》一卷、《占法》一卷、《古易考》一卷并列而总注其下，"曰："程迥可久撰，其论占法杂记占事尤详，则通为一编，自宋已然，传写淆乱，固亦有由矣。其说本邵子加一倍法，据系词说卦发明其义，用逆数以尚占知来大旨，备见于自序。朱子作《启蒙》多用其例。吴澄谓迥于朱子为丈人行，朱子以师礼事之云。"

《易杂记》一册

始见王柏《鲁斋集·卷一一·跋沙随〈易杂记〉赠贾师文》，云："文公朱先生著《易本义》，谓《易》本卜筮书，而当时学者皆疑焉，惟沙随程先生好以卜筮说《易》，有《杂编》一册，盖亲笔也。"又称其"考核之精，辨析之详。"后佚。

《春秋显微例目》一卷

始见《宋史·艺文志》一，后佚。

《春秋传》二十卷

始见《宋史·艺文志》一，后佚。

《论语传》《孟子章句》

始见《宋史》本传，后佚。

《四声韵》

《玉海》作《古韵通式》，见《宋史》本传。宋代王应麟《玉海·卷四五·艺文·小学》云："程迥《古韵通式》：一曰四声互用，二曰切响通用，略于文选诗中类出五十余条，复以经证，一目终焉。"后佚。

《文史评》《经史说》

始见《宋史》本传，后佚。

《诸论辨》一卷

始见《宋史·艺文志》四，后佚。

《度量权三器图义》一卷

简称《三器图义》，始见《宋史》本传，前有程迥自叙，曰："天地肇判，阴阳攸分，六位时乘，万物形著。是故体有长短，所以起度也。寿有多寡，所以生量也。物有轻重，所以用权也。是器也，皆准之上党羊头山之秬黍焉，以之测幽隐之情，以之达精微之理。推三光之运则不失其度，通八音之变则可召其和，以辨上下则有品，以分隆杀则有节，凡朝廷之出，治生民之日用，未有顷刻不资焉者也。历考往古如虞舜垂重华之典，周公作太平之书，孔子欲行政于四方，孟轲欲揆叙于万类，舍是则何以哉！尝见有司颁礼，既谬误而莫知先儒谈经，又阔略而未讲于是，采历代之制，载籍之文，而述《度量衡三品图义》焉。淳熙十年闰十一月丁酉序。"有《说郛》本。

《户口田制贡赋书》《乾道振济录》《条具乾道新书》《淳熙杂志》

始见《宋史》本传，后佚。

《太玄补赞》

始见《宋史》本传，后佚。

《玉泉讲学》一卷

始见《直斋书录解题》卷九，云："程迥可久所记喻樗子才语。"按程迥尝从喻樗学。后佚。

《医经正本书》一卷

始见《直斋书录解题》卷一三，云此书"专论伤寒无传染，以救薄俗骨肉相弃绝之蔽。"有《十万卷楼丛书初编》本,《丛书集成初编》本。

《南斋小集》

始见《宋史》本传,朱熹与迥子绚书云:"敬惟先德,博闻至行,追配古人,释经订史,开悟后学,当世之务,又所通该。非独章句之儒而已。""著书满家,足以传世,亦足以不朽。"后佚。

有《自题昞怡斋》三首、《尤美轩》《题玉真书院》等诗四首,见《全宋诗》卷二四六六。

有《刑律议》等文十四篇,辑入《全宋文》卷七五一四。

张良臣

字武子,一字汉卿,号雪窗,襄邑(今河南睢县)人。隆兴元年(1163年)进士。笃学好古,学者称雪窗先生,工诗。见袁桷《延祐四明志·卷五·人物志·张良臣》。

《雪窗集》十卷

袁桷《延祐四明志》与《浙江通志·卷二四八·经籍八》谓十卷。始见周必大《文忠集·卷五四·张良臣雪窗集序》,云:"富贵击乎天一定,不能易安之可也。诗文则不然,尽心力而为之,期至乎古人乃止耳。虽然天之降才正自不同,孟穷苦累累,韩富浩穰穰,宫商合奏,斯有取焉。襄邑张良臣字武子,家于四明,笃学好古,擢龙兴进士第,日从魏南夫、史直翁二丞相游,仕宦二十余年,他人朱紫,君困青衫;他人钟鼎,君乐箪瓢。方二公荐士如林,君芒鞋藤杖,日与高僧逸人往来莲社,问不复以名官为意。淳熙末始管库行都,则又蹇驴破帽,苦其心志于灞桥风雪中。朝士稍稍知而爱之。金谓宜掌故六曹,驯致馆学。予间两社,有意启拟,而君病不可为,然后知二公前日遗君者命也。命乃在天,无可奈何,孰使君愁心疲精、昼锻夕炼、自苦于吟咏,欲效陈无已之简古、吕居仁之淡泊!至于古赋乐曲,又将推而上之。忘其心力之艰勤,此岂非天乎!后十五年,君之弟尧臣裒古赋四篇,古律诗数百首,号《雪窗集》,介友人曾三异属予以序。嗟夫!富贵不可致君,固安焉择术复自苦,有郊之穷,而交游无韩之富,相和成音。天之与人两不相遇,予诚怜而悲之,故为详记本末。尧臣亦工诗,殆所谓二难者耶!嘉泰元年(1201年)十二月日。"又楼钥《攻媿集·卷七〇·书张武子诗集后》云其"人物高胜,笔力可畏"。其诗"清丽粹洁,上参古作,旁出入禅门,寄兴高远。遽读之,或不易了,而中有理窟"。元代袁桷《延祐四明志》卷一:"张良臣,字武子,有《雪窗诗》。"又卷四:"善为诗,清刻高洁,不蹈袭。凡近凌厉音节,读者悲壮。尤长于唐人绝句，语尽而意益远。诗至于盛唐极矣。杜牧之、李商隐晚出，以绝句为专门，至宋王安石力仿之，病多而不能终，似黄庭坚以不使句俗为上，律吕乖忤，而体益变。陈与义借古语为援，不为事物牵掣，似黄而益奇，诗之变无余蕴矣。风雅道丧，独良臣穿幽纳明，复唐格律，后宋诗人咸推服之，而诸禅僧吟哦讽咏遂悉宗尚，而诗稍复其变焉。良臣于举子业非所能，隆兴元年（1163 年）试南省，魏文节公杞时为参详，携三策以见，知举张焘曰：此文拙古，必故人张武子所作，使欲得士愿以进。焘许之。后撤试果良臣也。杞晚居小溪山中，日从酬唱，其作诗或终岁不出一语。官止监左藏库，诗集十卷，至咸淳间弥甥徐直谅始衰刻于广信郡。"后佚。

《雪窗小集》一卷

见宋代陈起编《江湖小集》卷九一。收诗三十三首。今存。

《雪窗小稿》一卷

收入宋代陈思编、元代陈世隆补《两宋名贤小集》卷三六。前有小序，云："良臣为诗清刻高洁，尤长于绝句，至举子业非所能专。隆兴元年试南省，魏文节公杞时为参详，携其三策以见知举张焘曰：此文拙古，必故人张武子所作，使欲得士，愿以进。焘许之，撤试果良臣也。杞晚居小溪，日与良臣酬唱。平生官止监左藏库，《诗集》十卷，至咸淳间弥甥徐直谅衰刻于广信郡。"又入清代曹庭栋编《宋百家诗存》卷二一。今存。

《雪窗小集补遗》一卷（清代鲍廷博补遗）

汲古阁影宋钞《南宋群贤六十家小集》，知不足斋辑录宋集补遗。民国十一年（1922 年）刻本一册。

《张良臣诗》一卷

见《全宋诗》卷二四六一（第四十六册）第二万八千四百五十六至二万八千四百六十二页。小传云："《张良臣诗》，以毛晋汲古阁影宋《宋十家集》本为底本，补入清鲍廷博辑《雪窗小集补遗》。校以影印文渊阁《四库全书·两宋名贤小集》本等，与新辑集外诗合编为一卷。"

有《过清修岭》等诗三首，入胡文学编《甬上耆旧诗》卷一。小传谓："先生少善为诗，高洁清厉，能摆落凡俗，音节磊落，读者悲壮。尤长于唐人绝句，语尽而意益远。""风雅道衰，独先生彻幽内明，复唐声律，一时江南诗家共推为过江诗祖，以至方外诸禅人吟诵其体，竞相宗尚，而诗稍复其变焉。""先生诗时谓其一变宋音，复还唐雅，至推为过江诗祖。正不仅甬上眉目已也。而其诗刻于江右，吾乡传者绝少。尝与黄梨洲先生共相嗟叹。黄先生云：《西湖志》中刻有绝句一首，即秉烛遍翻得之，始服其绝句之妙。嗟夫！先辈遗文，使后人不能尽读，诚一恨事也。"

有《芳草复芳草》等诗八首，见清《御选宋金元明四朝诗·御选宋诗》。《春词》等诗十四首，诗句二，见《宋诗纪事》卷五三。

有《龙井新庙纪德碑》文一篇，见《全宋文》卷五七一六。

许玠

字介之，襄邑（今河南睢县）人。许翰曾侄孙，魏了翁门人，端平三年（1236 年）以荐补官，为衡州户掾。见《宋元学案》卷八〇。

《东溪诗稿》六卷

宋代赵希弁《郡斋读书志·卷五下·附志》著录，云："《东溪诗稿》六卷，右许玠介之之诗也。周益公尝亲写其《汉宫春夜》《朱陵洞词》《古离别》《出塞曲》四篇而跋之。"周必大《文忠集·卷五五·书匹纸赠许玠介之》云："高宗初元，首用襄邑许崧老为尚书右丞，文章议论，不待赞也。今曾侄孙玠，学有家法，自衡州携诗相过。格律高深，词语清丽，予手之不能置。求一言以为别。予素不能诗，矧敢涂泽无盐劾颦西子乎！适有匹纸，辄书其乐府四篇于卷首，继此得佳句请续于后轴，满复以相示，更当刮目待阿蒙耳。嘉泰壬戌三月二十四日。"宋代真德秀《西山集·卷三四·许介之诗卷》，云："予闻介之诗名旧矣。岁甲申，携其诗数百首访予于星沙，曰：'某之少也，获登平园、诚斋之门，二先生不予鄙也，皆相期于词章之域。今齿日长矣，惧无以副二先生之望，奈何！'予视其人，昂然鹄立。其论说今古娓娓不穷，则为之悚然曰：'二先生之知子厚矣！然予视子岂直诗人也哉？其智略纵横可以参阃外之画，其雄辨慷慨可以使不测之虏。二先生期子于词章之域，予将竢子以功名之会，可乎？'虽然功名外物尔，君子之所性有不与存焉。子房、孔明非义在于复韩仇、讨汉贼，虽终身岩穴可也，岂汲汲于功名薪以自见也哉！士苟自重其身，则凡在外者举不足计也。然则予将进子于道德之场可乎！盖道德者，君子成身之本，功名则因乎时，而词章又其末也。介之勉乎哉！子之先右丞公在艰难时，事业虽不克尽究，而嘉言直道与李忠定公略相伯仲，天下以正人许之。而潜心圣经，作为训传，则又有先儒所未发者。介之归而求之，有余师矣。若夫介之诗，词之敏丽，则有诸公之品题在，故不复云。"宋代曹彦约《昌谷集·卷一七·跋许介之东溪诗集》："读真希元所跋《许介之诗》，始也称其翰墨，中也期其功名，末乃勉以道德。举孟子所性以为证，知介之高情雅操，足以进乎此也。始余名所性于湖庄之堂未成而得罪时论，又未几而奉祠武夷，刘后溪作记为叙其事。介之集其语而歌之，有'适性穷居不加损，武夷新命从天至'，一出处皆君赐之句。今希元又以所性望介之，不自意暮年鄙识，及与希元、介之同嗜好。宝庆丁亥二月望日，昌谷曹某书于吴山寓舍。"宋代刘克庄《后村集·卷六·题许介之诗稿》："我留鸢趾外，君住雁回边。走仆行千里，敲门授一编。真妍非粉黛，至巧谢雕镂。何必周丞相，男儿要自传。"宋代乐雷发《雪几丛稿·卷二卷寄许介之》："赢得诗名遍九州，酒徒棋伴半公侯。离骚甘隐鱼鳞屋，乐府多传鹳鹊楼。醉叶几窠藏菊径，蠹荷三亩护渔舟。中原应有楼兰国，空锁吴钩到白头。"原集佚。

有《染丝上春机》《美人对镜歌》《汉宫春夜》诗三首，句五句，分别载《梅磵诗话》《诗家鼎脔》《宋诗纪事》卷五六，《全宋诗》辑入第六十一册，第三万八千一百五十一页。

有《菩萨蛮》词一首，载《阳春白雪》卷七。

朱振

应天（今河南商丘）人。见《宋元学案补遗别附》卷二。

《春秋指要》一卷、《春秋正名颐隐旨要》十二卷、《春秋正名颐隐旨要叙论》一卷、《春秋讲义》三卷

以上均见《宋史·艺文志》一，后佚。

卷之十七　应天书院大事纪年

"应天府书院"的前身是五代至宋初以杨悫、戚同文先后为宗师的宋州学堂。自宋真宗大中祥符二年（1009 年）宋州学堂始被皇帝赐名为应天府书院。书院之名自真宗大中祥符二年（1009 年）至宋仁宗的景祐二年（1035 年）十一月，应天府书院改称为应天府府学，共二十六年的历史。景祐二年（1035 年）十二月起至仁宗庆历三年（1043 年），八年间是应天府府学期，但虽称府学，仍延旧制，有时书院、府学并称，仍可看作书院期。宋仁宗庆历三年（1043 年），府学升为南京国子监，"应天府书院"的时代结束。应天府书院的历史沿革大致分为三个时期，即宋州学堂期、应天府书院期、应天府学期。对于书院的每一时期的建置沿革及发生的大事，本章采取纲目年表方式，以文献史料为依据，按历史纪年顺序以次排纂，并以纲标目，所据史料摘引于下，并作适当考证。

一、戚氏学堂期
五代后梁、后唐间，杨悫创办宋州学堂，聚徒讲学。

《宋史·戚同文传》："杨悫者，虞城人。力学勤志，不求闻达。"又云："戚同文，字同文，宋之楚丘人，世为儒。幼孤，祖母携育于外氏，奉养以孝闻。……始，闻邑人杨悫教授生徒，日过其学舍。"[1]

按：楚丘和虞城，晚唐五代时，皆是宋州属县。楚丘位宋州古城偏北方向，虞城在楚丘东、州城东北方向。宋乐史撰《太平寰宇记·卷十二·河南道·十二·宋州》："宋州睢阳郡，理宋城县。……原领县十，今七：宋城、楚邱、柘城、穀熟、下邑、虞城、宁陵。……楚邱县，北七十里。……虞城县，东北五

---

[1] 脱脱，等．宋史·第 38 册·卷四五七·隐逸上［M］．北京：中华书局，1977：13418. 以下所引以"同前"随文标出，不再出注.

十里。"① 唐亡，中原进入后梁（907—922 年）、后唐（923—935 年）、后晋
（936—946 年）、后汉（947—950 年）、后周（951—959 年）的五代轮替的乱世
（共五十三年）时代。中原五代更替，除后唐都洛阳，其他四朝皆都汴梁。汴梁
距宋州百多公里，历代皆为军事重镇。后梁时宋州为宣武军节度使治地，后唐
以后改曰归德军节度。戚同文幼孤，被祖母携于外曾祖家养育。杨悫建宋州学
堂，戚同文入杨悫学堂读书。曾巩《戚舜臣墓志铭》谓："大父讳同文，唐天佑
元年生。"② 戚同文生于唐天佑元年（904 年），虽然"世为儒"，但父母早亡，
随祖母在宋州外曾祖家长大。计杨悫留戚同文学堂读书的时间当在后梁贞明、
龙德（915—923 年）年间（戚同文 18 岁左右）。由此可断定，杨悫建学堂的时
间当在唐朝灭亡后的后梁时期。

**后梁龙德至后唐初年（915—926 年），戚同文拜杨悫为师，入宋州学堂
读书。**

《宋史·戚同文传》："（同文）世为儒，幼孤，祖母携育于外氏，奉养以孝
闻。……始，闻邑人杨悫教授生徒，日过其学舍，因授礼记，随即成诵，日讽
一卷。悫异而留之。不终岁，毕诵五经。"（同前）

按，据本传及曾巩《戚舜臣墓志铭》，戚同文幼孤，五六岁时，随祖母就养
于宋州外曾祖家。十余岁时，听说虞城学者杨悫于宋州讲学，他背着祖母过杨
氏学舍。杨悫授以《礼记》，随即成诵，一天竟背诵了一卷。杨悫被戚同文的刻
苦好学及超强的记忆力所惊异。遂收留为徒，并接济其读书。不足一年，竟毕
诵五经。戚同文拜师读书这个时间大体可推断在后梁的后期至后唐之初（915—
926 年）（见前）。戚同文一方面随杨悫学习，一方面孝养祖母。祖母去世，他
昼夜哀号，不食数日，乡里为之感动。

**后唐年间（924—936 年），杨悫以胞妹妻戚同文，戚同文更加勤励，读书
日夜不倦，终成饱学之士。杨悫鼓励他出仕，他以老师不仕，自己也坚不出仕。
又盼天下统一，改名与字皆曰"同文"。**

《宋史·戚同文传》："悫即妻以女弟，自是弥益勤励，读书累年不解
带。……悫尝勉之仕，同文曰：长者不仕，同文亦不仕。"（同前）

按，古代称呼胞妹为"女弟"。"弟"的本意就是次第、顺序的意思。戚同

① 乐史.太平寰宇记·卷十二·河南道·十二·宋州 [M].北京：中华书局，2007：
218-219.

② 曾巩.宋文鉴·卷一四二·戚舜臣墓志铭 [M]//四库全书·第 1351 册.台北：台湾
商务印书馆，1982：610.

文入学时已十八岁左右，与杨悫胞妹结婚也应二十岁左右。当时中原战乱，百姓少有宁日。各地军阀割据，政权更替频仍，少有明君圣主。天下尚武，不重文治世。饱读诗书、学识渊博的戚同文深谙古代文人士大夫实现人生价值的两条路经，即"邦有道则仕，邦无道则隐""穷则独善其身，达则兼济天下"。饱受儒家思想熏陶的戚同文，当然怀有强烈的用世愿望，"学而优则仕"，但面对天下无道，隐而不仕，仍无奈无望之举。虽然绝意禄仕，但出于一个文人的社会责任，"且思见混一，遂以同文为名字"。

后晋时，杨悫讲学依归德军将军赵直，遇疾不起，以家事托戚同文。戚同文代悫葬三世数丧。继承师业，在赵直的帮助下扩大学堂规模，开始讲学授徒。

《宋史·戚同文传》记载："时晋末丧乱，……悫依将军赵直家遇疾不起，以家事托同文，即为葬三世数丧。直复厚加礼待，为筑室聚徒，请益之人不远千里而至。"（同前）

按：将军赵直，当为驻宋州的归德军节度官署下的一位武将。唐代安史之乱后，中原地区成为叛镇、跋扈藩镇和唐中央政府反复争夺的重要地区。为了防范河朔地区及缁青、淮西等叛镇对唐政府的威胁，也为了保护运河交通要道的安全，唐政府在这一带设立宣武军，下辖黄淮平原的四个州，即宋州、汴州、颍州、亳州。唐朝建中二年（781年），唐德宗于宋州置宣武军节度，亦曰宋州节度。唐朝兴元二年（785年），而一度将宣武军署移治汴州。但时间很短，又于唐中和三年（883年）三月，将宣武军乃移治宋州，兼领亳、辉、颍三州，亦曰宋州节度。唐僖宗任命朱温为宣武军节度使，朱温在此逐渐发展壮大，成为最强藩镇，终于以此地为基础，灭唐而建立了后梁。后梁开平元年（907年），朱温称帝建国后，升宋州为防御州。后梁开平三年（909年），仍旧于宋州置宣武军。到了后唐的同光元年（923年），宣武军才改称为归德军，仍治宋州。改称归德军，是因为后梁末驻宋州宣武军节度使下邑人袁象先。明嘉靖《归德志·卷五·官师志》云："袁象先，梁太祖（朱温）妹之子，……出镇宣武军，在宋州十余年，诛敛其民，积货十万。（后唐）庄宗灭梁，象先辇资货数十万，赂唐将相伶官宦者交刘皇后，庄宗赐姓名为李绍安，改宣武为归德。曰：'归德之名为卿设也。'象先积财产数十万，邸舍数千间，其卒也不以分诸子，悉与正辞（象先长子）。……晋高祖立，复献五万缗，永为真刺史，积钱盈室。"① 可见后唐至后晋间，袁氏父子盘踞此地，搜刮民财，贿赂风行，其乱可

---

① 黄钧，等，纂修.（嘉靖）归德志［M］//天一阁藏明代方志选刊续编·第60册. 上海：上海书店，1990：196.

知。赵直，正史无传，亦不见他书记载。当为宋州归德军节度下的一位不同俗流的将军。他先揽杨悫开书堂办学，又支持戚同文招揽生徒，一方面满足了自己家族子弟的教育，另一方面在乱世中也为保存传统文化的血脉做出了贡献，为此地入宋后的教育勃兴奠定了基础。作为一位乱世中的武将，能有此举，实属难得。

后汉、后周间（947—960 年），戚氏学堂门弟子日益众，请益之人不远千里而至。戚同文与宗翼、张昉、滕知白等讨论学问，名弟子宗度、许骧、陈象舆、高象先、郭成范等相继入门下。

《宋史·戚同文传》："同文纯质尚信义，人有丧者力拯济之，宗族闾里贫乏者周给之。冬月多解衣裘与寒者，不积财，不营居室，或勉之，辄曰：人生以有义为贵，焉用此为！由是深为乡里推服。有不循孝悌者，同文必谕以善道。颇有知人鉴，所与游皆一时名士。乐闻人善，未尝言人短。与宗翼、张昉、滕知白为友，生平不至京师。"又："宗翼者，蔡州上蔡人。父为虞城主簿，因家焉。笃孝恭谨，负米养母，好学强记，经籍一见即能默写。欧阳、虞、柳书皆得其楷法，能属文，隐而不仕。家无斗粟，怡怡如也。未尝以贫窭干人，市物不评价，市人知而不欺。尝言：昼夜者，昏晓之辨也。故既暝未曙皆不出户。见邻里小儿，待之如成人，未尝欺绐。同文尝谓翼曰：'子劳谦有古人风，真吾友也。'卒年八十余。子度，举进士，至侍御史，历京西转运使，预修太祖实录。张昉，有史材，历知杂御史省郎，至殿中少监，致仕。子信，自有传。滕知白，善为诗，至刑部员外郎，河北转运使。子涉，为给事中。"（同前）

按，五代至宋初时期，学堂、书舍、书院之名，不仅是聚徒讲学的地方，也是友朋、学人相聚讨论学问，研究经书、创作诗文的场所。宗翼、张昉、滕知白当不仅是戚同文的朋友，也是相聚宋州戚氏学堂的自修共研的学者。他们的儿子都拜在戚同文门下。宗度乃宗翼之子，《宋史·戚同文传》说他"举进士，至侍御史，历京西转运使，预修《太祖实录》"（同前）。《宋史·卷二六六·钱若水传》谓，真宗即位初，钱若水为集贤院学士判院事，"俄诏修《太宗实录》，若水引柴成务、宗度、吴淑、杨亿同修，成八十卷。"① 宗度是真宗即位之初修《太宗实录》，他举进士当在太祖年间，入戚同文门下应在五代后周（951—960 年）时。

许骧，《宋史》有传。《宋史·卷二七七·许骧传》："许骧，字允升，世家蓟州。祖信，父唐，世以财雄边郡。后唐之季，唐知契丹将扰边，白其父

---

① 脱脱，等. 宋史·第 26 册·卷二六六·钱若水传［M］. 北京：中华书局，1977：9166.

曰：'今国政废弛，狄人必乘衅而动，则朔易之地民罹其灾，苟不即去，且为所虏矣。'信以资产富殖，不乐他徙。唐遂潜赍百金而南。未几，晋祖革命，果以燕蓟赂契丹。唐归路遂绝。尝拥商赀于汴洛间，见进士缀行而出，窃叹曰：'生子当令如此。'因不复行商，卜居睢阳，娶李氏女，生骧。风骨秀异，唐曰：'成吾志矣。'郡人戚同文以经术聚徒，唐携骧诣之，且曰：'唐顷者不辞父母，死有余恨。今拜先生即吾父矣。又自念不学，思教子以兴宗绪。此子虽幼，愿先生成之。'骧十三，能属文，善词赋。唐不识字，而罄家产为骧交当时秀彦。骧太平兴国初诣贡部，与吕蒙正齐名。太宗尹京，颇知之。及廷试，擢甲科，解褐将作监丞，通判益州。"①许骧的父亲许唐，是后唐末年自北方蓟州（今属天津市）南逃至中原的。后晋时（936—946年）尝经商拥赀于汴洛间，并卜居宋州，娶李氏女，生骧。许唐携许骧拜师时，许骧也应在十岁左右。那么许骧拜师的时间，当在后汉至后周时期。当时戚同文五十岁左右，许唐才说"今拜先生，即吾父矣"。后周末，宋太祖赵匡胤为归德军节度使，驻宋州。960年，赵匡胤于陈桥兵变，黄袍加身。称帝后，太宗赵光义为开封府尹，了解许骧，所以在他即位之初，许骧即廷试擢甲科，解褐将作监丞。由《宋史》记载的这段许骧史料可知，戚同文授徒主要在后汉、后周至宋初太祖赵匡胤年间。

陈象舆、高象先、郭成范、张昉之子张信、藤知白之子藤涉等一批入宋之初即登进士的戚同文的学生及他的两个儿子戚维、戚纶，当都是在五代后周时入戚氏学堂的。

后周初，重视文化兴复，《九经》版印，风行天下，为戚同文宋州学堂的发展提供了文献保障。后周末宋太祖赵匡胤为归德军节度使，赵普为掌书记，驻宋州。为北宋立国后，宋州学堂的文士入仕，奠定了政治基础。

按，宋州戚氏学堂在后周发展壮大，虽未见文献记载得到官府的资助庇护，但当得力于后周的尚文政策。太祖郭威称帝之初即力革后晋、后汉以来的弊政。如"凡仓场库务掌纳官吏无得收斗余称耗（斗余，概量之外又取其余也。称耗，称计斤钧石之外又多取之，以备耗折。今悉除之，矫王章苛敛之弊也）""旧所进羡余物悉罢之（羡余，唐之流弊也。至五季而愈甚）""罪人非反逆，无得诛及亲族，籍没家赀"等。又罢四方贡献珍美食物。"谓王峻曰：朕起于寒微，备尝艰苦，遭时丧乱，一旦为帝王，岂敢厚自奉养以病下民乎！命峻疏四方贡献珍美食物。庚辰下诏悉罢之。"又自毁后汉宫中留下的宝物玉器，"曰：'凡为

---

① 脱脱，等.宋史·第27册·卷二七七·许骧［M］.北京：中华书局，1977：9435，9436.

帝王安用此物？闻汉隐帝日与嬖宠于禁中嬉戏，珍玩不离侧，兹事不远，宜以为鉴。'仍戒左右，自今珍华悦目之物，无得入宫。"① 可见，颇有振复之势。郭威即位的第二年六月，又亲祀孔子于曲阜。司马光《资治通鉴·卷二九〇·后周纪一》记载，广顺二年（952年）："六月乙酉朔，帝如曲阜，谒孔子祠。既奠将拜，左右曰：'孔子，陪臣也，不当以天子拜之。'帝曰：'孔子百世帝王之师，敢不敬乎？'遂拜之。又拜孔子墓，命葺孔子祠，禁孔林樵采，访孔子、颜渊之后，以为曲阜令及主簿。"② 郭威广顺三年（953年）六月，又获五代后唐明宗长兴三年（932年）以来完成的《九经》雕版，儒家经典至此大肆刊印，风行天下，正如司马光《资治通鉴·卷二九一·后周纪二》记载，广顺三年（953年）六月所云："初，唐明宗之世，宰相冯道、李愚请令判国子监田敏校正九经，刻板印卖，朝廷从之。丁巳，板成献之（雕印九经始二百七十七卷，唐明宗长兴三年至是而成，凡涉二十八年）。由是虽乱世，九经传布甚广。"③ 以上史实说明，戚同文宋州学堂至后周时期，外部社会的办学环境还是得到了极大的改善。

可惜郭威称帝仅三年即去世，他的养子郭荣（柴荣）即位，是为后周世宗。世宗在位的六年间，为政亦颇开明。他首先整顿了禁军，又虚心采纳王朴之言，"进贤退不肖，所以收其才也；恩隐诚信，所以结其心也；赏功罚罪，所以尽其力也；去奢节用，所以丰其财也；时使薄敛，所以丰其财也"，对内笼络民心，均田减税租；对外避实击虚，避强击弱。在周汉高平之战、攻西蜀、征南唐的战争中都取得了可喜战果。④ 特别是在攻南唐的战争中成长起来的赵匡胤，逐渐掌握了军队大权。显德六年（959年）世宗病逝，七岁恭帝即位，赵匡胤为宋州归德军节度使兼殿前检校太尉，《归德府志·卷六·职官》谓："宋太祖为归德军节度使，（赵）普为掌书记。"⑤ 兵变黄袍加身，以所镇归德军在宋州，定国号为"宋"，并以赵普为相。这为宋初宋州戚门弟子举进士，入仕途，创造了条件。

① 司马光．资治通鉴·卷二九〇·后周纪一［M］//四库全书·第310册．台北：台湾商务印书馆，1982：660.

② 司马光．资治通鉴·卷二九〇·后周纪一［M］//四库全书·第310册．台北：台湾商务印书馆，1982：674.

③ 司马光．资治通鉴·卷二九一·后周纪二［M］//四库全书·第310册．台北：台湾商务印书馆，1982：684，685.

④ 司马光．资治通鉴·卷二九二·后周纪·三［M］//四库全书·第310册．台北：台湾商务印书馆，1982：702.

⑤ 归德府志·卷六［M］．清刻本．顺治十七年（1660）：21.

宋太祖赵匡胤建隆元年至开宝八年（960—975 年）在位的十五年间，开始削夺藩镇，重用文臣，复兴儒学。戚同文高尚不仕的精神及宋州戚氏学堂骄人的教育成绩享誉朝野。学堂常聚徒百余人，门弟子开始逐步进入仕途。

范仲淹《南京书院题名记》："皇宋辟天下，建太平，功揭日月，泽注河汉，金革尘积，弦诵风布，乃有睢阳先生赠礼部侍郎戚公同文，以贲于丘园，教育为乐。门弟子由文行而进者，自故兵部侍郎许公骧而下凡若干人。"①

宋代曾巩《隆平集·卷十三·戚纶传》亦有类似记载："父同文，……遭世丧乱，亦不复仕，聚徒讲学，相继登科者五十六人，践台阁者亦至十数。"②

宋代释文莹《玉壶野史》卷一记载："戚同文，宋都之真儒也。虽古之纯德者，殆亦罕得。其徒不远千里而至，教诲无倦，登科者题名于舍，凡孙何而下，七榜五十六人。"③

南宋王应麟《玉海·卷一六七·应天府书院》："国初有戚同文者，通五经业，聚徒百余人，许骧、宗度、郭承范、董循、陈象舆、王砺、滕涉皆其门人。"④

按，太祖定位之初，即思治国息战之策，《宋史全文·卷一·宋太祖一》载，建隆二年："一日，召赵普问曰：天下自唐季以来，数十年间帝王凡易八姓，战斗不息，生民涂地，其故何也？吾欲息天下之兵，建国家久长之计，其道何如？"⑤ 赵普献削弱藩镇之策。太祖首先杯酒释兵权，又逐渐削夺藩镇节度使镇将之权，以文臣知州事。又收藩镇财权，申命诸州，度支经费外，凡金帛以助军实，悉送都下，不得占留。方镇缺帅，命文臣权知。唐末以来藩镇之弊渐次革除。以赵普为相，重用文臣。后周世宗时，始营建国子监，设学舍。赵匡胤即位后亲临国子监，命增茸祠宇，塑先圣、先师像，任崔颂判国子监事，始聚生徒讲学。十五年间，朝廷因天下未平，战争不断，难以太多的顾及国家教育，但民间教育渐次勃兴。宋州于宋太祖登极之初，就极受重视，李焘《续

---

① 范仲淹. 范文正集·七·南京书院题名记 [M] //四库全书·第 1089 册. 台北：台湾商务印书馆，1982：622.
② 曾巩. 隆平集·卷十三·戚纶 [M] //四库全书·第 371 册. 台北：台湾商务印书馆，1982：125.
③ 释文莹. 玉壶清话·卷一 [M] //全宋笔记·第一编·第六册. 郑州：大象出版社，2003：94.
④ 王应麟. 玉海·卷一六七·应天府书院 [M]. 扬州：广陵书社，2003：3060.
⑤ 佚名. 宋史全文·卷一·宋太祖一 [M] //四库全书·第 330 册. 台北：台湾商务印书馆，1982：143.

资治通鉴长编·卷一·太祖》云："宋州以归德军旌节来，上诏置于潜龙宅。"①
先任太祖最信任的心腹武将石守信为归德节度使，建隆二年（961年）调石守
信为天平节度使，又命高怀德节镇归德军。明嘉靖《归德志·卷五·官师志》
云："高怀德，真定常山人，忠厚倜傥，有勇武，初从父行周节制宋、亳，署牙
职。既而留守睢阳，会契丹南侵，京东群盗大起，怀德坚壁清野，敌不能入。
建隆初，以破李筠功迁宪武军节度，寻改归德。"②《宋史》卷二五〇有传。十
五年间，虽然汴水漕运于宋州境内多次决堤，宋州人民深受水患，但据汴漕水
道及陆路要冲的宋州还是得到相应发展。宋州戚氏学堂，也就是宗师戚用文的
晚年，在太祖、太宗的二十余年间应该说达到了私人办学的鼎盛。

又按：戚同文长子戚维在太祖时期举进士，进入仕途。王禹偁《荐戚纶上
翰林学士钱若水启》云："右某启：某有进士同年戚纶者，负文章器识，纯谨君
子也。其先君通五经，教授于睢阳，终身不求闻达。兄维，国初登进士上第，
有文有行，守道不渝，游宦三十余年，今为殿中丞。"③ 又，《宋史·戚同文
传》："请益之人不远千里而至，登第者五六十人。"（同前）所谓"请益之人不
远千里而至"，当主要指这个时期。所谓"登第者五六十人"，当为"登第者五
十六人"之误。考曾巩《隆平集》卷十三谓戚同文"遭世丧乱，亦不复仕。聚
徒讲学，相继登科者五十六人，践台阁者亦至十数"④。又北宋释文莹《玉壶清
话》卷一、南宋王称《东都事略》卷四七、南宋杜大珪编《名臣碑传琬琰之集
下·卷七·戚学士纶》、南宋章定《名贤氏族言行类稿》卷五二等宋代文献，均
记载"五十六人"。元代文献如张光祖《言行龟鉴》卷三亦云"戚同文，睢阳
人，……创睢阳书院，聚徒讲学，相继登科者五十六人"⑤。由此推论，《宋史》
"五六十人"的记载当为"五十六人"之误。不过"五六十人"，作为概指亦可
行。需要说明的是，所谓登科之五十六人，当指宋太祖、太宗两朝，并不仅指
太祖时期，这五十六人中居太宗朝的更多。

宋太宗赵光义的太平兴国至淳化年间（976—991年），是宋州戚氏学堂收

---

① 李焘．续资治通鉴长编·第2册·卷一［M］．北京：中华书局，1979：10.

② （嘉靖）归德志·卷五·官师志［M］//天一阁藏明代方志选刊续编·第60册．上海：
上海书店，1990：197.

③ 王禹偁．小畜集·卷二五［M］//四库全书·第1086册．台北：台湾商务印书馆，
1982：254.

④ 曾巩．隆平集·卷十三·戚纶传［M］//四库全书·第371册．台北：台湾商务印书
馆，1982：125.

⑤ 张光祖．言行龟鉴·卷三［M］//四库全书·第875册．台北：台湾商务印书馆，1982：
490.

获最丰的时期，所谓"登科者题名于舍"多达五十六人、"践台阁者亦至十数"，宋州成为四方学者的向往之地，戚氏学堂盛名远扬。

曾巩《隆平集》卷十三记载此一时期："相继登科者五十六人，践台阁者亦至十数。"① 释文莹《玉壶清话》卷一："其徒不远千里而至，教诲无倦，登科者题名于舍，凡孙何而下，七榜五十六人。"② 《宋史·戚纶传》谓戚纶"少与兄维以文行知名，笃于古学，喜谈名教，太平兴国八年（983年）举进士"③。《河南通志·卷四五·选举·二·进士》记载："许骧，归德人。太平兴国中登第""宗度，虞城人。太平兴国中登第""王砺，虞城人，太平兴国五年第。屯田郎""孙何，汝阳人，淳化三年状元，知制诰"④。戚同文的这些弟子大都在宋太宗太平兴国至淳化间（976—994年）登第。

王禹偁《小畜集·四·送戚维戚纶之阆州亳州》："睢阳戚先生，今世古之儒。终身不求仕，没齿唯诵书。孝爱睦姻族，淳谨化里闾。文翁（名党，字仲翁，庐江人）变蜀土，尚以德位俱。仲淹（名王通，号文中子）居汾水，专用素教敷。青青子矜辈，栉比曳朝裾。盛德苟无报，吾道将焉如！"⑤

按，赵光义即位之初既大兴文教，博求天下俊乂之士，以为致治之具，利用科考，亲至讲武殿试天下举子。宋代李焘撰《续资治通鉴长编·卷十八·太宗》太平兴国二年（977年）春正月："上初即位，以疆宇至远，吏员益众，思广振淹滞，以资其阙。顾谓侍臣曰：'朕欲博求俊乂于科场中，非敢望拔十得五，止得一二亦可为致治之具矣。'先是，诸道所发贡士凡五千三百余人，命太子中允直舍人院张洎、右补阙石熙载试进士，左赞善大夫侯陶等试诸科，户部郎中侯陟监之。于是礼部上所试合格人名。戊辰，上御讲武殿内，出诗赋题覆试进士，赋韵平仄相间，依次用命。翰林学士李昉、扈蒙定其优劣为三等，得河南吕蒙正以下一百九人。庚午，覆试诸科，得二百七人，并赐及第。又诏礼部阅贡籍，得十五。举以上进士及诸科一百八十四人，并赐出身。九经七人不中格，上怜其老，特赐同三传出身。凡五百人，皆先赐绿袍靴笏，锡宴开宝寺，上自为诗二章赐之。唐时礼部放榜之后醵饮于曲江，号曰闻喜宴，五代多于佛

---

① 曾巩.隆平集·卷十三［M］//四库全书·第371册.台北：台湾商务印书馆，1982：125.

② 释文莹.玉壶清话·卷一［M］.郑州：大象出版社，2003：94.

③ 脱脱，等.宋史·第29册·卷三百六［M］.北京：中华书局，1977：10104.

④ （雍正）河南通志·卷四五［M］//四库全书·第536册.台北：台湾商务印书馆，1982：561，562.

⑤ 王禹偁.小畜集·卷四［M］//四库全书·第1086册.台北：台湾商务印书馆，1982：30.

舍名园，周显德中官为主之。上命中使典领，供帐甚盛，第一、第二等进士并九经授将作监丞、大理评事、通判诸州。同出身进士及诸科，并送吏部，免选优等注拟。初资职事判司簿尉，宠章殊异，历代所未有也。薛居正等言取人太多，用人太骤。上意方欲兴文教，抑武事，弗听。"① 此榜状元为洛阳吕蒙正，《宋史·许骧传》谓"骧，太平兴国初诣贡部，与吕蒙正齐名。太宗尹京，颇知之，及廷试，擢甲科。"（同前）那么戚同文弟子许骧当于此年科举中进士甲科。

又，太宗重建三馆为崇文院以藏图书，下诏开献书之路。宋代李焘《续资治通鉴长编·卷十九·太宗》太平兴国三年（978年）春："建隆初，三馆所藏书仅一万二千余卷。及平诸国，尽收其图籍，惟蜀、江南最多。凡得蜀书一万三千卷，江南书二万余卷。又下诏开献书之路，于是天下书复集三馆，篇帙稍备。自梁氏都汴，贞明中始以今右长庆门东北小屋数十间为三馆，湫隘才蔽风雨，周庐徼道出于其侧，卫士驺卒，朝夕喧杂，每诸儒受诏有所论撰，即移于它所，始能成之。上初即位，因临幸周览，顾左右曰：'若此之陋，岂可蓄天下图籍，延四方贤俊耶？'即诏有司度左升龙门东北旧车辂院，别建三馆。命中使督工徒晨夜兼作，其栋宇之制皆亲所规画，自经始至毕功，临幸者再轮奂壮丽甲于内庭。二月丙辰朔，诏赐名为崇文院。西序启便门以备临幸，尽迁旧馆之书以实之。院之东廊为昭文书，南廊为集贤书，西廊有四库分经史子集四部为史馆书。六库书籍正副本凡八万卷，策府之文，焕乎一变矣。"②

又，敕李昉等组织编次大型类书《太平御览》，《四库全书总目·卷一三五·子部·类书类一》谓此书"以太平兴国二年受诏，至八年书成。初名《太平总类》，后改为《太平御览》。宋敏求《春明退朝录》谓书成之后，太宗日览三卷，一岁而读周，故赐是名也。凡分五十五门，征引至为浩博，故洪迈《容斋随笔》称'太平兴国中编次《御览》引用书一千六百九十种，其纲目并载于首卷'"③。又敕李昉等编纂前世小说家总集《太平广记》，《四库全书总目》谓"以太平兴国二年三月奉诏，三年八月表进，六年正月敕雕版印行，凡分五十五部，所采书三百四十五种，古来轶闻琐事，僻笈遗文，咸在焉。卷帙轻者往往全部收入，盖小说家之渊海也"④。又命编纂前代文学总集《文苑英华》，

① 李焘. 续资治通鉴长编·第3册·卷十八 [M]. 北京：中华书局，1980：393.
② 李焘. 续资治通鉴长编·第3册·卷十九 [M]. 北京：中华书局，1980：422.
③ 永瑢，纪昀，等. 四库全书总目·卷一三五 [M] //四库全书·第3册. 台北：台湾商务印书馆，1982：855.
④ 永瑢，纪昀，等. 四库全书总目·卷一四二 [M] //四库全书·第3册. 台北：台湾商务印书馆，1982：1008.

《四库全书总目》谓此书"宋太平兴国七年李昉、扈蒙、徐铉、宋白等奉敕编，续又命苏易简、王祐等参修，至雍熙四年书成"①。太平兴国九年（雍熙元年）又诏求天下遗书。宋代李焘《续资治通鉴长编》卷第二十五：太宗雍熙元年春正月，"壬戌，上谓侍臣曰：'夫教化之本，治乱之源，苟无书籍，何以取法！今三馆所贮，遗逸尚多。'乃诏三馆以《开元四库书目》阅馆中所阙者，具列其名，募中外有以书来上及三百卷，当议甄录酬奖，余第卷帙之数等级优赐。不愿送官者，借其本写毕还之。自是，四方之书往往间出矣。"②

以上社会文化氛围，都为宋州戚氏学堂的鼎盛提供了积极因素。

太平兴国末至雍熙年间，当时文坛著名诗人杨徽之到宋州拜访戚同文，二人诗酒唱酬，结下深厚友谊。

《宋史·戚同文传》："同文纯质尚信义，……颇有知人鉴，所与游皆一时名士。乐闻人善，未尝言人短。与宗翼、张昉、滕知白为友。生平不至京师，……好为诗，有《孟诸集》二十卷。杨徽之尝因使至郡，一见相善，多与酬唱。"（同前）

宋代王称撰《东都事略·戚纶》："父同文，字文约，……聚徒讲学，相继登科者五十六人，践台阁者亦至十数。尚信义喜周人急，所与交皆当世知名士，杨徽之因使至郡，多所酬倡。"③

宋代曾巩《隆平集·戚纶》谓戚同文："尚信义，喜赒人急。所与交皆当世之名士，杨徽之因使至郡，多所酬唱。"④

释文莹撰《玉壶清话》卷一："杨侍读徽之守南都，召至郡斋，礼遇益厚，唱和不绝。杨谓君曰：'陶隐居昔号坚白先生，以足下纯白可侔，仆辄不揆，已表于朝，奏乞坚素之号，未知报否。'后果从请。"⑤

另，宋人著作中如李焘《续资治通鉴长编》卷四四、章定《名贤氏族言行类稿》卷五二、杜大珪编《名臣碑传琬琰之集》下卷七、无名氏《锦绣万花谷续集·卷三八·类姓·戚》等，皆与上述史料大致相同。

按，考《宋史·杨徽之传》，杨徽之并无"守南都"之任，释文莹《玉壶

① 永瑢，纪昀，等. 四库全书总目·卷一八六［M］//四库全书·第5册. 台北：台湾商务印书馆，1982：16.

② 李焘. 续资治通鉴长编·第3册·卷第二五［M］. 北京：中华书局，1979：571.

③ 王称. 东都事略·卷四七［M］//四库全书·第382册. 台北：台湾商务印书馆，1982：298、299.

④ 曾巩. 隆平集·卷十三［M］//四库全书·第371册. 台北：台湾商务印书馆，1982：125.

⑤ 释文莹. 玉壶清话·卷一［M］. 郑州：大象出版社，2003：94.

野史》所谓"守南都""召至郡斋，礼遇益厚"之说乃为无据之谈（见前考证）。那么杨徽之访戚同文应在何时？《宋史·卷二九六·杨徽之传》云："杨徽之，字仲猷，建州浦城人。……幼刻苦为学，……周显德中举进士……乾德初，与郑玘并出为天兴令，府帅王彦超素知其名，待以宾礼。蜀平，移峨眉令。时宋白宰玉津，多以吟咏酬答。复为著作佐郎知全州，就迁左拾遗右补阙。太平兴国初代还，太宗素闻其诗名，因索所著。徽之以数百篇奏御，且献诗为谢，其卒章有'十年流落今何幸，叨遇君王问姓名'语，太宗览之称赏。自是圣制多以别本为赐。迁侍御史，权判刑部。尝属疾遣尚医诊疗，赐钱三十万，转库部员外郎，赐金紫，判南曹，同知京朝官差遣。会诏李昉等采缉前代文字，类为《文苑英华》，以徽之精于风雅，分命编诗为百八十卷。历迁刑、兵二部郎中，献雍熙词，上庚其韵以赐。端拱初拜左谏议大夫，出知许州，入判史馆事，加修撰，因次对上言曰：'自陛下嗣统鸿图，阐扬文治，废坠修举，儒学向臻乃至周，岩野以聘隐沦，盛科选以来才彦取士之道亦已至矣。然擅文章者多超迁，明经业者罕殊用，向非振举，曷劝专勤师法不传，祖述安在？且京师四方之会，太学首善之地，今五经博士并阙其员，非所以崇教化、奖人材、由内及外之道也。伏望濬发明诏，博求通经之士，简之朝著，拔首草莱，增置员数，分教胄子，随其所业，授以本官廪稍，且优旌别斯在淹贯之士，既蒙厚赏，则天下善类知所劝矣。无使唐、汉专称得人。'太宗嘉纳之。顾谓宰相曰：'徽之儒雅，操履无玷，置于馆阁宜矣。'未几，改判集贤院。"① 由以上史料可知，杨徽之虽是江南浦城县（属福建省）人，但五代后周时期即潜入中原，中后周世宗显德年间的进士高第而入后周为官。入宋的太祖年间，长期在陕西、四川一带为地方官，没有可能至汴京京东的宋州拜访戚同文。太宗即位的太平兴国初年被召入京师，这以后才有机会至宋州拜访戚同文。又，《宋史·戚同文传》是将与杨徽之唱酬和戚氏去世后杨徽之与其门人私谥"坚素（正素）先生"联系起来叙述的，可见戚、杨唱酬与戚同文去世时间不远。戚同文约去世于太宗淳化二年（见前第四章第三节），戚、杨结交当在太宗太平兴国末年至雍熙年间（983—988 年）。戚同文仲子戚纶在太平兴国八年（983 年）举进士，正是因杨徽之对戚同文的敬仰，杨徽之于真宗即位之初推荐长期任地方官的戚纶入京而戚纶以后得以仕途显扬。杨徽之是由五代入宋，太祖、太宗时期的著名诗人，与李昉等奉诏编纂前代诗文总集《文苑英华》，其中受命编诗一百八十卷（一作二百卷）。《宋史》本传说他"酷好吟咏，每对客论诗，终日忘倦。既没，有集

---

① 脱脱，等. 宋史·第 28 册·卷二九六［M］. 北京：中华书局，1977：9869.

二十卷留于家，上令夏侯峤取之以进"（见上）。闻戚同文之名，"因使至郡"，说明宋州学堂在当时朝野具有很高的知名度，并得到很多文人的向往。《宋史·卷二百八·艺文志》七著录"《杨徽之集》五卷"①，惜杨徽之文集二十卷及《杨徽之集》五卷和戚同文《孟诸集》二十卷皆已散佚，二人唱酬诗作已不见存世。

太宗淳化至仁宗即位之初的咸平年间（991—1001 年），宗师戚同文去世，杨徽之与其门弟子私谥坚（贞）素先生。宋州戚氏学堂曾一度衰落。至道年间，宋州为京东路驻地。

戚同文约卒于淳化二年（991 年）（见前）。

《宋史·卷四五七·隐逸上·戚同文》："长子维任随州书记，迎同文就养，卒于汉东，年七十三。……徽之尝云：陶隐居号坚白先生，先生纯粹质直，以道义自富，遂与其门人追号坚素先生。"（同上）

宋代王称撰《东都事略·卷四七·列传·三十·戚纶》：戚同文"尚信义，喜周人急，所与交皆当世知名士，杨徽之因使至郡，多所酬倡。及卒，徽之与其门人谥曰坚素先生。"

宋代曾巩撰《隆平集》卷十三："及卒，徽之及其门人追号曰坚素先生。"（同上）

宋章定撰《名贤氏族言行类稿》卷五二："及卒，徽之与其门人谥曰坚素先生。"②

宋代李焘《续资治通鉴长编》卷四四：真宗咸平二年（999 年）二月己酉，"秘书监杨徽之荐著作佐郎、通判泰州戚纶文学纯谨，宜在儒馆。三月甲寅，以纶为秘阁校理。纶父同文，隐居教授，学者不远千里而至，登科者凡五十六人。徽之与门人追号同文曰坚素先生。"③

《宋会要辑稿·崇儒二》："同文卒后，无能继其业者。"④

按，《宋史·戚同文传》关于"长子维任随州书记，迎同文就养，卒于汉东，年七十三"（同上）的记载有误，详见前"戚同文生卒"考证。随州，应是四川遂州（遂宁）之误。"年七十三"已不确。"徽之尝云陶隐居号坚白先

① 脱脱，等.宋史·第 16 册·卷二百八 [M]. 北京：中华书局，1977：5354.
② 章定.名贤氏族言行类稿·卷五二 [M] //四库全书·第 933 册.台北：台湾商务印书馆，1982：751.
③ 李焘.续资治通鉴长编·第 4 册·卷四四 [M].北京：中华书局，1980：930.
④ 徐松，辑.宋会要辑稿·第 5 册·崇儒二 [M].刘琳，等，校.上海：上海古籍出版社，2014：2762.

生"，乃杨徽之将戚同文与陶隐居陶弘景并称。陶弘景，南北朝时南朝齐梁间道士，齐永明间辞官赴句曲山（茅山）隐居，世称陶隐居，有《陶隐居集》。及卒，谥贞白先生。唐代姚思廉《梁书·处士传》、唐代李延寿《南史》皆有传。

又按，戚同文约卒于淳化二年（991年），而杨徽之与戚同文门人商议谥号，李焘《续资治通鉴长编》将此事附于真宗咸平二年（999年）二月，时戚同文已卒八年。同文卒，二子戚维、戚纶皆离官丁忧家居，淳化四年服满，据王禹偁《小畜集》，戚维出任括苍，戚纶出知永嘉。戚纶是在一任期满后为杨徽之举荐为秘阁校理之职的，是时杨徽之与戚同文门徒共追谥戚同文坚素之号，综合前后史实，亦情理相合。

又按，《宋会要辑稿》谓"同文卒后，无能继其业者"。"无能继其业者"不等于学堂关闭，只是说无人能如戚同文那样德高望重、有名气，学堂因宗师去世而衰落，不能如宗师在时继续昌盛。戚维、戚纶服丧期间可以维持学堂的运转，受官上任后当有戚纶长子戚舜宾管理。

宋真宗景德三年（1006年）二月，宋州升应天府，为宋州学堂的振兴带来了契机。

宋代李焘《续资治通鉴长编》卷六二：真宗景德三年二月，"甲申，以宋州为应天府"①。

《宋大诏令集》卷第一五九记载了景德三年二月的《升宋州为应天府诏》："睢阳奥区，平台旧壤，两汉之盛，并建于戚藩。五代以还，荐升于节制，地望雄于征镇，疆理接于神州，实都几近辅之邦，乃帝业肇基之地。恭惟圣祖，诞启鸿图，爰于历试之初，兼领元戎之寄。讴歌所集，符命荐臻，殆兹累朝，俯同列郡，式昭茂烈，宜锡崇名。用彰神武之功，且表兴王之盛，宋州宜升为应天府。宋城县为次赤，宁陵、楚丘、柘城、下邑、谷熟、虞城等县并为次几。"②

徐松《宋会要辑稿·方域二》亦有《宋州升应天府诏》，文字大致相同。③

按，宋真宗赵恒即位之初，任用李沆等为相，勤于政事。景德元年（1004年），又与辽以每年给辽一定"岁币"的形式签"澶渊之盟"，此举创造了一个相对长期稳安、可和平发展的历史时期。朝廷又重新划分地方治理疆域，分全国为十五路，各路转运使轮流进京述职，减免五代十国以来的税赋。又由于铁制工具制作的进步，土地耕作面积迅速扩大，还引入暹罗良种水稻，农作物产

---

① 李焘. 续资治通鉴长编·第5册·卷六二［M］. 北京：中华书局，1980：1387.

② 宋大诏令集·卷一五九［M］. 北京：中华书局，2009：599-600.

③ 徐松，辑. 宋会要辑稿·方域二［M］. 刘琳，等，校. 上海：上海古籍出版社，2014：9281.

量倍增。纺织、造纸等各种手工业及城市商业蓬勃发展，贸易盛况空前，使北宋进入经济文化的繁荣时期。真宗又以孝治国，对祖宗创业极为崇敬。宋州为太祖"帝业肇基""诞启鸿图"之地，景德三年升为应天府。宋州又是京东路驻节首府，居京师百余公里，南临运河，位于水陆要冲，其经济文化的繁荣为地方教育的发展提供了必要条件。宋州旧有学堂，自宗师戚同文去世后，一度衰落。至真宗"咸平之治"，戚氏之学及戚氏学堂的振兴成为戚氏后人及戚门弟子以及宋州官民的迫切要求。但戚同文在世时不积财产，《宋史》本传说他"不积财，不营居室，或勉之，辄曰：'人生以行义为贵，焉用此为！'由是深为乡里推服。"（同上）可见身后余财不多。而二子戚维、戚纶虽已出仕为官，但清正廉洁，以礼自守，家族亦无富余。学舍年久失修，不合时制是必然。适有宋城豪富曹诚愿意投资学堂，支持振复。这为学堂重建提供了物质基础。

二、诏赐书院期

宋州升应天府后至大中祥符元年（1006 年 2 月—1008 年 12 月），宋城富家曹诚出资，由戚同文之子戚维、戚纶规划，在戚同文讲学处重建学堂，讲习甚盛。时李防为应天府知府，上之朝廷。

《宋史·戚同文传》："大中祥符二年，府民曹诚即同文旧居旁造舍百余区，聚书数千卷，延生徒讲习甚盛。"（同前）

李焘《续资治通鉴长编》卷七一：真宗大中祥符二年（1009 年）二月："应天府民曹诚，以赀募工，就戚同文所居造舍百五十间，聚书千余卷，博延生徒，讲习甚盛。"[1]

《宋会要辑稿·崇儒二·郡县学》："国初有戚同文者，通五经业，高尚不仕，聚徒教授，常百余人。……同文卒后，无能继其业者。同文有子二人，维为职方员外郎，纶为龙图阁待制。至是，（曹）诚出家财，即同文旧居，建学舍百五十间，聚书千五百余卷，愿以学舍入官。令同文孙奉礼郎舜宾主之，召明经艺者讲习。本府以闻，故有是命。并赐院额，仍令本府职事官提举。"[2]

《宋史全文·卷六·宋真宗二》：己酉大中祥符二年二月辛丑："应天府民曹诚，就戚同文所居造舍、聚书，博延生徒。府奏其事。上诏赐额曰：应天府

---

① 李焘．续资治通鉴长编·第 6 册·卷七一［M］．北京：中华书局，1980：1597.
② 徐松，辑．宋会要辑稿·第 5 册［M］．刘琳，等，校．上海：上海古籍出版社，2014：2762.

书院。"①

张方平《乐全集·卷三九·朝奉郎守太子中舍骑都尉韦君墓志铭并序》："自五代乱离,经籍道息,睢阳有隐君子戚君同文,独以讲授为业,诸生后多达者。子纶处近官,就其旧庐构学校,志于学者自远方至。朝廷嘉其事,赐名应天府书院,天下庠序由兹始。常选学行可为人师者主领之。"②

曾巩《隆平集·卷一·学舍》："五代学校不修,学者多各从其师,是以庐山有白鹿洞书院,嵩阳、岳麓亦各有书院,国朝各赐以书籍。大中祥符初,应天府民曹诚即戚同文旧学之地造书舍,诏赐额曰应天府书院。"又,《隆平集·卷十三·戚纶》："大中祥符二年,应天府言:民有曹诚者,即同文旧居广舍百五十楹,聚书千余卷,以延学者。真宗嘉之,赐名曰应天府书院。"③

宋代徐度《却扫编》卷上："五代之乱,天下无复学校。皇朝受命,方削平四方,故于庠序之事亦未暇及。宋城富人曹诚者,独首捐私钱建书院城中。前庙后堂,旁列斋舍,凡百余区。"④

宋代杜大珪编《名臣碑传琬琰之集》下卷七："大中祥符二年,应天府言:民有曹诚者,即同文旧居,广舍百五十楹,聚书千余卷,以延学者。真宗嘉之,赐名曰应天府书院。"⑤

洪迈《容斋随笔》卷一七一："大中祥符二年,应天府民曹诚即楚邱戚同文旧居造舍百五十间,聚书数千卷,博延生徒讲习甚盛,府奏其事,诏赐额曰应天府书院。命奉礼郎戚舜宾主之,仍令本府幕职官提举,以诚为府助教。宋兴,天下州府有学自此始。"⑥

宋代陈均《九朝编年备要·卷七·赐应天府书院额》："初楚丘戚同文聚徒教授,士不远千里而至。及卒,应天府民曹诚即同文旧居旁造舍百余区,聚书

① 佚名．宋史全文·卷六·宋真宗二［M］//四库全书·第330册．台北:台湾商务印书馆,1982:143.
② 张方平．乐全集·卷三九［M］//四库全书·第1104册．台北:台湾商务印书馆,1982:489.
③ 曾巩．隆平集·卷一·学舍［M］//四库全书·第371册．台北:台湾商务印书馆,1982:12,125;曾巩．隆平集·卷十三·戚伦［M］//四库全书·第371册．台北:台湾商务印书馆,1982:12,125
④ 徐度．却扫编·卷上［M］．北京:中华书局,1985:22.
⑤ 杜大珪．名臣碑传琬琰之集·下卷·七［M］//四库全书·第450册．台北:台湾商务印书馆,1982:711.
⑥ 洪迈．容斋随笔三笔·卷五［M］．上海:上海古籍出版社,1978:477.

数千卷，延四方之士讲习其中。诏赐额为应天府书院。"①

宋代王称撰《东都事略·卷四七·列传·三十·戚纶》："应天府民有曹诚者，即同文旧居，广舍百五十楹，聚书千余卷以延学者。真宗嘉之，赐名曰应天府书院云。"②

宋代祝穆《古今事文类聚续集·卷八·居处部·天下四书院》："应天府民曹诚，即同文（戚纶之父名）旧居，广舍百五十楹，聚书千余卷，以延学者。真宗嘉之，赐名曰应天府书院。"③ 又《古今事文类聚别集·卷三·儒学部·聚书赐额》："应天府民有曹诚者，即同文（戚纶之父名也）旧居，广舍百五十楹，聚书千余卷，以延学者。真宗嘉之，赐名曰应天府书院。"④ 又，元代富大用编《古今事文类聚外集·卷十三·路官部·各路儒学》："应天府书院：祥符二年新建书院，诏以曹诚为助教。国初有戚同文者通五经业，高尚不仕，聚徒教授，常百余人，许骧、郭承范、董循、陈与、王厉、滕涉皆其门人。同文卒后，无能继其业者。至是始有是命，并赐院额。"⑤

宋代章定《名贤氏族言行类稿》卷五二："应天府民有曹诚者，即同文旧居，广舍百五十楹，聚书千余卷，以延学者。真宗嘉之，赐名曰应天府书院云。"⑥

《宋史·卷三百三·李防》："李防，字智周，大名内黄人。……徙知应天府，凿府西障口为斗门，泄汴水淤旁田数百亩，民甚利之。又徙兴元府。"⑦

按，嘉靖《归德志·卷五·官师志》谓李防"真宗时知府应天府"。又据《宋史》本传，景德初，诏与张知白分东西路安抚江南旱灾，遂为江南转运使，由江南转运徙知应天府，由此推知李防为应天知府当在大中祥符一、二年年间（1008—1009年）。

① 陈均.九朝编年备要·卷七·赐应天府书院额［M］//四库全书·第328册.台北：台湾商务印书馆，1982：176.
② 王称.东都事略·卷四七［M］//四库全书·第382册.台北：台湾商务印书馆，1982：299.
③ 祝穆.古今事文类聚续集·卷八·天下四书院［M］//四库全书·第927册.台北：台湾商务印书馆，1982：162.
④ 祝穆.古今事文类聚别集·卷三·聚书赐额［M］//四库全书·第927册.台北：台湾商务印书馆，1982：552.
⑤ 富大用.古今事文类聚外集·卷十三·各路儒学［M］//四库全书·第929册.台北：台湾商务印书馆，1982：221.
⑥ 章定.名贤氏族言行类稿·卷五二［M］//四库全书·第933册.台北：台湾商务印书馆，1982：751.
⑦ 脱脱，等.宋史·第29册·卷三百三［M］.北京：中华书局，1977：10039.

按，关于宋州学堂的重建时间问题。以上史料皆将重建时间与赐名时间放在真宗皇帝赐名的大中祥符二年（1009 年）二月，其实不然。重建与赐名只是因果关系，重建是先因，而赐名是后果，并非一时。所谓"本府以闻，故有是命"，所谓"府奏其事"，那么应该是曹诚于"戚同文旧居，造舍百五十间，聚书数千卷，博延生徒讲习甚盛"在大中祥符二年二月之前已经有其事，应天府才能奏其事以闻，不然何以上奏？又，"造舍百五十间"的工程颇大，从备料筹建，到百五间学舍完成也需一二年的工夫。学舍建设工程完成后，还有舍内各种设施的布置，还有聚书聚徒等前期工作，直到讲习甚盛，兴复戚同文在世旧观，才有"府奏其事"，这些都需要一个过程。为此，笔者认为学舍重建的最佳契机应当在宋州升应天府之时，此时离戚同文去世已十五年，离杨徽之与其弟子私谥"坚素先生"之号也已七年。戚同文逝后的七八年间学舍凋敝，无能继其业者。杨徽之与其门人合议谥号时，应当开始了兴复重建的动议及筹备。直到宋州升应天府这年，宋城民众欢庆之时而学舍兴建，似当水到渠成。从宋州升应天府（1006 年）之后至大中祥符元年（1008 年）学舍"讲习甚盛"，可看作学舍重建后的恢复期。正是至大中祥符元年已"讲习甚盛"，才有应天府上奏其事及下年的朝廷赐名。

又按，关于重建的方位问题。以上众多史料只是记载"即同文旧居旁"（《宋史·戚同文传》），或曰"就戚同文所居"（《续资治通鉴长编》），或曰"即同文旧居"（《宋会要辑稿》）。而同文旧居在何处，皆无说明。据方志记载，从唐五代的睢阳城，或曰宋州城，到北宋应天府南京城，历金元至明孝宗弘治十五年（1502 年）圮于水，正德六年（1511 年）重筑，乃徙而北迁一城，北古城南门，即北宋南京城之北门。北宋时的应天府南京城，康熙年间所修《商丘县志·卷一·城池》有记云："宋为南京城，城周十五里四十步。东二门：南曰延和，北曰昭仁。西二门：南曰顺城，北曰回銮。南一门，曰崇理。北一门，曰静安。内为宫城，周二里三百六十步，门曰重熙、颁庆；京城中有隔城，门二：东曰承庆，西曰祥辉。东有关城（东西外城也），周二十五里八十三步，东、南、北各有一门。"（见前）这便是当时南京城的建置规模。而应天府书院，即戚同文旧居又在什么地方呢？明嘉靖《归德志·卷四·学校志》载："儒学，旧城在州治东北，即应天书院也。"又云："书院：在州治东北七十步。宋大中祥符三年（按，时间有误，见前）邑士曹诚与戚维、戚纶建学舍百五十楹，聚书千五百余卷，招明经艺者讲习，本府以闻，因诏为应天府书院，兼赐额。……今在南门外西，其基址也。……按，……其一则应天（书院）也。始于邑士戚同文，曹诚及同文二子，一时好义为之。终则真宗赐碑题额，遂备一代之制，顾不伟软。金元及我朝率因之，以建学官，迄于壬戌（弘治十五年为壬戌年，城圮于水）之变，改迁新城，遂弃其址于城外，今则半为城濠，并为民田，而往躅遗迹荡然尽矣。"（见前）由上可知，学舍在今城南门外，偏西而临西南土城，20世纪90年代，废址尚依稀可见。2002年开掘西南城濠为南湖，而旧址遗迹更荡然无存。

又按，学堂重建的主要人员。《宋史·戚同文传》、李焘《续资治通鉴长编》《宋会要辑稿》《宋史全文》及南宋诸家著述，皆谓学舍为应天府（宋城）民曹诚所建，其实应是曹诚与戚氏后人所共建。如北宋仁宗时大臣、宋州人张方平在《乐全集》中即谓，戚同文"子（戚）纶处近官，就其旧庐构学校，志于学者自远方至。朝廷嘉其事，赐名应天府书院"，只谓学舍为戚纶所构建，不言曹诚。另，赐名之初即入应天府书院学习的范仲淹在《南京书院题名记》中亦记其初建的史实云："先生之嗣，故都官郎中维、枢密直学士纶，并纯文浩学，世济其美，清德素行，贵而能贫。祥符中，乡人曹氏请以金三百万建学于先生之庐，学士之子殿中丞舜宾时在私庭，俾干其裕，故太原奉常博士渎时举贤良，始掌其教，故清河职方员外郎吉甫时以管记以领其纲。学士画一而上，真宗皇帝为之嘉叹。"（见前）曹氏是出资之人，而设计规划及建设过程主要由戚舜宾负责，另外还有王砺之子王渎，与时为职方员外郎的张吉甫。明嘉靖《归德志》所谓"邑士曹诚与戚维、戚纶建学舍"之说颇为公允。

又按，学堂规模问题。以上史料，皆言"学舍百五十间，聚书数千卷"，颇为概括，稍详者为徐度《却扫编》所谓"建书院城中。前庙后堂，旁列斋舍，凡百余区"。但徐度《却扫编》所涉应天府书院史料中，多有讹误。如谓曹诚建书院"既成，邀楚丘戚先生主之"。戚先生至大中祥符元年，已去世十五六年，何来主之！又谓戚同文主书院，"及是四方之士争趋之，曹氏益复买田、市书以待来者。先生乃制为学规：凡课试、讲肄、劝督、惩赏莫不有法，宁亲归沐与亲戚还往莫不有时，而皆曲尽人情，故士尤乐从焉。由此，书院日以浸盛。事闻京师，有诏赐名应天府书院"。先生所制学规，应是宋初事，不是书院时。"事闻京师，有诏赐名应天府书院"，也是戚先生逝世后其子戚维、戚纶之事。又谓"先生之规后传于时，及建太学，诏取以参定学制，予幼时犹及见之。书院，即今之国子监也"。徐度乃应天府谷熟县人，青少年时入南京国子监，所记当为事实。

宋真宗大中祥符二年，诏赐应天府新建学堂"应天府书院"院额，曹诚为府助教，戚舜宾为书院主持，王渎掌其教席，张吉甫为管记。又命端明殿学士盛度为文记其事，命侍郎陈尧佐题院榜。

是年，戚纶为龙图阁待制户部郎中直昭文馆，戚维官都官员外郎。此年赐应天府书院院名及院额，已见前引史料。

又，范仲淹《南京书院题名记》："皇宋辟天下，建太平，功揭日月，泽注河汉，金革尘积，弦诵风布。乃有睢阳先生赠礼部侍郎戚公同文以奋于丘园，教育为乐，门弟子由文行而进者，自故兵部侍郎许公骧而下凡若干人。先生之嗣，故都官郎中维、枢密直学士纶，并纯文浩学，世济其美，清德素行，贵而能贫。祥符中，乡人曹氏请以金三百万建学于先生之庐，学士之子殿中丞舜宾时在私庭，俾干其裕，故太原奉常博士渎时举贤良，始掌其教，故清河职方员外郎吉甫时以管记以领其纲。学士画一而上，真宗皇帝为之嘉叹，面可其奏。今端明殿学士盛公侍郎度文其记，前参子政事陈公侍郎尧佐题其榜，由是风乎四方，士也如狂，望兮梁园，归于鲁堂。"（见前）

宋代吕中撰《宋大事记讲义·卷七·建学》："祥符二年二月，诏许曲阜先圣庙立学，赐应天府书院额，州郡置学始此。"①

宋代王应麟《玉海·卷一六七·应天府书院》："祥符二年二月二十四日庚戌，诏应天府新建书院，以曹诚为助教。国初有戚同文者通五经业，聚徒百余人，许骧、宗度、郭承范、董循、陈象舆、王砺、滕涉皆其门人，于是诚即同文旧居建学舍百五十间，聚书千五百余卷，愿以学舍入官，令同文孙舜宾主之，故有是命，并赐院额。"②

马端临《文献通考·卷四六·学校考·七》："真宗大中祥符二年，应天府民曹诚即楚邱戚同文旧居，造舍百五十间，聚书数千卷，博延生徒，讲习甚盛，府奏其事，诏赐额曰应天府书院，命奉礼郎戚舜宾主之，仍令本府幕职官提举，以诚为府助教。"③

按，范仲淹《南京书院题名记》撰于天圣五年至六年（1026—1027 年）期间，时范仲淹应晏殊所请第二次入应天府书院掌教，当时应天府已于大中祥符七年（1014 年）升为南京，所以又称"南京书院"。范仲淹于大中祥符四年（1011 年）赴应天府书院读书，时刚赐院名不久，故范仲淹记载的当时史实甚为可信。端明殿学士盛度《应天府书院赐名记》及时为参知政事的陈尧佐所题《应天府书院》匾额今皆不存。清顺治《归德府志·卷三·建置》云："应天书

①　吕中. 宋大事记讲义·卷七［M］//四库全书·第 686 册. 台北：台湾商务印书馆，1982：254.

②　王应麟. 玉海·卷一六七［M］. 扬州：广陵书社，2003：3060.

③　马端临. 文献通考·卷四六·学校考·七［M］//四库全书·第 611 册. 台北：台湾商务印书馆，1982：120.

院，在城西北隅，宋有敕赐碑，在旧城内，废。"①

又，王渎，见前卷之十一。张吉甫未详，范仲淹谓"故清河职方员外郎吉甫时以管记以领其纲"，清河为张姓郡望。张吉甫当时应是以应天府幕职官而提点应天府书院。盛度、陈尧佐，《宋史》有传。

又，应天府书院藏书问题辩证：元代萧𣂏《学古书院记》："宋大中祥符间，睢阳民曹诚，即戚同文旧居建学舍百五十间，蓄书二千五百卷，召明经艺者讲习。"② 至此，合以上所引史料应天府书院的藏书有"数千卷""千余卷""一千五百卷"及"蓄书二千五百卷"之说。萧𣂏所谓"二千五百卷"，"二"字当为"一"字之误。当初应天府书院藏书应有戚氏旧蓄，又有曹氏新购。戚同文为学一生，书籍收藏当为宏富，又加曹氏新购，故书院藏书当佳于其他书院。此时书籍已不甚难得，景德二年（1005 年），真宗往阅国子监书库，时为国子监祭酒的邢昺谓："国初不及四千，今十余万，经史正义皆具。臣少时业儒，观学徒能具经疏者百无一二，盖传写不给。今版本大备，士庶家皆有之，斯乃儒者逢时之幸也。"③ 先是，朝廷馆阁博聚群书，精加雠校，经史未有印版者悉令刊刻，应天府乃通衢都会，书院收书更不会少。自太祖、太宗，至真宗之朝，每有地方办学，朝廷皆有赐书之举，而应天府书院只言赐额，而不闻赐书，书院藏书之富可见一斑。但赐额之初，当也有赐书之举。

大中祥符三年（1010 年），诏南宫、北宅大将军已下，各赴书院讲读经史。枢密直学士戚纶出知杭州。王旦弟王旭由兵部郎中出知应天府。

李焘《续资治通鉴长编》卷七四真宗大中祥符三年七月："诏南宫北宅大将军已下各赴书院讲读经史，诸子十岁已上并须入学，每日授经书至午后乃罢，仍委侍教教授，伴读官诱劝，无令废惰。"④

宋代孙逢吉《职官分纪》卷三二："侍教：国朝咸平四年，以前知洺州永年县刘士元为大理寺丞，南宫侍教。大中祥符三年，诏南宫北宅大将军以下各赴书院，与侍教伴读等讲读经史，应诸院十岁以上并须入学，每日受经书，学至午后乃罢，仍委侍教等勤心诱劝，无令废坠。"⑤《宋史·职官志》五："咸平初，遂命诸王府官分兼南、北宅教授。南宫者，太祖、太宗诸王之子孙处之所，

---

① （顺治）归德府志·卷三建置 [M]. 清刻本. 顺治十七年（1660）：2.

② 萧𣂏. 勤斋集·卷一·学古书院记 [M] // 四库全书·第 1206 册. 台北：台湾商务印书馆，1982：388.

③ 李焘. 续资治通鉴长编·第 5 册·卷六十 [M]. 北京：中华书局，1980：1333.

④ 李焘. 续资治通鉴长编·第 6 册·卷七四 [M]. 北京：中华书局，1980：1681.

⑤ 孙逢吉. 职官分纪·卷三二 [M] // 四库全书·第 923 册. 北京：中华书局，1982：617.

谓睦亲宅也。"① 按，南宫北宅，皆诸王公子孙居住府地，在京师汴京。此所谓
"书院"，应是京城皇公贵戚教读之所，并非应天府书院。皇家教读之所诏以
"书院"名之，说明朝廷对书院教育的重视。

《宋史·戚纶传》："大中祥符元年（1008年），掌吏部选事。上初受灵文，
纶上疏曰：臣遐稽载籍，历考秘文验灵应之垂祥，顾天人之相接，陛下绍二圣
丕业，启万世洪基，勤行企道，恭默思元，上天降鉴瑞牒，昭锡聿示临民之戒
用，恢奕叶之祥，乞诏有司速修大祀，载命侍从摹写祥符，勒于嘉玉，藏之太
庙，别以副本秘于中禁，传示万叶，无敢怠荒。然臣恐流俗幻惑，狂谋以人鬼
之妖辞乱天书之真旨，伏望端守元符，凝神正道，以答天贶，以惠烝黎。是冬
封泰山，命纶同计度发运事，礼成迁户部郎中，直昭文馆待制如故，被诏同编
东封祥瑞封禅记。会峻待制之秩，又兼集贤殿修撰。建议修释奠仪颁于天下，
立常平仓隶司农寺以平民粜。皆从之。尝宴钱种放于龙图阁，诏近臣为序，上
览纶所作，称其有史才。三年，擢枢密直学士，上作诗宠之。祀汾阴，复领发
运之职。居无何，出知杭州，就加左司郎中。"②

《宋史·王旭传》："旭字仲明，……大中祥符间旦既薨，扬历中外，早有政
绩，由兵部郎中出知应天府。卒年六十八。"③

按，真宗景德四年（1007年），王钦若等编造灵符"天书"下降，准备举
行封禅之事，改来年为大中祥符。戚纶上疏进谏，劝真宗皇帝，谓"臣恐流俗
幻惑，狂谋以人鬼之妖辞乱天书之真旨，伏望端守元符，凝神正道，以答天贶，
以惠烝黎"。颇得皇帝赏识。大中祥符三年（1010年）擢枢密直学士，不久出
知杭州。

宋真宗大中祥符四年（1011年），范仲淹赴应天府书院读书。

欧阳修《资政殿学士户部侍郎文正范公神道碑铭》："既长，知其世家，感
泣，去之南都。入学舍，扫一室，昼夜讲诵，其起居饮食，人所不堪，而公自
刻益苦。居五年，大通六经之旨，为文章论说，必本于仁义。"④ 大中祥符四年
（1011年），范仲淹二十三岁，始知自己身世，遂离开朱家，赴应天府书院
读书。

《宋史·范仲淹传》："仲淹二岁而孤，母更适长山朱氏，从其姓名说。少有

---

① 脱脱，等. 宋史·第12册·卷一六五［M］. 北京：中华书局，1977：3916.

② 脱脱，等. 宋史·第29册·卷三百六［M］. 北京：中华书局，1977：10104.

③ 脱脱，等. 宋史·第26册·卷二六九［M］. 北京：中华书局，1977：9243.

④ 欧阳修. 资政殿学士户部侍郎文正范公神道碑铭［M］//曾枣庄，刘琳. 全宋文·第35
册. 上海：上海辞书出版社，2006：223.

志操。既长，知其世家，乃感泣辞母，去之应天府，依戚同文学。昼夜不息，冬月惫甚以水沃面，食不给，至以糜粥继之。人不能堪，仲淹不苦也。"①

南宋楼钥《范文正公年谱》："后居南都郡庠五年，大通六经之旨，为文章论说必本于仁义孝弟忠信。"又，大中祥符四年辛亥："年二十三，询知世家，感泣，去之南都。入学舍，扫一室，昼夜讲诵。其起居饮食人所不堪，而公自刻益苦。按《家录》云：公以朱氏兄弟浪费不节，数劝止之。朱兄弟不乐曰：'我自用朱氏钱，何预汝事？'公闻此疑骇。有告者曰：'公乃姑苏范氏子也，太夫人携公适朱氏。'公感愤自立，决欲自树立门户，佩琴剑径趋南都。谢夫人亟使人追之。既及，公语之故，期十年登第来迎亲。"②

按，《宋史·范仲淹传》谓"依戚同文学"，史误，本书卷之十二辨之已明。又欧阳修、楼钥皆谓"去之南都"，大中祥符七年（1014 年）正月，应天府始升为南京，时应天府尚未有南都之称。又，楼钥谓"居南都郡庠五年"，"郡庠"，即应天府书院，宋仁宗景祐二年（1035 年）应天府书院改称应天府府学，故有"郡庠"之称。

宋真宗大中祥符七年（1014 年）正月，应天府升为南京，赐酺三日，府民感奋观览，独范仲淹不为所动，有《睢阳学舍书怀》诗。时知应天府马元方兼南京留守司事。应天府书院，此以后又称南都书院。九月，王渎举服勤词学科，廷试优等。

《宋会要辑稿·方域二·南京》："大中祥符七年正月二十九日，诏曰：'睢水名区，实一方之都会；商丘奥壤，为三代之旧邦。形势表于山河，忠烈存于风俗。惟文祖之历试，盖王命之初基。今者伸款谒于桧庭，既扬茂则；徇徯来于竹苑，方需湛恩。期克壮帝猷，俾肇新京邑，用志兴王之地，允符追孝之心。应天府宜升为南京，正殿以归德为名。咨尔都民，承予世德，庆灵所佑，感悦良多。'二月一日，诏名南京门崇礼，双门曰祥辉，外西门曰回銮。三日，以主客郎中、知应天府马元方兼南京留守司事，合置官属名目，下审官院流内铨，一如西京之式。三月十三日，诏名南京城大东门曰昭仁，小东门曰延和，小西门曰顺成，北门曰靖安，新隔门曰承庆。"③

《宋大诏令集·卷一五九·政事·十二·建都》有《升应天府为南京曲赦应天府及至京所过县流以下制》，载大中祥符七年（1014 年）正月丙辰："顺动省

① 脱脱，等.宋史·第 29 册·卷三一四［M］.北京：中华书局，1977：10267.
② 楼钥.范文正公年谱［M］//四库全书存目丛书·第 82 册.济南：齐鲁书社，1996：3.
③ 徐松，辑.宋会要辑稿·第 15 册［M］.刘琳，等，校.上海：上海古籍出版社，2014：9281.

方，所以尉僛来之诵；奉先继志，所以恢孝治之风。矧复自灵域而还衡，届名藩而驻轸。顾兴王之地，既积于永怀；伸追远之心，宜扬于令则。朕绍膺骏命，茂集纯禧，祇受于图书，交修于典礼。岱宗汾壤，接统于千龄；宝绪璇源，发祥于百世。将肇升于吉土，期大报于高旻。饬驾谯邦，先伸于顺拜；回舆砀郡，载想于有开。怀艺祖之膺符，徇乐郊之望幸。仰昭前烈，肇建新都。时令是遵，属发春之在序，王猷斯展。期庆赐之及人，式覃宽大之恩。用答延鸿之祐，可赦应天府管内及至京行幸所应县分。正月二十九日昧爽已前，诸犯罪人，死罪奏取敕裁外，流罪已下咸赦除之。应天府升为南京，正殿以归德为名，云云。于戏，礼成祈福，惠浃观民。尊祖均禧，已隆于丕律。持盈守位，愈励于小心。咨尔多方，体予深意。"①

《宋史·卷八五·地理志》："应天府，河南郡，归德军节度。本唐宋州。至道中，为京东路。景德三年，升为应天府。大中祥符七年，建为南京。"②

《续资治通鉴长编》卷八二：真宗大中祥符七年（甲寅，1014 年）春正月，真宗奉天书至亳州真源太清宫朝谒老子还。"乙卯，次应天府。天书升辇，有云五色如花木，又黄云如人联袂翊辂而行。占云：'春云如花木者，木旺与德相生；如人联袂色黄者，子孙分土延祚之兆也。'扶持使赵安仁请播为乐章以备酌献，从之。丙辰，升应天府为南京，正殿榜以归德，仍赦境内及东畿车驾所过县流以下罪。追赠太祖幕府元勋僚旧，及录常参官逮事者并进秩，欲授子孙者亦听。除民干食盐钱。御重熙颁庆楼观酺，凡三日。改圣祖殿为鸿庆殿。二月丁巳朔发南京。"③又，《续资治通鉴长编》卷八三：大中祥符七年九月，"上御景福殿，试亳州、南京路服勤辞学经明行修举人，得进士张观等二十一人，诸科二十一人，赐及第，除官如东封西祀例。观，绛人也。上谓宰相曰：'近岁举人，文艺颇精，孤贫得路。然为主司者亦大不易，徇请求则害公，绝荐托则获谤。'王旦曰：'今郡县至广，人数亦繁，必须临轩亲试。至于南省解发，非朝廷特为主张，则虽责成主司，亦难以集事也。'"④

张方平《乐全集·卷三九·赠给事中太原王公（渎）墓志铭》云："祥符七年，景亳回銮，举服勤词学科，既廷试第优等。考官翰林学士陈彭年指公赋用韵有疑音，上亲为问，公言彭年所指非是，援据详明。欲处公乙第，辞不就，以布衣谄贵近于上前，伸道不为名，士林鄙之。明年，乃登第释褐，试校书郎，

① 宋大诏令集·卷一五九［M］. 北京：中华书局，1962：598.
② 脱脱，等. 宋史·第 7 册·卷八五［M］. 北京：中华书局，1977：2110.
③ 李焘. 续资治通鉴长编·第 7 册·卷八二［M］. 北京：中华书局，1864.
④ 李焘. 续资治通鉴长编·第 7 册·卷八三［M］. 北京：中华书局，1896.

临江决曹掾。"①

楼钥《范文正公年谱》："（大中祥符）七年甲寅，年二十六，有《睢阳学舍书怀》诗，在南都学舍。《家录》云：真宗谒太清宫，幸亳，驾次南京，皆往观之，独公不出。或以问公，公曰：'异日见之未晚。'留守有子居学，见公食粥及不出观驾，归告其父，以公厨食馈公。既而，悉已败矣。留守子曰：'大人闻公清苦，故遗以食物，而不下箸，得非以相浼为罪乎？'公谢曰：'非不感厚意，盖食粥安之已久，今遽享盛馔，后日岂能啖此粥乎？'又按，《遗事》云：公处南都学舍，昼夜苦学，五年未尝解衣就枕。或昏怠，辄以水沃面。往往饘粥不充，日昃始食。"②

按，据《宋史·礼志·朝谒大清宫》，真宗是大中祥符七年正月十五日发京师，十九日至奉玄宫，二十一日赴老子太清宫行朝谒之礼。二十七日从亳州回，二十八日驾次应天府。一时府民感奋，热闹非常。第二天，真宗即升应天府为南京，并大赦境内，亲御重熙颁庆楼，赐酺三日。直到二月初一日才离开。这对应天府府民，无疑是盛大节日。而范仲淹不出观，其胸有大志，为学刻苦可知。这也从一个侧面反映了学院之学风。又，范仲淹《范文正集·卷三·睢阳学舍书怀》："白云无赖帝乡遥，汉苑谁人奏洞箫。多难未应歌凤鸟，薄才犹可赋鹪鹩。瓢思颜子心还乐，琴遇钟君恨即销。但使斯文天未丧，涧松何必怨山苗。"③

又，据《宋会要辑稿·方域二·南京》史料，应天府升为南京，以主客郎中、知应天府马元方兼南京留守司事。马元方知应天府应是前一两年事。马元方，《宋史》有传。《宋史》卷三百一："马元方，字景山，濮州鄄城人。……淳化三年进士及第，为韦城县主簿，改大理寺评事知万年县，诸将讨李，继迁关辅，转饷踰瀚海，多失亡，独元方所部全十九，以劳迁本寺丞。为御史台推勘，官迁殿中丞。户部使陈恕奏为判官，元方言：方春，民贫，请预贷库钱至夏秋令以绢输官。行之，公私果便。因下其法诸路。知徐州改太常博士，梓州路转运使。后知郓州，量括牧地数千顷，为京东转运副使，迁转运使。按部至濮州，被酒殴知州蒋信，降知宿州，下诏切责之。徙滑州，为京西转运使，知

---

① 张方平. 乐全集·卷三九［M］//四库全书·第 1104 册. 台北：台湾商务印书馆，1982：467.

② 楼钥. 范文正公年谱［M］//四库全书存目丛书·第 82 册. 济南：齐鲁书社，1996：3.

③ 范仲淹. 范文正集·卷三［M］//四库全书·第 1089 册. 台北：台湾商务印书馆，1982：574.

应天府。……官至兵部侍郎，卒。"①

又，是年九月，诏试亳州、南京路服勤伺学、经明行修举人，得进士张观等二十一人，赐及第诸科二十一人。王渎举服勤词学科优等。李焘《续资治通鉴长编》据《真宗实录》记之。因张观是绛州人，《长编》又辨之云："绛州非宋、亳路，当考。张观得官，当是国子监及开封府荐送，《真宗实录》偶不详耳。当云'试亳州、南京路及开封府、国子监所荐送。'"按，《真宗实录》为当时史官随侍实录，不可能出错。时州府之学不修，文士可择地入学籍。张观虽贯绛州，可著籍京师太学，亦可著学籍于应天府书院。当时应天府书院声名甚著，书院学舍生"不远千里而至"，他地生员很多。张观，当是应天府书院荐送。

宋真宗大中祥符八年（1015 年），刑部员外郎兼侍御史知杂事、知制诰王随知应天府兼南京留守。范仲淹以朱说名考中进士，登蔡齐榜，中乙科第九十七名，离开书院。

《宋史·王随传》："王随字子正，河南人，登进士甲科，为将作监丞。……擢知制诰，以不善制辞出知应天府。一日，帝谓宰相曰：'随治南京太宽。'王旦曰：'南京都会之地，随临事汗漫，无以弹压。'改知扬州。"②

《续资治通鉴长编》卷八五：真宗大中祥符八年闰六月："丙申，以刑部员外郎、兼侍御史知杂事王随知制诰、知应天府兼南京留守事。先是，上睹随奏章，谓辅臣曰：'随赋性柔顺，然有执守。'王旦曰：'朝廷羽仪，皆出台阁，非清介自立，加以该博，则不能弹压多士。'于是擢随掌外制，随以不善为制辞，即出典藩郡。寻有诏增应天府公用钱至百万，从随所请也。"③

楼钥《范文正公年谱》大中祥符八年乙卯："甲第九十七名，试《置天下如置器赋》《君子以恐惧修省》诗、《顺时知微何先论》。登第后有诗云：'长白一寒儒，名登二纪余。百花春满路，二月雨随车。鼓吹迎前道，烟霞指旧庐。乡人莫相羡，教子读诗书。'按，张唐英撰《公传》云：祥符八年登进士第，朱说者是也。"④

真宗大中祥符九年（1016 年），左司郎中、知制诰朱巽代王随知应天府。祥符、天禧间，王洙与嵇颖、窦充、郭稹等在书院同研共习，王洙与嵇颖、窦

---

① 脱脱，等．宋史·第 29 册·卷三〇一［M］．北京：中华书局，1977：9986.

② 脱脱，等．宋史·第 29 册·卷三一一［M］．北京：中华书局，1977：10202.

③ 李焘．续资治通鉴长编·第 7 册·卷八五［M］．北京：中华书局，1980：1939.

④ 楼钥．范文正公年谱［M］//四库全书存目丛书·第 82 册．济南：齐鲁书社，1996：3.

充最善，各为箴以自警，时称益友三人。

《续资治通鉴长编》卷八七：真宗大中祥符九年八月："乙亥，以左司郎中、知制诰朱巽知应天府、兼南京留守司事。刑部员外郎、知制诰王随为工部郎中、知制诰、知扬州。先是，上谓宰相曰：'随在南京为治太宽。'王旦曰：'冯拯为中丞时，随掌台杂，拯言随临事汗漫。'上曰：'闻随将有所为，必先为人所料，都会之境，无以弹压。'会知扬州薛映求代，即以命之，仍令巽谕旨戒敕。"①

按，朱巽，宋代周淙乾道《临安志》卷三："朱巽：天圣七年以左谏议大夫给事中新知河中府朱巽知杭州，八年四月甲申为集贤院学士，五月乙丑徙知扬州。《本传》：字顺之，扬州天长人。忠愿自守，真宗称为长者。"②

张方平《故翰林学士……稽公行状》说稽颖在书院："在庠序与王洙源叔、窦充公持为益友。三人更相箴儆，闻义而徙，偕成德业，乡论称之。"③

王钦臣《王氏谈录·为箴自警》条："公始为进士，居里中，与稽颖、窦充缔交，合为箴以自警。"又《史官》条谓父亲王洙，与"宋丞相庠与翰林祁公，皆布衣之旧，同年登科，皆贵达，益笃契好。"④

真宗天禧元年十月至天禧三年十月（1017 年 10 月—1019 年 10 月），尚书礼部侍郎王曾知应天府兼南京守留司事，镇妖言，免酒税，颇得民心。应天府书院掌教名师王渎出仕维州团练推官。王洙举进士，因座保郭稹罢。

《宋史·王曾传》："王曾字孝先，青州益都人。……遂以右谏议大夫参知政事。时宫观皆以辅臣为使，王钦若方挟符瑞，傅会帝意，又阴欲排异己者。曾当使会灵因以推钦若，帝始疑曾自异，及钦若相会曾市贺皇后家旧第，其家未徙去而曾令人舁土置门外，贺氏诉禁中，明日，帝以语钦若，乃罢曾为尚书礼部侍郎判都省，出知应天府。天禧中民间讹言有妖起若飞帽，夜搏人，自京师以南人皆恐。曾令夜开里门，敢倡言者即捕之。卒无妖。徙天雄军，复参知政事。"⑤ 按，据《宋史·卷八·本纪·八·真宗》三："天禧元年……九月癸卯以参知政事王曾为礼部侍郎。"⑥ 断王曾出知应天府在天禧元年十月。

《续资治通鉴长编》卷九二：真宗天禧二年（1018 年）六月乙巳，"是夕，

① 李焘. 续资治通鉴长编·第 7 册·卷八七 ［M］. 北京：中华书局，1980：2002.
② 周淙.（乾道）临安志·卷三 ［M］//四库全书·第 484 册. 台北：台湾商务印书馆，1982：90.
③ 张方平. 乐全集·卷四十 ［M］//四库全书·第 1104 册. 台北：台湾商务印书馆，1982：504.
④ 王钦臣. 王氏谈录·为箴自警·史官 ［M］. 郑州：大象出版社，2003：171，175.
⑤ 脱脱，等. 宋史·第 29 册·卷三一〇 ［M］. 北京：中华书局，1977：10182，10184.
⑥ 脱脱，等. 宋史·第 1 册·卷八 ［M］. 北京：中华书局，1977：163.

京师民讹言帽妖至自西京，入民家食人，相传恐骇，聚族环坐，达旦叫噪，军营中尤甚。上虑因缘为奸，诏立赏格，募人告为妖者。既而得僧天赏，术士耿概、张岗等，令起居舍人吕夷简、入内押班周怀政鞠之，坐尝为邪法，并弃市，其连坐配流者数人。然讹言实无其状。时自京师以南，皆重闭深处，知应天府王曾令夜开里门，敢倡言者即捕之，妖亦不兴。"①

《续资治通鉴长编》卷九四：真宗天禧三年（1018 年）十一月，"知应天府王曾言：'府民五户共扑买酒场岁课三万余缗，逋欠积久，其两户已破产，三户累尝披诉，而计司虑亏岁课，不肯与夺。乞赐蠲减。'上谓辅臣曰：'南京，太祖兴王之地，比他处尤当优恤，岂可靳兹小利，重困吾民。'乃诏依东、西京例，令民取便买曲酝酒，其三户逋欠悉除之。"②

明嘉靖《归德志·卷五·官师志》："王曾：……天禧中知应天府，民间讹言有妖起若飞帽，搏人，曾下令敢倡言者即捕之，卒无妖。"③

《续资治通鉴长编》卷九三载真宗天禧三年春："乙亥，诸路贡举人郭稹等四千三百人见于崇政殿，时稹冒缌丧赴举，为同辈所讼，上命典谒诘之。稹即引咎付御史台劾问，殿三举同保人并赎金，殿一举时有司欲脱宋城王洙，问洙曰：'果保稹否？不然可易也。'洙曰：'保之，不愿易也。'遂与稹俱罢。"④

按，郭稹，《宋史》有传。字仲微，开封祥符人。举进士甲科，为河南县主簿，除国子监直讲，孙奭、冯元判监事，因奏稹学问通博。累迁尚书刑部员外郎，同修起居注，擢龙图阁直学士、权知开封府。性和易，文思敏赡，尤刻意于赋，好用经语对，颇近于谐。自幼育于南京王洙长兄王涣，实为王涣之养子。是年前后，当于王洙共研于书院。《续资治通鉴长编》卷一一七：仁宗景祐二年八月，"同知太常礼院宋祁言：前祠部员外郎、集贤校理郭稹幼孤，母边更适士人王涣，生四子。稹无伯叔兄弟，独承郭氏之祭。今边不幸，而稹解官行服。……今龙图阁学士王博文、御史中丞杜衍并尝为出嫁母解官行丧表。若使生为母子，没同路人，则必亏损名教，上玷孝治"⑤。

天禧三年十二月至五年十二月（1018 年 12 月—1021 年 12 月），**翰林侍读学士、刑部侍郎张知白知应天府。应天府发解应进士第名额三人、诸科额四人。**

---

① 李焘．续资治通鉴长编·第 7 册·卷九二 [M]．北京：中华书局，1985：2118.

② 李焘．续资治通鉴长编·第 7 册·卷九四 [M]．北京：中华书局，1985：2172.

③ （明嘉靖）归德志·卷五·官师志 [M]//天一阁藏明代方志选刊续编·第 60 册．上海：上海书店，1990：198.

④ 李焘．续资治通鉴长编·第 7 册·卷九三 [M]．北京：中华书局，1985：2135.

⑤ 李焘．续资治通鉴长编·第 9 册·卷一一七 [M]．北京：中华书局，1985：2749，275.

戚纶卒，贫，无以为葬，张知白辍奉以助其丧。

《续资治通鉴长编》卷九四：真宗天禧三年（1018 年）十一月，"戊午，诏翰林侍读学士、刑部侍郎张知白，序班在玉清昭应宫副使林特之上。时知白自天雄军徙应天，许便道朝觐故也。"又，真宗天禧五年（1021 年）十二月"壬戌，徙知应天府、翰林侍读学士、兵部侍郎张知白知亳州。初，知白在中书，与王钦若不协，于是钦若分司南京，丁谓欲知白修怨也，已而知白待钦若加厚，谓怒，故徙之。"①

《续资治通鉴长编》卷九七：真宗天禧五年（1021 年）冬十月戊申："知应天府张知白言，通判、秘书丞任中师临事明干，究民利病。有诏褒奖。"②

《宋会要辑稿·选举一五·发解二》载真宗天禧四年（1020 年）正月十八日令三京、诸州发解诏书："诸州进士、诸科举人，久在科场，未阶禄仕，颇多淹滞，特示搜扬。宜令三京、诸州取三举已上，曾经御试，委是土著，无愆犯者，量试艺业，简其人材笔札，保明解送，当议考试所业，量材于班行录用。开封府进士八人、诸科十二人，河南府、国子监并进士四人、诸科六人，应天府进士三人、诸科四人……如诸科中经御试者数多，许于五举已上、南省终场下第人内拣充，即不得以寄贯、犯刑人预数。"③

明嘉靖《归德志·卷五·官师志》："张知白，沧州清池人。初参知政事为王钦若所排。真宗朝知应天府，钦若谪，分司南京，众谓必报之，而知白待之加厚。入为相，清约如寒士，慎重名器，人服其公。"④

按，张知白，《宋史》卷三一○有传。知应天府两年，清约勤政，厚待王钦若，举荐任中师，颇有大臣风范。任中师，宋代曾巩《隆平集》卷六："字祖圣，大中祥符二年登进士第。累擢至右谏议大夫加集贤院学士、龙图阁直学士、枢密直学士。……吕夷简素知中师，上前数称中师才不在（任）布下。庆历初遂并召为枢密副使。……性乐易，家财素封，虽处通显，自奉甚约。"⑤

《宋史·戚纶传》："天禧四年改保静军副使。是冬，以疾求归故里。改太常少卿分司南京。五年，卒。年六十八。"又云，"纶笃于古学，善谈名理，喜言

①　李焘. 续资治通鉴长编·第 7 册·卷九四 [M]. 北京：中华书局，1985：2170.

②　李焘. 续资治通鉴长编·第 5 册·卷九四 [M]. 北京：中华书局，1985：2256.

③　徐松，辑. 宋会要辑稿·第 9 册·选举一五 [M]. 刘琳，等，校. 上海. 上海古籍出版社，2014：5545.

④　（明嘉靖）归德志·卷五·官师志 [M] // 天一阁藏明代方志选刊续编·第 60 册. 上海：上海书店，1990：198.

⑤　曾巩. 隆平集·卷六 [M] // 四库全书·第 371 册. 台北：台湾商务印书馆，1982：69.

民政"，"事兄维友爱甚厚，维卒，讣闻，哀恸不食者数日。与交游故旧以信义著称，士子谒见者必询其所业，访其志尚，随才诱诲之。尝云：归老后得十年在乡间讲习，亦可以恢道济世。大中祥符中，继修礼文之事，纶悉参其议，与陈彭年并职，屡召对，多建条式，恩宠甚盛。乐于荐士，每一奏十数人，皆当时知名士。晚节为权幸所排，遂不复振。善训子弟，虽至清显不改其纯俭。既没，家无余赀，张知白时知府事，辍奉以助其丧。家人于几阁间得遗戒一篇，大率皆诱劝为学。有集二十卷，又前后奏议有机务利害、备边均田之策。别为《论思集》十卷，分上下篇。天圣中其子舜宾献之，诏赠左谏议大夫。舜宾官太子中书"①。

真宗天禧五年（1021 年）十二月至仁宗即位的天圣元年（1023 年）九月，王钦若为南京留守，赵湘知应天府。天圣元年九月，枢密直学士李及徙南京，继知应天府。应天府书院遴选在学研修、学行可为人师者，以嵇颖、韦不伐领师席。

张方平《朝奉郎守太子中舍骑都尉韦（韦不伐）君墓志铭并序》谓："睢阳乡先生韦君讳不伐，字次德，好古学笃，信义立风节，自五代乱离，经籍道息，睢阳有隐君子戚君同文，独以讲授为业，诸生后多达者。子纶，处近官，就其旧庐构学校，志于学者自远方至。朝廷嘉其事，赐名应天府书院，天下庠序由兹始。常选学行可为人师者主领之。君久处师席，晏元献公、宋宣献公、蔡文忠公相继居守，皆厚为之礼。"②

《续资治通鉴长编》卷九七：真宗天禧五年（1021 年）十一月："甲申，山南东道节度使、同平章事、判河南府王钦若有疾，诏遣中使将太医诊视。先是，钦若累表请就医京师，未报，丁谓密使人给钦若曰：'上数语及君，甚思一见，君第上表径来，上必不讶也。'钦若信之，即令其子右赞善大夫从益移文河南府，舆疾而归。谓因言钦若擅去官守，无人臣礼。命御史中丞薛映就第按问，钦若惶恐伏罪。戊子，责授司农卿，分司南京，夺从益一官。转运使及河南府官皆被罪，仍颁谕天下。"③

《续资治通鉴长编》卷九九：真宗乾兴元年（1022 年）"七月戊辰朔，降丁谓子太常丞、直集贤院珙为太子中允，落职，监郓州税；珝、玘、玧各追一官，

① 脱脱，等. 宋史·第 29 册·卷三百六 [M]. 北京：中华书局，1977：10107.
② 张方平. 乐全集·卷三九 [M]//四库全书·第 1104 册. 台北：台湾商务印书馆，1982：489.
③ 李焘. 续资治通鉴长编·第 8 册·卷九七 [M]. 北京：中华书局，1985：2257.

并勒停随父。知河南府薛颜素与丁谓厚善，庚午，命知应天府赵湘与颜易任。"①

《续资治通鉴长编》卷一〇一：仁宗天圣元年（1023 年）冬十月，癸未，"王钦若复相"②。

《续资治通鉴长编》卷一〇六：仁宗天圣六年（1028 年）五月"丁巳，以枢密直学士、工部侍郎李及为御史中丞。及时知河南，召用之。"李焘按："及以乾兴元年三月知杭州，天圣元年九月徙南京，在杭州才一岁余，不当云久居，此盖误也。"③

宋代张方平《故翰林学士……稷公行状》："公讳颖，字公实。父适，师事正素戚先生，通经术，有文，擢进士第。行敦厚，不求合于时，仕止庐州录事参军，赠尚书工部郎中。初任荆南石首簿，民有父子坐重辟，本情轻，被府檄专。按其狱，矜而出免其子。父已抵法，假人而言：簿君，仁人也。且生令子，后世必昌。明年而生公，敏悟夙成，天资谨厚。早失所怙，力学自立。未冠，举进士。常冠乡赋，修身慎行，动必以礼。安贫守道，事亲至孝，乡人皆贵而爱之。王文正公、张文节公相继居守，礼待甚至。二公谓其子弟，吾待此君，所以教若曹。此君可以为人之师表者也。睢阳庠序率先于天下，四方之士集焉。公以乡行为诸生领袖，士自远至，必先刺谒公，蒙一顾许与者，犹公卿之重。当是时，公名望甚盛。今资政殿学士范公、富公，并讲习在学，愿与公游。"④

宋仁宗天圣三年（1025 年），自建南京以来，应天府书院学徒益多，枢密直学士、知应天府李及上奏朝廷，准应天府增加三个科举发解进士名额。

《宋会要辑稿·崇儒二》"乡学"记载了仁宗天圣年三年十一月，"枢密直学士、知应天府李及言：'本府书院甚有学徒，自建都以来，文物尤盛。欲望量于发解进士元额之外，乞添解三人。'从之。"⑤

《宋会要辑稿·选举一五》也记载了仁宗天圣三年："十一月十六日，应天府言：'本府自建都以来，学徒益多，望于合解发举人额外，量添人数。'诏特

① 李焘.续资治通鉴长编.第 8 册·卷九九 [M].北京：中华书局，1985：2291.
② 李焘.续资治通鉴长编.第 8 册·卷一〇一 [M].北京：中华书局，1985：2340.
③ 李焘.续资治通鉴长编.第 8 册·卷一〇六 [M].北京：中华书局，1985：2473.
④ 张方平.乐全集·卷四十 [M]//四库全书·第 1104 册.台北：台湾商务印书馆，1982：502.
⑤ 徐松，辑.宋会要辑稿.第 5 册·崇儒二 [M].刘琳，等，校.上海：上海古籍出版社，2014：2785.

添三人。"①

宋仁宗天圣五年（1027年）正月，晏殊留守南京知应天府，举大理评事、馆阁校勘王琪为签书南京留守判官，延范仲淹掌教应天府书院。范仲淹撰《上执政书》《南京书院题名记》。是年孙复、富弼、张方平等在书院研学；王尧臣举状元，赵概举第三名，嵇颖举进士第。

《宋史·晏殊传》："上疏论张耆不可为枢密使，忤太后旨，坐从幸玉清昭应宫，从者持笏后至，殊怒，以笏撞之折齿。御史弹奏，罢知宣州，数月，改应天府。延范仲淹以教生徒，自五代以来天下学校废，兴学自殊始。"②

《宋史·范仲淹传》："母丧去官。晏殊知应天府，闻仲淹名，召置府学。上书请择郡守、举县令、斥游惰、去冗僭、慎选举、抚将帅凡万余言。服除，以殊荐为秘阁校理。仲淹泛通六经，长于易。学者多从质问，为执经讲解，亡所倦。尝推其奉以食四方游士。诸子至，易衣而出，仲淹晏如也。每感激论天下事，奋不顾身，一时士大夫矫厉尚风节，自仲淹倡之。"③

《续资治通鉴长编》卷一百五：仁宗天圣五年（1027年）春正月，"庚申，降枢密副使、刑部侍郎晏殊知宣州。先是，太后召张耆为枢密使，殊言：'枢密与中书两府，同任天下大事，就令乏贤，亦宜使中材处之。耆无它勋劳，徒以恩幸，遂极宠荣，天下已有私徇非材之议，奈何复用为枢密使也？'太后不悦。于是从幸玉清昭应宫，从者持笏后至，殊怒，撞以笏，折其齿。监察御史曹修古、王沿等劾奏：'殊身任辅弼，百僚所法，而忿躁无大臣体。古者三公不按吏，先朝陈恕于中书榜人，即时罢黜。请正典刑，以允公议。'殊坐是免，寻改知应天府。殊至应天，乃大兴学，范仲淹方居母丧，殊延以教诸生。自五代以来，天下学废，兴自殊始。"又，二月，"己亥，以大理评事、馆阁校勘王琪签书南京留守判官事。馆阁校勘无出外者，琪为晏殊所辟，特许之。"④

楼钥《范文正公年谱》："四年丙寅，年三十八，丁母夫人忧。"又："五年丁卯，年三十九。……时公寓南京应天府，按公言行录云：时晏丞相殊为留守，遂请公掌府学。公常宿学中，训督学者皆有法度，勤劳恭谨，以身先之，由是四方从学者辐辏，其后以文学有声名于场屋朝廷者多其所教也。是年有《上执政书》略云：盖闻忠孝者天下之大本也。其孝不逮忠可忘乎！所以冒哀上书言

---

① 徐松，辑. 宋会要辑稿·第9册·选举一五 [M]. 刘琳，等，校. 上海：上海古籍出版社，2014：5547.
② 脱脱，等. 宋史·第29册·卷三一一 [M]. 北京：中华书局，1977：10196.
③ 脱脱，等. 宋史·第29册·卷三一四 [M]. 北京：中华书局，1977：10267.
④ 李焘. 续资治通鉴长编·第8册·卷一百五 [M]. 北京：中华书局，1985：2435.

国家事，不以一心之戚而忘天下之忧。请择郡守、举县令、斥游情、去冗僭、遴选举、敦教育、养将材、保直臣、斥佞臣，使朝廷无过，生灵无怨以杜奸雄。凡万余言。"① 按，《上执政书》全文见《范文正公集》卷八。

司马光《涑水记闻》："晏丞相殊留守南京，仲淹遭母忧，寓居城下。晏公请掌府学，仲淹常宿学中，训督学者，皆有法度，勤劳恭谨，以身先之。"②

范仲淹《南京书院题名记》："皇宋辟天下，建太平，功揭日月，泽注河汉。金革尘积，弦诵风布。乃有睢阳先生赠礼部侍郎戚公同文以奋于丘园，教育为乐，门弟子由文行而进者自故兵部侍郎许公骧而下凡若干人。先生之嗣，故都官郎中维、枢密直学士纶，并纯文浩学，世济其美，清德素行，贵而能贫。祥符中，乡人曹氏请以金三百万建学于先生之庐，学士之子殿中丞舜宾时在私庭，俾干其裕，故太原奉常博士渎时举贤良，始掌其教，故清河职方员外郎吉甫，时以管记以领其纲。学士画一而上，真宗皇帝为之嘉叹，面可其奏。今端明殿学士盛公侍郎度文其记，前参子政事陈公侍郎尧佐题其榜。由是风乎四方，士也如狂，望兮梁园，归于鲁堂。章甫如星，缝掖如云，讲义乎经，咏思乎文。经以明道，若太阳之御六合焉。文以通理，若四时之妙万物焉。诚以日至，义以日精。聚学为海，则九河我吞，百谷我尊；淬词为锋，则浮云我决，良玉我切。然则文学之器天成不一，或醇醇而古，或郁郁于时，或峻于层云，或深于重渊。至于通易之神明，得诗之风化，洞春秋褒贬之法，达礼乐制作之情，善言二帝三王之书，博涉九流百家之说者，盖互有人焉。若夫廊朝其器，有忧天下之心，进可为卿大夫者；天人其学，能乐古人之道，退可为乡先生者，亦不无矣！观夫三十年间，相继登科，而魁甲英雄，仪羽台阁，盖翩翩焉，未见其止。宜观名列，以劝方来，登斯缀者不负国家之乐育，不孤师门之礼教，不忘朋簪之善导，孜孜仁义，惟日不足，庶几乎刊金石而无愧也。抑又使天下庠序，规此而兴；济济群髦，成底于道。则皇家三五之风，步武可到。戚门之光，亦无穷已。他日门人中绝德至行，高尚不仕如睢阳先生者，当又附此焉。"③

孙复入书院事见宋代魏泰《东轩笔录》卷十四："范文正公在睢阳掌学，有孙秀才者索游上谒。文正赠钱一千。明年，孙生复道睢阳，谒文正，又赠一千。因问：'何为汲汲于道路？'孙秀才戚然动色曰：'老母无以养，若日得百钱，则

① 楼钥. 范文正公年谱［M］//四库全书存目丛书·史部·第82册. 济南：齐鲁书社，1996：3.

② 司马光. 涑水纪闻·卷十［M］. 北京：中华书局，1989：182.

③ 范仲淹. 范文正集·卷七［M］//四库全书·第1089册. 台北：台湾商务印书馆，1982：622.

甘旨足矣。'文正曰'吾观子辞气非乞客也。二年仆仆所得几何？而废学多矣。吾今补子为学职，月可得三千以供养，子能安于为学乎？'孙生再拜大喜。于是授以《春秋》。而孙生笃学，不舍昼夜，行复修谨，文正甚爱之。明年，文正去睢阳，孙亦辞归。后十年，闻泰山下有孙明复先生以《春秋》教授学者，道德高迈。朝廷召至太学，乃昔日索游孙秀才也。"①

　　按，孙复书院研学，初入应天府书院投谒范仲淹应在是年（天圣五年，1027年），故置此。补学职，安心研学，当从下年（天圣六年，1028年）始。范仲淹与戚舜宾书云："某启知宰寺丞，昨轩车之来，诚喜奉见，以困匮之日致礼不逮，未能忘情，徒自愧耳。泊于回辕，又失拜饯。自至琴署，谅敦清适，有孙复秀才者一志于学，方之古人，不知岁寒。何以为褐，非我长者其能济乎！拟请伊三五日暂诣门馆，惟明公与丁侯裁之。造次造次！惭悚惭悚！"② 其中有推举孙复之语，考之魏泰《东轩笔录》所记，应是范仲淹向书院主院戚舜宾保举孙复补"学职"一事。

　　富弼、张方平等在书院研学，受知于晏殊、范仲淹，据朱熹纂《宋名臣言行录前集》卷七："晏殊判南京，公（范仲淹）以大理寺丞丁忧，权掌西（南）监。一日，晏曰：'吾有女及笄，仗君为我择婿。'公曰：'监中有二举子，富皋、张为善，皆有文行，他日皆至卿辅，并可婿也。'晏曰：'然则孰优？'范曰：'富修谨，张疏俊。'晏曰：'唯即取富为婿。'后改名，即弼也。为善，后亦更名方平云。"③

　　按，北宋名相富弼初名富皋（一作高）与后为名臣的张方平初名张为善同在书院研学，当在此年之前。因晏殊判南京，托范仲淹在书院为女择婿，范仲淹荐富、张二人，故置于此。又按，这则史料见于两宋文献多处，记载颇有差误。朱熹《宋名臣言行录前集》自注引自《笔录》，即北宋中后期文人魏泰的《东轩笔录》。今该书存世最早刊本为国图所藏明嘉靖间沈敕楚山书屋刻本，另为明万历间《稗海》丛书本，两本为明人坊刻，后世皆祖二本。明本本条开头皆谓"晏元献判西京，范希文以大理寺丞丁忧权掌西监"。但在二刻本之前南宋至元代有关笔记、类书皆多谓"晏元献判南京"。如宋祝穆撰《古今事文类聚后集·卷十四·人伦部·择婿·委以择婿》："晏元献判南京，范希文以大理寺丞

---

① 魏泰. 东轩笔录·卷十四 ［M］. 北京：中华书局，1983：159.
② 范仲淹. 范文正公尺牍·卷下·与睢阳戚寺丞 ［M］//四库全书存目丛书·集部·第10册. 济南：齐鲁书社，1998：298.
③ 朱熹. 宋名臣言行录前集·卷七 ［M］//四库全书·第449册. 台北：台湾商务印书馆，1982：85.

丁母忧权掌西监。一日，晏谓范曰：'吾一女及笄，君为我择婿。'范曰：'监中有二举子：富皋、张为善，皆可婿也。'晏曰：'然则孰优？'范曰：'富修谨，张疏俊。'晏即取富皋为婿。后改名，即郑公也。为善，后亦更名方平。《笔录》。"① 又如《锦绣万花谷前集·卷十八·婚姻·监中择婿》及朱熹《宋名臣言行录前集》卷七后注皆引自《东轩笔录》，但皆晏殊判"南京"。考晏殊与范仲淹行实，晏殊无判西京（今洛阳），只有判南京留守，知应天府；范仲淹也无丁忧权掌"西监"即西京国子监之事，只有是年晏判南京、范掌应天府书院之事。由此知明坊刊《东轩笔录》有改篡之嫌。明人坊刻改篡前世典籍颇为常见，此当为一例。大概因后有范仲淹权西监之说，故将南京改西京以合情理。殊不知范仲淹"丁母忧权掌西监"已非史实，而改晏殊判南京为西京，更篡改史实，为此，本书不取。应天府书院，景祐二年（1035 年）改称为应天府府学，庆历三年（1043 年）十月升为南京国子监，后遂有"南监"之称，所谓"西监"当为"南监"之误。又，富弼在应天府书院为学，勤奋苦读，宋代刘荀《明本释·卷上·勤者修业之本》记载："富郑公未第时，读书夜枕圆枕，庶睡不能久。欲有所思，冬以冰雪，夏以新水沃面，其勤如此。"②

再按：张方平早年以"为善"为名，随其舅父嵇颖入书院读书，范仲淹评其"疏俊"，颇为确切。《乐全集》附录王巩撰张方平《行状》："公讳方平，字安道，世家睢阳，三代以公贵封赠各极品位。景德四年丁未生舟中。有盗蹑船后，旬浃未得发。是夕泊舟在野，盗乘便将逞，适太夫人欲就蓐，问乳医居隔水，因移舟从之。有船后至，正泊其处。盗夜至，不知舟已易也。大噪攻劫。后舟乃武人，登岸与斗，盗奔散。有被执者，自言其情，方知误尔。由此母子无恙。公髫龀英秀，神采莹彻，见者莫不慕悦之，皆谓仙骨道韵，非风尘中人也。稍长，敏慧夙成，飘飘有凌云之气。太师冲默燕静，不以物累自婴。而太夫人贤明知书，躬自教诲。年十三，太夫人抚之曰：扬州俗浮薄，睢阳乡里有庠序，四方学者萃焉。吾弟为之领袖，汝方志学，盍往依焉。吾惟汝一子，念孟母徙邻之义，不远千里致汝外氏，俾之就业，汝往勉哉。夫人有弟颖，时名士，有学行，故割情遣之。既至，舅氏器爱之，切磋讲习，业大进。常宿学斋二鼓就寝，忽有叩门甚急，公起问之，乃一生自远方至。（举子许育自亳州城父至）因延与语，俄顷室垣颓簧案尽碎。公资性明悟，诸书一览辄通，罕复再阅，

① 祝穆. 古今事文类聚后集·卷十四 [M] //四库全书·第 926 册. 台北：台湾商务印书馆，1982：203.

② 刘荀. 明本释·卷上 [M] //四库全书·第 703 册. 台北：台湾商务印书馆，1982：170.

不能为精，若至其要节，不能遗忘。放旷不屑细故，其度廓如也。暑月乘醉步于郊外，大雨暴至，不觉行远，向晓方醒，乃偃卧水中，奋而起，归亦无他，不自测其然也。在乡党，交游不杂。诸老先生皆自谓出其下，名闻四方。"① 又《乐全集·卷三四·谢苏子瞻寄乐全集序》自云："老夫性资疏旷，不堪拘束。幼知为学而不能勤，于时山东士人若刘潜、吴颢、石延年、韦不伐、陈靖、田度、马武十数人，皆负豪杰之气不得骋，相与纵酒为高。仆年少好奇论，与诸酒徒游，故不得笃志于学也。读书每抽三两策换易读之，未尝依卷帙彻一部，故涉猎荒疏。艺文谬悠，仅成举业，得科名，遂以仕宦。"②

是年王尧臣举状元，赵概举第三名，嵇颖进士及第。据以下史料：宋代欧阳修《尚书户部侍郎参知政事赠右仆射文安王公（尧臣）墓志铭并序》："公讳尧臣，字伯庸，天圣五年举进士第一。"③ 宋代杜大珪编《名臣碑传琬琰之集》上卷二十引苏轼《赵康靖公概神道碑》："公七岁而孤，笃学自力，年十七举进士，当时闻人刘筠、戚纶、黄宗旦皆称其文辞必显于时，而其器识宏远，则皆自以为不及。当赴礼部试，楚守胡令仪醵黄金以赠之，公不受。天圣五年擢进士第三人，授将作监丞，通判海州。归见父老故人，幅巾徒步，人人至其家。召试学士院，除著作郎集贤校理。"④ 宋代王珪撰《华阳集·卷六十·太子少师致仕上柱国……谥康靖赵公墓志铭》："公讳概，字叔平，姓赵氏，宋虞城人。……公少而孤，力学有文行，为交游所器重。戚纶、黄宗旦皆一时闻人，谓公他日必决殊科。天圣五年遂第三人及第，授将作监丞，通判海州。初黄宗旦尝作序，名公裡，其后梦神人持名簿，视其上，有金书赵概字，遂更今名。"⑤ 张方平《故翰林学士……嵇公行状》："天圣五年登第，试秘书省校书郎、蔡州团练判官。初文正、文节雅知公，后同执政，每相谓言嵇君方雅之士，不苟进，吾二人必为成之。"⑥

---

① 王巩．（张方平）行状［M］//张方平．四库全书·第1104册·乐全集·附．台北：台湾商务印书馆，1982：518.

② 张方平．乐全集·卷三四［M］//四库全书·第1104册．台北：台湾商务印书馆，1982：381.

③ 欧阳修．文忠集·卷三二［M］//四库全书·第1102册．台北：台湾商务印书馆，1982：253.

④ 苏轼．名臣碑传琬琰之集·上·卷二十·赵康靖公概神道碑［M］//四库全书·第450册．台北：台湾商务印书馆，1982：169.

⑤ 王珪．华阳集·卷六十［M］//四库全书·第1093册．台北：台湾商务印书馆，1982：442.

⑥ 张方平．乐全集·卷四十［M］//四库全书·第1104册．台北：台湾商务印书馆，1982：503.

宋仁宗天圣六年（1028 年），八月，召晏殊于南京，命为御史中丞。晏殊荐王洙留任应天府书院，充书院讲书。范仲淹作《代人奏乞王洙充南京讲书状》。范仲淹又有《南京府学生朱从道名述》等文。冬十二月，范仲淹守丧期满，以晏殊荐，入朝为秘阁校理。诏免应天府书院地基税钱。

《续资治通鉴长编》卷一百六：仁宗天圣六年八月，"晏殊之出也，上意初不谓然，欲复用之。会李及卒，乙酉，召殊于南京，命为御史中丞，仍令班翰林学士上。"又，十二月，"癸未，除应天府书院地基税钱。"①

《宋会要辑稿·崇儒二》："仁宗天圣六年九月，御史中丞晏殊言：'应天府旧有敕赐书院，诸生阙于师资。伏见部授贺州富川县主簿王洙素有文行，其（具）明经术，欲就举留，令带所授官充应天府书院说书。'从之。"又："十二月，诏免应天府书院地基税钱。"②

宋代王应麟《玉海·卷一六七·应天府书院》："（仁宗天圣）六年九月，晏殊言请以王洙充书院说书，从之。"③

《宋史·王洙传》："王洙字原叔，应天宋城人。少聪悟博学，记问过人。初举进士，与郭稹同保，人有告稹冒祖母禫，主司欲脱洙连坐之法，召谓曰：不保可易也。洙曰：保之，不愿易。遂与稹俱罢。再举中甲科，补舒城县尉，坐覆县民钟元杀妻不实，免官。后调富川县主簿，晏殊留守南京，厚遇之，荐为府学教授。"④

宋代范仲淹《代人奏乞王洙充南京讲书状》："右臣闻，三代盛王致治天下，必先崇学校、立师资、聚群材、陈正道，使其服礼乐之风，乐名教之地，精治人之术，蕴致君之方，然后命之以爵，授之以政，济济多士，咸有一德，列于朝则有制礼作乐之盛，布于外则有移风易俗之善。故声诗之作，美上之长育人材，正在此矣。国家崇儒敦古，右文致化，三京五府，多建庠序。当州近辅之郡，宜崇治本，兼至圣文宣王庙已有学舍三十余间，有修学进士二十余人，非有讲贯，何以发明！臣窃见贺州富川县主簿充应天府书院说书，王洙于天圣二年御前进士及第，素负文藻，深明经义，在彼讲说已满三年，伏望圣慈，特与除授当州职事官，兼州学讲说，所贵国家教育之道，风布于邦畿，进修之人，

---

① 李焘. 续资治通鉴长编·第 8 册·卷一百六 [M]. 北京：中华书局，1985：2480.

② 徐松，辑. 宋会要辑稿·第 5 册 [M]. 刘琳，等，校. 上海：上海古籍出版社，2014：2763.

③ 王应麟. 玉海·卷一六七 [M]. 扬州：广陵书社，2003：3060.

④ 脱脱，等. 宋史·第 28 册·卷二九四 [M]. 北京：中华书局，1977：9814.

日闻于典籍。士务稽古，人知向方。干冒圣威，臣无任云云。"①

宋代欧阳修《翰林侍读侍讲学士王公（洙）墓志铭并序》："初举进士，为庐州舒城尉，坐事免官。归居南京，故相临淄晏公为留守，奇其文章，待以客礼。久之复调贺州富川主簿，未行。临淄公荐其才，留居应天府学教诸生。会诏举经术士为学官，京东转运使举公应诏，召为国子监直讲。"②

《范文正公年谱》："六年戊辰，年四十岁。上书言朝政得失、民间利病。宰相王曾见而伟之……是岁服除。冬十二月甲子，以公为秘阁校理，晏丞相殊之荐也。又《文集》有《南京府学生朱从道名述》，有《南京书院题名记》，又《奏乞王洙充南京讲书状》。"③

《范文正公年谱》："时晏殊在枢府，荐一士为馆职，曾谕之曰：'公知范仲淹，舍而他荐乎？'晏公遂以状举公，其略云：臣伏以先圣御朝，群才效用，惟小大之毕力，协天人之统和。凡有位于中朝，愿荐能于丹宸，不虞进越，用广询求。臣伏见大理寺丞范仲淹为学精勤，属文典雅。略分吏局，亦著清声。前曾任泰州兴化县，兴海堰之利。昨因服制，退处睢阳，日于府学之中观书肄业，敦劝徒众，讲习艺文。不出户庭，独守贫素，儒者之行，实有可称云。欲望试其词学，奖以职名，庶参多士之林，允洽崇丘之咏。"④ 在晏殊的推荐下，范仲淹赴京为秘阁校理。

关于范仲淹在应天府书院授徒和离开的具体时间，笔者有《范仲淹早年的两则史实考辨》一文，认为"其一，范仲淹在应天府书院'以教生徒'的时间不是景祐二年，而是天圣五年夏到天圣六年底；其二，晏殊知应天府的时间是天圣五年春，离开的时间也是在范仲淹离开之前"⑤。

范仲淹《南京府学生朱从道名述》："天圣纪号之六载，枢密留守侍郎齐郡公，以东朝旧德，右弼上贤，将启秉钧之猷，尚图分政之任，善下成乎江海，养浩充乎天地，诚明之际无隐不及。居一日，曰：祖宗之都，仪刑万邦，道德

---

① 范仲淹. 范文正集·卷十八 ［M］//四库全书·第 1089 册. 台北：台湾商务印书馆，1982：746.
② 欧阳修. 文忠集·卷三一 ［M］//四库全书·第 1102 册. 台北：台湾商务印书馆，1982：250.
③ 楼钥. 范文正公年谱 ［M］//四库全书存目丛书·史部·第 82 册. 济南：齐鲁书社，1996：4，5.
④ 楼钥. 范文正公年谱 ［M］//四库全书存目丛书·史部·第 82 册. 济南：齐鲁书社，1996：5.
⑤ 王树林. 范仲淹早年的两则史实考辨 ［J］. 商丘师专学报（社会科学版），1987（4）：104-108.

之所兴，礼义之所出，风化不作，四方何仰哉！乃首访胶庠，躬省弦诵，敦六籍以恢本，发四科以彰善。于是人乐名教，复邹鲁之盛；士为声诗，登周召之美。既而丘园初秀，阀阅令嗣，拳拳允集，济济如归。沛国朱生，世严冠冕，幼苦霜露。悯先构之将坠，忽中陵之见育。公特命就学，果知向方，豹以革而有文，鸿亦渐而无咎。公又嘉其迁善，以从道而名焉，仍命字之云：在复之六四曰中行，独复以从道也，言能体中而行，特从于道以斯，而复君子之象，请字曰复之，庶左右于名矣。然则道者何？率性之谓也。从者何？由道之谓也。臣则由乎忠，子则由乎孝，行已由乎礼，制事由乎义，保民由乎信，待物由乎仁，此道之端也。子将从之乎？然后可以言国，可以言家，可以言民，可以言物。岂不大哉！若乃诚而明之，中而和之，揖让乎圣贤，蟠极乎天地，此道之致也，必大成于心而后可言焉。朱生其拜公之命，勉之哉！抑文与学者，道之器也。以君子乘之，则积而不败。不以君子乘之，则满而致覆。朱生其拜公之命，慎之哉！嘻！子未预于教也，弗学而志穷，如玉之未攻，如泉之在蒙昧焉，而弗见其宝泪焉，而莫朝于宗。子既预于教也，克学而神悟，如金之在铸，如骥之方御，跃焉可成乎美器，腾焉可致乎夸路者也。某观士人中有青衿诗书，素发畎亩，名不登缙绅之议，目弗接轩冕之姿，彼何不遇之甚哉？朱生进德有渐，属文未几，始登庠序之列，乃被岩廊之知，此何遇之甚哉？繄尔门之济美欤？抑我公之善教欤？论者曰：公之旨也，岂徒正尔之名，盖将成尔之德，激清学校，腾休都邑，俾夫多士，耸善庶邦，成流格美俗于诗书，被颂声于金石，致我宋之文炳焉。复三代之英，抑公之盛德乎！朱生振迹于盛德之下，发名于善教之始，何必申缲之剧论，岂异夫子之荣褒者哉！当夙夜怀之，不坠我公之令训也。其庶几乎。"[1]

按，从真宗大中祥符二年（1009 年）至仁宗天圣六年（1028 年）的二十年是书院发展的兴盛期，从应天府书院走出的学子"相继登科，而魁甲英雄，仪羽台阁，盖翩翩焉，未见其止"[2]。

宋仁宗天圣七年（1029 年），蔡齐为应天府知府、南京留守，举荐书院说书王洙、名士石延年。此前，石介在应天府书院研学。

《宋史·蔡齐传》："蔡齐字子思，其先洛阳人也。曾祖绾为莱州胶水令，因家焉。齐少孤，依外家刘氏举进士第一，仪状俊伟，举止端重，真宗见之顾宰

① 范仲淹. 范文正集·卷六［M］//四库全书·第 1089 册. 台北：台湾商务印书馆，1982：613，614.

② 范仲淹. 范文正集·卷七·南京书院题名记［M］//四库全书·第 1089 册. 台北：台湾商务印书馆，1982：622.

相寇准曰：'得人矣。'……（刘）崇勋谮之，罢为龙图阁学士知河南府。参知政事鲁宗道固争留之，不能得。以亲老改密州，徙应天府，召为右谏议大夫御史中丞。"①

按，据宋代陈均《九朝编年备要》卷九：仁宗天圣六年七月，"崇勋谮于后，故出之。参知政事鲁宗道固争留之，不能得。寻以亲老，易密州"②。由密州改徙应天府当在晏殊离任后的前一年底。

王钦臣《王氏谈录·相知之厚》："蔡文忠守南都，公时为书院说书，且将荐公，而谓公曰：'欲荐而未有人可令草奏以叙君之美，莫若烦君自为之。'公谢曰：'某之才不足当公荐。今石太祝延年众爱重，宜置某而荐石。'蔡公曰：'石固欲荐之，亦当自令草奏。'公徐曰：'得之矣。'遂命公草石奏，而石为公草奏。初罢野城尉里中，是时晏丞相为留守，方修后圃，而使诸曹掾赋驯鹤小池。户曹掾玉初邀同赋。既成，并上临淄公。公喜，遇之甚厚。及临淄公还朝，力荐为应天府学讲书，语在公家传中。是后蔡文忠继守留钥，复待以上客。"③

张方平《朝奉郎守太子中舍骑都尉韦（韦不伐）君墓志铭并序》："（应天府书院）常选学行可为人师者主领之，君久处师席，晏元献公、宋宣献公、蔡文忠公相继居守，皆厚为之礼。尤善与人交，范仲淹希文、石延年曼卿、刘潜仲方，山东豪俊慕君名从游者甚多。"④

许毓峰《石徂徕年谱》天圣七年（1029年）己巳，先生二十五岁谱文引《倦游录》："先生为举子时，寓于南都，共固穷苦学，世无比者。王渎闻先生俭约，因会客以盘餐遗之。先生谢曰：'甘脆者，亦介之愿也，但日餐之则可。若只得一餐，则明日何以继乎？朝餐膏粱，久厌粗粝，人之常情也，介所不敢当赐。'王咨重之。"⑤

按，此则史料又见朱熹辑《宋名臣言行录前集》卷十。石介入应天府书院读书，许毓峰《石徂徕年谱》置于是年，并云"此事未定在何年，惟知在进士及第前。"史料中涉及书院名师王渎，王渎于真宗天禧二年（1018年）出仕，时石介年仅十三四岁。天圣中王渎幼弟王洙为书院说书，所谓遗之盘餐事为王

① 脱脱，等．宋史·第28册·卷二八六［M］．北京：中华书局，1977：9636．
② 陈均．九朝编年备要·卷九［M］//四库全书·第328册．台北：台湾商务印书馆，1982：176．
③ 王钦臣．王氏谈录·相知之厚［M］．郑州：大象出版社，2003：167-168．
④ 张方平．乐全集·卷三九［M］//四库全书·第1104册．台北：台湾商务印书馆，1982：489．
⑤ 许毓峰．石徂徕年谱［M］．宋人年谱丛刊·第2册．成都：四川大学出版社，2003：867．

洙也未可知。

天圣九年（1031 年），宋绶知应天府、南京留守。厚遇书院名师韦不伐和王洙。与王洙讨论学术，研究文章，相知犹深。石介、欧阳修于上年举进士甲科，石介授郓州观察推官。

《续资治通鉴长编》卷一百十：仁宗天圣九年（1030 年）冬十月："己卯，以翰林学士兼侍读学士宋绶为龙图阁学士，知应天府。时太后犹称制，五日一御承明殿，垂帘决事，而上未始独对群臣也。绶言：'唐先天中，睿宗为太上皇，五日一受朝，处分军国重务，除三品以上官，决重刑；明皇日听朝，除三品以下官，决徒刑。今宜约先天制度，令群臣对前殿，非军国大事及除拜，皆前殿取旨。'书上，忤太后意，故命出守。侍御史知杂事刘随、殿中侍御史郭劝并言绶有辞学，当留在朝，不宜处外，不听。"①

按，据《宋史·宋绶传》，宋绶，字公垂，赵州平棘人。幼聪警，额有奇骨，为外祖杨徽之所器爱。徽之无子，家藏书悉与绶。上书忤庄献刘太后意，改龙图阁学士，出知应天府。太后崩，帝思绶言，召还。宋绶外祖杨徽之与戚同文及子戚纶为友，宋绶知应天府颇重书院教育，厚待书院讲说韦不伐、王洙等。张方平《朝奉郎守太子中舍骑都尉韦（韦不伐）君墓志铭并序》谓："睢阳乡先生韦君讳不伐，字次德，好古学笃，信义立风节，自五代乱离，经籍道息，睢阳有隐君子戚君同文，独以讲授为业，诸生后多达者。子纶，处近官，就其旧庐构学校，志于学者自远方至。朝廷嘉其事，赐名应天府书院，天下庠序由兹始。常选学行可为人师者主领之。君久处师席，晏元献公、宋宣献公、蔡文忠公相继居守，皆厚为之礼。"② 与王洙相知犹深。王钦臣《王氏谈录·相知之厚》谈及父亲王洙与宋绶交往云："蔡公既去，而宋公来，其所以遇之尤加。每公事退，开郡阁邀公，殆日以为常，相对但持书册论议而已。宋公嗜食干果，罗列左右，间或相劝食，或以文章示公。句意有所欲易，及一字不安者，必曰：'君试思之。'公曰：'以某句某字如何？'曰：'更试思之。'或至再三，遂用。后宋公还朝，公亦入上庠，又陪佐史局，无一日异于初。宋公薨，公为之议谥，撰著行状，象篆勒墓铭，诸宋以服带缗钱遗于公甚厚，公不发其封，悉还之。"③

宋仁宗明道二年（1033 年），四月，召宋绶赴京，以孙道辅为南京留守，

---

① 李焘. 续资治通鉴长编·第 8 册·卷一百十 [M]. 北京：中华书局，1985：2567.

② 张方平. 乐全集·卷三九 [M]//四库全书·第 1104 册. 台北：台湾商务印书馆，1982：489.

③ 王钦臣. 王氏谈录·相知之厚 [M]. 郑州：大象出版社，2003：168，167.

石介为南京留守推官，掌应天府书院。孙道辅视学书院，石介有《留守待制视学》诗六首。十月，加置应天府书院讲授官一名。是年，张方平举茂才异等科，释褐，以秘书省校书郎知昆山。

《续资治通鉴长编》卷一一二：仁宗明道二年（1033 年）夏四月，"召知应天府龙图阁学士刑部侍郎宋绶，通判陈州太常博士秘阁校理范仲淹赴阙。"①

《续资治通鉴长编》卷一一三：仁宗明道二年冬十月，"乙未，置应天府书院讲授官一员"。十一月，"龙图阁待制孔道辅为右谏议大夫、权御史中丞，代程琳也。道辅时守南京，诏用之"。"庚寅，诏知开封、河南、应天府自今并兼畿内劝农使。"②

石介《留守待制视学》：

其一：艺祖兴王地，诸侯布教宫。冠缨临仗集，文雅与时隆。泮水差差绿，春芹习习风。袍辉子衿动，旗映讲纱红。节钺来门外，声容播国中。分庭等咸杀，更仆宴谈终。亹亹闻谆诲，拳拳激懦衷。武昌尊庾亮，蜀郡乐文翁。王化周南始，儒缝鲁俗通。四方观表则，后学发童蒙。木铎留遗韵，缁衣缵旧功。愿公持此道，黄阁弼清躬。

其二：演道开谈席，观文降使轓。水寒芹叶薄，春早杏阴繁。喜动青青佩，亲闻亹亹言。孤生荷乐育，终始托丘园。

其三：开府雍容甚，轻裘博雅存。席间闲布帙，铃下昼无喧。首喜隆儒术，诸生接讨论。马融南郭学，龊龊岂堪言。

其四：春早沂风煖，芹生泮水深。前旌拂讲树，垂佩耀青衿。郁郁弥文化，循循善诱心。恭王不坏宅，金石有遗音。

其五：翼翼取则地，菁菁乐育篇。使轓临学舍，台席俯谈筵。韦相传经旧，文翁倡教先。诸生动观叹，门外卓卿旃。

其六：泮水绿犹浅，春芹叶始敷。旌旗久停住，衿佩俨相趋。庾亮亲临学，哀公不诟儒。兹为表则地，风教自王都。③

按，孔道辅，字原鲁，孔子四十五代孙。从南京留守任诏以龙图阁待制为右谏议大夫、权御史中丞，石介《徂徕集》卷十三有《上孔中丞书》。

---

① 李焘. 续资治通鉴长编·第 9 册·卷一一二 [M]. 北京：中华书局，1985：2611.

② 李焘. 续资治通鉴长编·第 9 册·卷一一三 [M]. 北京：中华书局，1985：2637，2642，2645.

③ 石介. 徂徕集·卷四 [M] //四库全书·第 1090 册. 台北：台湾商务印书馆，1982：207，208.

《玉海》卷一六七："明道二年十月乙未，置讲授官一员。"①

《乐全集》附录王巩《行状》："明道二年，制举六科，因共称荐举茂材异等科。范金华讽见公文章，曰：'奇士哉!'因同二公（蔡齐、宋绶）列名以闻。召试秘阁，选预廷对，释褐，以秘书省校书郎知苏州昆山。"②

石介有《安道登茂材异等科》长诗相庆，并在待中批评当时进士取士制度。有云："尝言春官氏，设官何龌龊。屑屑取于人，辞赋为程约。一字竞新奇，四声分清浊。矫矫逸雄才，动为对偶缚。恢恢晁董策，亦遭声病落。每岁棘篱上，所得多浮薄。嗟哉浮薄流，不知王霸略。六经挂东壁，三史束高阁。琐琐事雕篆，区区衍述作。随行登一第，谓身骞寥廓。趋众得一官，谓身縻好爵。栖栖咫尺地，燕雀假安托。汲汲五斗米，雁鹜资饮啄。壮哉张安道，少怀夫子学。三就礼部试，不肯露头角。耻用众人遇，羞将一战较。甘心拓翼归，豫志本卓荦。三贤文章师（大参宋公、副枢蔡公、使相范公，连章称荐），儒林推先觉。百鸟声喈喈，独能辨鸳鸯。玉石方混淆，独能识真璞。荐之于天子，此材堪轮桷。遂得望清光，三接近帷幄。僚友视万乘，器宇诚岳岳。愿乞数刻景，古今可扬榷。纵横三千言，得隽如夺稍。上下驰皇王，周旋骋礼乐。远推灾异源，上究星文错。直言补主阙，危论针民瘼。天子览其奏，嘉赏为嗟愕。既叹相见晚，且言同时乐。一命校秘书，恩泽优且渥。"③

仁宗景祐元年（1034 年），春夏之交，石介与孙复相识于南京，并执教应天府书院，石延年来会。五月，工部郎中刘随知应天府分司南京，即视学书院，石介与随有儒佛道三教之争。王洙入京师为国子监直讲，前后在应天府书院任讲说十年之久，将书院之学带入国学。是年，诏西京河南府府学为国子监。

石介《与士熙道书》："介顿首熙道仁兄秘校：四月十二日明复至，十八日石曼卿学士来，始得兄书。"又《与裴员外书》："往年官在汶上，时始得士熙道。今春来南郡，又逢孙明复。韩孟兹遂生矣。"④

欧阳修《徂徕石先生墓志铭并序》："先生年二十六，举进士甲科，为郓州

---

① 王应麟. 玉海·卷一六七 [M]. 扬州：广陵书社，2003：3075.

② 王巩.（张方平）行状 [M] //张方平. 四库全书·第1104册·乐全集·附. 台北：台湾商务印书馆，1982：518.

③ 石介. 徂徕集·卷三 [M] //四库全书·第1090册. 台北：台湾商务印书馆，1982：197，198.

④ 石介. 徂徕集·卷十六 [M] //四库全书·第1090册. 台北：台湾商务印书馆，1982：297，298.

观察推官、南京留守推官。……先生自闲居徂徕，后官于南京，常以经术
教授。"①

《续资治通鉴长编》卷一一四：仁宗景祐元年（1034 年）五月，"癸亥，知
宣州、兵部员外郎刘随为工部郎中、知应天府。故事，奉使契丹者，遣皇城卒
二人与偕，察其举措，使者悉姑息以避中伤。随前贺契丹母生辰，以病足痹，
不能拜，为皇城卒所诬，有司劾奏夺一官，出知信州，徙宣州，逾年未复。既
而天章阁待制李纮贺契丹主生辰还，具言其枉，乃迁随南京"②。

按，刘随，《宋史》卷二九七有传，字仲豫，开封考城人。出"使契丹，以
病足痹辞不能拜，及还为有司劾，奏夺一官，出知信州。徙宣州，再迁工部郎
中，知应天府。召为户部副使，改天章阁待制，不旬日卒。""与孔道辅、曹修
古，同时为言事官，皆以清直闻。随临事明锐敢行。"③ 刘随到任后即视学书
院，石介跟从。学中索观佛氏画像，刘随认为"佛与老氏与吾圣人为三教，三
教皆可尊也"。二人讨论儒佛道三教，石介批驳其观点，认为书院应坚守儒家
之学。

石介《上刘工部书》云：

> 留守工部阁下，介前日从公入学中，公索观佛氏画像，以为佛与老氏
> 与吾圣人为三教，三教皆可尊也。明日从公政事厅，同公观伏羲、神农、
> 黄帝、尧、舜像，公赞三皇二帝之盛，称所谓佛者，则伏羲也，神农也，
> 黄帝也，尧也，舜也。介殊不晓公之旨何为而为是言也。当日不敢面责公，
> 夫道之盛莫盛乎皇，黄帝而上几千百君，独伏羲、神农、黄帝为称首。德
> 之崇莫崇乎帝，少昊而下万有余祀，独尧、舜为圣人，禹、汤、文武、周
> 公犹不及，其号而为王。后世能跻二帝三皇之懿者，真吾师乎？夫禹、汤、
> 文武、周公犹不能及。而佛夷狄之人，乃过禹、汤、文武、周公与伏羲、
> 神农、黄帝、尧、舜等则。是公欲引夷狄之人，加于二帝三王之上也？欲
> 引夷狄之道行于中国之内也？夫自伏羲、神农、黄帝、尧、舜、禹、汤、
> 文武、周公、孔子至于今，天下一君也，中国一教也。无他道也。今谓吾
> 圣人与佛为三教，谓佛与老、伏羲、神农、黄帝、尧、舜俱为圣人，斯不
> 亦骇矣乎？介不晓公之旨何为而为是言也。前日公在学，观书于东序，谓

---

① 欧阳修. 文忠集·卷三四 [M] //四库全书·第 1102 册. 台北：台湾商务印书馆，
1982：270.
② 李焘. 续资治通鉴长编·第 9 册·卷一一四 [M]. 北京：中华书局，1980：2675.
③ 脱脱，等. 宋史·第 28 册·卷二九七 [M]. 北京：中华书局，1977：9888，9890.

非圣人之书不可留，惧后生读之惑且乱也。公之心可谓正矣。噫！非圣人书犹不可观，老与佛反可尊乎？夫佛之为患，佛之悖道，佛之坏乱，佛之逆人，理佛之乱中国，唐则有姚崇言之于前，韩吏部言之于后。本朝如王黄州辈，亦尝极言之。数贤言之，人皆知数贤之言是也。苟数贤之言是，则佛果不足尚。公之知识固不下于前数贤，诚不识公何为而为是言也！朝廷天下，名公为正人，出一言作一事，朝廷天下皆以为法言，其何容易哉！伏惟重之不宣。介顿首。①

石介听到民间议论仁宗皇帝，"正月以来，闻既废郭皇后，宠幸尚美人，宫庭传言，道路流布。或说圣人好近女室，渐有失德。自七月、八月来，所闻又甚，或言倡优日戏上前，妇人朋淫宫内，饮酒无时节，钟鼓连昼夜。近有人说圣体因是尝有不豫"，深为忧虑。八月，王曾以天平节度使、检校太师、同平章事，为吏部尚书、同平章事、枢密使，石介上书，请王曾劝谏。事见《续资治通鉴长编》卷一一五。石介承自范仲淹以天下为己任，耿气节，遇事敢言，不避利害的精神，成为应天府书院的传统精神。

王洙入京师为国子监直讲应在是年。欧阳修《翰林侍读侍讲学士王公墓志铭》："初举进士，为庐州舒城尉，坐事免官。归居南京，故相临淄晏公为留守，奇其文章，待以客礼。久之复调贺州富川主簿，未行，临淄公荐其才，留居应天府学教诸生。会诏举经术士为学官，京东转运使举公应诏，召为国子监直讲。"② 王钦臣《王氏谈录·相知之厚》："蔡公既去，而宋公来，其所以遇之尤加。……后宋公还朝，公亦入上庠，又陪佐史局，无一日异于初。"③ 两则史实比勘，宋绶离南京后，王洙入京。绶上年入京，王洙为国子监直讲当在是年。宋绶前后在应天府书院任讲说十年之久，将书院之学带入国学，使书院之学开枝散叶，发扬光大。

《续资治通鉴长编》卷一一四：仁宗景祐元年（1034年）五月壬申，"以河南府府学为国子监。后唐同光三年，初建文宣王庙。咸平三年，重修。旧止名府学，于是直集贤院谢绛论奏，乃正监名"④。

按，西京河南府府学为国子监，为以后南京应天府书院升为国子监学开了

① 石介. 徂徕集·卷十三 [M] //四库全书·第1090册. 台北：台湾商务印书馆，1982：274，275.
② 欧阳修. 文忠集·卷三一 [M] //四库全书·第1102册. 台北：台湾商务印书馆，1982：250.
③ 王钦臣. 王氏谈录·相知之厚 [M]. 郑州：大象出版社，2003：167-168.
④ 李焘. 续资治通鉴长编·第9册·卷一一四 [M]. 北京：中华书局，1985：2677.

300

先路，故置此。

三、改称府学期

宋仁宗景祐二年（1035 年），夏竦知应天府，分司南京。御史台辟南京留守推官石介为主簿，介上疏论赦书不当求五代及诸伪国后，不合意，罢不召。朝廷以应天府书院为府学，增修学府孔庙，经夏竦请，府学又增拨学田十顷。石介有《上南京夏尚书启》《南京夫子庙上梁文》，并《移府学诸生》启，勉励诸生学习。是年八月，又以孔勖分司南京，专领文宣王祠庙。

宋代王珪《夏文庄公竦神道碑铭》："景祐元年，徙青州。明年，徙应天府兼南京留守。"①

按，夏竦，字子乔，江州德安人。《宋史》卷二八三有传。《宋史·本传》说他"材术过人，急于进取。喜交结，任数术，倾侧反覆，世以为奸邪"。"迁刑部尚书，徙应天府。宝元初，以户部尚书入为三司使"②。在南京期间，颇能任事。今夏竦《文庄集》卷五有《南京到任谢上表》，卷十八有《南京到任谢二府启》，卷十六有《乞修南京大内状》，卷二一有《海雁桥记》。其《乞修南京大内状》颇有利于了解当时南京大内建置设施及状况，颇有史料价值。夏竦关心书院，改称府学后，积极争取学田，颇为石介称道。

《续资治通鉴长编》卷一一七：仁宗景祐二年八月，"戊寅，秘书监孔勖分司南京，专领文宣王祠庙，仍赐绢百匹，米五十斛，羊酒副之。"③

按，孔勖，字自牧，孔子四十四代孙。进士及第，以殿中丞通判广州，以清洁闻。据《续资治通鉴长编》卷七一真宗大中祥符二年春记载，真宗封泰山，谒孔子祠，以孔勖调知曲阜县，兼检校先圣庙，赐绯鱼，赐帛，月给如广州通判例。王钦若言其治行，召而命焉。勖请就宣圣庙创立学舍，并于斋厅讲说，皆许之，当时正是应天府书院刚刚赐名。是年，以孔勖分司南京而专领文宣王祠庙，对应天府学教育亦颇有助。

《续资治通鉴长编》卷一一七：仁宗景祐二年（1035 年）十一月辛巳朔，"以应天府书院为府学，仍给田十顷"④。

---

① 王珪. 华阳集·卷四七［M］//四库全书·第 1093 册. 台北：台湾商务印书馆，1982：348.

② 脱脱，等. 宋史·第 27 册·卷二八三［M］. 北京：中华书局，1977：9571，9577.

③ 李焘. 续资治通鉴长编·第 9 册·卷一一七［M］. 北京：中华书局，1980：2754.

④ 李焘. 续资治通鉴长编·第 9 册·卷一一七［M］. 北京：中华书局，1980：2761.

《玉海》卷一六七："景祐二年十一月辛巳朔，以书院为府学，给田十顷。"①

按，给田十顷，发展书院事业，夏竦功劳为多。石介《上南京夏尚书启》云："惟留守尚书，光奉制书，来尹畿近。伏惟庆慰。伏以天子之居则谓之京，而汴为东京，洛为西京，宋为南京，其名尊矣。王者之兴必有其地，而尧自唐虞，舜自妫汭，禹自有夏，汤自景亳，周自岐山，刘自汉中，李自晋原，国家自归德，其世长矣。洪惟太祖，开国授于太宗。太宗灵承，传之先庙。先庙克光，付与皇帝。相继四圣，垂乎百年。德厚流长，本固叶茂。重熙累盛，以至于亿万世而浸隆寝昌，莫不由乎肇迹之有先，始封之弥大。壮是王气，建为大都，保厘东郊，居守留钥，常命懿德国老迩臣若今丞相仆射王公等数人，回翔畿甸，莫不自此迁入为柄辅。中书堂执政者五，而三出为南京尹。伏惟留守尚书，始以贤良方正能直言极谏举，次以大禹《益稷》《皋陶》之谟出纳诰命，次以伊尹伊陟甘盘巫咸之义弼谐机衡，名书太常，勋在王府。今既承三公而来，亦当蹑三公而去自兹。京邑地望益高，不独为宋之荣观，可以使天下之耸动也。介顷由学官登于幕府，天与其幸会公之来，喜忭交并精爽飞越，官守有限，不能奔走麾下，与公推挽辇毂一日，而至慰邦人倪望之心，瞻望旌旄，不胜踊跃之至。"夏竦为府学争取学田十顷后，石介更是感激奋励，并鼓励在学诸生。《徂徕集》卷二十有《移府学诸生》："贤，重也。食，轻也。君子推乎轻以笃乎重，故贤隆焉。学本也，养末也。君子厚于本而薄于末，故学至焉。《易》曰：大畜，养贤也。又曰：颐贞，吉，则推乎轻以笃乎重之谓也。孔子曰：君子谋道不谋食。又曰：食无求饱，则厚于本而薄于末之谓也。圣人置禄以待百官，禄充而后责之以事，故事修而国家立矣。然则养岂素出也？君子养贤以居众材，养优而后责之以道，故道至而教化行矣。然则养岂空具也？讲习在堂，朋友在序，图籍在府，器服在厅，岁有公田，日有常秩，内足以乐乎志，而外足以进乎道。夫志者，何谓也？志乎所志也。道者，何谓也？道乎所道也。志于忠信，而忠信立。志于孝悌，而孝悌成，志之谓也。道于仁义而仁义隆，道于礼乐而礼乐备，道之谓也。夫如是养，果不空具也。南京学立于故大谏戚公（谏议大夫戚纶），成于今留守夏公（竦）。大谏为建学官，学之有取无不给，惟养士之具未称。留守从天子请田千亩，以食于学，养士之具又称。则诸生不可以负二公矣！噫！大谏至留守三十年矣！而学乃成，岂不以学大本也？殖之不深不可以维万世。道，重器也。举之不以难，不可以格后人。殖之深，举之

① 王应麟. 玉海·卷一六七 [M]. 扬州：广陵书社，2003：3075.

难，诸生议之。"①

　　夏竦修缮书院，重建孔夫子庙。石介有《南京夫子庙上梁文》："日月不盛大，星辰不众多，无以昭天之明。山岳不磅礴，江海不横泻，无以彰地之载。制度不恢廓，宫室不壮丽，无以示圣人之尊。天明不昭，众庶何所仰也；地载不厚，万物何所附也。圣人不尊，群儒何所法也！况艺祖始兴之地，先皇亲狩之都。鼎峙为京，自四畿相附而先。圣庙龌龊，僻陋不堪其忧，何以壮远人之望，示四方之则哉！留守尚书公下车日，余政未及施，首严圣祠。豪人承风偃化，相率出钱二百万，取材于河阳，咸得大木以新厥居。轮焉奂焉，京邑翼翼，宋人开聋发聩，共知圣师之尊且大。庙作凡三月而厥功有成，以十二月二日吉请上梁焉。公命酒食，盛以落之。儿郎伟，抛梁东，夫子之道，岱岳并崇。抛梁西，夫子之道，大华与齐。抛梁南，夫子之道，衡岳相参。抛梁北，夫子之道，常山比极。抛梁上，夫子之道，如天可仰。抛梁下，夫子之道，如地不泻。伏愿抛梁之后，留守尚书公即入持国钧，正位台席，行圣师之道，以致君于尧舜之上，下以跻民于仁寿之域。万斯年兮，主圣臣直。"②

　　是年十二月，御史中丞杜衍举荐石介入京为御史台主簿受阻。欧阳修贻书责杜衍，杜衍终未成事，石介继续留任南京推官。《续资治通鉴长编》卷一一七：十二月，"癸酉，诏翰林学士承旨章得象、御史中丞杜衍、知制诰李淑，编次赦书，所访唐、五代诸国及本朝臣僚子孙以名闻"。石介上疏反对，认为"不当求五代及诸伪国之后"。"不合意，罢不召。"馆阁校勘欧阳修贻书责中丞杜衍曰："介一贱士，用不用当否，未足害政，然可惜者，中丞举动也。主簿于台中非言事官，然大抵居台中者，必以正直刚明、不畏避为称职。介足未履台门之阃，而已用言事见罢，真可谓正直刚明，不畏避矣。度介之才，不止为主簿，直可为御史也。今斥介而它举，亦必择贤而举。夫贤者固好辩，若举而入台又有言，则又斥而他举乎！如此，则必得愚暗懦默者而后止也。"③

　　景祐三年（1036 年），天章阁待制知开封府范仲淹言事忤宰相吕夷简，落职知饶州。朝内以朋党之说，数贤并罢。欧阳修为书切责司谏高若讷，被贬夷陵令，沿运河道过南京，石介为酒祖饯。九月，石介代父丙，远官嘉州军事判

---

　①　石介. 徂徕集·卷二十［M］//四库全书·第 1090 册. 台北：台湾商务印书馆，1982：331.

　②　石介. 徂徕集·卷二十［M］//四库全书·第 1090 册. 台北：台湾商务印书馆，1982：331，332.

　③　李焘. 续资治通鉴长编·第 9 册·卷一一七［M］. 北京：中华书局，1985：2767，2768.

官，离开南京。夏竦有《海雁桥记》。

　　楼钥《范文正公年谱》：三年丙子，年四十八，五月，论建都事。"又上四论以献。……又为百官图以献，因指其迁进迟速次序，曰某为超迁，某为在迁，如是为公，如是为私，意在丞相。又言汉成帝信张禹，不疑舅家，故有王莽之乱。臣恐今日朝廷亦有张禹，坏陛下家法，以大为小，以易为难，以未成为已成，以急务为闲务者，不可不早辩。吕夷简大怒，以公语辩于上前，日诉公越职言事，荐引朋党，离间君臣。公亦交章辩析，辞盖切，遂罢黜落职知，饶州。时朝士畏宰相，无敢过公者，独龙图阁直学士李纮、集贤校理王质出郊饯饮。""公既贬，谏官御史莫敢言，秘书丞集贤校理余靖上言"，太子中允馆阁校勘尹诛上言，俱贬。馆阁校勘欧阳修移书责右司谏高若讷，"坐罪贬为夷陵令"。①

　　刘德清《欧阳修年谱》景祐三年谱文："是岁，天章阁待制权知开封府范仲淹言事忤宰相，落职，知饶州。公切责司谏高若讷，……五月戊戌，降为峡州夷陵令。……公自京师沿汴绝淮，溯江，奉母夫人赴贬所。"②

　　许毓峰《石徂徕年谱》："宋仁宗景祐三年丙子，先生年三十二岁。五月，欧阳修降为峡州夷陵县令，沿汴淮而行。丁未，次南京，次日，先生邀曹州观察推官蒋安石等，与欧阳修小饮于河亭。修因疾不饮，众皆醉以归。""九月，先生代父丙远官嘉州军事判官。"③

　　按，书院自戚纶、王渎、范仲淹、王洙、石介为师，忧国忘身、奋励进取、立大志、尚气节成为书院教育士子的书院精神。

　　是年，夏竦继续为应天知府南京留守。十月，有《海雁桥记》。夏竦《海雁桥记》："顷岁山东旱蝗，予被诏籴宁，下穆陵，并潍水，出莱阳，辙黄腄，野无蔬茹，市无血眚，有客馈海雁六，弗忍为膳，育于青州之柳亭，亡其一。后数载，予内徙睢阳，辇五雁，纵之南湖。一夕，旧客过都，知之，抚掌桥侧，五雁悲鸣，飞集围绕膝下，至暮恋恋不能去，观者为之出涕。斯禽受人之恩，不过稻粱，养育岁时耳。尚数年而不忘其主，前史有委质事君，高轩列鼎而不能尽心于王室者，殊可嗟焉。国风美关雎之不淫，嘉鸤鸠之均一，盖有资于王

---

① 楼钥．范文正公年谱［M］//四库全书存目丛书·史部·第82册．济南：齐鲁书社，1996：8，9．

② 刘德清．欧阳修年谱［M］//宋人年谱丛刊·第二册．成都：四川大学出版社，2003：984．

③ 许毓峰．石徂徕年谱［M］//宋人年谱丛刊·第二册．成都：四川大学出版社，2003：867．

化也。因题是桥为海雁桥，以旌之。时景祐三年十月日记。"① 旨在教人知恩图报，委质事君，尽心王室以报国恩。

景祐四年（1037年），石介因母去世自嘉州返里，时父在徐州。四月，复守丧居南京，卧公舍，有与《徐州张刑部书》，撰《宋城县夫子庙记》《郓城新堤记》《柘城县巡检廨署记》等文。

石介《郓城县新堤记》："夏四月，予卧睢阳公舍，郓城县令刘君准遣使致书于予。"②

石介《徐州张刑部书》："四月二十七日，哀子石介以在丧戚中，言不能文，谨直书情恳，顿首拜于知府刑部阁下：介生十年失母氏之爱，继以两母，今皆何恃！而所恃者独父。尝自痛不能报三母劬劳鞠育之恩，今父实老，而家贫，族累重赖禄廪为养生之资，未得还所，掌于君退休于家，犹烦劳于官职之事。有子壮且仕于州县，进无才能取大官美禄，以为尊亲显荣；退无智力谋丰赀余粟，以供朝夕甘旨。使其亲老而不得佚，既不才也，又不孝也。今复有重于此者，大人景祐三年九月用京东提点刑狱耿承制从政、审刑详议刘殿丞京、知齐州李职方逊、通判齐州王虞部骘、通判明州吕虞部日新举状，改大理寺丞知单州砀山县事，审官循国朝之制，就徙于蜀，道之难从来旧矣。少年轻健者犹且瘦乏弗克胜，岂老君所堪任也！为人子既不才又不孝，使父老不得休佚，复将如是而苦之，若然生子安用乎？是畜犬马之不若也。犬马犹能吠乘，为其子反无所能，岂若犬马哉？介读六经知尊君事父臣子忠孝之大节，不能远希古人，窃自比于犬马，故去年请于吏部，得蜀嘉州一官，以免大人之行。抵嘉州仅月，母氏讣至。本免大人之行者以介故也，今介解来，大人故不得免其行矣。重介不才不孝之罪矣。然犬马之心终不已也。遂请于上，愿俟终制复行，以免大人之行。状上而既不得报，且大人年齿衰而蜀道远，又不可卒行，乃别择佚泰之地，而求安乐之。徐在东夏，为近辅，处列藩为天府，通江淮之运，来吴楚之货，义为会津。而况土膏地润，足蒲鱼宜稻菱实为乐土。介闻阁下以王府之迩臣，台阁之宿望，镇抚绥养为土守长，尚清净躬俭，约事不挠民，不烦吏，得守其司，官安其职，斯可谓佚泰之地也。为人之子得置其亲于佚泰之地，寝处安矣，食味嘉矣。呜呼！木依于山，鱼依于渊，山有岩壑之深，云雾之润。木

---

① 夏竦. 文庄集·卷二一 ［M］//四库全书·第1087册. 台北：台湾商务印书馆，1982：227，228.

② 石介. 徂徕集·卷十九 ［M］//四库全书·第1090册. 台北：台湾商务印书馆，1982：324.

诚得其养矣。渊有泽府之奥，蒲藻之美，鱼得其所矣。苟斧斤不以时入山林，网罟不以时而入泽，木得生乎？鱼得安乎？岂不系于仁政乎？今徐虽为近辅天府会津乐土，夫欲求佚泰其亲，安乐其亲，岂不系于阁下乎！仁政之广及于草木鱼焉，况人之亲乎？介知寝处安矣！食味嘉矣！不胜人子凄凄之诚。伏惟阁下哀怜之。不次。"①

石介《宋城县夫子庙记》："宋城在南京为赤县，夫子祠宇尚阙，春秋则释奠于令之厅事。噫！其为亵亦甚矣！李大夫尧俞以儒学仕，能知圣人为尊，不敢黩慢于是，拆佛宇淫祠十数区，取其材，作庙于县署之右。栋宇壮焉！丹腹丽焉！穹穹辟阳，眈眈阖阴，夫子被王衮冕，执珪尺有二寸，负斧依当宁而坐，颜渊、闵子骞十一人列侍，翼如有严有威。庙成，俾予记之。呜呼，异哉！李大夫作是庙有三善焉。撤佛宇，弱夷法也；毁淫祠，革邪俗也；尊圣师，明大道也。有是三善，不可不记，故敢承命而不敢让。景祐四年（1037 年）五月一日。"② 又本卷《柘城县巡检廨署记》后署"时景祐四年六月二日记"。

按，由以上文献，知石介自四月初守丧，闲居南京府学。

仁宗景祐五年、宝元元年（1038 年），三月，夏竦以户部尚书、知应天府入京为三司使，离开南都。十月，诏戒百官朋党。十一月，改元宝元。

《续资治通鉴长编》卷一二一：仁宗宝元元年三月，"户部尚书、知应天府夏竦为三司使"③。

十月，诏戒百官朋党。十一月，改元宝元。西夏赵元昊反。

宝元二年（1039 年），石介父石丙卒，石介垢面跣足，躬耕徂徕山下，以《易》教授于家，建泰山书院，传睢阳之学，鲁人称徂徕先生。分司南京孔勖以工部侍郎致仕。宋祁上疏论三冗三费。

许毓峰《石徂徕年谱》："宋仁宗宝元二年，先生三十五岁。三月，先生父丙卒（据先生《上王状元书》）。"又，下年康定元年（1040 年）谱文，"先生在丧戚中，垢面跣足，躬耕徂徕山下，葬五世未葬者七十丧（《墓志铭》）。以《易》教授于家，鲁人称之曰徂徕先生。"④

---

① 石介. 徂徕集·卷十六［M］//四库全书·第 1090 册. 台北：台湾商务印书馆，1982：300.

② 石介. 徂徕集·卷十九［M］//四库全书·第 1090 册. 台北：台湾商务印书馆，1982：317.

③ 李焘. 续资治通鉴长编·第 9 册·卷一二一［M］. 北京：中华书局，1985：2866.

④ 许毓峰. 石徂徕年谱［M］//宋人年谱丛刊·第二册. 成都：四川大学出版社，2003：867.

《续资治通鉴长编》卷一二四：仁宗宝元二年九月，"甲寅，秘书监、分司南京、管勾兖州仙源县文宣王庙事孔勖为工部侍郎致仕，仍以其从孙国子监主簿、袭封文宣公、知仙源县宗愿兼管勾庙事。"①

十一月，宋祁上疏论三冗三费。《续资治通鉴长编》卷一二五：仁宗宝元二年十一月："刑部员外郎直史馆同修起居注宋祁，次当知制诰，以兄庠在中书，乃授天章阁待制，同判礼院。时陕西用兵，调费日蹙，祁上疏论三冗三费曰：兵以食为本，食以货为资，诚圣人所以一天下之具也。以天下取之，以天下用之，量入为出，故天子不得私焉。今左藏无积年之锱，太仓无三岁之粟。南方冶铜匮而不发，承平如此，已自雕困，何哉？良由取之既殚，用之无度。今朝廷大有三冗，小有三费，以困天下之财。财穷用褊，更欲兴数十万众以事外国，可谓无谋矣。陛下诚能超然远览，烛见根本，去三冗，节三费，专备西北之屯，尚可旷焉高枕无匮乏之患。何谓三冗：天下有定官无限员，一冗也；天下厢军不任战而耗衣食，二冗也；僧道日益多而无定数，三冗也。三冗不去，不可以为国。……何谓三费：一曰道场斋醮无日不有，或七日或一月或四十九日，各挟主名，未始暂停。至于蜡、蔬、膏、面、酒、稻、钱、帛，百司供亿，不可赀计，而主者利于欺攘，故奉行崇尚峻于典法，皆以祝帝寿、奉先烈、祈民福为名，欲令臣下不得开说。……二曰京师寺观或多设徒卒，或增置官司，衣粮所给，三倍他处。……三曰使相、节度不隶藩要，贪取公用，以济私家。迹夫节相之建，或当边镇，或临师屯也。公用之设，所以劳民而飨宾也。今则不然，大臣罢黜率叨恩除，取生人之资力，为无功之奉养，坐靡邦用，莫此为甚。"②

宋仁宗宝元三年、康定元年（1040年），南京鸿庆宫火。资政殿学士、尚书右丞盛度知应天府。孙复传应天书院之学讲道泰山，石介为作《泰山书院记》。兵部尚书参知政事宋绶卒。

二月，改元康定。

《续资治通鉴长编》卷一二七：仁宗康定元年六月，"南京言鸿庆宫神御殿火，侍御史方偕引汉罢原庙故事，请勿复修。诏罢修神御殿，即旧基葺斋殿，每醮则设三圣位而祠之，瘗旧像于宫侧"③。

盛度知应天府当在是年。按，据下年《续资治通鉴长编》卷一三二，庆历元年（1041年）七月记载，明年盛度于知应天府致仕，那么知应天府最迟当在

---

①　李焘. 续资治通鉴长编·第9册·卷一二四［M］. 北京：中华书局，1985：2925.

②　李焘. 续资治通鉴长编·第9册·卷一二五［M］. 北京：中华书局1985：2941，2944.

③　李焘. 续资治通鉴长编·第10册·卷一二七［M］. 北京：中华书局，1985：3018.

是年。盛度，真宗大中祥符二年（1009 年），诏赐额应天府书院，盛度为之作记（文不存），《宋史》卷二九二有传："字公量，世居应天府。后徙杭州余杭县，曾祖珣仕钱氏为余杭县令，父豫从钱俶入朝终尚书度支郎中。"度随父归，学于书院，举进士第，补济阴尉。历官试学士院直史馆、迁尚书屯田员外郎。宋仁宗天圣（1023—1032 年）间，入翰林学士，加史馆修撰。景祐二年（1035年），拜参知政事。迁知枢密院事行宰相权。"章得象既相，以度尝位其上，即拜武宁军节度使，坐令开封府吏冯士元强取其邻所赁官舍，以尚书右丞罢。复知扬州，加资政殿学士，知应天府。"①

　　七月，石介撰《泰山书院记》："自周以上，观之贤人之达者，皋陶、傅说、伊尹、吕望、召公、毕公是也。自周以下观之贤人之穷者，孟子、扬子、文中子、吏部是也。然较其功业德行，穷不必易达。吏部后三百年，贤人之穷者又有泰山先生。孟子、扬子、文中子、吏部皆以其道授弟子。既授弟子，复传之于书。其书大行，其道大耀。先生亦以其道授弟子，既授之弟子，亦将传之于书，将使其书大行，其道大耀，乃于泰山之阳，起学舍斋堂，聚先圣之书满屋，与群弟子而居之。……今先生游从之贵者故王沂公、蔡二卿、李泰州、孔中丞。今李丞相、范经略、明子京、张安道、士熙道、祖择之；门人之高弟者石介、刘牧、姜潜、张洞、李缊，足以相继于千百年之间矣。……先生尝以为尽孔子之心者《大易》，尽孔子之用者《春秋》。是二大经，圣人之极笔也，治世之大法也。故作《易说》六十四篇，《春秋尊王发微》十七卷。疑四凶之不去，十六相之不举，故作《尧权》。防后世之篡夺，诸侯之僭逼，故作《舜制》。辨注家之误，正世子之名，故作《正名》。解美出处之得，宜辨传嗣之有嫡，故作《四皓论》。先生述作上宗周孔，下拟韩孟，是亦为泰先生，孰少之哉！介乐先生之道大，先生之为请，以此说刊之石，立于讲堂之西壁。康定元年七月十八日记。"②

　　元代王旭《孙泰山书院故基诗》："惟昔孙泰山，著书祛世惑。麟经晦三传，探讨独有得。尊王名分定，返正乱贼息。坐令元圣心，千载一朝白。怀人不可见，访古恋遗迹，我欲祠先生，配以徂徕石。浮云满空山，西风扫无力。正邪有消长，耳目异畴昔。倚杖听寒松，兹情竟谁识！宋承五季衰，文气卑已极。天将启淳源，谈经起孙石。巍然齐鲁间，师弟无愧色。尊王一书成，坐释麟经惑。至今学者心，讲贯知用力。迩来二百年，何人继其迹。故居虽未毁，见者

　　① 脱脱，等 . 宋史·第 28 册·卷二九二 [M]. 北京：中华书局，1977：9759, 9761.
　　② 石介 . 徂徕集·卷十九 [M] // 四库全书·第 1090 册 . 台北：台湾商务印书馆，1982：318.

为叹息。天寒孤凤去，日暮群鸟集。回首瞻泰山，岩岩自寒碧。"①

又："鲁史成书自圣人，当时三传已纷纭。穷经历代非无士，立义尊王独有君。游客偶来观故迹，后贤谁与继斯文！钟鱼声起弦歌断，落日空山愁白云。"②

宋绶卒于十二月。《续资治通鉴长编》卷一二九：仁宗康定元年十二月癸卯，"兵部尚书参知政事宋绶卒。母尚无恙，绶始得疾，不视事母。问之则曰：小瘳矣。又通宾客省问，若且安者。冀以纾母忧。然条理后事甚详，虽家人不知也。上幸其第临奠，辍二日朝，赠司徒兼侍中，谥宣献。绶性孝谨清介，言动有常，为儿童时手不执钱，后博通经史百家，文章为一时所尚，朝廷有大议论多所裁定。凡论前人文章，必正其得失，至当时之作，则未尝议也。杨亿尝称其文'沉壮淳丽，尤善铺赋，吾不及也'。藏书万余卷，手自校雠。笔札尤精好，上尝取所书千字文，及卒，多取其字帖藏禁中。"③

宋仁宗康定二年、庆历元年（1041 年），知应天府盛度以太子少傅致士，寻卒。王尧臣、王洙等撰成《崇文总目》，上之。

《续资治通鉴长编》卷一三二：仁宗庆历元年秋七月，"资政殿学士、尚书右丞、知应天府盛度为太子少傅致仕。度寻卒（度卒于八月），赠太子太保，谥文肃"④。

十一月，改元庆历。十二月，王尧臣上新修《崇文总目》六十卷。《续资治通鉴长编》卷一三四：仁宗庆历元年"己丑，翰林学士王尧臣等上新修《崇文总目》六十卷。景祐初以三馆、秘阁所藏书其间亦有谬滥及不完者，命官定其存废，因仿《开元四部录》为总目，至是上之。所藏书凡三万六百六十九卷，然或相重，亦有可取而误弃不录者。"⑤《四库全书总目》提要云："景祐元年闰六月，以三馆及秘阁所藏或谬滥不全，命翰林学士张观，知制诰李淑、宋祁等看详，定其存废。讹谬者删去，差漏者补写。因诏翰林学士王尧臣、史馆检讨王洙、馆阁校勘欧阳修等校正条目，讨论撰次，定著三万六百六十九卷，分类编目，总成六十六卷，于庆历元年十二月己丑上之，赐名曰《崇文总目》。"⑥

---

① 王旭．兰轩集·卷二［M］//四库全书·第 1202 册．台北：台湾商务印书馆，1982：750．

② 王旭．兰轩集·卷四［M］//四库全书·第 1202 册．台北：台湾商务印书馆，1982：772．

③ 李焘．续资治通鉴长编·第 10 册·卷一二九［M］．北京：中华书局，1985：3062．

④ 李焘．续资治通鉴长编·第 10 册·卷一三二［M］．北京：中华书局，1985：3150．

⑤ 李焘．续资治通鉴长编·第 10 册·卷一三四［M］．北京：中华书局，1985：3206．

⑥ 永瑢，纪昀，等．四库全书总目·卷八五［M］//四库全书·第 2 册．台北：台湾商务印书馆，1982：757．

庆历二年（1042 年），石介入国子监为直讲，欲荐孙复于朝，作《明隐》篇。十一月，范仲淹、富弼荐孙复为国子监直讲。

欧阳修《徂徕石先生墓志铭并序》："丁内外艰去官，……服除，召入国子监直讲。……先生自闲居徂徕，后官于南京，常以经术教授。及在太学，益以师道自居。门人弟子从之者甚众。太学之兴自先生始。"①

石介欲荐孙复。其《明隐》文云："孙明复先生学周公、孔子之道而明之者也。周孔之道非独一身，而兼利天下者也。先生畜周孔之道于其身，苟畜而不施，徒自膏润肥硕而已。万物则悴枯瘠病而自膏润肥硕，岂周公孔子之道也欤？是以先生凡四举进士，则是先生非苟畜其道以膏润肥硕于其身，将以利天下也，润万物也。四举而不得一官，鬓发皆皓白，乃退而筑居于泰山之阳，聚徒著书，种竹树果，盖有所待也，且以为尧舜在上，必不使贤人而至糟糠饥饿以死，兹先生有所待之意也。……若贤人如先生者，遭尧舜之盛，未得进用，姑盘桓山谷以待时也，非隐者也。"②

《宋史·卷十一·本纪·第十一·仁宗三》：庆历二年十一月，"甲申，以泰山处士孙复为国子监直讲"③。

《续资治通鉴长编》卷一三八：仁宗庆历二年十一月，"甲申，以泰山处士孙复为试校书郎、国子监直讲。复，平阳人，举进士不中，退居泰山，学《春秋》，著《尊王发微》十二篇，大约本于陆淳而增新意。石介有名山东，自介而下皆以先生事复。……介既为学官，语人曰：'孙先生非隐者也。'于是范仲淹、富弼皆言复有经术，宜在朝廷，故召用之"④。

按，孙复、石介皆学成于应天书院，自南都到讲学徂徕、泰山，又自山东入国子监。王洙由应天书院入国子监为直讲，石介、孙复继之。应天之学，开枝散叶，直接影响了国家教育的发展。

又，应天府助教曹诚之子曹简继袭助教，因外孙女入宫受宠，入京为官。《续资治通鉴长编》卷一三七：仁宗庆历二年闰九月："赠修媛张氏曾祖东头供奉官文渐为宁州刺史，祖试校书郎隶为光禄少卿，外祖应天府助教曹简为秘书省著作佐郎。修媛追赠三世，前此未有也。"⑤

① 欧阳修. 徂徕集·附录·徂徕石先生墓志铭并序 [M] //四库全书·第 1090 册. 台北：台湾商务印书馆，1982：333.
② 石介. 徂徕·卷九 [M] //四库全书·第 1090 册. 台北：台湾商务印书馆，1982：206.
③ 脱脱，等. 宋史·第 1 册·卷十一·仁宗·三 [M]. 北京：中华书局，1977：215.
④ 李焘. 续资治通鉴长编·第 10 册·卷一三八 [M]. 北京：中华书局，1985：3325.
⑤ 李焘. 续资治通鉴长编·第 10 册·卷一三七 [M]. 北京：中华书局，1985：3300.

庆历三年（1043年）十二月，应天府学升为南京国子监。范仲淹推行新政，石介作《庆历圣德诗》。

《续资治通鉴长编》卷一四五：庆历三年十二月，"戊午，以南京府学为国子监"①。

宋代陈均《九朝编年备要》卷十二：仁宗皇帝癸未庆历三年，"十二月，以南京府学为国子监"②。

《宋史全文·卷八上·宋仁宗三》：癸未庆历三年十二月，"戊午，以南京府学为国子监"③。

宋代章如愚《群书考索后集》卷二六："庆历三年十月戊午，以南京府学为国子监。"④

宋代王应麟《玉海·卷一一二·学校》："庆历三年十二月戊午，以南京府学为国子监。"⑤

是年四月，石介作《庆历圣德诗》。《宋史·石介传》："会吕夷简罢相，夏竦既除枢密使复夺之以（杜）衍代。章得象、晏殊、贾昌朝、范仲淹、富弼及（韩）琦同时执政，欧阳修、余靖、王素、蔡襄并为谏官。介喜曰：'此盛事也！歌颂吾职，其可已乎？'作《庆历圣德诗》。"⑥诗有"举擢俊良，扫除妖魅。众贤之进，如茅斯拔。大奸之去，如距斯脱。上倚辅弼，司予调燮。下赖谏净，维予纪法。左右正人，无有邪孽。予望太平，日不逾浃。""恭已南面，退奸进贤。知贤不易，非明不得。去邪惟难，惟断乃克。明则不贰，断则不惑。既明且断，惟皇之德。"⑦以诗褒贬大臣，分别邪正，累数百言。

按，从称应天府书院、府学，至此共历三十四年。南京国子监与东京、西京国子监三足鼎立，成为国家的最高学府。

又按，据《宋史·卷一六五·职官志·职官五》："国子监，旧置判监事二

① 李焘. 续资治通鉴长编·第11册·卷一四五［M］. 北京：中华书局，1985：3516.

② 陈均. 九朝编年备要·卷十二［M］//四库全书·第328册. 台北：台湾商务印书馆，1982：176.

③ 佚名. 宋史全文·卷八上［M］//四库全书·第330册. 台北：台湾商务印书馆，1982：143.

④ 章如愚. 群书考索后集·卷二六［M］//四库全书·第937册. 台北：台湾商务印书馆，1982：357.

⑤ 王应麟. 玉海·卷一一二［M］//四库全书·第946册. 台北：台湾商务印书馆，1982：43.

⑥ 脱脱，等. 宋史·第37册·卷四三二·儒林二［M］. 北京：中华书局，1977：12834.

⑦ 石介. 庆历圣德颂［M］//脱脱，等. 宋史·第37册·石介传. 北京：中华书局，1977：12834，12836.

人，以两制或带职朝官充，凡监事皆总之直讲八人，以京官选人充掌，以经术教授诸生。旧以讲书为名无定员，淳化五年，判监李至奏为直讲，以京朝官充其后。又有讲书、说书之名，并以幕职州县官充，其熟于讲说而秩满者，稍迁京官。皇祐中始以八人为额，每员各专一经，并选择进士并九经及第之人相参荐举。"①

仁宗庆历四年（1042年），范仲淹等复古劝学，建议兴学校，重本实。又从宋祁、王拱辰、张方平、欧阳修、王洙等议，令州县皆立学，改革科考取士制，由用词赋、重声病偶切，改为先策、次论、次诗赋。国子监建太学，下湖州取胡瑗之法以为太学法。罢天下学生员听读日限。

宋代李焘撰《续资治通鉴长编》卷一四七：仁宗庆历四年三月，"范仲淹等意欲复古劝学，数言兴学校，本行实。诏近臣议。于是翰林学士宋祁、御史中丞王拱辰、知制诰张方平、欧阳修，殿中侍御史梅挚、天章阁侍讲曾公亮、王洙，右正言孙甫、监察御史刘湜等合奏曰：伏奉诏书议，夫取士当求其实，用人当尽其才。今教不本于学校，士不察于乡里，则不能核名实；有司束以声病，学者专于记诵，则不足尽人材。此献议者所共以为言也。谨参考众说，择其便于今者，莫若使士皆土著而教之于学校，然后州县察其履行，则学者修饬矣。故为设立学舍，保明举送之法。夫上之所好，下之所趋也。今先策论，则文词者留心于治乱矣；简程序，则闳博者得以驰骋矣；问大义，则执经者不专于记诵矣。其诗赋之未能自肆者杂用今体，经术之未能亟通者尚如旧科，则中常之人，皆可勉及矣。此所谓尽人之材者也。故为先策论过落，简诗赋考式，问诸科大义之法，此数者其大要也。其州郡弥封誊录，进士、诸科贴经之类，皆苛细而无益，一切罢之。法行则申之以赏罚。如此，养士有本，取才不遗，为治之本也"。

又，乙亥，诏曰："儒者通天地人之理，明古今治乱之源，可谓博矣。然学者不得骋其说，而有司务先声病章句以拘牵之，则夫英俊奇伟之士，何以奋焉？士有纯明朴茂之美，而无教学养成之法，其饬身励节者，使与不肖之人杂而并进，则夫懿德敏行之贤，何以见焉？此取士之甚弊，而学者自以为患，议者屡以为言。比令详酌，仍诏政事府参定。皆谓本学校以教之，然后可求其行实；先策论，则辨理者得尽其说；简程序，则闳博者可见其才。至于经术之家，稍增新制，兼行旧式，以勉中人。烦法细文，一皆罢去。明其赏罚，俾各劝焉。如此，则待才之意周，取人之道广。夫遇人以薄者，不可责其厚也。今朕建学兴善，以尊子大夫之行；而更制革弊，以尽学者之才。教育之方，勤亦至矣。

① 脱脱，等. 宋史·第12册·卷一六五 [M]. 北京：中华书局，1977：3909.

有司其务严训导，精察举，以称朕意。学者其进德修业，无失其时。凡所科条，可为永式。"

又，其令曰："州若县皆立学，本道使者选属部官为教授，三年而代；选于吏员不足，取于乡里宿学有道业者，三年无私遣，以名闻。士须在学习业三百日，乃听预秋赋；旧尝充赋者，百日而止。亲老无兼侍，取保任，听学于家，而令试于州者相保任。所禁有七：曰隐忧匿服；曰尝犯刑责；曰行亏孝弟，有状可指；曰明触宪法，两经赎罚，或不经赎罚，而为害乡党；曰籍非本土，假户冒名；曰父祖干十恶四等以上罪；曰工商杂类，或尝为僧道。皆不得预。进士试三场，先策，次论，次诗赋，通考为去取，而罢帖经墨义。又以旧制用词赋，声病偶切，立为考式，一字违忤，已在黜格，使博识之士，临文拘忌，俯就规检，美文善意，郁而不伸。如白居易性习相近远赋、独孤绶放驯象赋，皆当时试礼部，对偶之外，自有义意可观，宜许仿唐体，使驰骋于其间。士子通经术，愿对大义者，试十道，以晓析意义为通，五通为中格；三史科取其明史意，而文理可采者；明法科试断案，假立甲乙罪，合律令，知法意，文理优，为上等。"①

按，以后选举人材，"士皆土著而教之于学校，然后州县察其履行"，皆行州郡"设立学舍保荐举之法"②，原汴京以东士子皆可入南京学，那么此诏一下，来就学的学士皆令回其本土，南京国子监再没有生徒来源之优势。

宋代章如愚《群书考索后集·卷二六·士门学制类》："庆历四年四月壬子，判国子监王拱辰、田况、王洙、余靖等言：'首善当自京师。汉太学二百四十房，千八百余区，生徒三万人；唐学舍亦千二百间。今取才养士之法盛矣，而国子监才二百楹。制度狭小，不足以容学者，请以锡庆院为太学。葺讲殿，备乘舆临幸。以潞王宫为锡庆院。'从之。"③

明代冯琦、陈邦瞻《宋史纪事本末·卷九·学校科举之制》："五月壬申，帝至太学，谒孔子。故事：止肃揖，帝特再拜。赐直讲孙复五品服。初，海陵人胡瑗为湖州教授，训人有法，科条纤悉备具，以身率先，虽盛暑必公服坐堂上。严师弟子之礼，视诸生如其子弟，诸生亦信爱如其父兄。从之游者常数百人。时方尚词赋，湖学独立经义治事，斋以敦实学。至是兴太学，诏下湖州取

① 李焘. 续资治通鉴长编·第 11 册·卷一四七［M］. 北京：中华书局，1985：3563，3565.
② 李焘. 续资治通鉴长编·第 11 册·卷一四七［M］. 北京：中华书局，3563.
③ 章如愚. 群书考索后集·卷二六［M］//四库全书·第 937 册. 台北：台湾商务印书馆，1982：357.

其法，著为令式。"①

罢天下学生员听读日限。《续资治通鉴长编》卷一五三：仁宗庆历四年（1044年）十一月戊午朔，"判国子监余靖言：'臣伏见先降敕命，并贡举条，国子监生徒，听学满五百日方许取应，每十人之中与解三人。其诸路州、府、军、监并各立学及置县学，本贯人并以入学听习三百日，旧得解人百日以上方许取应。后来虽有敕命，曾到省举人与免听读，内新人显有事故给假，并与勘会除破，其如令非画一，难以久行。窃以国家兴建学校，所以奖育俊秀而训导之。由是广学官，颁学田，使其专心道义，以思入官之术。伏缘朝廷所赐庄园、房钱等赡之有限，而来者无穷，若徧加廪给，则支费不充，若自营口腹，则贫窭者众，日有定数，不敢不来，非其本心，同于驱役。古之劝学，初不如此。臣以为广黉舍，所以待有志之士，去日限，所以宽食贫之人，国家有厉贤之风，寒士得带经之便。欲乞应国子监太学生徒，如有情愿听读，满五百日，即依先降敕命，将来取解，十人之中与解三人，其不满五百日者，并依旧额取解应举。所有开封府及天下州、军建立州学处，亦取情愿听读，更不限以日数。所贵寒士营生务学，不失其所。'乃诏罢天下学生员听读日限。"②

庆历五年（1045年），罢范仲淹等科举新法，一复如旧。

明代冯琦、陈邦瞻《宋史纪事本末·卷九·学校科举之制》："（庆历）五年三月，罢科举新法。范仲淹既去，执政以新定科举入学预试为不便，且言诗赋声病易考，而策论汗漫难知，祖宗以来莫之有改，且得人尝多矣。帝下其议有司，请如旧法。乃诏前所更令悉罢之。"③

此下，应天府书院已改南京国子监，统归朝廷东京国子监管理，此处不再具述。

---

① 冯琦，陈邦瞻. 宋史纪事本末·卷九 [M] //四库全书·第353册. 台北：台湾商务印书馆，1982：236.

② 李焘. 续资治通鉴长编·第11册·卷一五三 [M]. 北京：中华书局，1985：3715.

③ 冯琦，陈邦瞻. 宋史纪事本末·卷九 [M] //四库全书·第353册. 台北：台湾商务印书馆，1982：236.

后　记

　　写完最后一卷书稿，夜已经很深了。喧嚣的校园安静下来，一排排的学生宿舍楼只有层层楼梯间的电灯亮着光，就像一串串的珍珠挂在夜色笼罩下的一座座的楼上。东窗外是群山环抱的荔湖与淹没在夜色里的增江。我听到了增江的流水声，不舍昼夜的流水声流入珠江，奔向南海。我仿佛听到了长江的流水声，不舍昼夜的流水声流向黄海，流入东海。我又仿佛听到了黄河的流水声，不舍昼夜的河水声流向渤海，汇入大洋。这流水，不舍昼夜的流水，流走的不仅仅是江河之水，还有时光，还有岁月。崇川奥区，翠湖西湾有我居住了二十余年的家，抽乱的书架未及整理，还有满地堆放的书，满床翻乱的资料。黄淮冲积的辽阔平原上，有一座千年古城——商丘，那是我的故乡。建了又废，毁了又修，厚厚的黄土地下，一层层厚重的文化，就像一部读不完的书，等着人们去翻阅，去厘清。此时此刻，我最想给我故乡的两位朋友打电话，或者发个短信，把这本新成的书，这本历经多年的劳动成果送给我的朋友张卫东先生、张学勇先生。

　　四年前回故乡参加学术活动，与两位朋友谈及重建的应天书院及书院研究，不禁扼腕兴叹。历史悠久的宋代书院多有志书，而著名的北宋四大书院中的其他三个书院的志书一修再修，应天书院却至今没有一部史志！卫东先生时为中共睢阳区委宣传部长，而学勇先生时任区文联主席之职，我们三人促膝长聊，颇多同感。两位朋友希望我能撰写一部《北宋应天书院史志》，为国家文化建设做些贡献。当时未加多想，冒然答应了。

　　四年多的研究过程中，有时还真有些后悔。一块未开垦的处女地，要拓荒，要耕耘，要种出庄稼并有收获，四年时间实在太紧，过程中遇到的困难我在前言中已有述及。掷笔之际，感慨颇多！谢谢你们，我的朋友！

王树林

2020 年 9 月 30 日于广州华商学院